“十二五”职业教育国家规划教材
经全国职业教育教材审定委员会审定

高等教育财经类“十二五”规划教材
Economic Management

网上电子支付与结算（第2版）

The Online Payment and Settlement (2nd Edition)

◎ 张劲松 主编　◎ 廉洁 副主编

人民邮电出版社
北京

图书在版编目（CIP）数据

网上电子支付与结算 / 张劲松主编. -- 2版. -- 北京 : 人民邮电出版社, 2014.9（2018.1重印）
高等教育财经类"十二五"规划教材
ISBN 978-7-115-36706-8

Ⅰ. ①网… Ⅱ. ①张… Ⅲ. ①电子商务－支付方式－高等职业教育－教材②电子商务－结算方式－高等职业教育－教材 Ⅳ. ①F713.36

中国版本图书馆CIP数据核字(2014)第186036号

内容提要

本书结合电子支付与结算特点选择关键性要素，以比较成熟的电子支付和结算理论与网络技术进行分析、设计与灵活创新；利用现阶段比较成熟的网上电子支付与结算案例进行分析与论证；使学生了解网上电子支付与结算业务状况及其特征，了解网上电子支付与结算的优势与风险，了解网上电子支付与结算在支付服务领域的创新理论、策略与方法，培养学生开展网上电子支付服务与管理的能力。

全书由八章组成：第一章网上电子支付概述，第二章网上银行电子支付系统，第三章网上第三方电子支付系统，第四章手机银行，第五章网上电子支付工具，第六章电子支付安全，第七章中国金融认证中心，第八章电子支付安全风险评估。

本书可以作为电子商务专业以及财政金融类专业的教材使用，也可作为对网络电子支付与结算内容感兴趣的读者的参考读物。

◆ 主　　编　张劲松
副 主 编　廉　洁
责任编辑　刘　琦
责任印制　焦志炜

◆ 人民邮电出版社出版发行　　北京市丰台区成寿寺路 11 号
邮编　100164　　电子邮件　315@ptpress.com.cn
网址　http://www.ptpress.com.cn
固安县铭成印刷有限公司印刷

◆ 开本：787×1092　1/16
印张：15　　　　2014 年 9 月第 2 版
字数：423 千字　　　　2018 年 1 月河北第 8 次印刷

定价：36.00 元

读者服务热线：（010）81055256　印装质量热线：（010）81055316
反盗版热线：（010）81055315
广告经营许可证：京东工商广登字 20170147 号

前 言

电子商务的出现，给传统的经济理论与实务带来了巨大的冲击。理论与实务的整合、创新，将彻底打破传统的经济结构、经营理念。新的理论将取代已经过时的传统理论，伴随着对传统学科或课程的整合，将涌现出一批新学科、新课程。

探索创建“网上电子支付与结算”课程，是电子商务、金融电子化和财会电算化发展的必然选择。随着市场化进程的加快，竞争的加剧，对服务、效率等要求越来越高，除要深化改革和加强管理外，还需要现代化技术的支持。一方面，电子商务的服务种类和网上电子支付品种越来越多，现代财务制度的建立，使金融和财会业务越来越复杂；另一方面，电子商务、金融电子化、财会电算化的发展和应用日新月异、迅猛无比，如电子支付与结算、电子对账、第三方电子支付、网上银行、网上保险、网上证券和手机银行等快速普及。在经济领域每个月甚至每天都有新的业务产生，都有新的技术被应用。这些对电了商务职业人才的培养提出了更新更高的要求，传统的专业建设方案和人才培养目标已不适应如此迅速变化的市场需求。进行专业教育和教学改革，制订《网上电子支付与结算》教材建设方案，是关系到经济类学院及相关专业生存和发展的重要举措，迫在眉睫，势在必行。

“网上电子支付与结算”课程是财政金融类学科的专业课程之一，本书尝试性地将计算机信息技术和金融理论与实务进行了融合。经过 5 年的努力，在原“普通高等教育‘十一五’国家级规划教材”《网络金融》的基础上，对其中相关章节进行了整合与充实，形成了全新的内容。

目前，网上电子支付与结算的理论与实务还处在探索阶段，虽然我们对一些理论与实务方面的内容进行了长期的探索、创新、整合、编排，而且其中大部分案例是国内外实践中已取得的成果，但是有的构想和设计也许并不成熟。在本教材建设的过程中，虽然做了大量的探索与研究工作，也取得了一定的成绩，但还有许多方面有待进一步改进和提高。例如，“网上电子支付与结算”课程体系的完善，理论联系实际的解决方案的制订，网上电子支付与结算业务的监管与安全评估等。

目前，“网上电子支付与结算”课程已在杭州市下沙高教园区多所院校开设。本书在内容方面既有理论探讨，又有业务和案例的分析；既介绍了外国的先进经验，也分析了中国目前的现状，并对今后的发展方向与模式进行了探讨，其中带有“*”的部分有一定的难度，可供感兴趣的读者选修。本书的课件、习题集、模拟实习演示、参考资料等教学资源可以在 http://22144026.blog.hexun.com/上下载。

本书参考了大量的书籍、报刊和相关网站的资料，未能一一注明出处，在此一并致谢。

由于编者水平和经验有限，书中难免有欠妥和错误之处，恳请读者批评指正。

编　者

2014年6月

目录

第一章

网上电子支付概述

教学要求

1. 掌握网上电子支付的基本概念
2. 理解网上电子支付的功能与流程
3. 了解网上电子支付的现状
4. 了解中国现代化支付系统的特征

引导案例

北京汇智创新网上支付平台功能解决方案

一、网上支付整体流程

网上支付整体流程见图 1-1。

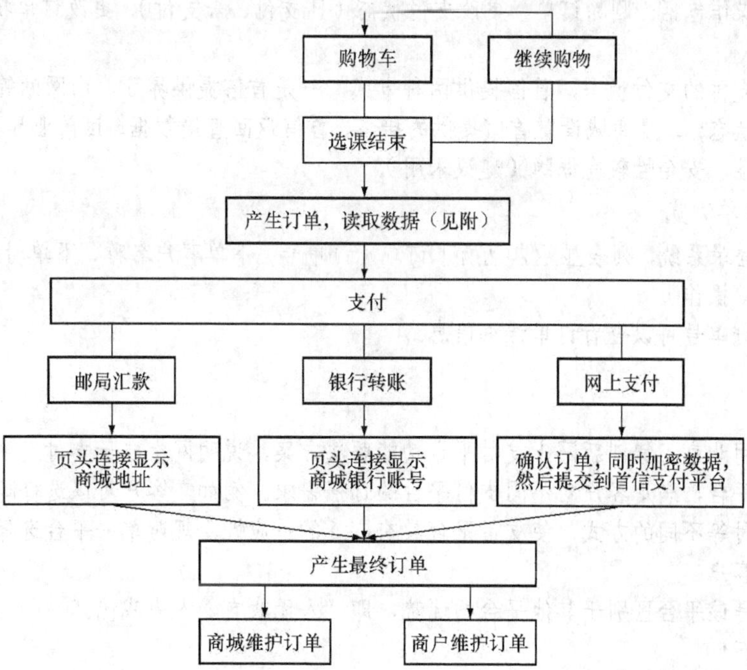

图 1-1　网上支付流程

二、具体功能模块描述

1. 购物车（cookies 方式）

（1）选择课件单击购买，弹出窗口显示当前购买情况。

（2）随时可以对所购买课件进行增、删、改。

（3）选课结束，点击结账。

（4）产生订单，进入支付阶段。

2. 产生订单

订单格式有规定:（yyyymmdd）-商户编号-商户流水号。如：19990720-88-12345。其中，商户编号是在商城和首信达成协议同时，由首信提供业界唯一编号。

3. 支付

（1）选择支付方式（邮局汇款、银行转账、网上支付）。

（2）如果选择邮局汇款，则系统连接到汇款详细地址页面，清空购物车，本次购买结束。

（3）如果选择银行转账，则系统连接到汇款详细地址页面，清空购物车，本次购买结束。

（4）如果网上支付，显示登录客户信息，确认进入首信网上支付界面。

商城和首信达成协议的同时，首信提供一个加密算法的 Javabean 和双方约定的一个密钥（Key），每笔订单产生的同时调用该 Javabean，可以得到一个指纹（长字符串），再加上 Key 一并提交给首信支付接口。

4. 管理员订单维护（结合首信支付平台）

（1）列表显示订单信息（订单号、下单客户名称、下单时间、支付方式、支付状态、订单操作）。

（2）单击订单号，可以查看订单详细信息。

（3）多条件订单检索。

（4）订单操作包括：删除订单、更改支付状态（已支付、未支付）、更改订单状态（待定、确认、未确认）。

关于网上支付的支付状态，首信提供两种方式：一是首信提供界面，由网站管理员登录首信网站查看支付状态；二是商城设置首信提供的接口，首信返回直接数据。目前业界多采用第一种，这种方式稳定性、安全性较有保障（建议采用）。

5. 商户订单浏览

（1）商户登录系统，列表显示自己所下订单（订单号、下单客户名称、下单时间、支付方式、支付状态、订单操作）。

（2）单击订单号可以查看订单详细信息。

案例分析

该案例引用北京汇智创新网上支付平台功能解决方案，说明网上电子支付发展的趋势，整合多种网上支付平台，满足客户对不同支付平台的选择需求。例如，客户可以选择邮局汇款、银行转账、网上支付等不同的方式，使支付平台具有广泛的适应性，规避单一平台选择的瓶颈，吸引并留住更多的客户。

以上特点是该平台区别于其他平台的优势，即“人无我有，人有我优。”

这就叫创新！

第一节　网上电子支付概念

一、支付系统概述

1. 支付系统定义与分类

（1）定义。

支付，即社会经济活动中的资金、债权债务的转移行为，由交易、清算、结算 3 个步骤顺序组成（通过银行体系或银行与第三方合作系统完成的资金转移行为）。

支付系统是通过运用现代计算机技术和网络通信技术构建的安全、高效的平台，其向支付参与者提供资金流通渠道和清算、结算服务，并对支付风险进行有效监控。

（2）分类。

① 根据结算方式的区别，支付系统可分成净额结算系统和全额结算系统。

在净额结算系统中，资金转账结算是根据系统的规则和运行程序，在净额的基础上进行的。所有参与者银行的净额头寸，在双边或者多边基础上进行计算，把到某一时点以前收到的所有转账金额之和减去其支付的所有转账金额之和即得到净额头寸。在结算时点的净头寸称为净结算头寸，它可以是净借方头寸，也可以是净贷方头寸。在全额结算系统中，资金的结算则是按照支付业务，逐笔进行，并不进行借、贷记之间的轧差处理。

② 根据结算的时间（次数）的区别，即在结算时间内，结算是在事先约定的时点上间断进行还是实时连续不间断进行，支付系统可分成定时（延时）结算系统和实时（连续）结算系统。

在定时（延时）结算系统中，支付业务在结算时间内事先约定的一个或者多个间断的时间点上进行，若最终结算只进行一次且发生在营业日终，则可称为日终结算系统。日终结算系统又可区分为日终净额结算系统和日终全额结算系统。当前大额资金转账的净额结算系统大多是日终净额结算系统，在营业日终通过将中央银行货币从净债务人账户转移到净债权人账户结算金额头寸；日终全额结算系统的最终结算也发生在日终，但并不进行贷方和借方头寸的轧差，而是逐笔进行交易，或者在每一家参与者银行的累计贷方和累计借方的基础上完成日终结算。

由结算方式、结算时间（次数）组成的结算模式如表 1-1 所示。

表 1-1　　结算模式表

结算方式 / 结算时间（次数）	全　额	净　额
定时（延时）	定时全额结算	定时净额结算（DNS）
连续（实时）	实时全额结算（RTGS）	不适用

③ 根据业务特征，支付系统还可以划分为大额资金转账系统和零售资金转账系统。

大额资金转账系统多为实时全额结算系统（RTGS），如同社会经济脉络中的主动脉，其处理的支付业务具有支付金额较大、时效性强、支付业务多涉及金融市场交易等特征。世界上第一套实时全额支付系统于 1972 年在美国建设成功，即联邦电子资金转账系统（Fedwire）。从 1984 年到 1998 年，实时全额支付系统在 10 国集团和欧盟的所有成员国建成。1998 年起，实时全额支付系统开始在捷克共和国、韩国、巴西、泰国、澳大利亚等国家得到使用。我国的大额实时支付系统（HVPS）属于实时全额结算系统（RTGS）。

零售资金转账系统多为定时净额结算系统（DNS），如同社会经济脉络中遍布各个社会经济组织、部门的静脉，其处理的支付业务多为通过支票、直接贷记转账、自动清算所交易、销售点电子资金转账等方式处理的，交易量大但金额较小的业务等。几乎所有的国家都存在净额定时支付系统。即使已经建立全额实时支付系统的国家和地区，也依然保存着净额定时支付系统。中国的小额批量支付系统（BEPS）即属于定时净额结算系统（DNS）。

2. 网上电子支付

1989年美国法律学会的《统一商业法》中定义：电子支付是支付命令发送方把存放于商业银行的资金，通过一条线路划入收益方开户银行，以支付给收益方的一系列转移过程。

电子支付是指单位、个人通过电子终端，直接或间接向银行业金融机构发出支付指令，实现货币支付与资金转移的过程。电子支付的业务类型按电子支付指令发起方式分为网上电子支付、电话支付、移动支付、销售点终端交易和自动柜员机交易支付等。

电子支付的特征：①采用先进的技术通过数字流转完成信息传输与款项支付；②电子支付的工作环境是基于一个开放的系统平台；③电子支付对软件、硬件设施的要求很高；④电子支付方便、快捷、高效、经济。

二、网上电子支付系统

1. 网上电子支付系统概述

网上电子支付是电子支付的一种形式。网上电子支付是以互联网为基础，利用银行所支持的某种数字金融工具，在购买者和销售者之间进行的金融信息交换行为，并实现从买者到金融机构、商家之间的在线货币支付、现金流转、资金清算、查询统计的过程。

网上电子支付系统是一个由买（消费者或用户）卖（商家或企业）双方、网络金融服务机构（包括商家银行、用户银行）、网络认证中心以及网上电子支付工具（电子货币，诸如电子支票、信用卡、电子钱包、电子现金、电子商业票据等）和网上银行等多方组成的大系统。网上支付系统有安全电子交易协议或安全套接层协议等安全控制协议，这些涉及安全的协议构成了网上交易的可靠环境。网上交易与支付的环境的外层，由国家及国际相关法律法规的支撑来予以实现。

个人用户的网上电子支付行为主要包括：网上购物、航空机票、教育（网上教育和考试网上报名等）、网上代收费、网上游戏（点卡）、数字出版和其他（包括搜索和无线增值服务等）。艾瑞市场咨询调查显示，被调查用户对网上电子支付有极大兴趣，其中60%以上的用户认为其便捷、节省时间。个人网上电子支付涵盖网上购物、网上游戏、定房定票、网上教育等多个行业，支付方式以银行储蓄卡为主。

电子支付是由传统支付发展的产物。与传统的贸易活动相比，在电子支付模型中，支付所依赖的贸易基本处理过程并没有改变，只是用以完成这些过程的方式和媒介发生了变化，通信和计算机技术是整个交易过程的基础。电子支付工具有电子现金、电子支票、电子商业票据、电子信用卡和电子钱包等。

电子支付的发展可以划分为以下5个阶段。

第一阶段是银行利用计算机处理银行之间的业务，办理结算。

第二阶段是银行利用计算机与其他机构之间资金的结算，例如代发工资等。

第三阶段是利用网络终端向客户提供各项银行服务，例如客户在自动取款机上进行取款、存款等操作。

第四阶段是利用银行销售点终端向客户提供自动扣款服务。

第五阶段是最新发展阶段，即电子支付可随时随地通过互联网进行直接转账结算，形成电子商务环境。

电子支付系统是电子商务活动的基础，Birgit Pfitzmann 和 Thomi Pilioura 等分别从不同的角度对电子支付系统进行了分类。其中 Thomi Pilioura 的分类方案如图 1-2 所示。

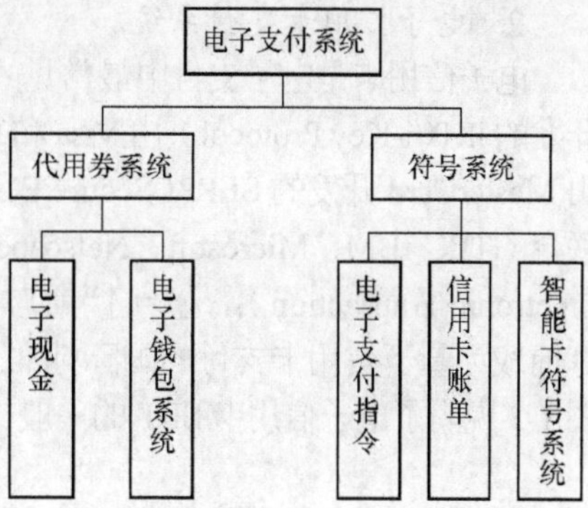

图 1-2　电子支付系统的一种分类方案

根据上述分类方法，可以将电子支付系统分为以下两类。

（1）基于代用券的系统（Token-based Systems）：此类系统使用各参与方都公认的代表一定面值的代用券，代用券拥有者的转移即表示资金流转的系统可以归结为预支付。基于代用券的系统又可以分为以下两类。

① 电子现金（Electronic Cash）：试图取代纸币和硬币作为支付的主要手段。

② 电子钱包系统（E-wallet System）：电子钱包系统利用储值卡等来保存电子现金。

（2）符号系统（Notational System）：在此类系统中，交易通常直接或间接地链接到用户的账号。符号系统又包括以下 3 种类型。

① 网络中传送的电子支付指令（Electronic Payment Orders Transferred over the Net）：相当于现付系统，启动支付指令后立即发生资金流转；

② 网络中的信用卡账单（Credit Card Billing over the Net）：它可以用两种方式实现，加密信用卡或者第三方认证；

③ 基于智能卡的符号系统（Smart Card based Notational System）：使用智能卡技术能够保存用户特定信息，可以提供比纯软件系统更好的保护。 电子支付还可以参照表 1-2，依据不同的分类标准进行分类。

表 1-2　　电子支付的各种分类

分类标准	类　型
支付者和付款接受者是否与第三方在线连接	在线支付（On-line Payment）
	离线支付（Off-line Payment）
支付者和付款接受者之间是否有直接通信	直接支付（Direct Payment）
	间接支付（Indirect Payment）
支付者实际付款的时间	预先支付（Pre-paid Payment）
	即时支付（Pay-now Payment）
	延后支付（Pay-later Payment）
用户在银行中是否有账号	基于账号（Account-based）的支付，包括电子信用卡支付和电子支票支付
	基于代币（Token-based）的支付，又称为电子现金或数字现金
每次交易的金额大小	宏支付（Macro Payment）
	小额支付（Mini Payment）
	微支付（Micro Payment）

美国等经济发达国家的电子支付产业正处于高速发展的时期，支付卡的功能趋向多样化，工资卡、储值卡等多种应用扩充了借记卡的功能。2010 年，电子支付占据美国支付市场的 92%。1994 年 8 月 11 日，由几名学生创办的 NetMarket 公司完成了互联网上第一笔安全零售交易。随着互联网技术的提高，10 年前的星星之火如今已汇成电子商务的燎原之势。但是交易安全问题并非已经彻底解决，数据安全还有许多障碍要跨越。

2. 电子信用卡支付系统

电子信用卡是电子支付中最常见的工具。基于电子信用卡的支付协议有很多，例如，由IBM开发的iKP（i-Key Protocol）、由Visa和Microsoft联合开发的STT（Secure Transactions Technology）、由MasterCard开发的SEPP（Secure E1ectronic Payment Protocol）等。1996年由Visa和MasterCard联合GTE、IBM、Microsoft、Netscape、SAIC、Terisa、VeriSign等公司共同开发的SET（Secure Electronic Transaction），是专门为了实现安全电子交易而设计的，它已经逐渐取代STT和SEPP等而成为基于信用卡支付的国际标准。许多基于电子信用卡支付协议的购物流程都大致相同。图1-3说明了电子信用卡SET的一般支付流程。具体步骤如下。

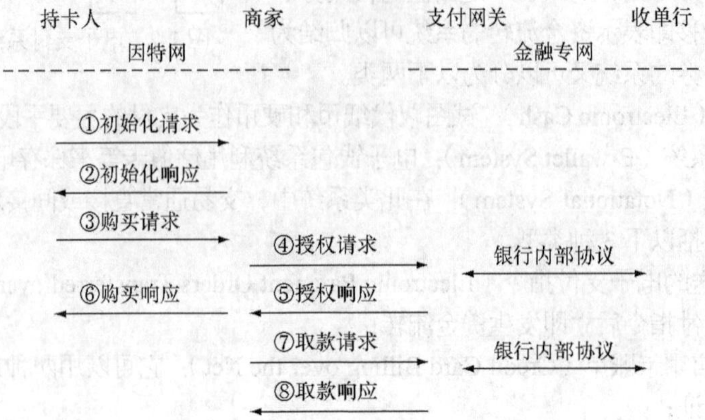

图1-3 电子信用卡支付的基本流程

（1）持卡人初始化请求。

（2）(商家接收请求，生成初始应答消息，数字签名后与商家证书、支付网关证书一起发送给持卡人。

（3）持卡人接收应答，验证商家证书、支付网关证书和商家的数字签名，生成订购信息和付款信息，并且将订购信息和付款信息进行双重数字签名，用支付网关的公钥加密付款信息签名后，连同自己的证书一起发送给商家。

（4）商家验证持卡人证书和双重数字签名，生成授权请求，并连同加密的付款指令转发给支付网关。

（5）支付网关通过金融专网到发卡行验证持卡人的授权信息，并且生成授权响应消息，经数字签名后发送给商家。

（6）商家收到授权响应后，验证支付网关的数字签名，生成购买响应发送给持卡人。

（7）如果付款指令被验证通过，则商家生成取款请求发送给支付网关。

（8）支付网关通过金融专网转账后，生成取款应答消息反馈给商家。

3. 电子现金支付系统

电子现金（Electronic Cash）又称为电子货币（E-Money）或数字货币（Digital Cash），是一种重要的电子支付系统，是现实货币的电子或数字模拟。电子现金以数字信息形式存在，通过网上流通，比实际现金更加方便、经济，无需承担较大的存储风险、高昂的传输费用、较大的安全保卫和防伪的投资。并且能满足用户的匿名要求，能够保证用户的身份不被他人知道，保护支付方和被支付方的不可追踪性。

电子现金最简单的形式包括商家、用户、银行3个主体，以及初始化协议、提款协议、支付协议、存款协议4个安全协议过程。电子现金的基本流程如图1-4所示，一般包括3个过程，即用户与银行执行提款协议，从银行提取电子现金；用户与商家执行支付协议，支付电子现金；商家与银行执行存款协议，将交易所得的电子现金存入银行。

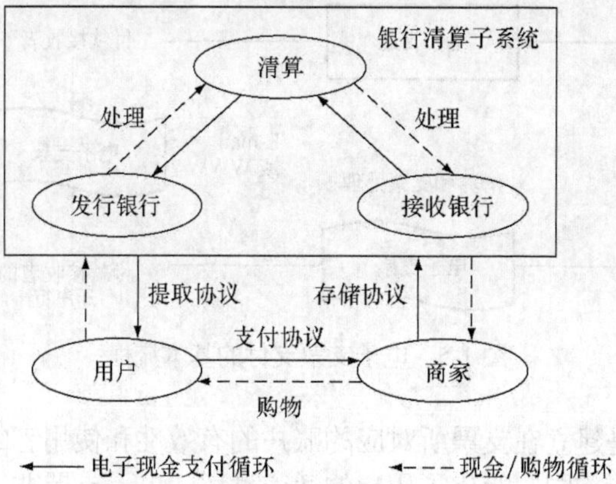

图 1-4　电子现金支付的基本流程

全球首个电子现金方案是由 Chaum 在 1982 年提出的，他利用盲签名技术来实现，可以保护用户的隐私。但是这种完全匿名的电子现金也为许多不法分子提供了方便，他们利用电子现金的完全匿名性进行一些违法犯罪活动。基于这个原因，合理的电子现金系统应该是不完全或有条件匿名的。于是，Chaum、Fiat 和 Naor 又提出了最早的离线匿名电子现金系统，该系统的安全性基于一些假设而且未做形式化的证明。该系统虽然不实用，但是为后来更安全和高效的系统打下了基础。Okamoto 和 Ohta 将取款协议最复杂的部分，亦即对用户身份的零知识证明，转移到执行效率低得多的用户初始设置协议中去，这样在用户初始设置协议时得到了一个不可追踪的证书。Damgard 提出了基于一般性的两方计算协议和基于零知识证明的在线电子现金系统。该系统并不实用，但是揭示了安全性可证明的电子现金系统是存在的。Franklin 和 Yung 提出了不基于一般计算协议的安全性可证明的电子现金系统，其安全性依赖于离散对数问题的假设和可信任第三方。虽然仍采用分割选择技术，效率不高，但是他们最早提出了基于离散对数问题假设的离线电子现金系统，并且建立了形式化的安全模型，为后来的系统奠定了基础。1995 年，Stadler 等学者提出了公平盲签名的概念，可以用于有条件匿名的支付系统。1996 年，Camenisch 等学者和 Frankel 等学者提出了公平的离线电子现金的概念。之后的 Brands 的基本原理是在用户的电子钱包中装入观察器（Observer）。它是基于 Schnorr 数字签名以及素数阶群的表示问题，其安全性较高，是当时效率最高的离线电子现金系统，为后来的许多系统奠定了基础。

国外关于电子现金的支付系统很多，具有代表性的电子现金支付系统有美国 DigiCash 公司的 DigiCash 系统、美国南加里福尼亚大学信息科学研究所开发的 NetCash 系统、CyberCash 公司的 CyberCash 系统、Carnegie Mellon 大学的 NetBill 系统和 IBM 的 Micro Payments 系统等。

4. 电子支票支付系统

将支票改为带有数字签名的电子报文，或者利用其他数字电文代替传统支票的全部信息，就是电子支票。电子支票协议大多模拟现实生活中的纸质支票的交易流程，用电子支票代替纸质支票，用数字签名代替手工签名。电子支票协议可以完全模拟纸质支票的流程，而不需要重新设计流程。其基本流程如图 1-5 所示，主要包括支付、存款和清算 3 个步骤：（1）支付：支付者填写电子支票并对它进行数字签名，然后通过 E-mail 或者 WWW 发送给付款接收者；（2）存款：付款接收者收到电子支票后，验证支付者的签名，然后通过其开户行对支票的有效性进行验证并提出存款请求；（3）清算：付款接收者开户行验证付款接收者后，通过支付者的开户行验证支票的有效性，如果有效则进行转账。

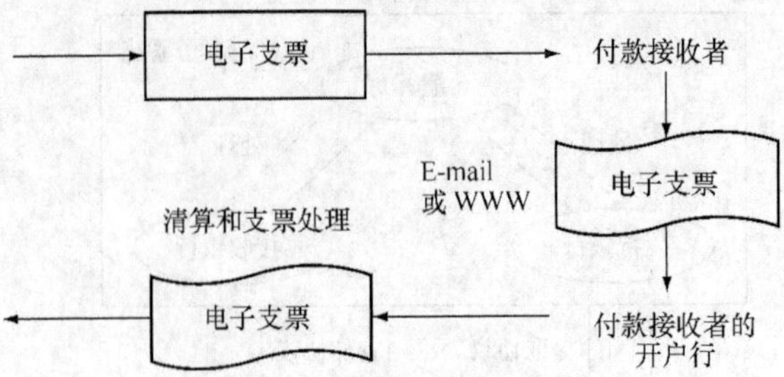

图 1-5　电子支票支付的基本流程

电子支票的安全性是建立在支票所对应的账户的有效性和使用者的数字签名上的。电子支票的运作方式与传统支票相同，简化了用户的适应过程。电子支票非常适合于小额结算，加密和解密的技术也较容易处理。电子支票的使用减少了对纸张的需求，提高了交易速度，同时保证了无空头支票，增加了安全性。基于电子支票的支付系统有很多，例如，美国南加利福尼亚大学的信息科学研究所开发的 NetCheque 系统，该系统使用 Kerberos 实现认证，其中心服务器在必要时，可以对所有主要业务进行跟踪。此外，美国匹兹堡的 Carnegie Mellon 大学开发的用于销售信息的 NetBill 系统，是一个小面额支付系统，其协议可以防止用户付款前获取意欲购买的任何信息。金融服务技术委员会开发了电子支票工程，并且采用了抗干扰的 PCMCIA 卡和支票式支付模式。

电子支票具有可追踪性，因为必须通过银行办理交易，所以无法保证用户的匿名性。由于在线检验需要安全可靠的支票兑现基础设施，而且目前还没有公认的关于电子支票协议的国际标准，所以电子支票的应用尚未普及。

5. 电子商业票据系统

（1）电子商业票据系统的定义。

电子商业票据系统是指依托网络和计算机技术，接收、登记、转发电子商业票据数据电文，提供与电子商业票据货币给付、资金清算行为相关服务，并提供纸质商业汇票登记、查询和商业汇票（含纸质、电子商业票据）公开报价服务的综合性业务处理平台。

电子商业票据系统包括电子商业票据业务处理功能模块、纸质商业汇票登记查询功能模块和商业汇票公开报价功能模块。

（2）系统参与者和业务参与者。

系统参与者是指经过相关部门批准接入电子商业票据系统，通过电子商业票据系统处理电子商业票据业务、纸质商业汇票登记查询业务、商业汇票公开报价业务的银行业金融机构。系统参与者需加入大额支付系统，并具有支付系统行号。电子商业票据系统全面采用大额支付系统的行名行号。

业务参与者是指通过其行内或开户行的系统，办理电子商业票据业务的主体。业务参与者可以分为 5 类，包括企业、中央银行、财务公司、直接连入电子商业票据系统的银行业金融机构及其分支机构（以下简称接入银行）、通过他行代理连入电子商业票据系统的银行类金融机构（以下简称被代理行）。业务参与者通过系统参与者发送和接收相关业务。

三、网上电子支付要素

从技术角度看，网上电子支付至少包含 4 个方面：商户系统、电子支付工具、支付网关和安全认证。其中电子支付工具、支付网关、安全认证是网上电子支付的必要条件，也是电子银行

（E-Bank）运行的基本技术要求，图 1-6 所示为网上电子支付要素。

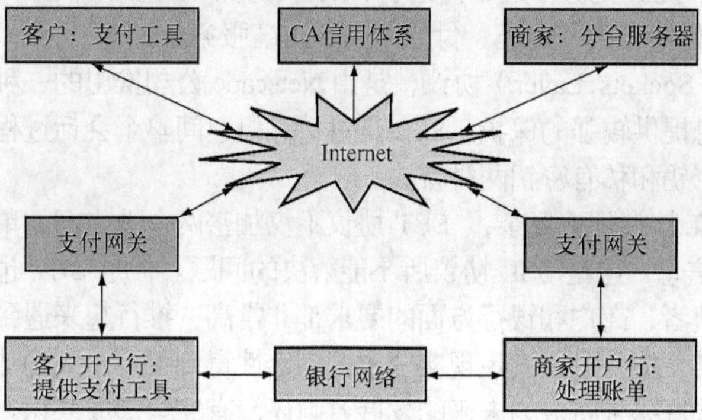

图 1-6　网上电子支付要素

1. 电子支付工具

电子支付工具可以分为三大类：（1）电子货币类，如电子现金、电子钱包等；（2）电子信用卡类，包括智能卡、借记卡、电话卡等；（3）电子支票类，如电子支票、电子汇款（EFT）、电子划款和电子商业票据等。

2. 支付网关（Payment Gateway）

支付网关是连接银行网络与 Internet 的一组服务器，主要作用是完成两者之间的通信、协议转换和进行数据加、解密，以保护银行内部网络的安全。简言之，支付网关起着数据转换与处理中心的作用。支付网关的功能具体有两项：将 Internet 传来的数据包解密，并按照银行系统内部的通信协议将数据重新打包，接收银行系统内部反馈的响应消息；将数据转换为 Internet 传送的数据格式，并对其进行加密。

3. SET 与 SSL 协议

（1）SET 协议。SET 协议，即 Secure Electronic Transaction（安全电子交易），是 VISA、MASTER 两大国际卡组织和多家科技机构共同制定的进行在线交易的安全标准。SET 主要是为了解决用户、商家和银行之间通过信用卡支付的交易而设计的，用以保证支付信息的机密、支付过程的完整、商户和持卡人的合法身份以及可操作性。SET 中的核心技术主要有公开密钥加密、电子数字签名、电子信封、电子安全证书等。SET 提供了消费者、商家和收单银行的认证，确保交易各方身份的合法性和交易的不可否认性；同时，银行与商家相互之间是“背对背”的，商家只能得到消费者的订购信息，而银行只能获得有关支付信息，确保了交易数据的安全、完整和可靠。标准的 SET 主要有以下几部分组成。

① SET 通信协议：提供私密的付款信息、信用卡认证信息、商店及请款机构。

② 持卡人：使用含 SET 标准的电子钱包，辅助持卡人至认证中心取得信用卡电子证书、产生公钥及密钥、储存与管理电子证书与密钥、电子证书更新与查询、提供交易时所需的授权与 SET 协议、管理交易历史资料与查询、电子现金、电子支票与小额付款的整合、配置的设定。

③ 发卡单位：为消费者提供信用卡申请与消费的管理，发卡单位须提供持卡人一个电子钱包，由申请人经由 WWW 或 E-mail 到认证中心认证。

④ 付款网关：辅助客户到认证中心取得信用卡电子证书、产生公钥及密钥、储存与管理电子证书与密钥、电子证书更新与查询、与收单行交换加密公钥、提供交易时所需的授权及 SET 协议、提供交易后请款与清算及 SET 协议、与银行主机联机、报表与历史资料记录的产生、配置的设定。

⑤ 商店：辅助电子商家到认证中心取得信用卡电子证书、储存与管理电子证书与密钥、电

子证书更新与查询、与收单行交换加密公钥、提供交易时所需的授权及 SET 协议、提供交易后请款与清算及 SET 协议、提供交易相关资料记录、回传服务、配置的设定。

⑥ 认证机构：提供持卡人、商店、付款网关的认证服务。

（2）SSL（Secure Sockets Layer）协议，是由 Netscape 公司推出的一种安全通信协议，它能够对信用卡和个人信息提供较强的保护。SSL 是对计算机之间整个会话过程进行加密的协议。在 SSL 中，采用了公开密钥和私有密钥两种方法。

SSL 协议没有 SET 协议那么复杂， SET 协议不仅加密两个端点间的单人会话，还可以加密和认定 3 方面的多个信息，这是 SSL 协议所不能解决的问题。但是 SET 也有自己的缺陷，由于过于复杂，所以对消费者、商户和银行方面的要求都非常高，推行起来遇到的阻力也比较大。而相比之下，SSL 则以其便捷和可以满足现实要求的安全性得到了不少人的认可。目前国际上对于这两种网络安全协议到底哪种将成为未来的发展方向还没有完全形成共识。

四、网上电子支付的功能

网上电子支付系统的功能是金融电子化网络，各类电子流通的支付工具通过在线商用电子化机具以及互联网络中的交易信息来体现，网上电子支付的交易安全保证则通过网络交易安全认证机构的全过程认证以及互联网络本身的防火墙、信息加密措施以及对恶意攻击和欺诈的实时跟踪检测防卫措施来实现。

网上电子支付系统是面向网络金融服务业务的总需求而搭建的，它具有以下几个方面的功能。

（1）提供金融信息综合服务。包括对银行信息服务的需求，如用户查询金融政策信息、市场利率、市场汇率、服务行情以及金融产品的信息查询、余额查询、交易查询等；对银行提供的中间业务的需求，诸如网上担保业务、买方信贷业务、网上抵押按揭贷款评估业务等；货币支付服务的需求，诸如网上购物与消费的在线支付服务等。

（2）提供网上银行的综合业务服务。包括网上营销、电子商务服务、网上银行服务等。

（3）解决支付过程中的各种问题。主要包括以下几方面的内容。

① 建立公开安全的认证体系，在交易行为发生时对电子证书和数字签名进行验证。

② 可靠、快捷地处理网上电子支付，如小额支付时可使用卡、存折、邮购、电话购物等多种方法，大额支付时可使用转账及网上信用证等方法。

③ 制定可靠的安全措施，即除了采用网上电子支付时的 128 位以上的高强度加密算法之外，还相应地对网络系统的核心软件配备高强度的交易安全协议，防止黑客的有效攻击。

④ 建立完善的网上电子支付的法律保障环境。

⑤ 维护网上电子支付参与方使用的良好互联网环境，其中包括有效的网络结构、宽阔的干线与出口带宽、优秀的网络运行质量以及用宽带连接的网络转换中心等；同时，使上网交易和参与支付的各方得到上网资费的实惠。

⑥ 有较好的公用电子商务基础设施。

总之，满足上述诸多方面需求的网上电子支付系统，应包含一个大的公共互联网络环境、处在该环境中的在线电子支付系统、有效的网上电子支付工具群、网上交易安全认证体系以及网上信息流安全传输与通信系统。

五、网上电子支付的基本流程

网上电子支付系统能够满足普通客户和普通商家的网上电子支付的要求。其基本过程如下。

第一，客户通过网上浏览选择了某商家的商品并发出订单。

第二，商家得到客户的有关信息并向支付系统发出请求以调查客户信用。

第三，客户通过商家向支付系统提出清算请求，由支付系统按照双方协议与客户账户所在银行进行清算，并按商家要求转入商家指定账户所在银行。

第四，支付系统向客户和商家发出结算信息。

这是一般意义上的流程，不代表具体的某一种支付工具的支付流程。对于不同的支付工具，由于采用的安全机制、支付方式等都不一样，其具体支付流程也有差异。

人类社会在利用电脑和远程通信技术建立联机系统后，就彻底改变了依靠电报和函件等通信手段进行异地汇兑调拨的处理方式。联机系统用高速专用线路、社会公用通信网或卫星通信网把信息中心和各营业点的终端连在一起，建立起电子化的支付系统。通过这些系统，银行间的资金调拨可以通过网络瞬时完成。世界发达国家普遍推行票据清算自动化，实现资金调拨的自动化，票据流已经被信息流所代替。世界上较有名的网上电子支付系统有美国纽约的“票据交换所银行间支付系统”（GHIPS）、英国伦敦的“票据交换自动付款系统”（CHAPS）、环球银行间金融电信协会（SWIFT）、美国联邦储备通信系统（ERCS）、日本全国银行通汇系统。

第二节　网上电子支付现状

截至 2012 年末，中央银行依法核准 197 家支付机构从事支付业务，全年支付业务规模达到 232 亿笔，11.5 万亿元。其中，网上支付业务金额占比达到 99.61%。此外，还有一些未取得从事支付业务合法地位的非金融机构也活跃在中国零售支付服务市场。

截至 2013 年 6 月，中国境内网民人数已经达到了 5.5 亿，网上支付用户达到 2.21 亿，也就是说在网民中使用网上支付的比例已经达到了 40%；而且与美国、欧盟相比，中国每周上网两次的网民比例占到 15%，远高于美国的 10%和欧盟的 6%。

截至 2012 年 12 月，我国使用网上支付的用户规模达到 2.21 亿，使用率提升至 39.1%。与 2011 年相比，用户增长 5 389 万，增长率为 32.3%。

网上支付用户的快速增长离不开网上消费的繁荣发展，随着中国网络零售市场的迅猛发展，线上消费的生活服务类型不断拓宽，交易规模持续增大，也极大地带动了用户网上支付的使用普及。快捷支付、卡通支付等便利的支付形式增强了支付的可用性，促进了网上支付在更广泛用户中的覆盖。而随着移动支付技术标准确立，支付企业在手机支付领域的布局与发力，也带动了手机网上支付用户的快速增长。截至 2012 年 12 月，手机网上支付用户达到 5 531 万，用户年增长 80.9%，使用率为 13.2%。

2012 年，中国人民银行继续发放“支付业务许可证”，陆续出台细分业务领域管理办法，逐步向第三方支付企业开放传统金融领域支付结算业务，在完善监管、细化市场的同时，也形成了包括支付企业、传统银行、电商巨头、电信运营商在内的业态格局。未来支付领域的服务主体和模式将会更加多样化，网上支付的风险也在加大，因此，需要从健全政府监管政策、加强企业联盟合作、提升消费者安全意识等方面，不断完善网上支付安全的生态环境。

中国网上电子支付市场发展受很多因素制约，如网上电子支付的安全性有待进一步完善、支付服务费用较高、个人支付账户管理功能较少、用户对网上第三方电子支付平台信任度不高等，随着国家相关法律法规的制定出台、支付功能的逐步完善和网上第三方电子支付平台与银行合作的加强等，这些问题都将得到妥善解决。

随着互联网的迅速发展和现代密码技术的不断进步，网上电子支付在安全算法和协议等方面正不断趋于成熟。网络通信技术的不断进步，为电子支付提供了坚实的物质基础，中国网上电子支付平台开始步入优化阶段。

一、美国电子支付基础建设情况

具体情况详见表 1-3 美国电子支付基础建设情况。

表 1-3　　美国电子支付基础建设情况

机构或组织	功　　能
银行和联邦储备局	➢ 提供纸类支付工具纸币和支票 ➢ 其清算主要由银行及美国自助票据交换中心完成（Aufomafed Clearing House, ACH）
VLSA 和 Masfer Card	➢ 以会员形式，为金融及非金融机构发放借记卡及信用卡 ➢ 组织独立建设支付标准、清算系统、POS 或网络 ATM 及风险控制系统
第三方独立发卡和清算机构	➢ 如美国运通（American Express），其在 2004 年底的发卡量为 6 500 万张，全年交易量为 4 200 亿美元
支付服务提供商	➢ 如美国的第一数据，其独立建设 POS、ATM 系统及网络，并提供将最终用户同发卡行直接连接的服务和收单业务
电汇业务提供商	➢ 如 Swift 和 Fed wire，主要建设并联结银行之间的账户电汇业务
提供收单业务的银行	➢ 如美国 Wells Faro 银行

2006.9 iResearch Inc.　　www.iresearch.com.cn

二、中国网上电子支付的现状

1. 中国网上电子支付市场规模

目前，中国电子支付市场并存着 4 套支付系统。首先是各商业银行建立的行内支付业务系统；其次是银行卡支付系统；第三是票据支付系统；第四是以中国现代化支付系统（CNAPS）为核心业务系统的信息系统集群。

CNAPS 包括大额实时支付系统（HVPS）、小额批量支付系统（BEPS）、支票影像交换系统（CIS）、清算账户管理系统（SAPS）以及支付管理信息系统（PMIS）。中国现代化支付系统特指由 CNAPS 及其相关信息系统有机组合而成的信息系统集群。

人民银行支付清算系统有 1 517 个直接参与者，他们都在国家储备中心开有清算账户。其中有商业银行的参与者、人民银行会计和国库的参与者以及特许参与者，如中国银联、国债公司、债券交易中心等。

支票影像交换系统连接 2 000 多个交易所，包括直接参与者连接到间接参与者共有 60 000 多个。中国现代化支付系统的运行时间是：大额支付系统受理支付业务时间为 08：30～17：00，清算窗口开启时间为 17：00～17：30，如果资金不足则需等待，商业银行允许有半个小时的时间筹措资金，如果这半个小时内筹措到资金就可以处理，如果筹措不到，将进行回退；小额支付系统和支票影像交换系统是 72 小时连续运行的。

网上电子支付业务量的总体情况如下。2006 年大额日均交易笔数为 564 985 笔。2007 年以来，业务量和业务金额有所增长，日均业务量是 62 万笔，金额已经达到了 15 000 亿元。小额支付系统的业务量相对较小，日均业务量是 9 万笔左右。支付清算业务量的发展非常快，2006 年的数字与 1994 年做比较，1994 年的支付系统全年的业务交易金额是当年 GDP 的 1.1 倍，到 2006 年的时候，支付清算业务的金额已经达到当年 GDP（21 万亿左右）的 12.3 倍。业务的笔数从 1994 年的每年 400 万笔到 2006 年的 1.41 亿笔。每年系统交易的业务量增长大概在 30％左右。

由于中国电子商务市场发展的有力推动，中国个人网上电子支付的市场规模发展迅速。从 2005 年到 2010 年，电子支付呈现疯长的态势，交易额连年翻番：2008 年中国电子支付的市场规模为 2 743 亿元，2009 年为 5 766 亿元，2010 年达到 10 858 亿元，环比增长 96%。据人民银行支付结算司统计，2011 年全国网上支付量 151 亿笔，金额达 695 万亿元，同比分别增长 77%和 33%。

中国人民银行2011年1月全国的网上支付跨行清算系统,已连接120家银行业金融机构的网银系统，日均处理业务64万笔，金额84亿元，同比分别增长310%和308%，有力支持了电子商务的发展。

中国互联网信息中心（CNNIC）发布报告显示，截至2013年6月底，我国使用网上支付的网民规模达到2.44亿，使用率提升至41.4%。与2012年12月底相比，网民规模增长2 373万，增长率为10.8%。截至2013年6月底,手机在线支付网民规模达到7 911万,使用率提升至17.1%,与2012年12月底相比提升了3.9个百分点；手机购物网民规模达到7 636万，使用率为16.5%,较2012年12月底提升3.3个百分点。

2013年上半年，手机在线支付市场发展迅速，其网民规模在商务交易类应用中增幅最大。与此同时，手机支付环节用户体验的提升，从侧面推动了手机网络购物市场的繁荣。

2. 中国电子支付的发展阶段

表1-4为中国电子支付的发展阶段。

表1-4 中国电子支付的发展阶段

序列	阶段	内容
1	金融机构结算的计算机原理	银行利用计算机处理银行之间的业务，办理结算
2	金融机构与非金融机构结算的计算机处理	银行计算机与其他机构的计算机之间进行资金结算，如代发工资、代扣公积金等
3	金融网络终端的银行服务	利用网络中断向客户提供各种银行服务，如自动柜员机（ATM）上存、取款
4	POS电子支付	利用银行销售点终端（POS）向客户提供自动的支付账款鼓舞
5	网上支付	随时随地通过互联网或者电话进行直接转账结算，形成电子商务环境

2006.9 iResearch lnc www.iresearch.com.cn

第三节 网上支付清算系统的设计

一、网上支付清算系统概述

网上支付体系基本由4个要素组成：一是法律法规框架体系；二是提供支付服务的组织体系；三是支付工具体系；四是支付清算系统。法律法规是清算组织支付工具使用和支付信贷系统运行的准则或规范，是整个支付体系的一个重要组成部分。

（1）中国主要的金融法律法规规章有《中国人民银行法》《商业银行法》《支付结算管理办法》《现金管理办法》以及支付清算组织的一些管理办法等。

（2）支付组织体系有金融机构、银行（商业银行，邮政储蓄，农村信用社、城市商业银行等）、支付清算组织或者第三方支付清算组织。

（3）支付工具体系包括支票、本票和信用卡等。支付工具是支付的载体，要能够支撑这些支付工具的使用、实现资金的清算、完成资金的转移，需要一个通道，即支付清算系统。人民银行的清算系统是国家的重要基础设施，除此之外，还有商业银行的支付系统。

（4）中国支付清算系统由人民银行支付清算系统、金融行业内的支付系统、票据支付系统、银行卡支付系统、境内银行间的外币支付系统、互联网支付和支付清算组织的系统等。互联网支付和支付清算组织的清算系统是作为补充的支付清算系统，与其他系统间是和谐共赢的关素。

人民银行支付清算系统主要有：现代化支付系统、支票影像交换系统和境内银行间外币清算系统。

第一，现代化支付系统，包括大额实时支付系统和小额批量支付系统。大额实时支付系统从功能上来讲，处理的是同城和异地跨行之间和行内的大额贷记及紧急小额贷记支付业务、人民银行系统的贷记支付业务以及即时转账业务等。这些支付业务由付款方发起。其关键点在于实时处理全额清算资金，国际上叫 RTGS。小额批量支付系统是处理同城和异地纸凭证截留的商业银行跨行之间的定期借记支付业务，人民银行会计和国库部门办理的借记支付业务，以及每笔金额在规定起点以下的小额贷记支付业务。其关键点在于批量发送支付指令，因为不是全额的，所以处理的时间上要稍微慢一些。其初衷是为社会提供大业务量、低成本的支付服务。这个支付管理信息系统严格来说并不是支付系统，是支付系统的服务系统，主要是集中管理支付系统的基础数据，提供业务的查询，并为系统的检测、管理提供服务。

第二，支票影像交换系统，英文简称 CIS。这个系统是票据支付系统的一部分，它实现了支票的截留和有效传递，出票人开户行根据影像作为付款的依据，目的是使在区域内或者同城内使用的支票能够在全国使用。

第三，境内银行间外币清算系统，以业务处理为核心，由直接参与机构等单一法人集中接入，逐笔发起，实时传送，由结算银行全额实时清算外币资金的业务处理系统。

二、网上支付清算系统的网络设计

全国大部分地区中小银行使用的计算机业务系统主要有电子汇兑系统和门柜系统。电子汇兑系统采用两级网络模式，即中心和网点，网点采用电话拨号的方式接入汇兑中心，交易是非实时的。门柜业务系统主要是单机版，仅能满足传统业务和简单的中间业务的需要，不利于业务的发展。但是这两个业务系统都为业务网络系统建设打下了较好的设备、人员和管理基础。

1. 网络系统的设计

中小银行集中式综合业务网络系统由主机系统、网络系统、系统软件、应用软件等部分构成，其系统结构拓扑图如图 1-7 所示。

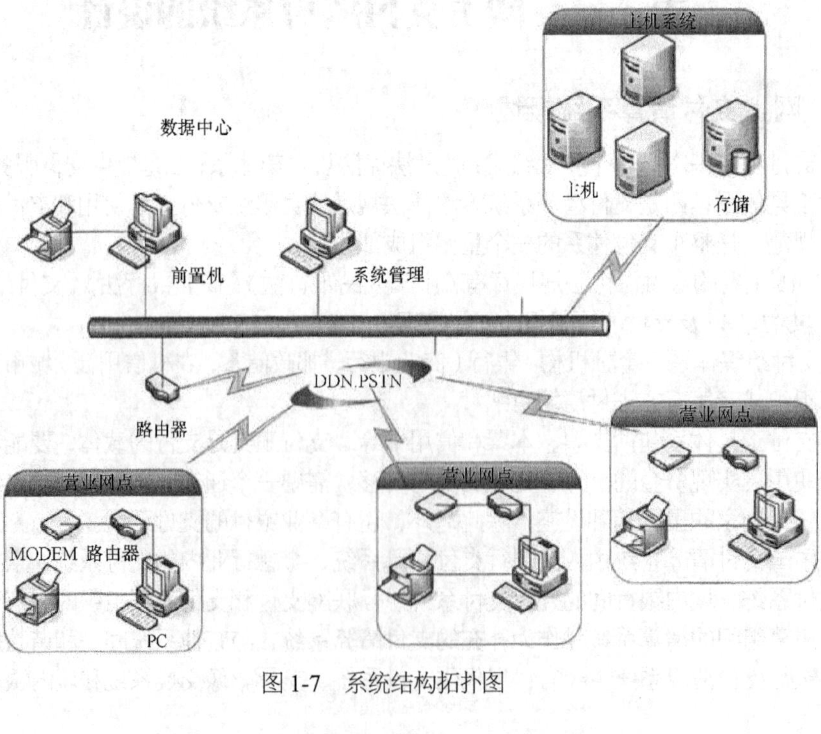

图 1-7　系统结构拓扑图

2. 主机系统的选型策略

主机系统的选择是系统建设的重点，针对中小银行的情况，主机的方案要根据当前区域的情况来定，同时还要考虑发展的需要，即在设计主机系统时既要考虑满足现有业务处理的需要，又要考虑到区域集中扩大时、版本升级后主机系统的应用问题，以便保护现有投资。

主机可选用当今世界上两大主机生产厂商 IBM 和 HP 的产品，其中选用 IBM 的机型有 PC 服务器 NETFINITY 系统和小型机 RS6000 系列；HP 的机型有 PC 服务器 LX 系列和小型机 HP9000 系列。这些主机都是业界普遍使用的。

主机系统的存储设备可选用基于总线结构的磁盘阵列和基于网络结构的磁盘阵列。基于总线的磁盘阵列可提供 RAID 技术和支持双机热备，基于网络结构的磁盘阵列可实现存储共享、虚拟存储、动态分配。存储设备可选用台湾精业、联想、EMC 等公司的产品。

根据中小银行的实际，许多单位都认为先建地市数据中心，成熟后再过渡到全省集中是一种比较稳妥的办法，比较符合实际情况。因此，对地市数据集中的主机系统来说，一般地市主机可选用 PC 服务器模式，PC 服务器模式是投资保护性最好的方案，其原因有二，一是 PC 服务器有超强的处理能力和性价比，二是在大集中后，它是最合适的节点机。IBM 和 HP 公司不断推出新型的 PC 服务器是因为它不断地受到业界的青睐，PC 服务器业务日处理能力可达到一二十万笔，它的稳定性和处理能力完全达到了低端小型机的处理水平。

结合目前金融行业的使用情况，PC 服务器完全能满足一般地市中小银行近五年业务发展的需要。少数发达的地区可选用小型机系列。

3. 网络系统的设计

中小银行的网络模式应进行分层设计，一般分为主干网和接入网。主干网是指网络节点与网络节点之间的连接；接入网是指网点与网络节点或网点与数据中心的连接，见图 1-8 网络拓扑结构图。

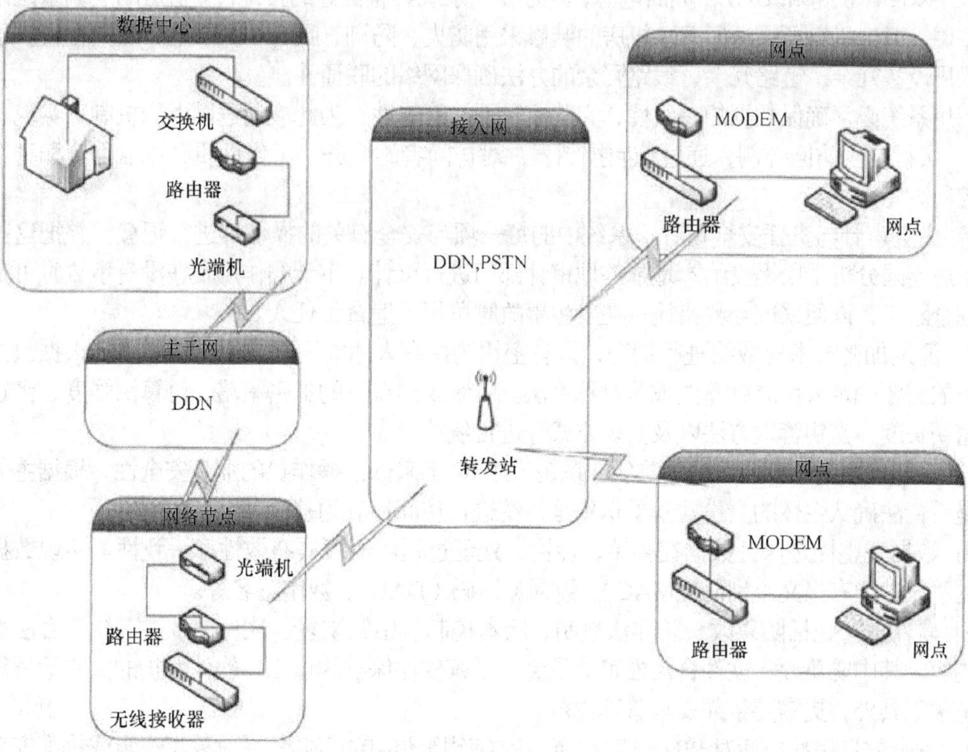

图 1-8 网络拓扑结构图

（1）主干网的线路选择。

为保证网络的可靠性，主干网要租用两套线路互为备份，并且最好要分别租用两家服务供应商的线路。主干网线路带宽速率应选择 2Mbit/s，用以支持清算、综合业务、OA 和 IP 语音系统。主干网络设备多采用高性能、高可靠性的 Cisco 系列网络产品。

（2）路由协议的选择。

路由协议的选择对网络的稳定高效运行、网络在拓朴变化时的快速收敛、网络带宽的充分有效利用、网络在故障时的快速恢复和网络的灵活扩展都有很重要的影响。目前，在大型网络中较常见的路由协议是 OSPF 和 EIGRP。在两条线路不平衡时（如两条 2M 的 DDN），使用策略路由协议具有很多好处；但当两条线路平衡时，可以直接采用简单的动态路由协议，如 EIGRP 或 OSPF，自动实现负载平衡和相互备份。

（3）接入网线路选择。

在满足业务需要的前提下，可根据实际情况来选择 DDN 方式、专线方式、拨号方式等。由于接入网是专门为综合业务网络服务的，可根据网点的通信条件和业务量的需求来选择通信线路。

总之，分层设计、主干网和接入网概念的引入，既保证了网络结构的灵活性，又保证了网络的先进性。

4. 系统安全设计

系统安全的核心就是保护中小银行数据的安全，确保数据能被正确使用，不被篡改、不被破坏。系统的安全来源于系统的稳定运行、先进可靠的安全机制和科学的管理办法。

应用环境是系统运行的载体，系统的安全首先就要确保应用环境的安全。为了确保应用环境的安全，在建立数据中心时就要对机房环境、硬件设备进行周到的考虑。

主机系统采用双机热备技术或集群技术，确保在一台主机出现故障时，系统仍能继续运行。存储系统使用数据镜像技术，确保存储设备能长期为系统提供数据服务。为保证供电不断，电源设备采用双回路供电和 UPS 不间断电源，同时要求系统具有良好的接地性。机房的空调系统采用专用空调，保证机房恒温、恒湿。机房的装修采用防火、防潮、吸音、抗静电、防尘材料。通信线路采用设备冗余、链路冗余、线路冗余的办法确保网络的联通性。

应用系统必须确保数据的一致性、完整性和不被篡改性，为此应通过以下的机制来实现。

- 实行自主访问控制，通过访问控制表，对访问者的职务、工作性质、可信程度和密级等进行控制。
- 安全审计与责任安全审计，系统中的每一项与安全有关的操作都进行记载，并把这些记录加密后连同分析手段提交给本地或外地审计部门进行审计。审计的作用是在没有事故时可及时发现安全隐患，以便采取补救措施；在发生事故时可用于追查责任人。
- 通过加密技术对数据进行加密，只有密钥的持有人才能恢复数据原貌。系统根据数据量和加密的需要确定采用对称算法或非对称算法。系统采用统一的加密策略，对算法强度、密钥算法、密钥长度、密钥管理方法以及实现方式等进行统筹考虑。
- 身份识别是系统的第一道防线，系统采用 IC 卡来保证操作员的信息安全性，根据主体的特征是否合法确认主体的身份。身份识别是系统进行访问控制的基础。
- 数据完整性是保证数据在存储、传输、处理过程中的真实有效性和一致性。实现数据完整性的手段主要有报文鉴别码（MAC）、数据鉴别码（DAC）、数字签名等。
- 软件保护包括防篡改、防非法复制、版本控制、出错恢复、软件一致性、软件合法性审计等内容。其中防篡改、软件合法性审计是金融系统软件保护的重点，软件保护的实施除依靠技术和有关工具外，更需要依靠安全管理规范。
- 安全信息保护包括对 PIN、口令、证书、密钥等信息的保护，系统采用逻辑或物理安全服务器、IC 卡等方法。

- 当综合业务网络系统同其他系统网络有物理连接时，系统还要考虑防火墙技术的应用。

三、网上支付清算系统案例

1. 中国现代化支付业务简介

中国现代化支付系统（CNAPS）是人民银行总行在全国统一规划、建设并推广使用的支付结算系统，主要包括大额实时支付系统（HVPS）和小额批量支付系统（BEPS）。

大额支付系统是中国现代化支付系统的一个重要应用系统，主要处理中央银行及国库、国有独资商业银行、股份制商业银行、城乡信用社等金融机构以及其他特许非银行金融机构之间在规定金额以上的大额贷记支付业务、紧急的小额贷记支付业务的支付与清算，以及特定的信息服务。大额系统支付指令实时发送，逐笔全额清算资金。

小额支付系统是中国现代化支付系统的另一个重要应用系统，主要处理中央银行及国库、国有独资商业银行、股份制商业银行、城乡信用社等金融机构以及其他特许非银行金融机构之间在规定金额以下的贷记支付业务、借记支付业务的支付与清算，以及特定的信息服务。系统实行 7×24 小时不间断运行。小额系统支付指令批量或实时发送，净额清算资金。

2. 系统总体框架和技术特征

中小银行现代化支付接入系统按结构可分为接口（与人民银行前置机）和行内系统两部分。支付系统往、来账报文在省中心与人民银行之间的传输与清算按以下方式进行：大额支付系统报文在省中心与人民银行之间是单笔传送，实时单笔全额清算；小额支付系统报文在省中心与人民银行之间既有单笔发送，也有组包发送，净额清算资金。

中小银行现代化支付接入系统的行内系统由通汇社子系统、县中心子系统和省中心子系统组成，3 个子系统相互联系、各负其责。通汇社子系统、县中心子系统和省中心子系统分别所属的三级节点（通汇社、县中心、省中心）是委托与被委托（服务）的关系，在技术上是平等的，相互联系、各负其责。通汇社子系统负责支付业务的原始数据采集与业务的实现；县中心子系统负责报文的转发与相关控制；省中心子系统作为全省往、来报文对人民银行系统收发的接口，负责报文的相关控制、重组（打包、解包）转发等，代理全省间接参与者与人民银行的清算、对账等。

支付系统往、来账报文在行内通汇社子系统、县中心子系统和省中心子系统上下级之间的传送和清算，不管是大额还是小额业务，报文都是单笔传送，资金清算都是单笔、实时、全额资金清算。贷记报文发送成功，则清算成功；接收成功，则清算成功。借记报文传输无资金清算，借记业务回执报文资金清算同贷记报文，信息类报文传输无资金清算。往、来账报文的清算发生在直接上下级之间。对通汇社来说，只要往账报文发送到上级中心，资金就已清算，该笔业务全部完成。上级中心与省中心或人民银行如何处理，与通汇社无关，通汇社不考虑。

对于往账报文发送到省中心，人民银行拒收以后，行内系统从省中心退回到通汇社后，大、小额处理方式不一样。大额业务被拒收后是由省中心生成一笔特别的来账，按来账的方式发送到通汇社，通汇社接收后打印来账凭证并进行后续处理；小额业务被拒收后是省中心系统进行自动冲正，并生成冲正信息在下级接收来账时接收下去，下级系统接收到冲正信息后自动修改原始往账，同时会有提示，在通汇社由操作员手工查询统计往账中有哪些业务被拒收，打印往账凭证并进行后续处理。

中小银行小额支付接入系统与大额支付系统共享主机资源，共享行名行号等基础数据，共用部分公共控制模块、系统管理模块等，但往来业务处理模块大额支付系统与小额支付系统彼此独立。

中小银行现代化支付接入系统能实现大额系统的单笔、实时、全额清算资金的要求，能实现小额系统的单笔或批量发送、净额清算资金的要求。

中小银行现代化支付接入系统安全性有保障，效率较高，工作量较小，能满足中小银行低成本、大业务量的支付清算需求，能很好地支持、促进全省中小银行的业务发展。

3. 支付系统与特约电子汇兑系统

中小银行现代化支付接入系统（包括大额、小额、汇票）的开发、运行在原特约汇兑系统的基础上实现，两者之间是非对称的耦合关系。

（1）在技术层面上，现代化支付系统与原特约汇兑系统共用数据库，但通信控制、应用程序完全分开。

（2）在业务层面上，现代化支付系统与原特约汇兑系统作为中小银行的两大结算渠道，各有其侧重点，具体如下。

① 原特约汇兑系统主要处理（中小银行）系统内的结算。

② 现代化支付系统主要处理跨行同城/异地结算。

支付系统业务可以分为大额支付业务和小额支付业务。其中，大额支付业务包括贷记支付类、查询类、特殊类；小额支付业务包括贷记支付类、普通借记类、定期贷记类、定期借记类、回执类、信息类、特殊类等。

（3）在操作层面上，现代化支付系统与原特约汇兑系统在通信控管、应用处理流程等方面基本分开，联系和相互控制主要有以下4点。

①共用清算头寸户；②共用操作员管理；③共用数据备份恢复；④日始/日终相互控制，先做原特约汇兑系统日始/日终，后做新系统日始/日终处理。支付系统往账处理步骤为：会计要素录入→复核授权/审核→编押→发送→打印凭证；支付系统来账处理步骤为：接收来账→打印凭证→核押、其他检查→提供给业务系统记账。

（4）在工作流程上，在一个工作日中，特约电子汇兑与支付系统的日始日终的控制流程要求严格。其控制关系如图1-9所示。

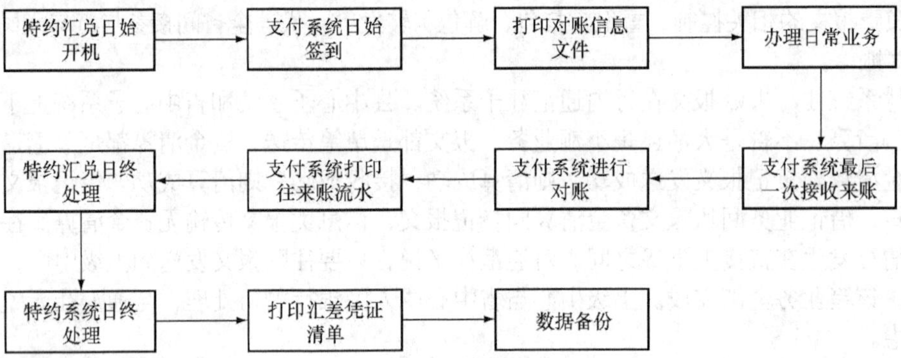

图1-9 电子汇兑与支付系统日始/日终控制流程图

4. 现代化支付系统业务范围

中小银行现代化支付系统已开通的大额支付业务种类包括：汇兑CMT100、委托收款（划回）CMT101、托收承付（划回）CMT102、国库资金贷记划拨CMT103、同业拆借CMT105、特约电子联行CMT109、贷记退汇CMT108业务，以及查询书CMT301、查复书CMT302、自由格式报文CMT303等查询类业务，申请退回CMT313、申请退回应答CMT314、申请大额单笔撤销CMT313、申请大额单笔撤销应答CMT314等特殊业务。

中小银行现代化支付系统已开通的小额支付业务种类包括：汇兑00100、委托收款（划回）00101、托收承付（划回）00102、贷记退汇00108，缴费30002（300）、其他贷记106、其他借记

119、定期贷记业务 104、定期借记业务 114，借记回执（119 普通借记回执和 114 定期借记回执），以及查询书 301、查复书 302、自由格式报文 303、通用信息 500、申请小额整包撤销 321、申请小额整包撤销应答 322、退回申请 319、退回申请应答 320、借记业务止付申请 327、借记业务止付申请应答 328。

5. 汇票系统体系结构设计

汇票系统的结构如图 1-10 所示。

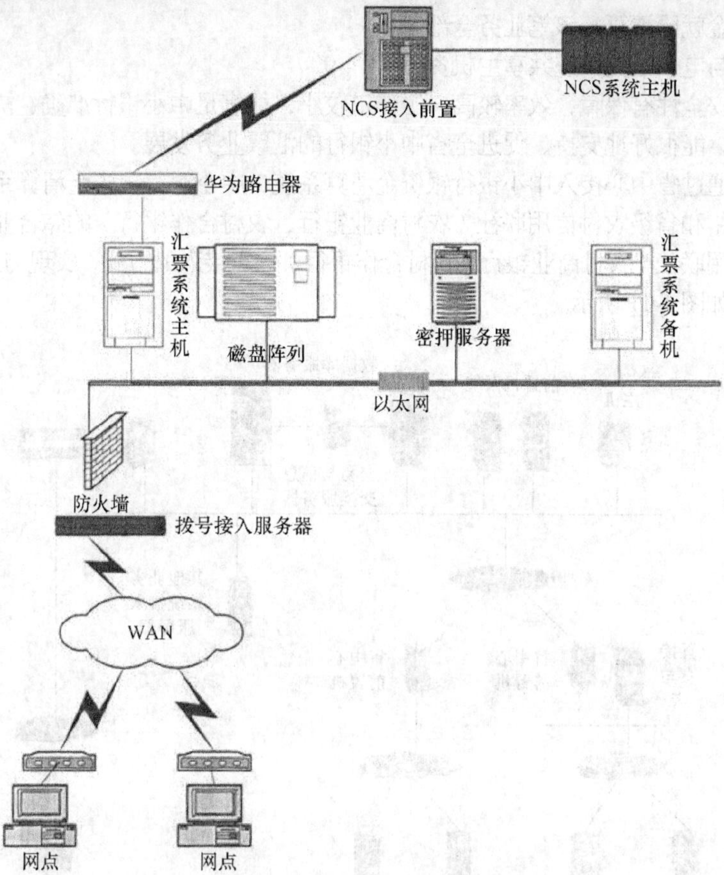

图 1-10 汇票系统结构图

银行汇票是出票行（社）签发的，由其在见票时按照实际结算金额无条件支付给收款人或者持票人的票据。银行汇票作为一种常用的金融产品，为能够提供安全、快捷、优良的服务，需要采用手工与计算机并行管理的方式。参加中小银行银资金清算系统的中小银行、农村商业银行、农村合作银行签发银行汇票，必须使用经中国人民银行批准的银行汇票凭证、汇票专用章和清算中心统一确定的编核押系统。

另外，银行汇票凭证应纳入重要空白凭证管理，空白银行汇票凭证的领取、使用、作废、上缴必须在行内综合业务系统和手工登记簿中同时记录，记录结果必须保持一致。

汇票系统按结构可分为接口（与人民银行前置机）和行内系统两部分。汇票系统往、来账报文在省中心与中小银行银资金清算系统传输与清算。

汇票系统的行内系统由通汇社子系统和省中心子系统组成，两个子系统相互联系，各负其责。通汇社子系统和省中心子系统分别所属的两级节点（通汇社、省中心）是委托与被委托（服务）的关系，在技术上是平等的，相互联系，各负其责。通汇社子系统负责汇票业务的原始数据采集与业务的实现，并完成报文的发送与相关控制；省中心子系统作为全省往、来账报文对中小银行资金清算系统的收发接口，负责报文的相关控制、重组（打包、解包）转发等，代理全省间接参与者与中小银行银资金清算系统的清算、对账等。

汇票系统往、来账报文在行内通汇社子系统和省中心子系统上下级之间的传送和清算，报文都是单笔传送，资金清算都是单笔、实时、全额资金清算。贷记报文发送成功清算成功，接收成功清算成功；借记报文传输无资金清算，借记业务回执报文资金清算同贷记报文，信息类报文传输无资金清算；往、来账报文的清算发生在直接上下级之间；对通汇社来说，只要往账报文发送到省中心，资金就已清算，该笔业务全部完成。

汇票系统与电子汇兑系统共享主机资源。

汇票系统安全性有保障，效率较高，工作量较小，能满足中小银行准确、快捷、便利的办理汇票业务要求，能很好地支持、促进全省中小银行的汇票业务发展。

汇票系统通过省中心接入中小银行银资金清算系统，中小银行银资金清算系统网络借助现有系统的清算网络和省级农村信用联社（农村商业银行、农村合作银行）的综合业务系统网络，按照省级农村信用联社（农村商业银行、农村合作银行）一点接入的方式，实现与入网机构的联网。网络拓扑结构如图 1-11 所示。

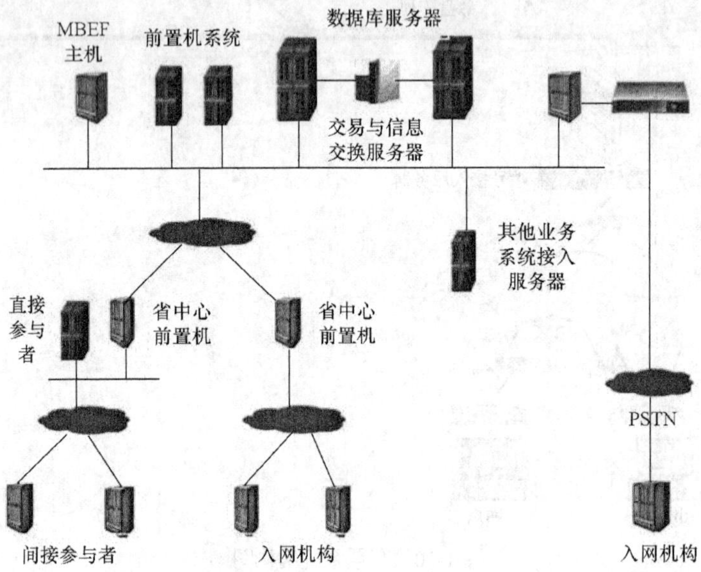

图 1-11　入网机构网络拓扑图

中小银行银资金清算系统分为以下 3 层。

第一层为中小银行银资金清算中心（简称清算中心），实现各入网机构的资金清算功能。

第二层为中小农信社资金清算省级中心（简称省中心）。省级农村信用联社（农村商业银行、农村合作银行）综合业务系统或省辖清算系统，由清算中心提供的省中心前置机处理系统（简称省级前置）与之同位摆放，实现省中心的接入和资金清算数据的转发功能。

第三层为入网机构。主要实现数据的录入和发送，数据接收和生成记账文件，传递给入网机构综合业务系统。

汇票系统采用集中接入模式接入中小银行资金清算系统。各入网机构通过省辖资金清算系统，按照中小银行资金清算系统的接口格式生成报文，集中发送给清算中心。省辖资金清算系统通过省级前置接收清算中心资金清算报文，并分发给入网机构，如图 1-12 所示。

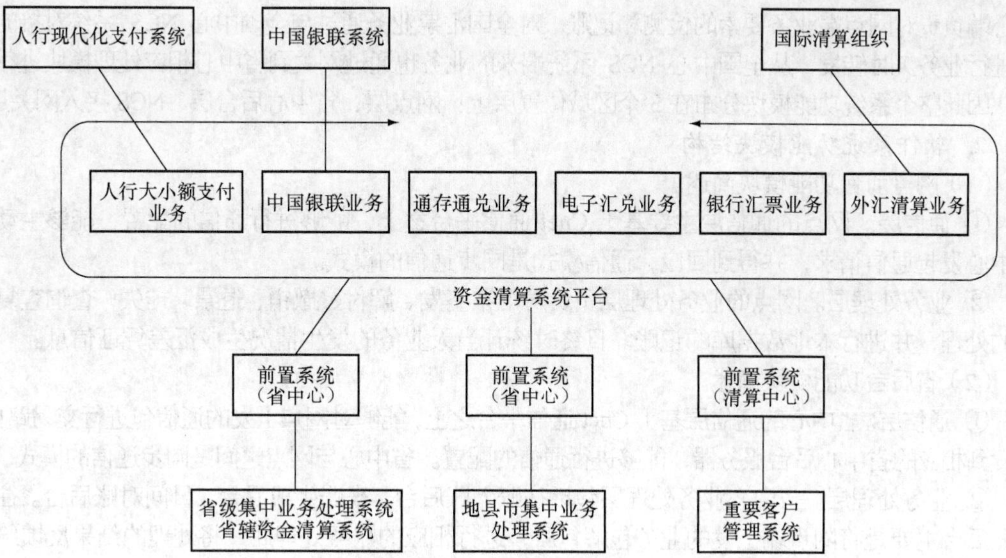

图 1-12　入网机构组织结构图

四、网上支付清算系统的软件模块设计

1. 软件系统层次划分（见图 1-13）

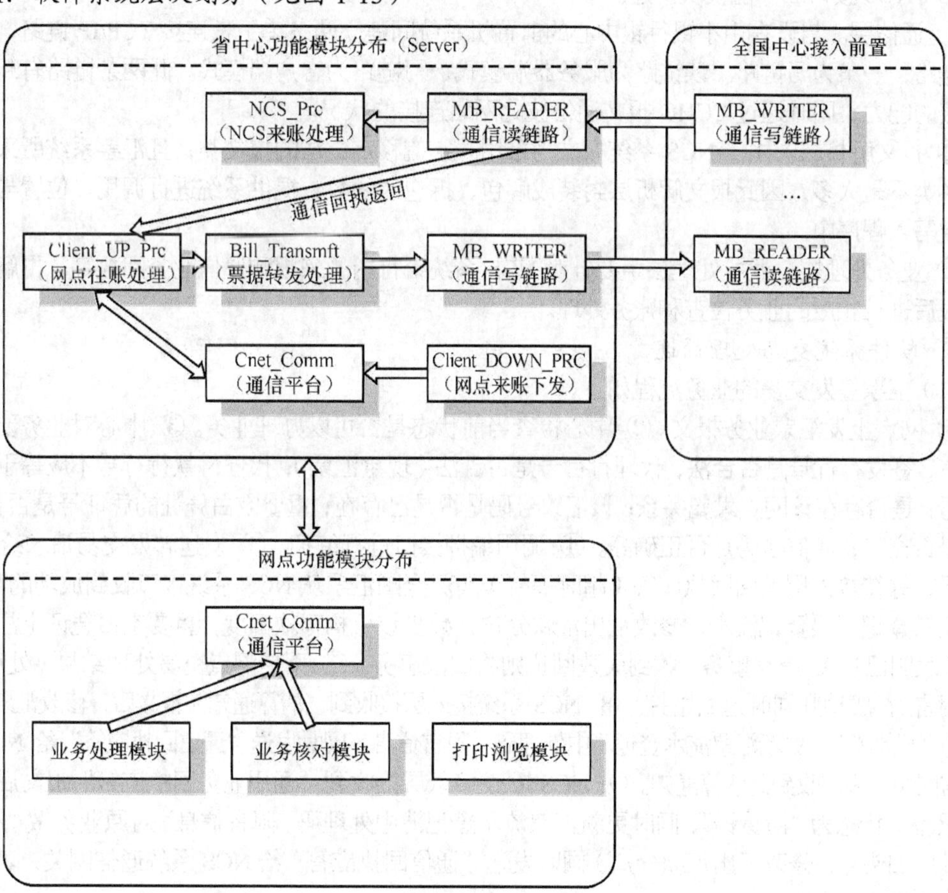

图 1-13　软件结构划分

整个汇票系统是典型的客户端／服务器结构，汇票系统网点端负责客户数据的收集并提交，省

中心端负责对网点端业务要素的检测和记账，对全国汇票业务通过与全国中心 NCS 系统对接的网关进行业务实时转发，从全国中心 NCS 系统端来的业务也通过网关到省中心相应处理模块进行处理。因此整个系统功能模块分布在3个区域位置层上：网点层、省中心后台层、NCS 接入网关层。

2. 软件系统功能模块结构

（1）网点前台功能模块简述。

① 通信层。网点的通信层主要基于 Cnet 通信平台之上，能够进行通信的配置，能够主动向省中心发起通信请求，并得到回应，通信模式是同步通信的模式。

② 业务处理层。网点的业务处理层负责对汇票签发、解付、撤销、退票、挂失；查询查复业务的处理，并进行本地数据库的记账。日终时统计当天业务的发生情况生成汇差凭证信息。

（2）省后台功能模块简述。

① 通信层。省中心的通信层基于 Cnet 通信平台之上，能够对网点上发的通信包进行交易路由，分发到相应的省中心后台服务器，能够进行通信的配置。省中心与网点之间是同步通信的模式。

② 业务处理层。省中心业务处理层包括往账入账后台，来账生成后台，日间对账后台。往账入账后台主要是将网点端上发的业务包解包后，进行相应的账务处理后，将处理的结果反馈给前台。来账生成后台主要是在网点接收来账时，将网点端应收的来账（汇票解付、查询查复等业务）统一打包发送给网点。日间对账后台主要是负责将当天网点发送业务、接收业务的情况（在省中心）的情况，经网点端触发下传给网点端。

（3）NCS 接口层功能模块简述。

① 通信层。与设在中小银行银中心的前置机系统间建立两条单工长连接 TCP/IP 链路，一条为读链路，一条为写链路。读链路为服务器端模式，写链路为客户端模式。此两条链路有断了能再连接的能力，同时通过 ECHO 报文通告彼此网络连接的状况。

② 报文解析层。由于 NCS 系统报文为采用固定偏移定位法的报文类，且汇票系统所采用的报文种类不是太多，因此报文解析层封装成解包、拆包的函数，提供系统进行调用。位置与偏移量固定写入程序中。

③ 业务处理层。业务处理层主要针对 NCS 系统给行内的来报和通信业务回执等，再解包处理完成后进行相应的业务检查和账务处理。

3. 软件系统交易处理简述

（1）汇票签发交易的业务流程如下。

① 网点上发汇票业务报文。② 中心检查当前状态是否可以办理业务。③ 中心对业务要素进行检查，签发行行号是否合法；代理行行号是否合法（现金汇票）；代理付款行行号不应等于签发行行号；是否存在该网点隶属关系；该汇票号码是否是已存在；重要空白凭证的凭证号是否合法；头寸是否充足；通信密码是否正确等。④ 调用编押接口进行编押。⑤ 发送转发交易请求给 NCS 接入层，等待接入层返回回执应答（超时等待）。⑥ 全国汇票从 NCS 系统接口收到成功的回执，全国汇票登记汇票登记流水，修改汇出汇款分户，减少该机构存款额度；重要空白凭证上注销此号码（表明已用）。提交事务。收到失败回执则将回滚事务。⑦ 下传网点交易处理结果（处理码、处理附言），成功则同时返回密押。⑧ NCS 系统接入层接收到“清算通知”报文后，修改汇票流水状态为“已清算”，更新汇票流水登记簿中处理码、附言信息。同时发送“通信回执应答”给 NCS 系统通信网关，表明收到此清算通知。⑨ NCS 系统接入层接收到“通用业务回执应答”报文后，修改汇票流水状态为“清算错”，同时更新汇票流水登记簿中处理码、附言信息。对原业务做“冲账”处理（增加头寸，修改汇出汇款分户）同时发送“通信回执应答”给 NCS 系统通信网关，表明收到此回执应答报文。

（2）汇票解付交易（往账）的业务流程如下。

① 网点上发汇票解付业务报文。② 中心检查当前状态是否可以办理业务。③ 中心对业务要

素进行检查，发报行行号是否合法；收报行行号是否合法；发报行与收报行行号应当不相等；是否存在该网点隶属关系；是否已成功解付；通信密码是否正确等。④ 调用编押接口进行核押。⑤ 发送转发交易请求给 NCS 接入层，等待接入层返回回执应答。⑥ 全国汇票解付从 NCS 系统接口收到成功的回执，修改原流水状态为“已发送”，登记汇票解付流水登记簿，修改往账科目分户，增加该机构存款额度。提交事务。收到失败回执则将回滚事务。⑦ 下传网点交易处理结果（处理码、处理附言）。⑧ NCS 系统接入层接收到“清算通知”报文后，修改汇票解付流水状态为“已清算”，同时更新汇票解付流水登记簿中处理码、附言信息。同时发送“通信回执应答”给 NCS 系统通信网关，表明收到此清算通知。⑨ NCS 系统接入层接收到“通用业务回执应答”报文后，修改汇票解付流水状态为“清算错”，同时更新汇票流水登记簿中处理码、附言信息。

对原业务做“冲账”处理（增加头寸，修改汇出汇款分户）同时发送“通信回执应答”给 NCS 系统通信网关，表明收到此回执应答报文。

（3）汇票解付交易（来账）的处理流程如下。

① NCS 系统接入层从 NCS 系统通信网关收到“汇票解付”业务报文，检查收报行号是否合法；是否存在收报行的隶属衔接关系；是否有相同业务要素的汇票解付记录等。② 若检查通过登记来账汇票解付流水登记簿，修改来账科目分户，增加该机构存款额度（多余款）。向 NCS 系统通信网关发送成功的“通信回执应答”报文，否则发送失败的“通信回执应答”报文。提交事务。

（4）汇票退票交易的流程如下。

① 网点上发汇票退票业务报文。② 中心检查当前状态是否可以办理业务。③ 中心对业务要素进行检查，发报行行号是否合法；汇票的退票行是否是该汇票的签发行；重要空白凭证的凭证号是否合法；是否存在该网点的隶属衔接关系；是否存在此笔汇票，检查此笔汇票状态是否已挂失或索权、已退票等。④ 转发交易请求给 NCS 接入层，等待接入层返回回执应答。⑤ 从 NCS 系统接口收到成功的回执，修改原汇票流水状态为“已退票”插入汇票签发流水登记簿此笔汇票记录，（借贷标志为借）核销原汇票记录（同时修改分户账、余额）。同时提交事务。否则，将回滚事务。⑥ 下传网点交易处理结果（处理码、处理附言）。⑦ NCS 系统接入层接收到“清算通知”报文后，修改汇票解付流水状态为“已清算”，同时更新汇票解付流水登记簿中处理码、附言信息。同时发送“通信回执应答”给 NCS 系统通信网关，表明收到此清算通知。⑧ NCS 系统接入层接收到“通用业务回执应答”报文后，修改汇票解付流水状态为“清算错”，同时更新汇票流水登记簿中处理码、附言信息。

对原业务做“冲账”处理（减少头寸，修改汇出汇款分户）同时发送“通信回执应答”给 NCS 系统通信网关，表明收到此回执应答报文。

（5）汇票挂失交易的流程与汇票退票流程相同，单汇票状态需修改为“已挂失”即可。

（6）汇票撤销交易流程如下。

① 网点上发汇票撤销业务报文。② 中心检查当前状态是否可以办理业务。③ 中心对业务要素进行检查，发报行行号是否合法；是否存在该网点的隶属衔接关系；是否存在此笔汇票；发报行是否是该笔汇票的签发行；通信密码是否正确等。④ 转发交易请求给 NCS 接入层，等待接入层返回回执应答。⑤ 从 NCS 系统接口收到成功的回执，修改原汇票登记该流水状态为“已撤销”，同时插入汇票流水登记簿中登记此撤销汇票记录，借贷标志为借，修改汇款分户，增加该机构存款额度。提交事务。收到失败回执则将回滚事务。⑥ 下传网点交易处理结果（处理码、处理附言）。⑦ NCS 系统接入层接收到“清算通知”报文后，修改汇票登记簿中此撤销记录流水状态为“已清算”，同时更新汇票签发流水登记簿中处理码、附言信息。同时发送“通信回执应答”给 NCS 系统通信网关，表明收到此清算通知。⑧ NCS 系统接入层接收到“通用业务回执应答”报文后，修改汇票登记簿中此撤销记录流水状态为“清算错”，同时更新汇票流水登记簿中处理码、附言信息。对原业务做“冲账”处理（减少头寸，修改汇出汇款分户）同时发送“通信回执应答”给 NCS

系统通信网关，表明收到此回执应答报文。

（7）银行汇票查询书交易的流程如下。

① 网点上发银行汇票查询书业务报文。② 中心检查当前状态是否可以办理业务。③ 中心对业务要素进行检查，发报行行号是否合法；收报行行号是否合法；发报行与收报行应当不相等；是否存在该网点隶属关系；通信密码是否正确等。④ 发送转发交易请求给NCS接入层，等待接入层返回回执应答。⑤ 从NCS系统接口收到成功的通信回执，登记汇票查询查复书流水登记簿，流水状态为"已发送"，提交事务。收到失败回执则将回滚事务。⑥ 下传网点交易处理结果（处理码、处理附言）。⑦ NCS系统接入层接收到"通用业务回执应答"报文后，修改汇票查询查复流水状态为"中心处理错"，同时更新汇票查询查复流水登记簿中处理码、附言信息。同时发送"通信回执应答"给NCS系统通信网关，表明收到此回执应答报文。

（8）银行汇票查复书交易的流程与银行汇票查询书交易流程相同。

（9）自由格式交易的流程与银行汇票查询书交易流程相同。

（10）汇总核对交易的流程如下。

① NCS系统通信网关接收到汇总核对交易报文，转发接入层处理。② NCS系统接入层收到此报文后，返回"通信回执应答"报文。③ 后台对当日所有业务按往、来账分借、贷方向进行统计业务，与报文中相关信息加以比较看是否一致。若一致，对系统参数表中系统对账是否相符的标志进行修改，修改为"相符"。④ 若不符，则从前置机上取相关文件到本地目录下，并将对账标志改为"不符"。⑤ 不符则通过省中心的异常处理菜单进行对账处理找出相应的记录。进行相应处理。

4. 软件系统总体方案

在中小银行现代化支付接入系统中，行内系统采用的是省中心、县中心和通汇社三级分布式的系统。在三级节点中，省中心子系统主要负责与人民银行的数据交换，包括业务数据、控制信息的转发，省内业务数据的组织管理和控制，是全省机构所有业务的进出口节点；县中心子系统主要作为辖内网点的数据转发节点；通汇社子系统主要进行原始业务数据的采集、分析、处理、发送、接收和接收后处理。三级节点子系统都包含账务处理、控制处理和相应的系统管理等辅助功能。

（1）通汇社子系统的功能按照模块划分如下。

① 日始日终：日始签到、日终结账、打印对账信息文件、打印手续费。

② 往账业务：汇票签发、汇票解付、特殊业务、汇票查询、汇票查复、自由格式、特约汇兑。

③ 来账业务：来账接收。

④ 查询统计：行名行号查询、汇票签发流水查询、汇票解付流水查询、查询查复自由查询。

⑤ 打印：汇票解付凭证打印、查询查复自由打印、月报季报年报打印。

⑥ 系统管理：系统参数维护。

通汇社子系统的功能菜单如表1-5所示。

表1-5 通汇社子系统的功能菜单

现代化支付系统-通汇社子系统					
机构编码：3036		操作员：1111			系统日期：2005/12/20
日始日终	往账业务	来账业务	查询统计	打印	系统管理

（2）对核心功能模块分别说明如下。

① 日始日终包括日始签到和日终处理两部分。

a. 日始签到是指完成汇票系统日始数据清理。通汇社（县中心）的日始签到处理包括以下内容：一是与省中心通信，从省中心取回 NCS 会计日期；二是与省中心通信，从省中心取回本网点的上一日对账信息文件；三是与省中心通信，如果有手续费收费凭证，从省中心取手续费收费凭证；四是与省中心通信，如果有 NCS 行名行号变更信息，从省中心取回 NCS 行名行号变更信息，更新本地的 NCS 行名行号表。

b. 日终处理是指汇票系统完成日终数据清理。

② 往账业务包括汇票签发、汇票查询、汇票复省、自由格式和特约汇兑。

a. 汇票签发：为了保证资金的安全，通汇社办理的汇票签发业务需要经过录入员录入、复核员复核，发送人员发送 3 个步骤才能完成。对于大于或等于授权起点金额的汇票签发业务，在复核过程中还必须有授权过程，如图 1-14 所示。

正常汇票签发操作流程包括录入、复核（授权）、发送、打印等步骤。

录入员录入后，在复核员复核前发现问题，录入员通过修改模块修改，修改完成后，再提交复核员复核。

如果要取消待复核、待发送的流水，要通过抹账对该笔业务进行撤销。要抹账待复核的业务时，必须要由录入该汇票的录入员操作；要抹账待发送的业务，必须由复核该汇票的复核员操作。

如果汇票已经发送成功，则要通过特殊业务对该汇票进行挂失、退票、撤销处理。

b. 汇票查询：解付汇票时对于汇票票面压数不清、汇票专用章不清、密押有误的银行汇票，代理付款社（行）应通过中小银行资金清算系统向出票社（行）发出查询，待收到查复后再办理解付，如图 1-15 所示。

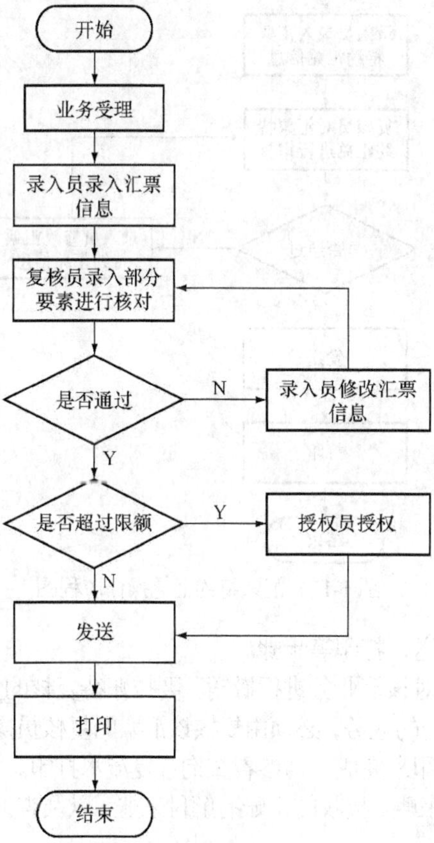

图 1-14　汇票签发流程图

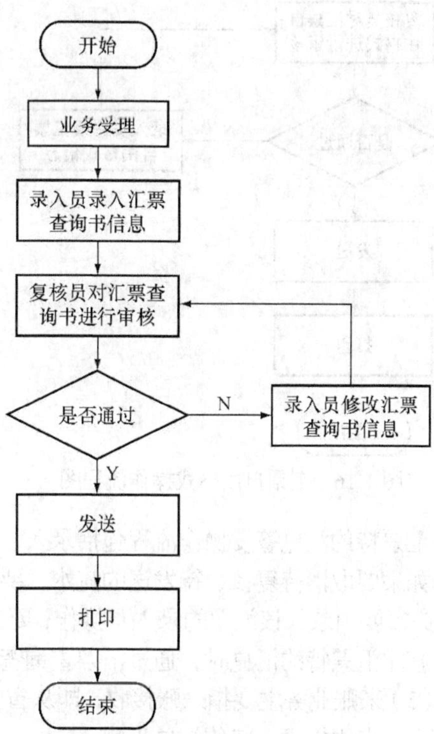

图 1-15　汇票查询操作流程图

正常汇票查询书签发操作流程包括录入、审核、发送、打印等步骤。

如果要取消待复核、待发送的流水，要通过抹账对该笔业务进行撤销。要抹账待复核的业务时，必须要由录入该汇票的录入员操作；要抹账待发送的业务，必须由复核该汇票的复核员操作。

打印汇票查询书时，通过汇票查询查复流水打印来完成，请参看查询查复流水打印。

c. 汇票查复主要用于接收行收到查询报文后的答复。应当在收到查询信息的当日、最迟下一个法定工作日上午予以查复。

操作流程与查询书往账的操作流程相似。首先，网点发起一笔查复书业务，业务人员录入该笔业务的信息依次为：原查询书号、原查询日期、原查询行行号、查复内容。其次，查复书业务必须有对应的原查询书业务。再次，系统自动回显原查询书查询的业务的要素。最后，收到查询书业务后，操作员应及时办理查复书业务予以回复。

d. 自由格式的操作流程如图 1-16 所示。

汇票自由格式签发操作流程包括录入、审核、发送、打印等步骤。

如果要取消待复核、待发送的流水，要通过抹账对该笔业务进行撤销。要抹账待复核的业务时，必须要由录入该汇票的录入员操作；要抹账待发送的业务，必须由复核该汇票的复核员操作。

打印汇票自由格式时，通过汇票查询查复流水打印来完成，请参看查询查复流水打印。

e. 特约汇兑的操作流程如图 1-17 所示。

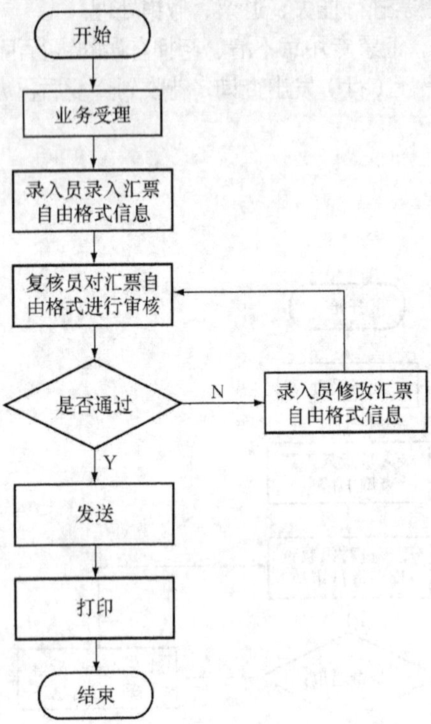

图 1-16　汇票自由格式操作流程图

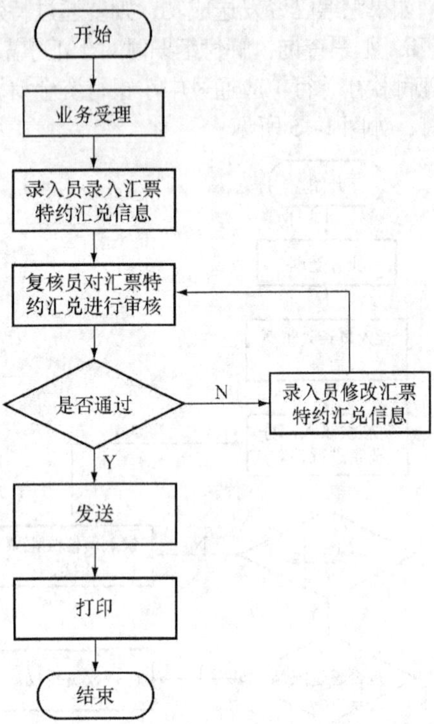

图 1-17　汇票特约汇兑操作流程图

汇票特约汇兑签发操作流程包括录入、审核、发送、打印等步骤。

如果要取消待复核、待发送的流水，要通过抹账对该笔业务进行撤销。要抹账待复核的业务时，必须要由录入该汇票的录入员操作；要抹账待发送的业务，必须由复核该汇票的复核员操作。

打印汇票特约汇兑时，通过汇票查询查复流水打印来完成，请参看查询查复流水打印。

（3）来账业务主要指来账接收，即从省中心接收来账。接收的来账有解付来账，以及查询书、查复书、自由格式、特约汇兑来账。

（4）系统管理主要指系统参数维护。

浏览本社（行）的系统参数，授权员通过修改功能修改授权额度。

汇票系统中软件部分的总体方案，对相关程序流程做出了详细说明，主要运用面向过程的方法，从前期业务调研中总结出系统主要的业务流程，在软件设计中从业务流程中抽取出功能模块，并对功能模块进行细化。

【本章关键词】

支付　电子支付　网上电子支付　网上支付清算　支付网关　SET与SSL协议　中国现代支付系统　电子商业票据

【本章思考题】

1. 网上电子支付与电子支付有什么区别？
2. 如何正确理解网上电子支付的定义？其功能如何界定？实现的条件和流程是什么？
3. 举例分析网上支付清算系统。
4. 怎样正确理解网上电子支付的现状？你认为网上电子支付的前景如何？

第二章

网上银行电子支付系统

教学要求

1. 掌握网上银行电子支付系统的定义、特征、分类、功能、标准
2. 熟悉中国现代支付系统的功能
3. 了解中国现代支付系统的优化方案
4. 熟悉 SWIFT 系统的功能

引导案例

商业银行支付平台系统

一、系统推出背景

中国各家商业银行已经以直联的方式接入了中国现代化支付系统（以下简称 CNAPS）和深港外币 RTGS 系统（以下简称 RTGS）。某银行在以间联的形式加入 CNAPS 的基础上，为了完善各地分行服务手段、提高行业竞争力、大力发展支付结算业务，委托雁联公司为其开发支付平台系统。

二、业务需求介绍

1. 遵从人民银行总行的业务和技术要求
2. 实现行内系统与 MBFE 间的数据实时交换
3. 实现业务必备的查询统计功能
4. 实现大额、小额业务独立处理，互不干扰
5. 实现多个 MBFE 的连接
6. 具有必要的安全措施
7. 具有必要的审计措施
8. 具有良好的业务扩展性，以不断支持新业务的开展
9. 具有良好的维护性，应对有关业务指标和要素实行参数化设置和控制

三、客户需求分析

（1）以最短的时间、最简易的方式实现深圳、上海、福州 3 家分行直联 CNAPS。

（2）预留接口以接入其他外围支付系统，如外币系统。

（3）确保系统能够稳定运行。

（4）系统要有高可靠性。

四、系统目标分析

支付平台系统是处于 MBFE 和银行行内系统之间的业务转换系统，是行内系统与 MBFE 的连

接通道，它主要完成平安银行跨行支付业务及信息业务在银行行内系统与MBFE之间的数据实时交互以及行内系统对外部支付系统报文的转换处理，实现银行行内系统与外部支付系统的直接对接，并最大限度的降低银行开发的成本。

五、系统业务流程图

整体业务系统的业务流程如图2-1所示。

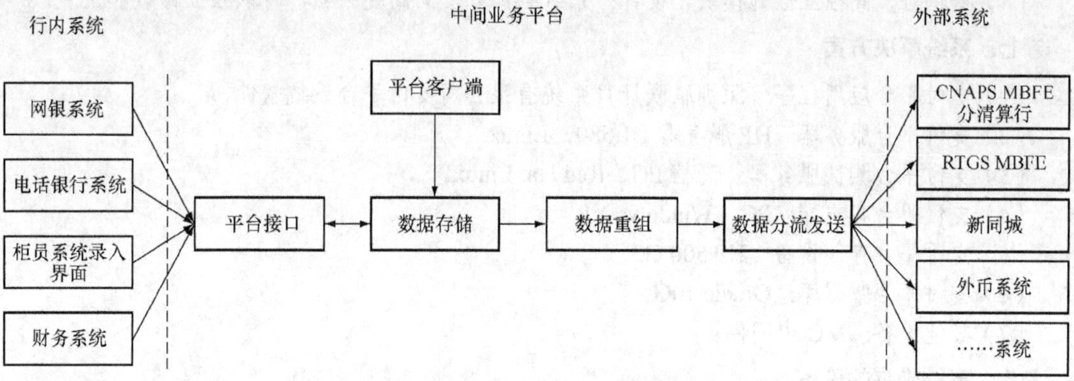

图2-1　整体业务流程图

系统逻辑结构如图2-2所示。

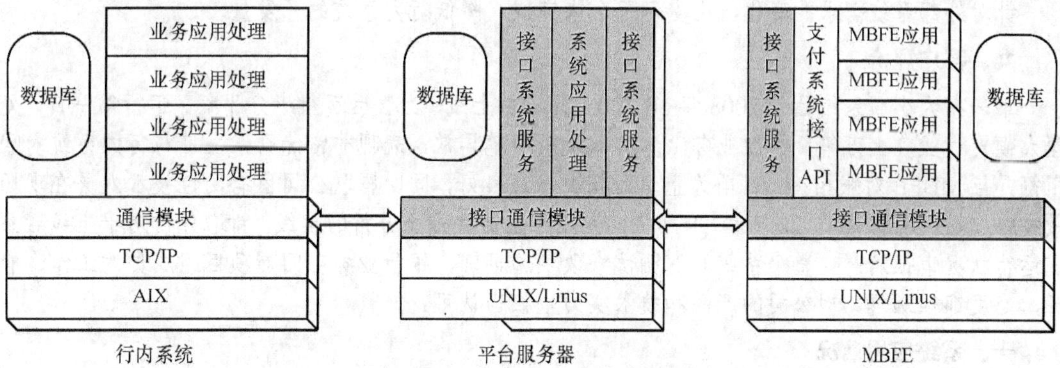

图2-2　系统逻辑结构图

说明：

（1）图2-2中的阴影部分为接口系统组成部分。

（2）接口系统应用模块的部署分两个部分：第一部分运行在平台服务器的硬件设备上；第二部分与MBFE连接，运行在MBFE硬件设备上。

（3）支付平台MBFE部分调用支付系统的API与MBFE交换数据并负责与接口服务器通信。

（4）支付平台部分负责MBFE与行内系统数据传输以及完成行内系统与外部系统报文的转换工作。

（5）支付平台支持与多台前置机的连接服务。

（6）行内系统与支付平台服务器间通过接口通信模块（如消息中间件）交换数据；支付平台服务器和MBFE之间采用接口通信模块（如消息中间件）交换数据，底层通信协议为TCP/IP。

六、系统总体设计原则

（1）层次化的逻辑设计：从系统的角度来看，分为了业务接入层、业务表示层和业务处理层；从核心业务的处理来看分为了系统调度层、通信层、报文转换层、核心业务处理层。

（2）高效：能满足银行多渠道接入时的大业务量。

（3）参数化：对于不同子系统及不同的业务通过参数化来控制，便于管理。

（4）松耦合、高独立性的模块化设计：系统各部分之间高度独立，可以独立修改和配置。

七、系统解决方案

（1）支付平台应用程序：深圳雁联计算系统有限公司支付平台系统软件。

（2）支付平台服务器：HP 服务器 DL580、Linux。

（3）支付平台测试服务器：高档 PC、Red Hat Linux。

（4）支付平台客户端：PC、Windows XP。

（5）支付平台存储设备：HP 500 G2。

（6）支付平台数据库：Oracle 10G。

（7）其他设备：MQ 中间件。

八、系统带来的价值

银行通过支付平台系统统一接入外部支付系统，可以最大限度地降低银行的接入成本，对银行积极拓展支付类业务有着积极作用。

支付平台系统可以按清算行，子系统分步接入，降低系统实施的风险。

针对外部系统需求的变化，由支付平台来完成，降低行内系统的开发量。

九、客户评价

第一期大小额系统已于 2008 年 10 月 17 日成功上线，上线后运行十分平稳。运行第一日，处理大额支付业务上万笔，小额业务上千笔，没有一笔异常，表现非常优秀，当日与行内系统对账相符，与 MBFE 对账相符。目前为止运行状况一直良好，同时雁联公司留有两位技术人员在现场做技术支持，并于 10 月 28 日和 11 月 7 日完成了上海和福州分行的上线。新增分行对于上线后系统运行状况也很满意。整个系统开发测试修改实施期间，银行业务部门对项目组成员的工作、服务、态度都很满意，对公司的产品和技术实力也相当认可。

十、系统应用情况

目前，此支付平台系统，日均业务量很大。参与运行的清算行有深圳、上海、福州。运行状况稳定。

案例分析

中国各家商业银行已经以直联的方式接入了中国现代化支付系统（以下简称 CNAPS）和深港外币 RTGS 系统（以下简称 RTGS）。但是中国各地技术与管理水平差异较大，全国各地还有很多银行的分支机构只能以间联的形式加入 CNAPS 的平台。为了完善各地分行服务手段、提高行业竞争力、大力发展支付结算业务，有需求的银行委托雁联公司开发一个系统，从而能使自己的支付平台系统以间联的形式进入中国现代化支付系统完成数据交换，实现资金的划拨和自己清算。

这是中国网上银行支付系统的现状，即混合支付系统；同时也说明中国网上银行支付的发展趋势，即从混合支付系统建立为完善中国现代化支付系统奠定基础，时机成熟后走向完善的中国现代化支付系统。

第一节 网上银行电子支付系统概述

一、网上银行电子支付系统的特点

1. 网上银行电子支付系统的产生

网上银行电子支付是电子支付系统的发展和创新。传统的银行结算有“三票一卡”、托收承付、汇兑、信用证等结算方式，而支付指令的传递完全依靠面对面的手工处理和经过邮政、电信部门的委托传递，因而存在结算成本高、凭证传递时间长、在途资金占压大、资金周转慢等问题。电子资金转账系统缩短了银行之间支付指令的传递时间，并减少了在途资金的占压。

2. 网上银行电子支付系统分类

网上银行电子支付系统可以分为 3 类：大额支付系统、脱机小额支付系统、联机小额支付系统。各类系统的主要特点概述如下。

（1）大额支付系统：主要处理银行间大额资金转账，通常支付的发起方和接收方都是商业银行或在中央银行开设账户的金融机构。大额系统是一个国家支付体系的核心应用系统。目前，大额系统通常由中央银行运行，处理贷记转账，当然也有由私营部门运行的大额支付系统，这类系统对支付交易虽然可做实时处理，但要在日终进行净额资金清算。大额系统处理的支付业务量很少（占总业务量的 1%～10%），但资金额超过 9%，因此大额支付系统中的风险管理特别重要。

（2）脱机小额支付系统（亦称批量电子支付系统）：主要指 ACH（自动清算所），它主要处理预先授权的定期贷记（如发放工资）或定期借记（如公共设施缴费）。支付数据以磁介质或数据通信方式提交清算所。

（3）联机小额支付系统：指 POSEFT 和 ATM 系统，其支付工具为银行卡（信用卡、借记卡或 ATM 卡、电子现金等）。

3. 网上银行电子支付系统的特点

（1）可接受性——为了获得成功，付款基础设施必须被广泛接受。

（2）匿名性——如果顾客想要匿名，他们的身份可以受到保护。

（3）可兑换性——数字货币应能够兑换成其他类型的货币。

（4）效率——每个交易的费用应该接近于零。

（5）灵活性——应支持几种付款方式。

（6）集成性——为支持现有的软件，应创建能与软件集成的接口。

（7）可靠性——付款系统必须十分实用，可以避免孤立的断裂点（Point of Failure）。

（8）可伸缩性——允许系统加入新的顾客和贸易商而不会使付款基础设施崩溃。

（9）安全性——允许在开放式网络上进行金融交易，如因特网。

（10）适用性——付款应与现实生活中一样容易。

为了支持上述要求和三大付款系统，我们需要为在因特网上付款开发一个共同的框架。

二、网上银行电子支付系统的参与者

网上银行电子支付系统的参与者主要由金融机构或银行、收款人或付款人、支付网关和金融专用网等组成。

第一，金融机构或银行，就支付而言，即为收款人或付款人的开户银行。

第二，收款人或付款人，资金划出或接收的个人或团体。

第三，支付网关是商家授权并以此获取支付消息进行支付交易的平台。它提供支付服务，但不是收、付款人开户银行。它作为连接因特网与金融专用网的中介，将支付信息经协议转换后，传入或传出金融专用网，实现金融专用网内收、付款人双方，以及双方的开户行之间的资金划转与交割。支付网关由金融机构或第三方非金融机构设立。

第四，金融专用网。包括连接各专业银行及支付网关的各种金融专用网。美国早在1918年就建立了专用的资金传送网，后经多次改进，于1982年组建了电子资金传输系统。随后英国和德国也相继研制了自己的电子资金传输系统，使非现金结算自动处理系统具有相当的规模。

三、网上银行电子支付系统的功能

不同的支付系统有不同的安全要求和费用要求。微付款系统十分类似于普通现金，而消费者付款最可能通过信用卡或借记卡来完成。在大多数情况下，商业付款是由直接借记或发票来完成的。通常电子支付系统具备以下的功能。

1. 实现对各方的认证

使用X.509和数字签名实现对各方的认证。为了实现协议的安全性，必须对参与贸易的各方身份的有效性进行认证。例如客户必须向商家和银行证明自己的身份，商家必须向客户及银行证明自己的身份。

网上银行电子支付系统由客户、客户开户银行、商家、商家开户银行、认证机构等组成。商家的开户银行表示商家在其中有账号的某财政机构，称为接收行。支付网关是由接收行操作的用于处理商家支付信息的设备。认证机构的功能是向各方发放X.509证书。某些接收行也可能有自己的注册机构，由注册机构向商家发放证书，商家通过向客户出示证书以表明商家的合法性。认证机构和注册机构的工作应是协调的。

2. 对业务进行加密保密确保数据的完整性

为了实现数据的保密，系统一般都支持某种加密方案。例如，在使用Web浏览器和服务器时，系统可利用安全套接层SSL和安全的超文本传输协议S-HTTP完成数据交换。根据需要，加密算法可使用对称加密或非对称加密两种算法。商家一般可以利用加密和消息摘要算法进行数据的加密以确保数据的完整性。

3. 保证业务的完整性和不可否认性

使用消息摘要算法以保证业务的完整性和不可否认性。业务的不可否认性是通过使用公钥体制和X.509证书体制来实现的。业务的一方发出他的X.509证书，接收方可从中获得发出方的公钥。此外，每个消息可使用单向Hash算法加以保护。发送方可使用其加密密钥来加密消息的摘要，并把加密结果一同送给接收方。接收方用发送方的公钥证实发送方的确已发出一个特定的消息，然后发送方可计算一新的密钥用于下次加密消息摘要。

4. 多支付协议支持多方贸易

多支付协议应满足以下两个要求。

（1）商家只能读取订单信息，如物品的类型和销售价。当接收行对支付认证后，商家就不必读取客户信用卡的信息了。

（2）接收行只需知道支付信息，无需知道客户所购何物，在客户购买大额物品（如汽车、房子等）时可能例外。

四、网上银行电子支付系统的标准

目前，网上银行电子支付涉及的标准主要有以下6个。

第一，PKI标准：公共密钥体系（Public Key Infrastructure）。

第二，SSL标准：安全套接层协议（Secure Sockets Layer）。

第三，SET 标准：安全电子交易标准（Secure Electronic Transactions，SET）。

第四，X5.95 标准：账户数字签名工业标准（Account Authority Digital Signatures，AADS），提供了标准化信用卡处理和账户管理方法。

第五，X.509 标准：电子商务证书发放标准（ISO / IEC/ITUX.509，基于 PKL，PKIX）。

第六，X.500 标准：电子出版目录查询标准（目录服务协议 LDAP—X.500 协议）。

第二节　中国现代支付系统

中国现代支付系统是通过运用现代计算机技术和网络通信技术构建的安全、高效的平台，面向支付参与者提供资金流通渠道和清算、结算服务，并对支付风险进行有效监控。

中国现有的 4 套支付系统分别为：第一，各商业银行建立的行内支付业务系统，用于各商业银行行内的支付业务处理；第二，银行卡支付系统，由银行卡跨行支付系统以及发卡银行内部银行卡支付系统组成，其中银行卡跨行支付系统由中国银联建设运营；第三，票据支付系统，是由中国人民银行组织建立的跨行票据支付业务的处理平台；第四，以中国现代化支付系统（CNAPS）为核心的信息系统集群，是中国人民银行组织建设的多个信息系统的有机整合，是一个提供跨地域、跨行别的支付业务处理平台。中国现代支付系统是对该 4 套支付系统的统称，中国现代支付系统，特指以中国现代化支付系统（CNAPS）为核心的信息系统集群。

一、中国现代支付系统的功能

1. 中国的支付系统发展历程

支付系统的发展状况主要取决于经济金融总体发展水平，以及计算机网络、电子通信技术在经济金融领域的应用水平。中国的支付系统的发展主要可以分为 3 个阶段：第一阶段是支付工作的手工处理阶段；第二阶段是支付系统电子化建设初期；第三阶段是支付系统的现代化建设阶段。

（1）支付工作的手工处理阶段

新中国成立初期仍沿用了之前的资金清算方式，即同城结算以现金和支票为主，异地结算以汇兑为主。

新中国成立后，自 1953 年起，中国人民银行统一执行全国联行往来制度，建立了“全国大联行”的三级联行清算体系：县辖联行、省辖联行、跨省的全国联行。各级联行负责辖区内各金融机构之间的资金清算，全国联行通过中国人民银行总行清算。1954 年，中国人民银行拟定了新的《全国联行往来制度》。1956 年，中国人民银行核算工厂成立。由各分行抄制对账表的办法改为集中由中国人民银行核算工厂信息监督。该清算体系维持至改革开放初期。

（2）支付系统电子化建设初期

① 支付清算制度变革。十一届三中全会以后，随着经济金融体制改革，银行会计核算及全国联行往来制度做了相应的变更。全国联行核算系统于 1985 年 1 月 1 日起彻底分开，各自办理联行核算业务，建立各自独立的联行核算系统。全国银行联行制度从 1985 年 4 月 1 日起，改为“自成联行系统，跨行直接通汇，相互发报移卡，及时清算资金”的办法。1988 年，国务院批准了中国人民银行《关于改革银行结算的报告》，中国结算制度发生重大变革，票据在结算中的主导地位由此确立，支付结算开始向国际通行做法靠拢。同期，中国支付结算的现代化建设开始起步。

② 支付清算体系电子化建设。1989 年 5 月，中国人民银行开始着手建设中国金融数据卫星通信专用网络。1991 年 4 月 1 日，哈尔滨等 7 个城市试运行全国电子联行系统，实现了异地、跨行资金通过电子化手段进行汇划，这是中国金融业务处理史上的重大突破，同年 7 月，电子联行系统正式运行。

（3）支付系统的现代化建设

随着中国经济的快速发展，以及金融体制的深化改革，特别是中国加入世界贸易组织后金融业面临严峻形势，中国人民银行建设现代化支付体系成为迫在眉睫的重要课题。

中国支付系统的现代化建设以中国现代化支付系统（CNAPS）的建设为核心内容，并且还包括中央银行会计集中核算系统（ABS）、支付管理信息系统（PMIS）、人民币银行结算账户管理系统（AMS）、支付信用信息查询系统（PCIS）等相关业务系统的建设。

2000 年 10 月，中国人民银行决定“调整定位、借鉴吸收、完善需求、以我为主，加快中国现代化支付系统建设”。

2001 年，中国人民银行开发筹建 CNAPS。

2002 年 10 月 8 日，大额实时支付系统（HVPS）首先在北京、武汉投产试运行成功，成为中国现代化支付系统建设的重要里程碑，随后按照“先大后小，边建边用”的原则分批在全国推广运行。

2005 年 6 月，完成在全国的推广运用。大额实时支付系统（HVPS）直接连接 1 500 多家金融机构，涉及 6 万多个银行分支机构；每笔业务不到 1 分钟即可到账。

2005 年 11 月 28 日，小额支付系统（BEPS）在天津等地正式上线运行。

2006 年 6 月 27 日，小额批量支付系统（BEPS）在全国范围成功上线运行，完成了在全国的推广应用。

至此，CNAPS 基本建成，开启了中国支付清算领域的新纪元。

2. 中国支付系统体系结构与功能

（1）中国支付系统的体系结构包括物理结构和逻辑结构两部分。

① 中国支付系统在物理结构上，其各组成部分并不统一。

中国现代化支付系统（CNAPS）建立有两级处理中心，即一个国家处理中心（NPC）和 32 个城市处理中心（CCPC）。NPC 分别与各 CCPC 相连，其通信网络采用支付专用网络，是 CNAPS 的专用网络平台，用于完成支付系统的数据采集与传输，支付专用网络独立于中国人民银行内联网。

中央银行会计集中核算系统（ABS）分设在 341 个中国人民银行地（市）级中心支行，运行于中国人民银行内联网。中国人民银行规划建立中央银行会计核算数据集中系统（ACS），该系统将实现全国集中，仍然运行于中国人民银行内联网。

人民币银行结算账户管理系统（AMS）分设在 32 个中国人民银行省级城市分支机构（含深圳市中心支行），运行于中国人民银行内联网。

支付管理信息系统（PIMS）设置在中国人民银行总行，运行于支付专用网络。

支付信用信息查询系统（PCIS）设置在中国人民银行总行，运行于中国人民银行内联网。

各信息系统的物理分布如图 2-3 所示。

② 中国支付系统的逻辑结构表现在以下方面。

中国支付系统的 4 个组成部分，具有不同的功能划分。其核心业务系统，主要负责处理具体的支付业务；所支撑的核算业务系统则主要进行账务处理；辅助支撑系统则支撑核心业务系统完成支付业务处理，并且进行支付信息的统计分析挖掘等利用；其他业务系统则是与支付业务具有较强相关性的各类信息系统。

大、小额支付系统、清算账户管理系统（SAPS）运行于支付专用网络，通过跨网安全交互平台，与运行于中国人民银行内联网的其他信息系统建立联系。中央银行会计集中核算系统（ABS）与所属的城市处理中心（CCPC）建立连接，支付管理信息系统（PIMS）、支付信用信息查询系统（PCIS）直接与国家处理中心（NPC）建立连接。

支票影像交换系统（CIS）并不运行于中国人民银行内部网络环境。

各信息系统的逻辑分布如图 2-4 所示。

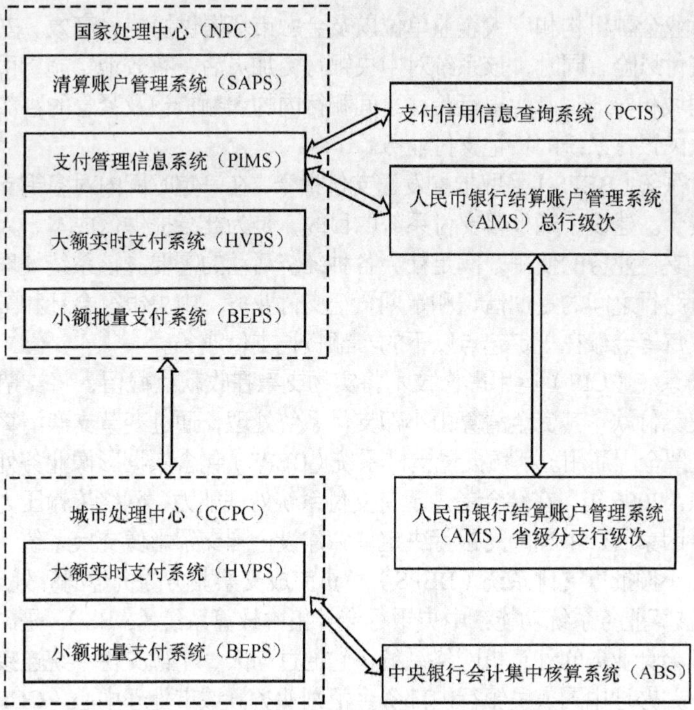

图 2-3　各信息系统的物理分布

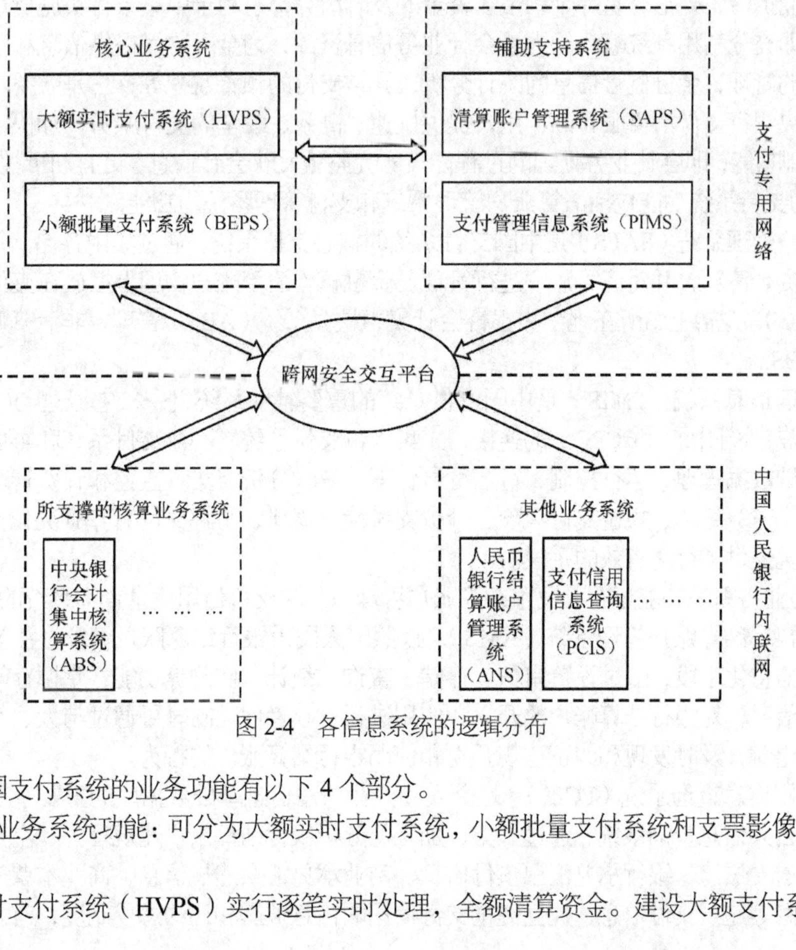

图 2-4　各信息系统的逻辑分布

（2）中国支付系统的业务功能有以下 4 个部分。

① 核心业务系统功能：可分为大额实时支付系统，小额批量支付系统和支票影像交换系统的主要功能。

大额实时支付系统（HVPS）实行逐笔实时处理，全额清算资金。建设大额支付系统的目的，就是为了给各银行业金融机构和广大企业单位以及金融市场提供快速、高效、安全、可靠的支付清算服务，防范支付风险。同时，该系统对中央银行更加灵活、有效地实施货币政策具有重要作用。该系统处理同城和异地、商业银行跨行之间和行内的大额贷记及紧急的小额贷记支付业务，同时还处理中国人民银行系统的贷记支付业务。

小额批量支付系统（BEPS）采取批量发送支付指令，在一定时间内对多笔支付业务进行轧差处理，净额清算资金。建设小额批量支付系统的目的，是为社会提供低成本、大业务量的支付清算服务，支撑各种支付业务的使用，满足社会各种经济活动的需要。该系统处理同城和异地纸凭证截留的商业银行跨行之间的定期借记和定期贷记支付业务，中央银行会计和国库部门办理的借记支付业务，以及每笔金额在规定起点以下的小额贷记支付业务。

支票影像交换系统（CIS）运用影像技术将实物支票在收款行截留，将支票影像信息传递至出票人开户银行提示付款，其资金清算由小额支付系统处理，通过变革支票清算模式，提高支票清算效率，支持支票全国通用。小额批量支付系统（BEPS）包含票据影像业务处理功能并在甘肃省进行了业务试点。2006年，在综合考虑现有支付系统处理能力、网络传输压力以及对核心生产系统的影响等多种因素后，中国人民银行决定单独建设全国支票影像交换系统，专门负责传输支票影像信息，并由小额批量支付系统（BEPS）负责完成支票业务的资金清算处理。

② 所支撑的核算业务系统功能：中央银行会计集中核算系统（ABS），是中国人民银行采取集中核算方式处理会计业务的计算机网络系统。它通过与大、小额支付系统连接，为金融机构提供资金清算服务，并办理中国人民银行内部资金汇划业务。城市处理中心（CCPC）是连接 ABS 和国家处理中心（NPC）的桥梁。ABS 具有以下功能：一是支持功能，即支持公开市场操作、债券交易、同业拆借、外汇交易等金融市场资金的及时清算，有利于中央银行实施货币政策；二是监管功能，即充分利用系统蕴藏的大量会计业务信息资源，为金融监管提供信息和手段，如法定存款准备金的管理，金融监管信息的统计分析，异常支付的预警监视等；三是效益功能，即能更好地发挥中央银行支付清算服务的作用，提供快速、高效、安全的支付服务，加快社会资金的周转；四是控制功能，即会计业务处理的过程能真实完整地反映会计信息，更有利于控制会计风险。

③ 辅助支持系统功能包括清算账户管理系统和支付管理系统的功能。

清算账户管理系统（SAPS）是中国支付系统的核心支持系统，通过集中存储清算账户，处理支付业务的资金清算，并对清算账户进行管理。金融机构清算账户物理上摆放在支付系统国家处理中心（NPC），逻辑上由所在地中央银行会计集中核算系统（ABS）管理，非清算账户分散在全国 341 个 ABS。

支付管理信息系统（PMIS）是中国支付系统的重要辅助系统之一，它通过与国家处理中心（NPC）和城市处理中心（CCPC）的连接，采集大额支付系统、小额支付系统和影像交换系统数据，实现基础数据管理、运行控制、行名行号管理、统计分析、实时监控和计费管理等功能，为业务部门强化清算纪律、规避支付风险、分析支付清算规律、了解支付清算概况和实时监控清算系统运行情况提供了行之有效的手段。

④ 其他业务系统功能还有人民币结算账户管理系统和支付信用信息查询系统的功能。

人民币银行结算账户管理系统（AMS），按照《人民币银行结算账户管理办法》及相关制度规定，运用信息化手段，通过设置审核、存储、查询、统计、监测等功能，掌握存款人开户资料信息和账户信息，对银行结算账户的开立和使用进行行政管理。同时可通过与大、小额支付系统相关信息的比对，及时发现和纠正违规开立和使用银行结算账户的行为。

支付信用信息查询系统（PCIS），是个人和企业信用信息基础数据库的重要子系统，是面向社会公众的公共信息查询系统。通过采集、加工、分析银行结算账户违规行为、空头支票信息、信用卡恶意透支信息、银行承兑汇票垫付信息、商业承兑汇票违规信息、商业本票违规信息、信用证垫付信息等违规支付信息，建立健全支付信用的信息披露和违约惩戒制度，有效促进相关当事人恪守信用、履行义务，大力推动非现金支付工具的发展，逐步改善票据使用环境，提高社会整体信用水平。支付管理信息系统（PMIS）是 PCIS 的数据采集来源之一，PCIS 主要从该系统采集空头支票信息。

二、中国支付系统的优化方案

中国人民银行在第一代支付系统的基础上，开始建设功能更加完善、更加安全高效的第二代支付系统。第二代支付系统对现有中国支付系统的继承和发展，是对中国支付系统的各个有机组成部分进行全面优化。

对中国支付系统进行优化，首先是对中国现代化支付系统进行优化，即对大额支付系统（HVPS）和小额批量支付系统（BEPS）进行技术优化和业务调整，其次根据大、小额支付系统优化而对支付系统的其他组成部分进行相应调整以实现信息系统的有机整合。再次，促进支付结算、征信管理、反洗钱等工作的全面开展。

第三节　SWIFT 系统

一、概述

“全球国际银行间金融电信协会”（Society for Worldwide Interbank Financial Telecommunication，SWIFT）是一个国际银行同业间非盈利性的国际合作组织，总部设在比利时的布鲁塞尔。该组织成立于 1973 年 5 月，由北美和西欧 15 个国家的 239 家银行发起，董事会为最高权力机构。目前，SWIFT 在全世界拥有会员国 130 个，会员银行 400 多家，其环球计算机数据通信网在荷兰和美国设有运行中心，在各会员国设有地区处理站，共连接 3 758 家用户，日处理 SWIFT 电信 250 万笔，为 SWIFT 会员提供安全、可靠、快捷、标准化、自动化的通信服务。

在每个 SWIFT 会员国，获有外汇银行业务经营许可权的银行的总行，可以申请成为 SWIFT 组织的会员行，如中国银行总行和国内其他专业银行的总行。会员行有董事选举权，当股份达到一定份额后，有董事被选举权。

世界主要的证券公司、旅行支票公司、电脑公司和国际清算中心等一些非金融机构，根据其业务需要，也可以申请成为 SWIFT 组织的参与者，但只允许其使用一部分 SWIFT 电信格式。

中国银行于 1983 年 2 月在国内同业中率先加入 SWIFT 组织，成为其第 1 034 家会员银行，于 1985 年 5 月 13 日正式开通起用，并在中国银行总行建立了 SWIFT 中国地区处理站。中国银行的所有海外分行和内地 140 家分行先后加入并开通了 SWIFT。目前，中国银行总行使用 IBM 公司的软件 MERVA/ESA 处理 SWIFT 电信，已与各国家和地区的 2 400 多家银行建立了 SWIFT 密押关系，日处理 SWIFT 电信达 25 000 多笔。

继中国银行加入 SWIFT 组织后，到目前为止，国内又有 13 家银行加入，共计 14 个会员银行。

二、SWIFT 的特点

1. SWIFT 组织的会员有资格使用该平台

中国银行率先在 1983 年加入 SWIFT 组织，随后国内数家银行也先后加入。目前，我国的大多数专业银行都是其成员。

2. SWIFT 系统的业务收费较低

发电报成本低廉是 SWIFT 通信方式的一大特点，例如，使用一份电报、电传和 SWIFT 3 种不同方式发往美国的 300 个字符（约合 50 个单词）的电文价格如下。

电报（CABLE）：50 字 × CNY3.60 = CNY 180.00

电传（TELEX）：1 分钟 × CNY25.00 = CNY 25.00

3. SWIFT 的安全性较高

为了保证银行之间的 SWIFT 电信传递安全，对报文进行加密的过程，称为密押。

SWIFT 密押是独立于电传密押（Testkey）之外，在代理行之间相交换的、仅供双方在收发 SWIFT 电信时使用的密押，与传统的电传密押相比，SWIFT 密押的可靠性、保密性强，自动化程度高。

SWIFT 密押是可以各用各押，也可共用他押或我押。双方的收发电将由 SWIFT 系统的密押文件自动审核。SWIFT 密押是对全部电文包括所有字母、数字和符号进行加押的，其准确程度远远超过电传密押。按照 SWIFT 组织规定，代理行之间的 SWIFT 密押每半年需更换一次。

4. SWIFT 的格式标准

每个申请加入 SWIFT 组织的银行都必须事先按照 SWIFT 组织的统一原则，制定出本行的 SWIFT 地址代码（其中银行代码可根据行名拼写特点有若干种选择），经 SWIFT 组织批准后正式生效。

电文格式分类是由 SWIFT 标准格式部门与银行共同开发的，并经过董事会批准通过。SWIFT 电文根据银行的实际运作共划分为 10 类。

三、SWIFT 系统案例

SWIFT 系统是××银行“新一代”综合系统的一个子系统。图 2-5 为××银行“新一代”系统的总体架构图。其中，核心系统负责处理总行前置和分行前置发送来的业务；与总行前置连接的系统，如 SWIFT 系统、现代支付系统、国际结算系统、信贷风险管理系统等子系统成为外围系统，这些外围系统分别完成各种特定业务交易；分行前置是各省总行的前置平台，挂接了一些分行级子系统，如分行级银联系统、现代支付系统等 5 个子系统，其发送上来的交易经过分行前置处理后发送到总行前置，再由总行前置处理过后，发往核心系统或是外围系统进行处理。ATM、POS、柜台等前端也分别连接到分行前置，其发送上来的交易直接通过分行前置发往核心系统进行处理。另外，与总行前置、分行前置相连接的系统、前端统称为渠道。

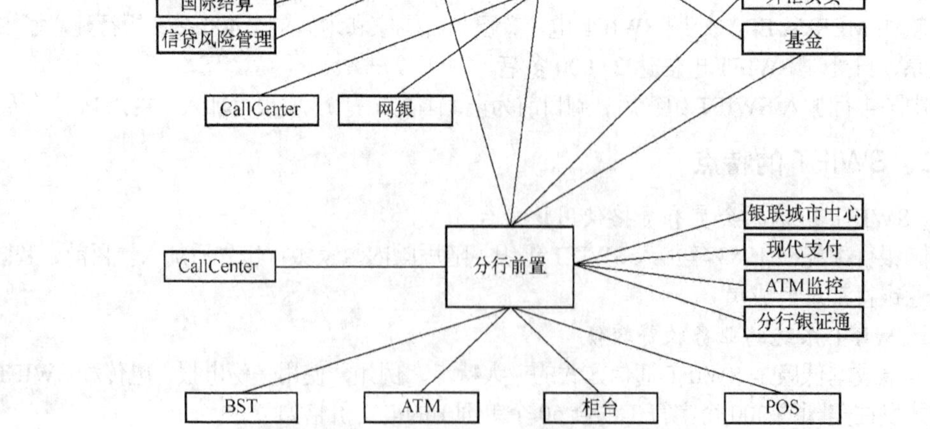

图 2-5 “新一代”总体结构图

总行前置与分行前置对不同渠道发送上来的交易进行不同的处理。例如，从柜台、网银、CallCenter、渠道发起的核心业务交易，总行前置或分行前置做透明转发处理；从 BST 上发起的交易，分行前置按核心接口的要求负责将交易报文进行格式转换，同时发往核心的某些数据项根据与核心的约定赋固定值，核心返回交易处理结果后，前置负责完成响应码的转换；在分行前置或总行前置上不登记交易流水，交易的一致性和完整性控制由发起交易的渠道做相应处理，在通信出现故障的情况下，由各请求渠道发起冲正交易处理。

在整个商业银行综合系统中，SWIFT 系统是国际银行间实现汇款、资金结算、资金清算等功能的报文通道。其中，核心业务主机承担了原先收付清算系统的功能，总行前置承担了与 SWIFT Alliance 的接入和依据报文类型分发报文的功能；并可根据各业务系统的指令实现报文的重定向和再分发。图 2-6 为 SWIFT 系统与总行前置的连接示意图。

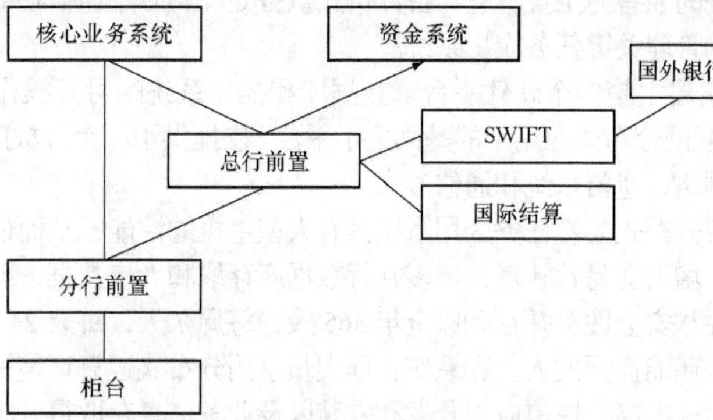

图 2-6 SWIFT 系统接入总行前置示意图

总行前置和分行前置的操作系统环境均为 AIX 操作系统。SWIFT 系统与总行前置的连接采用的是 BEA 公司的产品 TUXEDO，通信方式为 TCP/IP，实现多进程通信。在 SWIFT 接入的实现中，所涉及的平台将在本章的下节详细介绍。

四、SWIFT 平台案例

SWIFT 系统在整个银行系统中是实现国际银行间外汇汇款、资金结算、资金清算等功能的报文通道，其系统的接入涉及 AIX 操作系统、TUXEDO、进程间通信等多方面知识的融会和技能的掌握。以下为实现 SWIFT 系统接入所涉及的平台。

1. TUXEDO

当今，计算机技术处于飞速发展中。从硬件技术看，CPU 速度越来越高，处理能力越来越强；从软件技术看，应用程序的规模不断扩大，特别是互联网及万维网的出现，使计算机的应用范围更为广阔，许多应用程序需在网络环境的异构平台上运行。这一切都对新一代的软件开发提出了新的需求。在这种分布异构环境中，通常存在多种硬件系统平台（如 PC、工作站、小型机等），在这些硬件平台上又存在各种各样的系统软件（如不同的操作系统、数据库、语言编译器等），以及多种风格各异的用户界面，这些硬件系统平台还可能采用不同的网络协议和网络体系结构连接。如何把这些系统集成起来并开发新的应用是一个非常现实而困难的问题。

为解决分布异构问题，人们提出了中间件（Middleware）的概念。中间件是位于平台（硬件和操作系统）和应用之间的通用服务，如图 2-7 所示，这些服务具有标准的程序接口和

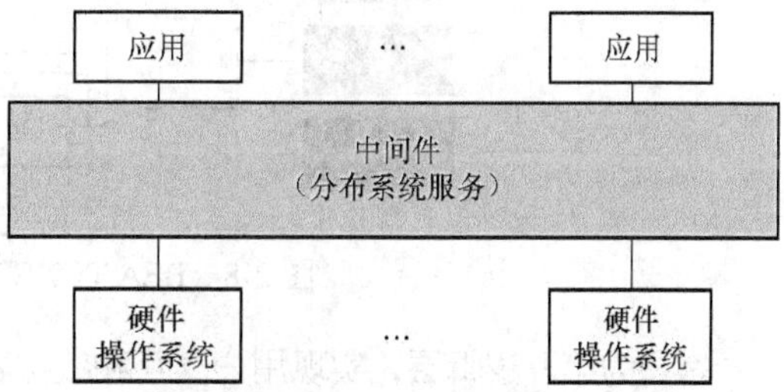

图 2-7 中间件

协议。针对不同的操作系统和硬件平台，它们可以有符合接口和协议规范的多种实现。

中间件应用设计应该是从异构的计算资源中创建一个“虚拟主机”，在分布式应用环境下提供可管理的相互关联的资源。交易中间件提供了一个基础的框架来帮助你建立、运行和管理一个三层客户机/服务器模式的应用，使你不需要从零做起，缩短应用开发的时间，提高应用开发的成功率。中间件在对事务完整性的保证、对大规模并发处理的响应、对异构系统互联的透明支持，以及对应用数据的安全性保护等方面的表现将成为应用系统成败的决定性因素。

BEA 公司的产品 TUXEDO 是 1984 年在 AT&T 贝尔实验室开发成功的。BEA 公司以 TUXEDO 为核心，开发出一系列中间件产品，提供从可靠消息传输到对象事务处理管理，以及互联网应用服务等全方位的功能。

BEA TUXEDO 是在企业、互联网这样的分布式运算环境中开发和管理三层结构的客户/服务器型关键任务应用系统的强有力工具。它具备分布式事务处理和应用通信功能，并提供完善的各种服务来建立、运行和管理关键任务应用系统。

开发人员能够用它建立跨多个硬件平台、数据库和操作系统的可互操作的应用系统。BEA TUXEDO 是企业和互联网分布式应用中的基础主干平台。它提供了一个开放的环境，支持各种各样的客户、数据库、网络、遗留系统和通信方式。

BEA TUXEDO 使分布式关键任务应用系统具有大型主机的性能，从而使这些应用系统能够应付数以千计的用户，增大交易吞吐量，增多并行数据库存取和大量数据，同时保持较短的反应时间，较高数据完整性和安全性，并且确保全年 365 天，每周 7 天，每天 24 小时的系统可用性。同时，BEA TUXEDO 还能让开发人员和系统管理人员享用分布式运算环境提供的好处，如技术成本的低增长率，灵活性提高，快速应用开发和安装以及业务信息存取得以改善。

2. BEA TUXEDO 的组件软件模型

关键业务应用通常是面向事务的，要求具有准确的数据完整性、较好的性能和管理需求。这些需求要求对应用的开发、调度和操作给出一个结构化的方案。由像 BEA TUXEDO 这样的中间件支持的组件软件模型为分布式环境处理关键性业务应用提供一个结构化的解决方案。BEA TUXEDO 和基于组件的应用设计从异构的计算资源中创建一个虚拟主机，在分布式应用系统级提供可管理的相互关联的资源。

BEA TUXEDO 采用三层结构的组件软件模型。图 2-9 表示 BEA TUXEDO 的组件软件模型的概要。该结构分以下三层。

图 2-8 中，“C”表示逻辑（客户层）为第一层，“Application Services”表示业务逻辑（服务器组件）为中间层，“D”表示数据（资源管理器）构成模型的第三层。

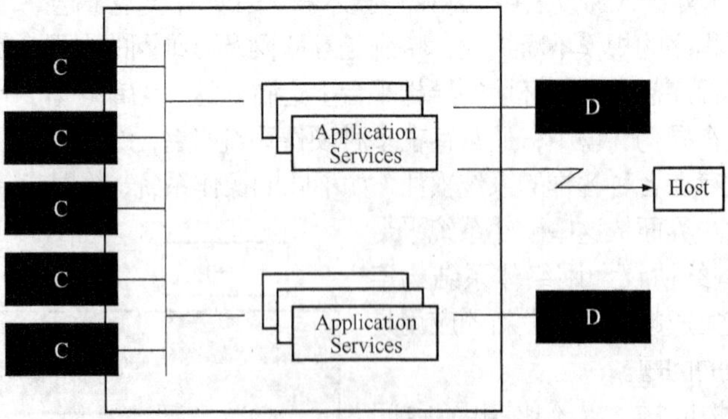

图 2-8 BEA TUXEDO 的组件软件模型概要

客户为第一逻辑层，实现用户交互和数据表示，向第二层的服务器请求调用核心的业务逻辑处理服务，比如数据库的读取和更新。

中间层为服务器组件，这些组件由 BEA TUXEDO 管理，实现核心的业务逻辑服务并将这些服务按名字广播，接受并处理从客户或其他服务器发出的请求这些服务的消息，并将处理结果返回给请求者，即客户或其他服务器。

资源管理器，比如像关系数据库，构成模型的第三层，负责管理应用系统的数据资源。服务器组件在完成服务的过程中通过资源管理器存取它管理的数据，或者说请求资源管理器的数据服务。相对于以数据库为中心的两层客户／数据库服务器模型，BEA TUXEDO 的三层结构模型客户／应用服务器／数据库将应用的业务逻辑和用户界面的表示分开。这样就允许开发人员专注于应用的核心业务逻辑的划分、封装与相互作用，快速建立系统的核心业务功能的原型。

明确地划分界面表示和业务逻辑，对用户有效地管理应用系统意义重大。对具有成百上千个客户的两层结构的系统来说，经常性的更新、升级系统是一项十分棘手的维护工作。三层模型将用户交互的表示部分与内部的业务逻辑分开，这样对业务逻辑的一些修改甚至数据库模式的改动经常都不要求客户的改动。而且，将核心业务逻辑组件和表示逻辑及数据层划分开，BEA TUXEDO 可以在服务级别上非常有效地管理应用的运行。它可以动态地管理消息流程和服务请求，快速启动和停止服务器，根据变化的负荷复制服务器，动态地广播、撤消服务器中的服务，将服务从一个服务器转移到另一个服务器等。这些对中间层应用的服务级别上的管理大大增加了分布式应用的伸缩性和灵活性。

3. 客户端开发

客户端在 C/S 模式中的作用可由图 2-9 来表示。

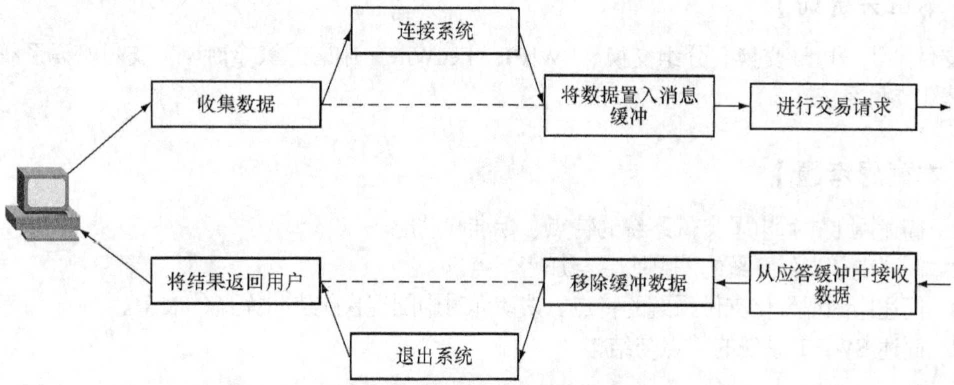

图 2-9　客户端关系图

客户端是用户界面。当用户在系统上用程序进行一次操作过程就是一个客户端过程。前端过程是对客户端的另一个描述。客户端的首要任务就是获得执行操作应该得到的数据。一旦客户端得到了应有的信息，应该将数据按服务能够识别并适合传输的格式打包。然后，向服务端发送请求并等待回应。收到回应数据后，将其按一定格式返回给终端用户。

4. 服务端开发

服务端是系统资源的联系点。例如，一个数据库服务端联系实际数据库并对其进行查询和修改。服务端必须发布系统内可以访问的交易，保证客户端可以知道把请求发往何处。图 2-10 为服务端的运行流程图。

以上两步结束后，服务端进入一个循环——接收请求、处理请求并返回结果。接收请求包括进入消息队列，得到交易请求。处理请求包括检查请求数据缓冲、运行商业规则和逻辑，可能还包括访问数据库和返回结果数据缓冲。

当系统管理员需要关闭系统，可以通过系统管理工具将关闭系统的消息发给服务端。服务端完成所有交易，取消交易发布，关闭资源连接然后结束。

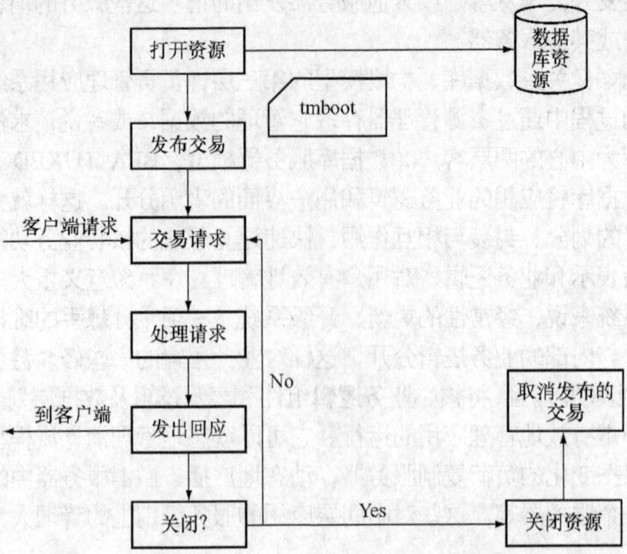

图 2-10　服务端流程图

【本章关键词】

支付系统　电话交换　分组交换　SWIFT　FedWire　中国国家金融网　支付密码系统　中国现代化支付系统

【本章思考题】

1. 简述网上银行电子支付系统的特点、标准和功能。
2. 简述电子支付系统的网络平台与加密特点。
3. 简述中国现代化支付系统的特点。谈谈你对中国现代化支付系统的展望。
4. 简述 SWIFT 系统的特点与结构。

第三章

网上第三方电子支付系统

教学要求

1. 熟悉第三方电子支付系统的模式、功能和流程
2. 熟悉国内外主要的第三方电子支付网关的性能与优缺点
3. 了解第三方电子支付系统发展现状以及盈利模式创新的特点
4. 熟悉第三方支付质量评估的要素

引导案例

使用财付通支付的基本流程（见图 3–1）

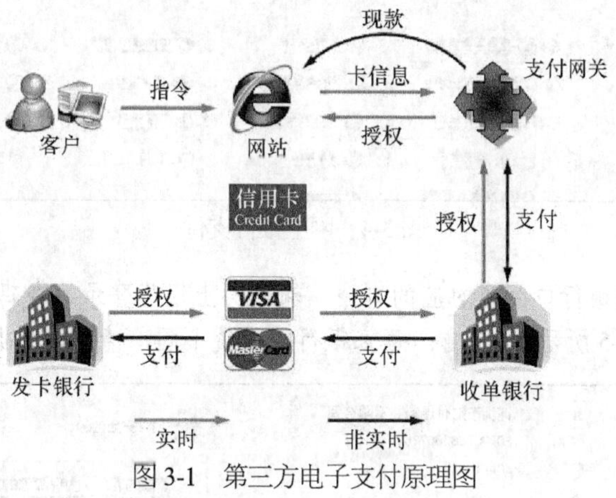

图 3-1　第三方电子支付原理图

第一步：选择“财付通即时到账付款”，在订单支付页面选择“支付”选项按钮（见图 3-2）。购买流程请查看《新手入门（购物篇）》。

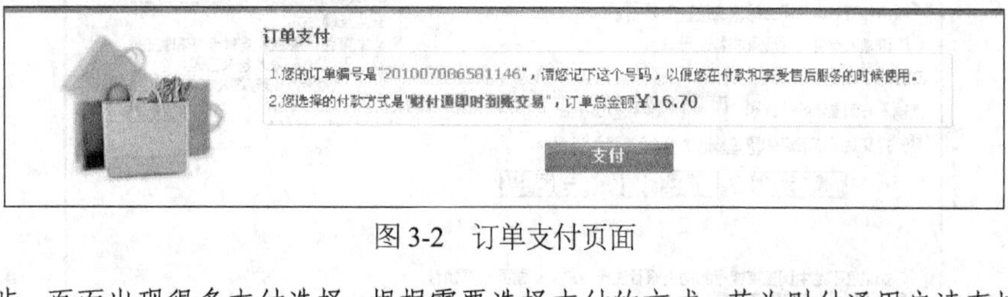

图 3-2　订单支付页面

第二步：页面出现很多支付选择，根据需要选择支付的方式。若为财付通用户请直接选择“财付通余额支付”支付，方便快捷。结束整个支付流程，省以下这些步骤。如图 3-3 所示。

没有财付通账号只有网上银行的用户请选择“网上银行支付”，可放心通过页面中列表显示的

银行直接支付。这里我们选择“中国工商银行”网上银行支付为例。如图 3-4 所示。

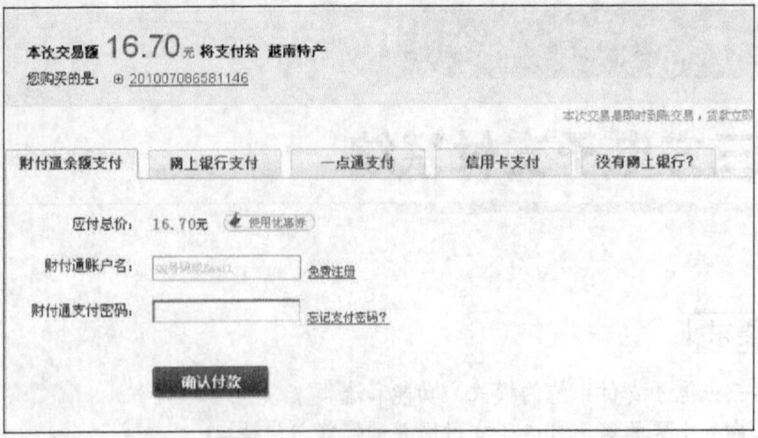

图 3-3　财付通用户支付方式

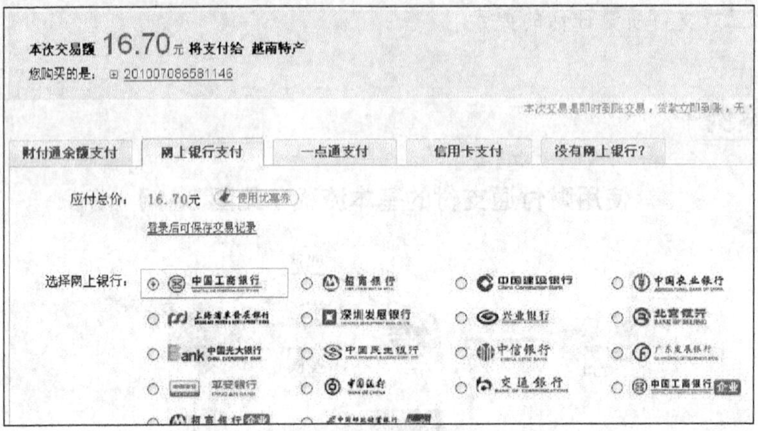

图 3-4　网上银行支付

第三步：输入工商银行口令步对应的口令，输入网上银行登录的密码和验证码，输入完成后选择提交按钮。如图 3-5 所示。（注意：每家银行的系统不同，请用户根据提示输入。）

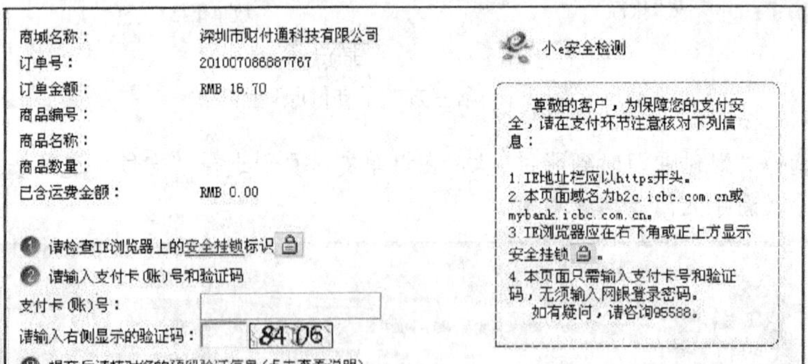

图 3-5　输入口令及密码

第四步：页面出现银行卡预留信息，确认无误后选择“全额付款”。如图 3-6 所示。

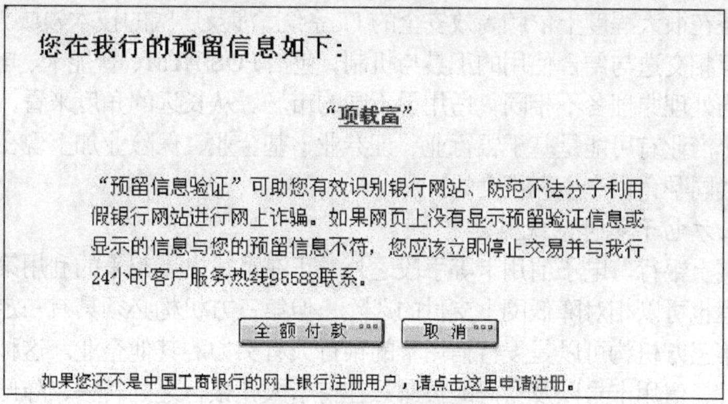

图 3-6 确认预留信息

第五步：进入“确认支付信息”页面，核对无误后输入银行卡口令卡密码、网银密码和 4 位验证码，单击“提交”按钮，整个网上支付流程结束。如图 3-7 所示。

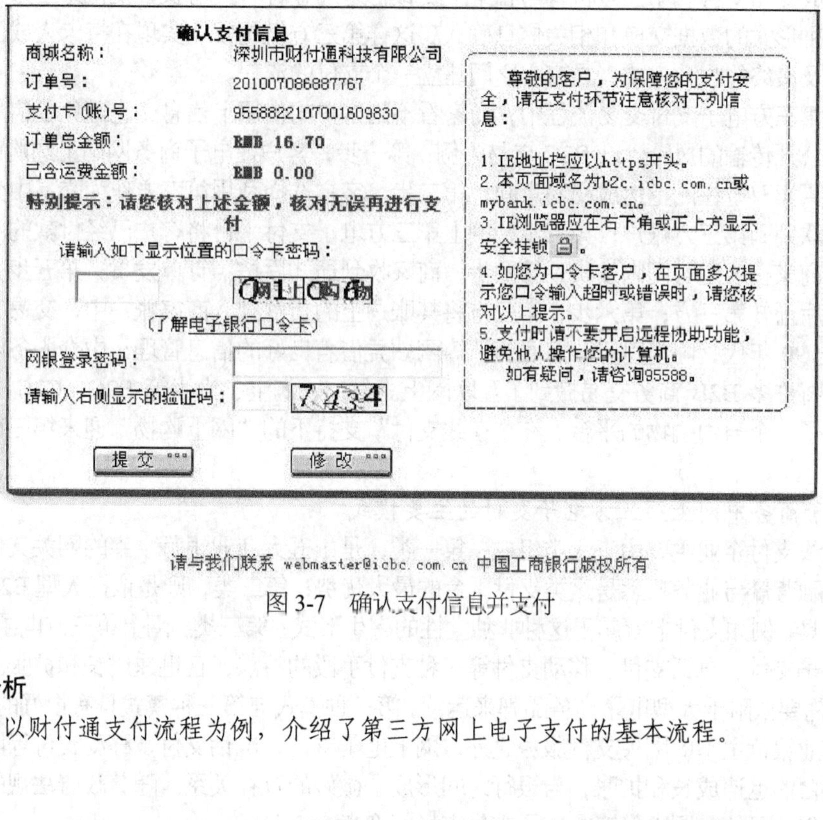

图 3-7 确认支付信息并支付

案例分析

该案例以财付通支付流程为例，介绍了第三方网上电子支付的基本流程。

第一节 网上第三方电子支付系统概述

所谓第三方电子支付，就是一些和产品所在国家（地区）以及国外各大银行签约，并具备一定实力和信誉保障的第三方独立机构提供的交易支持平台。在通过网上第三方电子支付平台的交易中，买方选购商品后，使用第三方平台提供的账户进行货款支付，由第三方通知卖家货款到达，可以发货；买方收到并检验物品后，通知第三方付款给卖家，第三方再将款项转至卖家账户。

一、网上第三方电子支付系统发展现状

电子支付业务在很大程度上依赖高效安全的IT系统，涉及广阔的技术领域。电子支付发展至今也形成了多种互相交迭与结合使用的工具与机制，包括POS/ATM、智能卡、电子转账、信用卡等，其实现方法与处理原理各不相同，适用于不同的市场。从长远的角度来看，电子支付必将成为一个产业，这个产业有可能是基于银行业、证券业、基金业、保险业加上现在各种网上第三方电子支付的平台共同孕育、产生和推动的。

1. 网上第三方电子支付系统崛起

目前，除了网上银行、电子信用卡等手段之外，正在迅猛发展起来的利用第三方机构的支付模式及其支付流程也可以相对降低网上支付的风险，但第三方机构必须具有一定的诚信度。在实际的操作过程中第三方机构可以是发行信用卡的银行或有实力的其他企业。这种网上支付模式，在进行网上支付时，信用卡号以及密码的披露只在持卡人和银行之间转移，降低了通过商家转移而导致的风险。

持卡人首先和第三方以替代银行账号的某种电子数据的形式（如邮件）传递账户信息，避免了持卡人将银行信息直接透露给商家，另外也可以不登录网上银行界面，只登录第三方机构的界面就可以完成交易支付。第三方机构与各个主要银行之间签订有关协议，使得第三方机构与银行可以进行某种形式的数据交换和相关信息确认。这样第三方机构就能实现在持卡人或消费者与各个银行，以及最终的收款人或者是商家之间建立一个支付的流程。

在网上第三方电子支付交易流程中，商家看不到客户的信用卡信息，也避免了信用卡信息在网络上多次公开传输的风险。以B2C交易为例：第一步，客户在电子商务网站上选购商品，最后决定购买，买卖双方在网上达成交易意向；第二步，客户选择利用第三方作为交易中介，客户用信用卡将货款划到第三方账户；第三步，网上第三方电子支付平台将客户已经付款的消息通知商家，并要求商家在规定时间内发货；第四步，商家收到通知后按照订单发货；第五步，客户收到货物并验证后通知第三方；第六步，第三方将其账户上的货款划入商家账户中，交易完成。

20世纪90年代，阿里巴巴、慧聪商情等网站凭借着良好的信息管理、中介服务以及强大的交易平台，将许多B2B商务交易搬到了互联网上。易趣、淘宝、当当等B2C、C2C类网站为许多网民提供了一个自由购物的平台。在“在线支付”支持下的“网上购物”迎来第三次互联网经济热潮。

2. 电子商务中网上第三方电子支付的主要模式

国内在线支付企业主要由三大类组成：第一类，是由五大商业银行主宰的网关支付服务，例如银联，金融背景与业务熟悉是这类支付平台的最大优势；第二类，则是依托大型B2C、C2C网站的支付工具，例如支付宝就属于这种非独立性的寄生形式；第三类，网上第三方电子支付平台，具有网上电子支付、电话支付、移动支付等多种支付手段的特点，正迅速成长和扩张。第二种模式的发展，需要依附于大型电子商务品牌来运营。第一种模式与第三种模式具有很好的互补关系，即在五大商业银行主宰的网关支付服务之外，网上电子支付、电话支付、移动支付等网上第三方电子支付平台的迅速成长和扩张，与银行之间形成了微妙的互补关系。随着政府法规的出台、行业兼并与重组的可能，网上第三方电子支付市场将迎来大考验。

国内网上第三方电子支付工具发展非常迅速，已有包括国际性支付工具 PayPal 在内的几十家。例如，国内支付网关有移动支付、支付宝、贝宝、网银在线、快钱、环讯IPS、腾讯财付通、首信易支付、YeePay易宝、6688支付、8848支付、EPAY网关、NPS网关、Chinapay支付、和讯支付、云网支付、XPAY支付、汇付天下、西部支付、IPAY支付等；国外支付网关有PayPal、2checkout、Nochex、Google Checkout等。

电子商务中网上第三方电子支付的主要模式有：B2B，指企业与企业之间的网上贸易；C2C，

指个人与个人之间的网上交易；B2C，指企业与个人之间的网上交易。其中 B2C 是最基础的一环，如果没有 B2C，也就失去了 B2B 最终发展的目标。

3. 第三方支付系统流程、特点与功能

随着全球经济的不断发展，互联网的日益普及，电子商务技术的逐渐成熟，越来越多的人们开始选择网上购物。网购不受时间空间的限制，出行成本几乎为零，商品价格相对于一般商场的同类商品来说也更便宜。但同时，网上交易也存在着一定的资金风险，比如说买方先付款后不能按时按质按量收货，卖方先交货后不能按时如数收到价款，被拖延、折扣或拒付等。于是在 2003 年 10 月支付宝交易服务在淘宝网推出。随后相继出现了财付通、百付宝等专业在线支付平台，解决了网上购物的资金流动，促进了网购等电子商务产业的快速发展。

这些专业的在线支付平台，就属于第三方支付。传统的支付方式往往是简单的即时性直接付转，一步支付。因此，比较容易出现上面所说的资金风险。第三方支付系统就解决了这些问题。下面通过对几种常见的第三方支付系统的介绍来了解其支付流程、特点及功能。

（1）支付宝、首信易支付、贝宝 3 家第三方支付平台的比较分析，如表 3-1 所示。

表 3-1　主要第三方支付平台的比较分析表

	支付宝	首信易支付	贝宝
安全风险	相对比较安全，因为支付宝交易过程中的款项由支付宝来管理，只有买家收到货物后并通知支付宝后，支付宝机构才将买家预先付给对方的钱真正打到卖家的账户里，此前款项一直由支付宝机构管理，并没有真正到对方的账户中，如果购买方在一定时期内不提示支付宝已经收到货物，支付宝机构不进行相应的操作，卖家便不可能收到货款	首信易支付（PayEase）是首家获得国际 ISO27001 信息安全管理体系认证和全球范围 PCI DSS 银行卡数据安全认证的中国境内支付企业，并且连续多年获 VISA 国际银行卡组织颁发的“网络收单业务最佳风险防控安全合作”奖。风险控制是相当好的	买家保护方案为贝宝用户提供 2000 元人民币的购物保障。凡在易趣上以及通过合格商家购买的物品，贝宝都将免费为买家提供完善的买家保护方案。贝宝拥有先进的欺诈防护系统，及时发现欺诈行为并预警。贝宝从不与买卖双方共享财务信息
支付方式	1. 支付宝余额付款 2. 储蓄卡付款 3. 信用卡付款 4. 货到付款 5. 网点付款 6. 消费卡付款 7. 找他人代付 8. 支付宝卡通付款	1. 易支付账户支付 2. 银行卡支付 3. 电话支付 4. 外币支付 5. 积分支付	银行卡支付
背景	支付宝（中国）网络技术有限公司是国内领先的独立第三方支付平台，是阿里巴巴集团的关联公司。支付宝致力于为中国电子商务提供“简单、安全、快速”的在线支付解决方案	首信易支付自 1999 年 3 月开始运行，是中国首家实现跨银行跨地域提供多种银行卡在线交易的网上支付服务平台，现支持全国范围 23 家银行及全球范围 4 种国际信用卡在线支付，拥有千余家大中型企事业单位、政府机关、社会团体组成的庞大客户群	贝宝是由上海网付易信息技术有限公司与世界领先的网上支付公司——PayPal 公司通力合作为中国市场度身定做的网上支付服务。贝宝利用 PayPal 公司在电子商务支付领域先进的技术、风险管理与控制以及客户服务等方面的能力，通过开发适合中国电子商务市场与环境的产品，为电子商务的交易平台和交易者提供安全、便捷和快速的交易支付支持
盈利方式	不盈利	根据客户的不同规模和特点提供不同的产品，收取不同组合的年服务费和交易手续费	目前购物或收款无需付费

续表

	支付宝	首信易支付	贝宝
优势	依托于电子商务网站	独立网关，灵活性大，一般都有行业背景或者政府背景	有独立的支付平台，依托于电子商务网站
业务平台	购物、付款、收款、水电煤缴费、通信费缴费、信用卡、还款、AA收款、交房租、送礼金	包含B2C、B2B、C2C等多种在线支付服务，支持银行卡及电子充值计费系统在社区、互联网、银行柜台、信息亭、手机、电话等多种终端进行支付，并可广泛应用于电子商务、电子政务领域的交易、支付、计费、清算、会员管理等应用系统	提供网上转账、网上支付、在线销售、收款等网络银行相关的服务
注册方式	手机注册，邮箱注册	邮箱注册	邮箱注册
交易流程	首先选择商品，将钱支付到支付宝，买家确认收货则通知支付宝付钱给商家，交易成功。若发现货物有问题，则支付宝退还款给买家，支付结束，即买家付款至支付宝——卖家发货给买家——买家确认收货——支付宝付款给卖家——交易成功	B2B支付服务主要流程分为两个部分：交易订单提交和银行订单确认	卖家：注册贝宝账户——在易趣发布商品并选择接受贝宝付款——贝宝账户收款——发货给买家并到“我的易趣”确认发货—可选择将资金保留在贝宝账户或者转账到银行账户。 买家：注册贝宝账户——通过银行账户向贝宝账户充值——在易趣拍下商品，通过贝宝账户付款——收到货物后，到我的易趣确认收货——可选择将资金保留在贝宝账户或者转账到银行账户，即买家是先向贝宝账户充值，卖家收到款项后，再发货给买家
合作金融机构数量	包括工行、农行、中行、建行四大国有银行在内的65家金融机构，境外信用卡组织VISA也在其中	覆盖24家国内主要银行，支持全球范围VISA、MasterCard、美国运通、JCB 4种国际信用卡	覆盖20多家国内主要银行，支持VISA、MasterCard、JCB等国际信用卡组织
客户群体	主要为中小企业及零散的个体客户提供服务	大中型企事业单位、政府机关、社会团体	主要是中小企业及零散的个体客户
覆盖面	官方数据显示目前已有超过46万家商户使用了支付宝的服务，其中同为阿里巴巴旗下的网站淘宝网占据了国内C2C网上购物市场的80%份额，而C2C网上交易量又占据了网上购物总体交易量的90%，支付宝由此占据了国内第三方网上支付市场的半壁江山	北京市政府与中国人民银行、信息产业部、国家内贸局等中央部委共同发起的首都电子商务工程，拥有千余家大中型企事业单位、政府机关、社会团体组成的庞大客户群，是首家实现跨银行跨地域提供多种银行卡在线交易的网上支付服务平台	雄厚的实力背景使贝宝能充分利用PayPal全球性的品牌、网络、市场等优势资源，整合资源
付款优惠	在支付宝的官方网站上有一个“哇，支付宝”的栏目，里面包含着各种针对支付宝用户推出的消费优惠活动，其中不少优惠是来自淘宝网的。总体而言，支付宝给用户提供的付款优惠选择性很多，内容丰富	官方网站上提供大量付款返现优惠，返现额度4%～18%不等	并未针对用户提供付款优惠
偏向	偏向卖家方针，买家超过时效确认收货，支付宝自动将钱打入卖家账户	独立机构，中立	保护买方方针，从买家角度考虑问题，买家有任何不满意都可以提出争议，卖家无法拿到钱

续表

<table>
<tr><th></th><th>支付宝</th><th>首信易支付</th><th>贝宝</th></tr>
<tr><td>相同点</td><td colspan="3">1. 只需拥有 E-mail 地址，即可在支付宝网站、首信易支付网站、贝宝网站申请注册，无须其他条件
2. 都服务于中国市场
3. 主要面向 B2B、B2C、C2C 和 G2C（Government to Customer）的无可靠诚信体系的市场使用
4. 都是第三方资金中介，提供对货款的担保
5. 都产生于电子商务背景下
6. 增加了客户信用卡的安全性和隐私性
7. 提供给我们的不仅是更丰富的支付手段，还有可靠的服务保证</td></tr>
</table>

目前国内第三方支付行业主要有两种模式：一种是“账户模式”，以支付宝、财付通等为代表，用户需要首先注册成为支付宝用户，网上支付时往往需要先登录支付宝再基于支付宝账户完成付款；另一种则是“网关模式”，市面上多数其他支付平台都属于这种类型，用户无需先成为这些支付平台的用户，网上支付时只是通过这些平台跳转到各家银行的网银完成支付。但随着快捷登录等服务的日益普及，“账户模式”优势凸显。

（2）第三方支付流程在前面的案例中已经做了详细介绍，下面再以支付宝为例，简要说明。

以淘宝的支付宝为例，支付流程大致为：注册会员→建立支付宝账户并充值→选择物品→竞价或一口价购买→向支付宝汇款并等待卖家发货→收到物品，仔细检查无误→向支付宝确认收到货并同意向卖家支付→做出对卖家的评价。

（3）第三方支付系统的特点与功能包括以下几点。

① 第三方支付平台是一个为网上交易提供保障的独立机构。

② 第三方支付平台不仅具有资金传递功能，而且可以对交易双方进行约束和监督。

③ 第三方支付平台支付手段多样灵活，用户可使用网络、电话、手机短信等多种方式进行支付。

④ 较之 SSL、SET 等支付协议，利用第三方支付平台进行支付操作更加简单而易于接受。

⑤ 第三方支付平台本身依附于大型的门户网站，且以与其合作的银行的信用作为信用依托，能较好地突破网上交易中的信用问题，有利于推动电子商务的快速发展。例如，支付宝就具备了第三方平台支付方便快捷，实时付款等特点保证网络上的交易买卖双方的资金和货物安全。它提出的“你敢付，我敢赔”的安全服务承诺，为商户做了诚信担保，让买家能通过支付宝到商家买产品放心实惠，同时还可以提高商家的销售量和品牌形象。

（4）第三方支付在向政府、商家、个人提供中立的个性化支付结算与增值服务的同时，也面临着许多不容忽视的风险，主要有以下 3 点。

① 从事资金吸储而形成的资金沉淀问题。② 第三方支付平台中的大量资金沉淀，如缺乏有效的流动性管理，则可能存在资金安全隐患，并可能引发支付风险和道德风险。③ 由于网络交易的匿名性、隐蔽性，利用支付平台的网络违法犯罪活动不断出现，其造成的危害也令人担忧。

（5）第三方支付系统的完善应从以下几个方面着手。

第一，验明正身，给它一个“名分”。之前对第三方支付的性质界定长时间处于模糊状态，目前第三方支付大体被定义为非银行金融机构。

第二，要明确监管主体。应明确中国人民银行为第三方支付的主要监管者，同时确立工商行政管理部门、信息产业管理部门以及税务机关等部门对第三方支付机构的监督职能。

第三，加强有效监管。依托高科技手段和风险控制成本，建立静态和动态相结合的风险防范监测机制和预警预报系统，通过各种形式对第三方支付公司进行监督管理，及时向第三方支付公司发送风险排查整改意见书和风险预警预报信息。

第四，建立健全机制。一是对第三方支付公司设立保证金制度。二是仿照证券机构的运营模式，建立自有资金与客户结算资金分离制度。三是第三方支付公司按照人民银行确定的结算资金准备金上缴比例，建立客户结算资金的准备金上缴制度，以规避风险发生。

电子支付产业的发展，需要产业链上各方的合作。电子支付主要涉及银行、第三方支付公司和商户之间的关系，它们各自扮演着不同的角色，它们的竞争与合作正不断演绎着这个市场的新规则。它们是电子支付市场的培育者，三者缺一不可。据调查，“足不出户就可完成支付过程”、“节省时间并可以全天候使用”成为了网民使用网上支付的最主要理由。可见，便捷、不受时空限制已经成为网民的基本需求之一。因此第三方支付未来发展的空间还是相当大的。

二、中国第三方电子支付流程及特点

1. 中国第三方电子支付平台的支付流程分析（见图 3-8、表 3-2）

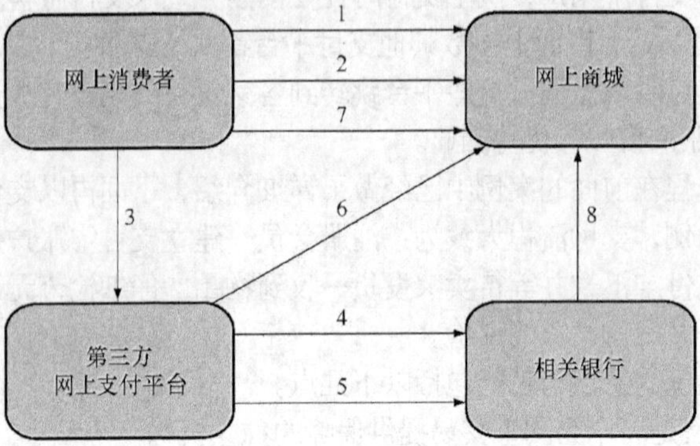

图 3-8　中国第三方电子支付平台支付流程图

表 3-2　中国第三方网上电子支付平台支付步骤与流程

步　骤	流　　程
1	网上消费者浏览检索商户网页
2	网上消费者在商户网站下订单
3	网上消费者选择第三方支付平台，直接链接到其安全支付服务器上，在支付页面上选择自已适用的支付方式，点击后进入银行支付页面进行支付操作
4	第三方支付平台将网上消费者的支付信息，按照各银行支付网关的技术要求，传递到各相关银行
5	由相关银行（银联）检查网上消费者的支付能力，实行冻结、扣账或划账，并将结果信息传至第三方支付平台和网上消费者本身
6	第三方支付平台将支付结果通知商户
7	支付成功的，由商户向网上消费者发货或提供服务
8	各个银行通过第三方支付平台向商户实施清算

2005.6 iResearch Inc.　　www.iresearch.com.cn

2. 中国第三方电子支付的特点

中国第三方电子支付有以下 3 个特点。

第一，第三方电子支付平台提供一系列的应用接口程序，将多种银行卡支付方式整合到一个界面上，负责交易结算中与银行的对接，使网上购物更加快捷、便利。消费者和商家不需要在不同的银行开设不同的账户，可以帮助消费者降低网上购物的成本，帮助商家降低运营成本；同时，还可以帮助银行节省网关开发费用，并为银行带来一定的潜在利润。

第二，较之SSL、SET等支付协议，利用第三方电子支付平台进行支付操作更加简单而易于接受。SSL是现在应用比较广泛的安全协议，在SSL中只需要验证商家的身份。SET协议是目前发展的基于信用卡支付系统的比较成熟的技术。但在SET中，各方的身份都需要通过CA进行认证，程序复杂，手续繁多，速度慢且实现成本高。有了第三方电子支付平台，商家和客户之间的交涉由第三方来完成，使网上交易变得更加简单。

第三，第三方电子支付平台本身依附于大型的门户网站，且以与其合作银行的信用作为信用依托，因此第三方电子支付平台能够较好地突破网上交易中的信用问题，有利于推动电子商务的快速发展。

三、中国第三方电子支付的未来

1. 第三方平台结算支付模式的优点

（1）比较安全。信用卡信息或账户信息仅需要告知支付中介，而无需告诉每一个收款人，大大减小了信用卡信息和账户信息失密的风险。

（2）支付成本较低。支付中介集中了大量的电子小额交易，形成规模效应，因而支付成本较低。

（3）使用方便。对支付者而言，他所面对的是友好的界面，不必考虑背后复杂的技术操作过程。

（4）支付担保业务可以在很大程度上保障付款人的利益。

2. 第三方平台结算支付模式的缺点

（1）这是一种虚拟支付层的支付模式，需要其他的“实际支付方式”完成实际支付层的操作。

（2）付款人的银行卡信息将暴露给第三方电子支付平台，如果这个第三方电子支付平台的信用度或者保密手段欠佳，将带给付款人相关风险。

（3）第三方结算支付中介的法律地位缺乏规定，一旦其终结破产，消费者所购买的“电子货币”可能成了破产债权，无法得到保障。

（4）由于有大量资金寄存在第三方电子支付平台账户内，而其非金融机构，所以有资金寄存的风险。

3. 第三方电子支付未来的市场规模

2008—2014年中国第三方电子支付市场交易规模（线上、线下支付市场综合）如图3-9所示。

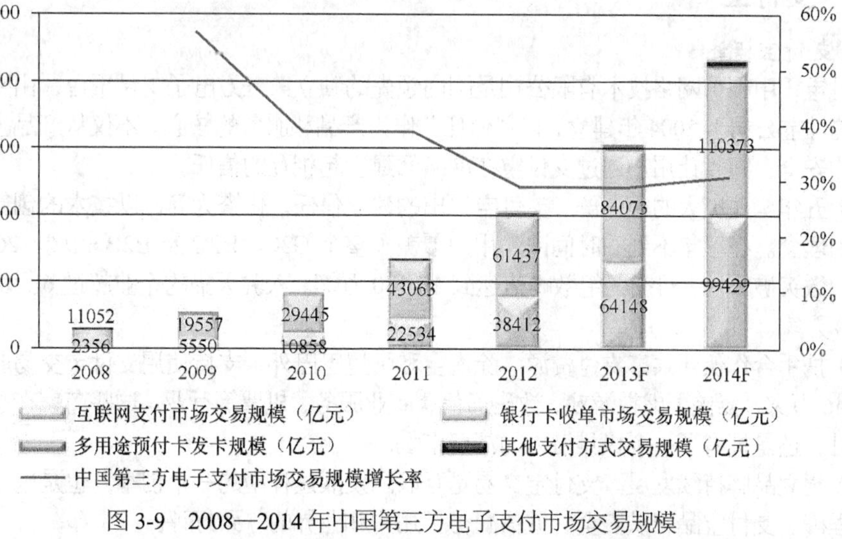

图3-9　2008—2014年中国第三方电子支付市场交易规模

2013 年二季度中国非金融支付机构各类支付业务的总体交易规模达到 3.8 万亿元，环比一季度增长 12%。其中 POS 收单和互联网支付的交易规模分别为 2.23 万亿元和 1.34 万亿元，与一季度相比分别增长 11%和 7%，是目前各类支付业务中占比最大的两类。

4. 第三方电子支付未来的市场格局

中国人民银行发布中央银行令，制定并出台《非金融机构支付服务管理办法》（以下简称《办法》），规范非金融机构支付业务，《办法》于 2010 年 9 月 1 日起施行。第三方电子支付企业必须“持证上岗”才能继续从事支付业务，市场上一半的同类企业面临生死大限。

2010 年 8 月，中央银行推出的“超级网银”上线。作为非金融机构提供支付和结算服务的第三方电子支付企业，其业务与银行业务的冲突并不明显，最核心的优势在于行业资源深厚，现在对行业资源进行深耕和提供解决方案已经成为其立身之本。中国航空机票销售是“航空公司直销加代理商分销”相结合的模式，100%的电子客票要求信息流、物流和资金流的全程电子化，无论是航空公司还是航空代理商都无法完全满足这三点，因而建立一套完善的电子支付体系是摆在众多航空公司和数家机票代理商面前的一大难题。

易宝支付推出了常旅客支付、代理人专用支付、信用支付、呼叫中心、信用卡支付、供应链实时分账清算、退费票实时退款等航空业全程电子支付解决方案，现已得到包括中航信、海航、川航等在内的十几家航空公司和近千家代理商的认可和使用。

只要不断有新的行业形成电子化过程，那么肯定就会有越来越多的行业进入到电子支付行列。电子支付不只是等于电子商务的支付，电子支付发展的最大的推动力是来自于这些行业的电子化。基金业开始引进第三方电子支付，以推动销售渠道电子商务化的进程。第三方电子支付公司的介入，将改变基金行业过分倚重于传统渠道的状况，而支付结算“瓶颈”的突破，将大大提高基金公司开展网上直销的动力。

基金业引进网上第三方电子支付，也有望为支付公司提供新的市场拓展空间。中国内地 600 多家支付清算组织中，约半数为非银行金融机构。2009 年，电子支付规模达 5 766 亿元。第三方支付在 2011 年达到 2 万亿元，2012 年增长至 3.8 万亿元，2013 年达到 10 万亿元。

第二节　国内典型支付网关

一、支付宝

1. 支付宝概述

支付宝（中国）网络技术有限公司是国内领先的独立第三方电子支付平台，由阿里巴巴集团创办。支付宝公司于 2004 年建立，以“信任”作为产品和服务的核心。不仅从产品上确保用户在线支付的安全，同时让用户通过支付宝在网络间建立起相互的信任。

（1）五年构建庞大的客户群。支付宝提出的建立信任，化繁为简，以技术的创新带动信用体系完善的理念。在五年不到的时间内，用户覆盖了整个 C2C、B2C 及 B2B 领域。2012 年支付宝注册用户数突破 8 亿，日交易笔数峰值达到 10 580 万笔。入驻天猫的企业超过 6 万家，淘宝卖家超过 700 万家。

（2）携手合作伙伴共享支付资源。除淘宝和阿里巴巴外，支持使用支付宝交易服务的商家已经超过 46 万家，涵盖了虚拟游戏、数码通信、商业服务、机票等行业。这些商家在享受支付宝服务的同时，还是拥有了一个极具潜力的消费市场。

（3）树立品牌持续发展。支付宝交易是互联网发展过程中的一个创举，也是电子商务发展的一个里程碑。支付宝品牌以安全、诚信赢得了用户和业界的一致好评。

2. 支付宝的主要特点

（1）根据会员不同使用状态，分成多个等级，每个等级的页面的导航功能各不相同。

（2）以不同身份（如新用户、成熟用户）登录的界面引导区不同，IP 地址跟踪等，初步实现个性化。例如，以“没有交易的会员”登录，看到的界面如图 3-10 所示；以“激活但未绑定手机会员”登录，看到的界面如图 3-11 所示。

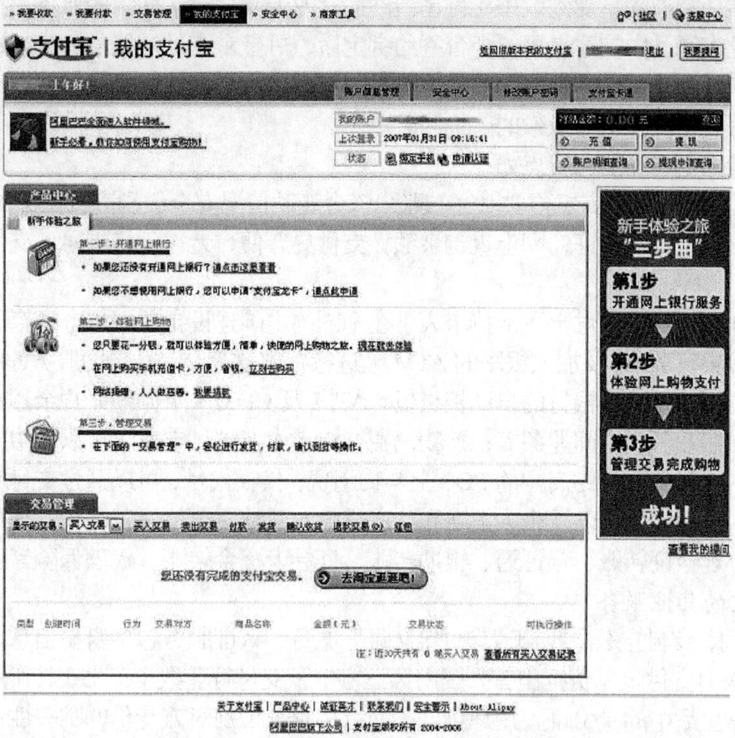

图 3-10　没有交易的会员登录界面

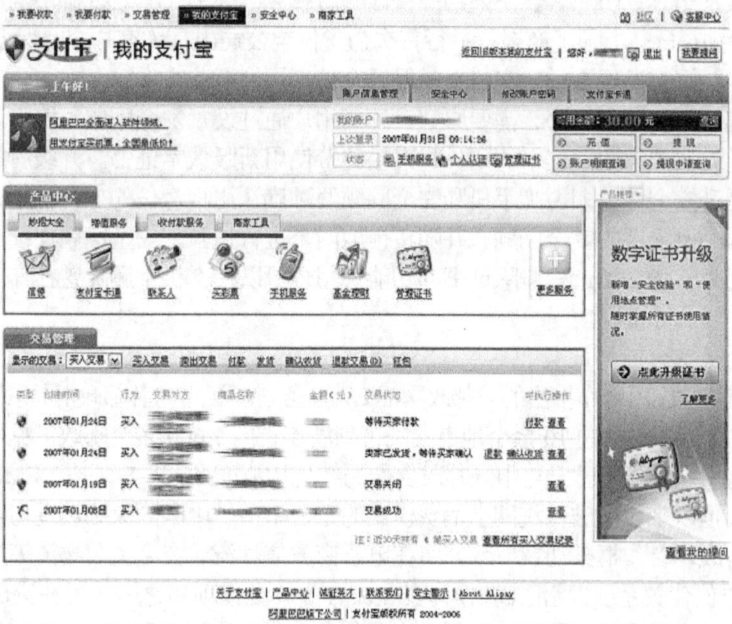

图 3-11　激活但未绑定手机会员登录界面

（3）交易管理合并到我的支付宝里，方便用户进行交易管理、资金管理、账户管理。

（4）界面条理区分更清楚，产品中心、交易管理、账户信息分开。

（5）页面设计美观。

3. 支付宝龙卡

支付宝龙卡是为网上购物族量身定制的银行卡。该卡除了具有中国建设银行龙卡借记卡的所有功能外，还能使持卡人享受到电子支付创新产品“龙卡支付宝卡通”的服务。持卡人将支付宝账户与支付宝龙卡通过中国建设银行柜台签约绑定后，可登录支付宝账户，直接通过支付宝龙卡账户，完成持卡人在支付宝平台的在线支付业务。同时，持卡人还能通过“龙卡支付宝卡通”完成支付宝龙卡账户余额和支付限额的查询服务。

支付宝龙卡的主要功能和特点如下。

（1）网购无需开通网银；短信实时通知账户资金变动情况安全级别高；轻松认证，今天办卡，今天开店，免支付宝身份认证；网上查询余额；支付更方便，无需记忆卡号；支付限额高；具有短信提醒业务。

（2）通存通兑业务，支付宝龙卡持卡人可在全国的中国建设银行网点办理存取款业务，在全国各地中国建设银行ATM及加入银联的ATM上进行存取款等交易；自助服务，持卡人持支付宝龙卡及个人密码可以在建设银行的自动柜员机（ATM及CDM）上办理账户余额查询、修改密码及存取现金、转账业务、中间业务等；购物消费，持卡人持支付宝龙卡可以在中国建设银行的特约商户以及加入银联其他特约商户的POS上购物消费；代收代付，可以通过支付宝龙卡代扣代缴各类公用事业费和其他费用以及个人消费和住房贷款的还款，可代发工资等；理财增值，可以通过支付宝龙卡办理银证转账、银证通、银期转账、证券卡资金转账、代理保险等业务。

4. 支付宝的其他服务

2005年7月，支付宝公司推出“支付宝认证”服务，认证服务包括身份信息识别和银行账户识别；2006年3月支付宝免费推出首张国内第三方电子支付行业数字证书，其作用类似于司机的驾驶执照或日常生活中的身份证，用户可以在网上用它来识别对方身份的唯一性；同年4月，支付宝推出免费短信提醒服务，若用户收到短信通知发现是陌生转账，可立即申请冻结该款项；2007年1月，支付宝推出具备防黑客、防盗窃等特性的新版数字证书，有效抵御“网银大盗”病毒。

2006年6月16日，中国工商银行总行首次为支付宝公司出具《客户交易保证金托管报告》。证明在监管期内，没有发现支付宝客户交易保证金被挪用情况。

支付宝推出的新版数字证书，需要原数字证书用户通过设置安全问题、填写证书使用地点等步骤免费升级；初次申请数字证书的用户将直接免费使用新版数字证书。升级后的数字证书主要通过两个措施提升安全性，即增加手机和安全问题两种确认用户身份的方式，用户在导入新版数字证书时回答3个已设置的安全问题，并随机提取两个进行校验，安全问题连续5次回答错误后账户会锁定。另外，增加了远程删除证书的功能，用户可以在本机上删除曾在其他电脑登录使用过的证书。

5. 支付宝联手中国邮政

中国邮政与阿里巴巴合作推出的“邮政网汇E”业务在浙江省内各邮政汇兑联网网点上线，包括杭州、金华、台州等在内的10余个地市网民可到浙江省内1 600多个邮政汇兑网点中任意一个办理该业务。这也是继阿里巴巴与中国邮政合作的经济物流产品——E邮宝（EMS电子商务经济快递）在杭州面世以来，突破传统网上消费模式的重要举措。中国国家邮政局与阿里巴巴集团共同签订电子商务战略合作框架协议，双方将在电子商务信息流、资金流、物流等层面达成全面、长期的战略合作伙伴关系。“网汇E”作为资金流方面的合作项目之一，旨在突破用户必须以网上银行为基础进行电子支付的限制，降低大众参与电子商务的门槛和线下直接汇款的危险性。

邮政“网汇E”业务主要针对没有开通网上银行和非邮政绿卡的用户，用户可以直接用现金在邮政柜台生成电子商务汇款单，同时在柜台预留密码，用户只要到支付宝网站填写汇款单汇兑号以及预留的密码，就可以实时给支付宝账户充值，参与网上购物消费。

直接用现金汇款即可对支付宝账户进行充值并网上购物，开创了全新的网上消费模式，将给非网上银行用户带来极大的安全和便利，对于普及电子商务和促进农村网民网上购物也有着积极的推动作用。

6. 支付宝物流赔付制度

2005 年 12 月，支付宝和一些知名物流公司合作，为网络用户提供物流服务，并于 2006 年特别推出"推荐物流赔付制度"。即在支付宝交易过程中，卖家在交易中直接使用支付宝系统下订单的方式选择推荐物流服务，将享有支付宝与推荐物流公司协定的相应理赔内容：对于物品在运输过程中的遗失、破损，以及非本人签收给客户造成的损失，都能得到相应的赔偿。

在淘宝网，如果在成交协议后，卖家没有向买家寄送货品或者买家收到的物品与描述不符，淘宝作为第三方监管将为买家提供与货品价值等额的"全额赔付"。

7. 连邦联手支付宝

连邦旗下的软件商城 8844 采用支付宝作为在线支付平台。8844 连邦服务是由连邦软件旗下打造的全资子公司北京数字巅峰科技有限公司制作并运营。该公司成立于 2006 年，旨在整合中国软件市场互联网服务，打造全球化软件门户。

8. 网上手机充值卡业务

淘宝网上的手机充值方式包括在线代充、在线卡密和实体卡 3 种。在线代充，即用户购买充值卡时留下手机号码，用支付宝付款后卖家自动给用户手机充值，这种方式充值便捷且价格略低，选择在线代充的用户数是最多的。在线卡密充值，即支付宝付款后自动获得充值卡的卡号和密码，用户个人完成充值操作，即充即用。除了移动联通发卡方本身的原因，不会有任何延迟，但折扣额度比较小。实体卡和线下购买的充值卡一样，支付宝付款后快递、邮寄给买家，买家个人完成充值操作。时间较长，但价格往往比线下便宜一些，批量购买价差明显。

9. 支付宝开拓 B2B 支付市场

支付宝公司已经与厦门华众、广州星外以及宏杰网络 3 家互联网应用服务提供商签约，将在 IDC 行业在线支付领域展开全面合作，共同开拓国内在线支付市场。上述 3 家公司的用户，只需要提供支付宝账号和使用系统的网址就可以申请免费使用支付宝，实现企业资金的在线支付，享受收付款、即时到账等服务。

10. 阿里巴巴和工商银行合作

2006 年 6 月 16 日，中国工商银行总行正式为支付宝公司出具《客户交易保证金托管报告》。工商银行每月都会出具一份月度《客户交易保证金托管报告》。这是工商银行将自己的权威信誉和支付宝公司的信誉捆绑在一起，让"支付宝信誉 = 工商银行信誉"，让支付宝第三方电子支付平台的公正性、抗风险性在用户心中得到一个质的提升，对支付宝的领先地位起到很好的巩固作用。

中国工商银行和阿里巴巴公司将在原业务合作基础上，进一步拓展双方在支付领域的合作力度和范围，包括在市场推广、用户共享和安全、支付等诸环节合作，把"支付宝"打造成安全、快捷、方便的电子商务网上支付产品。合作是工商银行与阿里巴巴及淘宝，支付宝的全方位的合作，其内容包括联合营销宣传、"U 盾"、客户身份认真、资金托管、银行卡、中小企业信贷服务多个领域。

二、腾讯财付通

1. 财付通概述

财付通（Tenpay）是腾讯公司创办的在线支付平台。财付通与拍拍网、腾讯 QQ 有着很好的融合。按交易额来算，财付通排名第二，仅次于阿里巴巴公司的支付宝。

财付通是腾讯公司于 2005 年 9 月正式推出专业在线支付平台，致力于为互联网用户和企业提供安全、便捷、专业的在线支付服务。财付通构建全新的综合支付平台，业务覆盖 B2B、B2C 和 C2C 各领域，提供卓越的网上电子支付及清算服务。针对个人用户，财付通提供了包括在线充值、提现、支付、交易管理等丰富功能；针对企业用户，财付通提供了安全可靠的支付清算服务和极富特色的 QQ 营销资源支持。

在客户资源上，财付通一开始就拥有了得天独厚的优势。和财付通同一天出生的拍拍目前是财付通的第一大商户，在拍拍之外，和财付通达成合作的商户已经超过千家。

2006 年 6 月底，腾讯 QQ 的注册用户已经达到 5.49 亿、活跃账号达到 2.24 亿。这庞大的用户群是财付通最大的优势。QQ 丰富的客户资源是财付通一笔巨大的财富，能否利用好这一点，决定着财付通的未来。

财付通借助 QQ 平台推出了“我的钱包”功能，用户只需登录 QQ，便可以通过“我的钱包”实现收款、付款、AA 制收款、手机支付、航空票务查询等多项常用的生活理财功能。用户还可以通过“我的钱包”进行航空订票、保险购买等。“我的钱包”成一个方便、易用的个人理财终端，用户通过这个终端可以实现多样化的网上生活需求。将财付通功能和 QQ 平台进行无缝对接正是财付通转化 QQ 用户使出的一个杀手锏。

财付通在其门户上推出了游戏点卡充值频道，用户能在上面选择市面上最低价的游戏点卡。用户登录财付通账号后，就可以直接购买点卡。购买点卡只是财付通的一个应用，对于个人用户，我们期望财付通不仅仅是一个支付工具，而且是一个实现网上消费，畅享网上新生活的一个综合平台。

财付通作为腾讯财务支付的平台，目前能够支持在线交易；支撑腾讯公司 C2C 的交易平台，提供信用中介和在线支付；“财富空间”使互联网用户能够找到各类 CP、SP 提供的服务；得到 QQ 会员享受的增值服务。

银行卡一点通模式，是银行卡号和 QQ 号进行关联，实现包月扣费。2006 年 4 月财付通联合招商银行和中国建设银行推出了电话银行服务。2006 年 6 月与 IM 社区结合推出了电子钱包以及理财服务。

2. 财付通与虚拟金融

腾讯与兴业银行联合在国内发行首张虚实合一的信用卡，腾讯财付通在线支付迈进了虚拟金融市场，如图 3-12 所示。

图 3-12 财付通信用卡

腾讯财付通不再是一个简单的支付工具，既能实现钱的存储、消费，又是一个相当完善的理财工具；既能应用于虚拟，也能应用于实体，而且和 QQ 紧密关联，使其具有相当强的粘力和便利性。

（1）财付通在线支付的页面功能如下。

① Q 法支付：仅需输入 QQ 号码、QQ 秀虚拟卡卡号后四位、财付通支付密码即可购买腾讯网的增值服务，方便快捷的全新支付方式，让用户尽享最佳支付体验。

② Q 能俱全：时尚电子账单、QQ 即时消息提醒、QQ 财付通还款等功能。拥有 QQ 秀信用卡，足不出户即可坐拥全面信息。

③ Q样积分：使用QQ秀信用卡在腾讯网上商城购物，可同时享受腾讯网和兴业银行信用卡的积分奖励活动，兑换丰富的积分礼品，双重积分，双倍乐趣。

④ Q秀专场：腾讯QQ秀网站将开辟独享优惠专区，每月推出至少10款最新秀品供用户专享，只要拥有QQ秀信用卡，QQ秀场，特权尽享，想怎么秀就怎么秀。

⑤ Q影随行：QQ秀Mini信用卡，超小身材，超大用途，个性魅力尽在其中，QQ秀虚拟信用卡，无论何时何地，如影随行伴用户左右。

（2）Q币作为虚拟货币已开始对网络金融产生影响。

使用QQ会发现它的应用已经与Q币十分紧密，脱离了Q币对某些人而言可能寸步难行。很多网站都已经将Q币作为“奖励”来激励用户，Q币已经具有了“通用性”。

Q币作为通用性网络货币已经实质性地开始流通了，Q币在年轻人中间很受欢迎。

Q币如果是一个跨平台的虚拟货币产品，“财付通”就有机会获得更强大的控制力，打通虚拟产品、虚拟货币、网络金融、实际货币和实际物品之间的界限。

目前可以通过购卡、电话、手机和网络的方式充值Q币，利用Q币可以购买虚拟产品，进行广泛的交易。Q币还可以购买拍拍的物品。在目前的金融流程里，Q币没法兑换成实际货币，但是在拍拍社区，Q币和实际物品可以通畅地交换，这种交换已经实现。

3. Q币是购买增值服务的工具

Q币是具有代表性、使用广泛的虚拟物品，甚至有代金券的特点。Q币只是腾讯公司为便利广大用户推出的用于购买相关增值服务的支付渠道，使用范围仅局限于腾讯公司业务范围。Q币只是一种商品而非虚拟货币，其功能就像游戏点卡或手机充值卡一样，在不同企业主体之间是不能交换的。Q币在使用中因方便支付而被赋予了交换功能。

在腾讯营造的网络世界里，Q币的流通畅行无阻。所有的商品都是虚拟的，甚至这些商品在腾讯规定的时间期限里会化为乌有，但是Q币是真实的，它是QQ用户在现实世界里通过各种途径用人民币买来的，只不过不同的渠道Q币与人民币的比价存在差异，正轨途径最少是0.9Q币=1元人民币，在淘宝网上它可能是0.5Q币=1元人民币。

腾讯2006年1～6月的13亿多元的收入中，有将近9亿元来自Q币的交易。

总之，腾讯的Q币只是一种消费凭据，而非支付手段，只是为了满足用户购买腾讯自身的产品和虚拟物品而非现实中的真实社会中商品买卖中的货物。按照目前对货币的定义，Q币还不是严格意义和理论意义上的货币。

4. 财付通电子支付功能

从产业发展来看，支付厂商有义务强化产业链之间的关联，创新支付平台模式，形成支付清算服务和增值服务结合的综合支付平台。财付通正致力于整合产业链，发挥综合支付平台价值，建设网上电子支付的支付品牌。

基于这种“集大成”的发展理念，财付通自创立以来在以下5个方向上重点发力。

第一，围绕财付通账户展开机票订购、手机充值、游戏点卡等丰富的创新应用，提升用户在线生活体验。

第二，面向商户构建稳定高效的服务平台，并推出自助申请系统、营销支撑等增值服务，助力中小企业发展电子商务平台，同时帮助商户进行营销推广和消费者管理。

第三，与商业银行展开深入合作，先后与工商银行、招商银行、兴业银行联袂发行借记卡或信用卡，并充分实现银行与支付平台之间的优势互补。

第四，高度重视安全建设，率先通过国家权威机构安全认证，从而保障前三点的实现。腾讯财付通顺利通过中国国家信息安全测评认证中心的安全认证，成为国内首家经权威机构认证的在线支付平台，这不仅给电子支付用户吃了一颗安全支付的“定心丸”，同时，标志着中国电子支付行业在人们最关心的安全方面开始走向标准化、规范化。

第五，推出了“财付通——银行卡一点通”模式的电子钱包。

“财付通——银行卡一点通”是腾讯公司携手银行推出的一项最新支付功能。它实现了 QQ 号码和用户银行卡账户的关联，从而能方便地对 Q 币账户进行自设定充值，免除跳转银行支付的烦琐和在互联网上泄漏银行卡密码的担忧。丰富的信息查询和银行短信消息提醒，让 QQ 用户时时刻刻做到对每笔充值心中有数。QQ 用户还可以根据消费额度设置单笔充值金额和每月充值限额，灵活掌控银行卡资金，避免浪费。

“财付通——银行卡一点通”是用户通过网络与银行及腾讯公司签订相关协议，在设置一定的交易安全保障后，所拥有的更为安全、快捷的“互联网钱包”。

继银行卡与 QQ 号码关联进行 Q 币充值的腾讯“财付通——银行卡一点通”模式推出不久，腾讯公司与全国各主要银行近日再度深入合作，共同开启“财付通充值 Q 币电话支付”新模式，为广大 QQ 用户充值 Q 币创造更加便捷的服务。财付通旗下的 Q 币电话银行有两种方式：电话直充式和电话订单式。

5. 财付通自助申请系统

财付通推出商户自助申请系统（http://union.tenpay.com/mch）。这一系统的推出大大降低了用户接入的复杂程度，商户只需履行简单的自助申请步骤即可开通财付通在线支付，实现轻松营销和结算。对于众多中小企业而言，自主申请系统的开通无疑将降低其借助电子商务发展的难度。

财付通商户自助申请系统是为各企业商户接入财付通支付而提供的自助申请平台，商户可以直接在系统内填写相应的资料，在审核通过之后，系统会发送邮件告知财付通商户号、初始密钥、结算周期等信息，经过接口开发及测试系统便自动完成接入。据财付通方面称：在合作推广期间使用该系统自助申请接入财付通，商户可以享受完全免费的服务，如图 3-13 所示。

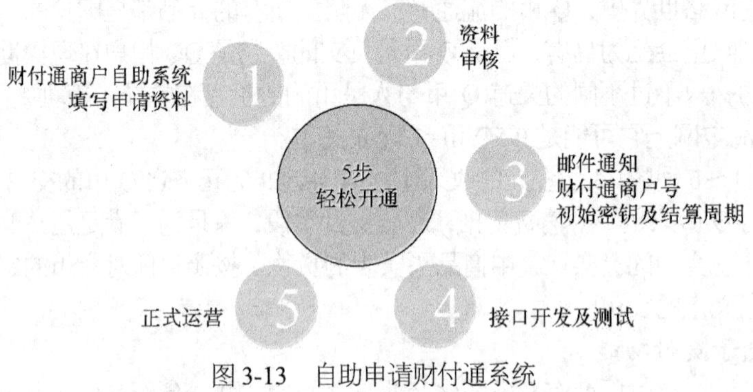

图 3-13 自助申请财付通系统

财付通推出商户自助申请系统，使商户使用电子支付系统更加便捷，这进一步拉近了平台和用户的距离，将协助商户把握更多商机，在电子商务大潮中获得竞争优势。

三、银联电子支付平台

中国银联全称中国银联股份有限公司，2002 年 3 月 26 日成立，总部设在上海。是经中国人民银行批准的、由 80 多家国内金融机构共同发起设立的股份制金融机构。公司采用先进的信息技术与现代公司经营机制，建立和运营全国银行卡跨行信息交换网络，实现银行卡全国范围内的联网通用，推动中国银行卡产业的迅速发展，实现“一卡在手，走遍神州”，乃至“走遍世界”的目标。目前已拥有近 300 家境内外成员机构。

1. 中国银联概况

中国银联处于中国银行卡产业的核心和枢纽地位，对中国银行卡产业发展发挥着基础性作用，各银行通过银联跨行交易清算系统，实现了系统间的互联互通，进而使银行卡得以跨银行、跨地区和跨境使用。在建设和运营银联跨行交易清算系统、实现银行卡联网通用的基础上，中国银联积极联合商业银行等产业各方推广统一的银联卡标准规范，创建银行卡自主品牌；推动银行卡的发展和应用；维护银行卡受理市场秩序，防范银行卡风险。

中国银联的成立标志着“规则联合制定、业务联合推广、市场联合拓展、秩序联合规范、风险联合防范”的产业发展新体制正式形成，标志着中国银行卡产业开始向集约化、规模化发展，进入了全面、快速发展的新阶段。银联主页如图 3-14 所示。

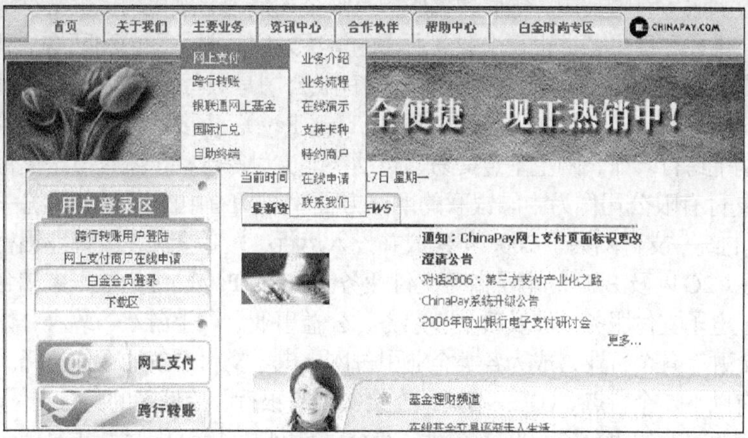

图 3-14　中国银联主页

为满足中国人日益增长的境外商务、旅游、学习的用卡需要，以及把境内商业银行的服务通过银联网络延伸到境外，中国银联积极展开国际受理网络建设。截至目前，银联卡受理网络已经延伸至境外 90 个国家和地区；与此同时，中国银联还积极推动境外发行银联标准卡，为境外人士到中国工作、旅游、学习提供支付便利，已有 10 多个国家和地区的金融机构正式在境外发行了当地货币的银联标准卡。银联卡不仅得到了中国持卡人的认可，而且得到了越来越多国家和地区持卡人的认可。

2. 银联卡功能介绍

（1）银联标准卡可在全球通用。

（2）境外用卡省钱实惠。

（3）境外消费退税省心。

3. 银联全球网络

数据银联（2009 年年底）银联全球网络境内外成员机构近 300 家。

境内联网商户：157 万户。

联网 POS 机具：241 万台。

联网 ATM 机：21.5 万台。

全国银行卡跨行交易额：7.7 万亿元。

银行卡渗透率：32%。

境外受理国家和地区：90 个。

4. 性质与职责

中国银联是中国银行卡联合组织，处于银行卡产业的核心和枢纽地位，是实现银行卡系统互联互通的关键所在。依托银联跨行交易清算系统（CUPS），中国银联制定和推广银联跨行交易清算系统，统一银行卡跨行技术标准和业务规范，形成银行卡产业的资源共享和自律机制，从而对银行卡产业的发展起到引导、协调、推动和促进作用。 各商业银行通过中国银联的银行卡跨行交易清算系统，实现系统间的互联互通和资源共享，保证银行卡跨行、跨地区和跨境的使用。

中国银联的主要职责是负责建设和运营银联跨行交易清算系统这一基础设施，推广统一的银行卡标准规范，为商业银行、特约商户、持卡人提供跨行信息交换、清算数据处理、风险防范等银行卡基础服务，推动银行卡产业集约化、规模化发展，同时联合商业银行，创建银行卡自主品牌。

5. 产业服务体系

（1）银联商务有限公司。银联商务有限公司是从事银行卡受理市场专业化服务的全国性集团公司。依托广泛的花旗银行服务网络、高素质的服务队伍、先进的管理、领先的技术，为发卡机构、特约商户和广大持卡人提供优质、高效、规范、专业的银行卡收单专业化服务。

（2）银联数据服务有限公司。银联数据服务有限公司是为金融机构提供银行卡数据处理服务的专业化公司，集成和提供各类银行卡业务所需的解决方案、服务平台和网络基础设施。

（3）银联电子支付有限公司。银联电子支付有限公司是银行卡增值业务应用的专业支付公司，拥有面向全国的统一支付网关——网付通（China Pay）。主要从事以互联网等新兴渠道的网上电子支付、网上跨行转账、网上基金交易、自助终端支付等银行卡网上电子支付及增值业务。

银联电子支付有限公司作为中国银联的网络方面军，拥有中国银联全国统一的支付网关。China Pay 运营的统一支付网关于 2000 年建成并投入运行，覆盖全国主要商业银行的银行卡，适用于各种 B2C、C2C 以及 B2B 的电子商务支付业务。China Pay 已经为数千家知名商户提供了安全、有效的网上电子支付服务，涉及航空、票务、公益事业、网上游戏、政府、体育、消费品、旅游、制造、金融等各个行业，成为各类企业引进网上电子支付系统的最佳选择。

该公司具有以下 5 个特点。① 一站式：连接实现跨银行、跨地区的实时支付。② 覆盖广：支持国内主要商业银行的银行卡。③ 开放性：兼容已有网关银行的技术标准，使无网关的银行改造简单。④ 个性化：度身设计支付结算方案，适用于各种电子商务支付业务，针对不同需求可采用不同的业务实现方式。⑤ 全天候：支持 7×24 小时交易。

该公司具有以下 7 个功能。① 交易功能：提供多卡种、多语言的实时在线支付，实时传递交易信息。② 查询功能：商户可按照交易日期、交易类型和交易结果等选项进行查询。③ 交易报表的生成及显示：商户可以按天、周、月生成并显示相关交易报表。④ 交易明细下载：商户可以在 China Pay 提供的平台上下载其任一天或几天交易明细,查询后台保留 3 个月交易明细，所有交易明细有备份。⑤ 安全功能：银行卡信息和支付密码在交易中不经过网上商户系统，直接以 SSL 安全通道方式递交支付网关；递交银行卡信息时，必须用支付网关公钥进行加密，密码算法和支付网关公钥随支付页面动态下载；支付网关在交易组装和转发时，网上电子支付密码的密-密转换必须在硬件加密机中进行；加密算法采用 1024 位非对称算法。⑥ 结算功能：定期为商户结算交易款项；自动处理结算及退款信息。⑦ 客服功能：全国统一客服热线 021-52504520；7×24 小时客户服务；定期客户回访，积极为客户解决问题；客户建议收集，不断改进服务质量。

银联电子支付的业务流程如图 3-15 所示。

图 3-15 银联电子支付流程

银联电子支付支持的卡种如表 3-3 所示。

表 3-3 银联电子支付支持卡种

银行名	覆盖区域	受理卡种
中国银行	上海市	长城卡（信用卡）
中国银行	广东省（除深圳）	长城卡（信用卡）
中国银行	广州	长城卡（借记卡）
交通银行	上海市	太平洋卡（包括借记卡和信用卡）
交通银行	广州、深圳	太平洋卡（包括借记卡和信用卡）
上海浦东发展银行	全国	东方卡（包括借记卡和信用卡）
中信银行	上海市	理财宝卡（借记卡）
中国民生银行网银支付	全国	民生卡（借记卡）
中国光大银行	全国	阳光卡（借记卡）
深圳发展银行	全国	发展卡（借记卡）
华夏银行	全国	华夏卡（借记卡）
广东发展银行	全国	理财通卡（借记卡）、一户通卡（借记卡）、广发信用卡（信用卡）
上海农村商业银行	上海市	如意卡（借记卡）
中国工商银行网银支付	全国	牡丹卡（包括借记卡和信用卡）
中国农业银行网银支付	全国	金穗卡（包括借记卡和信用卡）
中国建设银行网银支付	全国	龙卡（包括借记卡和信用卡、双币种贷记卡）
招商银行网银支付	全国	一卡通卡（包括借记卡和信用卡）
兴业银行网银支付	全国	兴业卡（借记卡）、兴业 e 卡
广东省邮政储汇局	广东省	邮政绿卡（借记卡）
广州市商业银行	广州	羊城万事顺卡（借记卡）
广州市中小银行合作联合社	广州	麒麟卡（借记卡）
北京银行	北京	京卡
邮政储蓄	全国	邮储绿卡

“银联通”网上跨行转账是由中国银联支持开展的银行卡跨行交换业务，通过银联的互联网跨行转账平台，向持卡人提供实时的银行卡网上跨行转账服务。

通过银联互联网跨行转账平台可以办理以下业务：网上汇款；个人商务往来资金跨行转账；购房、买车按揭跨行还款；在信用卡、贷记卡使用透支时及时还款；开放式基金的网上申购和赎回。

通过银联互联网跨行转账平台办理业务有以下优点。

① 方便：上网即可轻松完成个人理财工作，不受时间、地域限制。

② 安全：基于商业银行网络系统以及中国银联电子支付平台的个人理财服务，注重安全管理。

③ 快捷：实时交易、实时到账，瞬间即可完成在不同银行卡账户之间的资金划拨。

④ 业务覆盖面广：目前已实现上海地区银行的基本联网和部分异地银行的全国联网，全国范围内中国银联下属的各成员银行将陆续开通此项业务。

银联互联网转账平台的用户可分为普通用户和高级用户。普通用户每张卡每日累计转出的最高限额为 5 000 元（含）；交易过程中无需使用安全认证卡。高级用户每张卡每日累计转出的最高限额由用户和转出行商定并签约，可以达到 5 万元或者更多；交易过程中需使用安全认证卡。

银联互联网转账平台的开通方式有两种。普通用户转出卡的开通方式根据转出行的规定分为柜面登记开通和网上直接开通；高级用户转出卡的开通方式根据转出行的规定分为柜面登记开通和开通交易开通；普通用户和高级用户，转入卡均只需通过网上转账平台直接登记即可使用。

银联互联网转账的资费标准为每笔转账交易的手续费在转账时由转出行从转出银行卡的账户余额中自动扣除。其中，同城转账交易收费标准为：① 转账金额 5 000 元（含）以下的，每笔收取 2 元；② 转账金额 5 000 元以上至 5 万元（含）的，每笔收取 3 元；转账金额 5 万元以上至 10 万元（含）的，每笔收取 5 元；转账金额 10 万元以上的，每笔收取 8 元。异地转账交易收费标准为每笔收取转账金额的 0.5%作为交易手续费，最低为 5 元，最高为 50 元。

银联互联网转账平台的业务流程如图 3-16 所示。

图 3-16 银联互联网转账平台业务流程

银联互联网转账平台的支持卡种如表 3-4 所示。

表 3-4 银联互联网转账平台支持卡种

银行名称	覆盖区域	受理卡种
上海浦东发展银行	全国 营业网点	东方借记卡 东方信用卡
兴业银行	全国 营业网点	兴业借记卡
中国农业银行	上海市 营业网点 厦门市 营业网点	金穗借记卡 金穗信用卡
中信银行	上海市 营业网点	暂时关闭
民生银行	上海市 营业网点 深圳市 营业网点	上海地区暂停
广东发展银行	上海市 营业网点	新理财通卡
广东发展银行	北京市 营业网点	暂停服务
招商银行	上海市 营业网点	借记卡
中国银行	上海市 营业网点	长城信用卡
交通银行	上海市 营业网点	太平洋借记卡 太平洋信用卡
深圳发展银行	上海市 营业网点	暂时关闭
上海农村商业银行	上海市 营业网点	如意卡
上海银行	上海市 营业网点	申卡
厦门市商业银行	厦门市 营业网点	银鹭卡

普通用户只需在 China Pay 的跨行转账平台进行用户注册，登记转出、转入银行卡，即时开通网上跨行转账功能。普通用户单张转出卡每日最高转出限额为 5 000 元人民币。

（4）银行卡检测中心。银行卡检测中心是银行卡产品和机具检测机构，拥有国家级检测中心资质以及符合国际标准的 EMV 检测实验室，对各种银行卡和受理机具等进行科学、公正的技术质量检测，确保银行卡交易通畅、安全。

（5）中金金融认证中心。中金金融认证中心（英文简称 CFCA），是由中国人民银行和国家信息安全管理部门批准成立的互联网第三方安全认证机构，通过发放数字证书为网上银行、电子商务、电子政务提供安全认证服务。

四、贝宝

1. 贝宝公司概述

贝宝是为中国量身设计的一种安全、快捷而方便的互联网在线支付服务，它可以让用户在互联网上即时支付和收取交易款项。贝宝是 2004 年 8 月由上海网付易信息技术有限公司与世界领先的网上支付公司——PayPal 公司通力合作为中国市场度身定做的网上支付服务。贝宝利用 PayPal 公司在电子商务支付领域先进的技术、风险管理与控制以及客户服务等方面的能力，通过开发适合中国电子商务市场与环境的产品，为电子商务的交易平台和交易者提供安全、便捷和快速的交易支付支持。

贝宝提供网上转账、网上电子支付、在线销售收款等网上银行相关的服务，不过贝宝本身并非网上银行，而是为用户使用网上银行提供更多方便的一种服务。贝宝相当于各个银行委托的网上银行业务代理人，用户可以把各个签约银行卡的资金转入贝宝账户，通过贝宝可以方便地向持有其他银行卡的用户转账付款，或者网上销售时作为收款工具，也可以随时从自己的贝宝账户中将资金转到自己的银行卡账户中。所以，贝宝（PayPal）相当于一个专业版的网上银行，与某个具体的网上银行的区别之处在于，贝宝这个“网上银行”可以处理多个银行的在线业务。

PayPal 公司成立于 1998 年 12 月，是美国 eBay 公司的全资子公司。PayPal 利用现有的银行系统和信用卡系统，通过先进的网络技术和网络安全防范技术，在全球 55 个国家（地区）为超过 1 亿用户提供网上电子支付服务。可以在 https://www.paypal.com 网站上了解到更多有关 PayPal 公司的信息。

（1）贝宝的主要特点有如下几点。

① 对于买家而言：用贝宝付款和收款是完全免费的；可以使用银行卡或银行账户付款；账户信息会被安全保存，不会透露给任何其他人。

② 对于卖家而言：接受大多数主要的银行卡和其他付款类型；贝宝是完全免费的；操作很容易，注册即可快速接受付款。

③ 快捷：可以立即付款，比支票、汇票都快。

④ 完全保密：贝宝确保卖家无法知悉用户的财务信息。

⑤ 领导者：贝宝使用稳定和安全的技术，全世界已经有上千万贝宝用户使用此技术。

⑥ 简单易用：只需轻轻点击，即可完成付款。

⑦ 可靠：业界领先的防欺诈保护措施为用户提供安全防范。

⑧ 完全免费：付款和收款完全免费。免费的 ShopEx 网上商店系统已经完美内置了贝宝支付网关。

（2）贝宝支付的步骤简便，例如通过 PayPal 支付一笔金额给商家或者收款人，可以分为以下几个步骤。

第一，只要有一个电子邮件地址，付款人就可以登录开设贝宝账户，通过验证成为其用户，并提供信用卡或者相关银行资料，增加账户金额，将一定数额的款项从其开户时登记的账户（例如信用卡）转移至贝宝账户下。

第二，当付款人启动向第三人付款程序时，必须先进入贝宝账户，指定特定的汇出金额，并提供受款人的电子邮件账号给贝宝。

第三，接着贝宝向商家或者收款人发出电子邮件，通知其有等待领取或转账的款项。

第四，如商家或者收款人也是贝宝用户，其决定接受后，付款人所指定之款项即移转予收款人。

第五，若商家或者收款人没有贝宝账户，收款人得依贝宝电子邮件内容要求，进入网页注册取得一个贝宝账户，收款人可以选择将取得的款项转换成支票寄到指定的处所、转入其个人的信用卡账户或者转入另一银行账户。

2. 贝宝公司网上支付安全新技术

同步密码匙是由贝宝公司推出的一种安全新技术，以增强网上电子支付的安全性，防止用户数据被窃取。

同步密码匙技术已经在美国的许多银行证券网站广泛采用，用户会获得一个小型的电子设备，上面显示出一个密码，这个密码每30秒变动一次，并和银行端的系统保持同步。

贝宝用户在登录的时候，除了输入账户和密码之外，还需要输入一次性的6位同步密码（从同步密码匙处获得）。这样安全性获得极大提高。即使网络犯罪者通过钓鱼网站获得了用户的账号和密码，依然无法成功登录。

该功能采用了美国VeriSign公司的技术，eBay网站的商家用户将免费获得一个同步密码设备，而支付用户则需要花费五美元购买这种小型的电子设备。如果支付用户丢失了该设备，必须在重新验证账号之后才能够登录并且使用支付功能。

3. 贝宝一次性虚拟支付卡技术

贝宝推出了一种无需输入用户资料的虚拟借记卡产品。这种产品的全称是“贝宝虚拟借记卡”，由贝宝公司和万事达卡公司联合推出。凭借这种产品，用户在下载一个软件之后，只需要输入一个一次性的账号即可实现在线支付，免去了填写信用卡账号和用户资料的麻烦。

贝宝用户在访问支持万事达卡的网上零售网站时，如果进行支付，可以选择使用这种虚拟账号来支付。用户端安装的插件将会生成一个卡号和验证号，而这个虚拟卡支付的资金来自于用户实际的信用卡。

4. 全新支付专业购物模式

2006年6月，国内著名的网上商店系统开发商ShopEx与网上支付公司贝宝宣布结成战略合作伙伴关系。

ShopEx作为国内购物软件的开拓者和实践者，提供的购物软件包括网上商店、网上商城、网上商店多店系统到相关配套服务如网店推广、模板设计、流量监测、商业智能分析、网上电子支付、网店互联、购物系统定制开发，以及深层次的电子商务技术服务。

贝宝与ShopEx携手，在支付渠道、商户共享方面展开广泛的合作，使贝宝的支付产品给用户带来安全、方便、快捷的支付体验。ShopEx与贝宝结成战略合作伙伴关系，除在技术和渠道等多方面进行合作，还共同开展市场推广活动，如图3-17所示。

五、快钱

1. 快钱公司简介

快钱是国内领先的独立第三方电子支付企业，旨在为各类企业及个人提供安全、便捷和保密的综合电子支付服务。目前，快钱是支付产品丰富、覆盖人群广泛的电子支付企业，其推出的支付产品包括人民币支付、外卡支付、神州行卡支付、联通充值卡支付、VPOS支付等众多支付产品，支持互联网、手机、电话和POS等多种终端，满足各类企业和个人的不同支付需求。

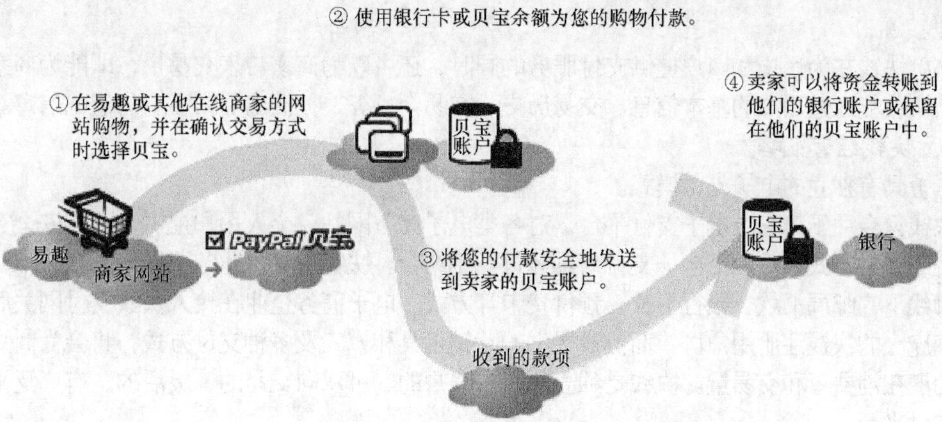

图 3-17　ShopEx 与贝宝共同开展市场推广活动

截至 2010 年 02 月 28 日，快钱已拥有 5 700 万注册用户和逾 41 万商业合作伙伴，并荣获中国信息安全产品测评认证中心颁发的“支付清算系统安全技术保障级一级”认证证书和国际 PCI 安全认证。

快钱总部位于上海，在北京、广州等地设有分公司。公司拥有由互联网行业资深创业者、优秀金融界人士和顶尖技术人员所组成的国际化管理团队，在产品开发、技术创新、市场开拓、企业管理和资本运作等方面都具有丰富的经验。出众的执行力和快速的发展使得快钱获得了硅谷大型风险投资基金的风险投资，并于 2006 年荣获第三届中国国际金融论坛十佳中国成长金融机构殊荣。

快钱产品和服务的高度安全性以及严格的风险控制体系深受业内专家和众多企业及消费者的好评，快钱电子支付平台采用了先进的应用服务器和数据库系统，支付信息的传输采用了 128 位的 SSL 加密算法，整套安全体系完成了 PCI 安全标准委员会 PCI-SSC 的 PCI 数据安全标准（PCI DSS：Payment Card Industry Data Security Standard）V1.2 的合规性评估，美国 Oracle 公司、VeriSign 数字安全公司和 McAfee 网络安全公司每天为快钱提供全面的安全服务，确保了数以亿计交易资金往来的安全。

快钱同中国工商银行、中国银行、中国建设银行、中国农业银行、交通银行、招商银行、中信银行、上海浦东发展银行、中国民生银行、兴业银行、中国光大银行、华夏银行、广东发展银行、深圳发展银行、上海银行、北京银行、北京农村商业银行、上海农村商业银行、渤海银行、南京银行、宁波银行、平安银行、厦门国际银行、广州市商业银行、中国邮政、全国中小银行社资金清算中心、全国城市商业银行资金清算中心、广州银行电子结算中心等金融机构结成战略合作伙伴，并开通 VISA、MASTER 等国际卡在线支付，服务覆盖国内外 30 亿张银行卡。

快钱和多家国内外知名企业达成战略合作。综合全面的支付产品，精益求精的服务理念，将使快钱赢得更多企业及消费者的信赖，以创造支付行业第一品牌。

2. 快钱商业模式特点

（1）快钱的平台是开放的，不要求用户必须注册快钱账号。

（2）快钱的支付方式多种多样，如手机代收、预付费卡、送货上门等。快钱不是单一的银行卡，而是在互联网上集聚了相关业务的平台。

（3）快钱做的是集成服务，必须依附某些交易。在互联网的交易过程中有收费或者付费的要求，快钱就是把支付需求转化成应用，跟产品有效地结合在一起，如 B2C、C2C、B2B 等业务。

（4）快钱的特色集中在银行卡本身的网关业务，这类业务占到其他业务的 90%以上。其实质就是，将业务整体从银行那边批发过来，重新打包、定价后卖掉。

（5）快钱内部分工的管理系统、交易的监控系统十分完善，而且有专门的团队进行交易的风险管理。

（6）快钱在为用户和商户提供支付服务的同时，还可以为商家带来交易量，即能为商家带来用户。快钱能通过用户的基本信息、交易历史、交易余额等，挖掘出非常多有价值的信息。

3. 快钱经营策略

（1）具有独立的电子支付模式。

快钱只专注于第三方电子支付平台，对各类电子商务网站、个人用户提供全面、安全、便捷及经济的支付方式，将网上电子支付与具体行业相结合。快钱的支付业务不局限于银行卡，同时还支付线下的邮局汇款、银行汇款、预付费卡等方式。电子商务企业在接入快钱支付网关后，可以分享庞大的快钱注册用户群，而快钱提供的营销工具和方案及多种支付方式，将会为商户带来更多的潜在消费者和交易量。快钱是独立的、有账户的、可双向交易的、灵活的、有广泛平台支持的支付平台。

（2）快钱构建了科学管理体系。

强大的资源体系和管理体系，使网上电子支付平台，借力拓展增值服务，找准业务切入点，将细节做到用户心坎上。快钱在为用户提供多层次、分领域、差异化、个性化服务的时候，不仅为自身的增值服务增添了无限魅力，也为电子支付平台产业打造一个良性的竞合环境，使中国电子支付平台的水准向国际化迈进了一步。

4. 快钱的功能与产品／服务

（1）账户充值。用户可以通过银行卡、银行账户、网银转账或线下充值等方式为用户的快钱账户充值，充值完成后即可用账户内的资金安全轻松地进行在线支付。

（2）账户提现。用户可以将快钱账户内的资金提取到银行账户中。

（3）支付服务。快钱支付是快钱推出的强大的电子收付款平台，可以帮助客户的网站迅速搭建安全便捷的电子支付系统。快钱的支付产品与服务包括以下6项。

① 人民币支付：支持全球近27亿张银行卡、包括快钱账户支付、线下支付及电话支付。

② 充值卡支付：支持神州行、联通、电信、骏网等年发行量过亿的充值卡的在线支付。

③ 外卡在线支付：支付VISA和MASTER卡在线支付。

④ B2B支付：解决企业与企业之间资金往来的服务。

⑤ VPOS支付：支持包括五大外卡在内的全球近27亿张银行卡支付，使用无需开通网银。

⑥ 快易付：支持自动定期付款，省去多次操作的麻烦。

快钱支付使商家避免了与每家银行单独签定协议的繁琐手续和搭建支付平台的技术挑战，大大降低了商家交易的门槛，帮助各类企业和个人商家解决电子商务中的支付问题，使商家突破支付瓶颈，获得安全便捷的支付渠道。

（4）退款功能。接入快钱支付服务的商家可以通过退款功能实现对消费者的退款操作。

（5）网上付款。通过快钱账户的网上付款功能，用户可以通过以下两种方式轻松地在线把货款支付给收款方。

① 付款到快钱账户：此功能将用户快钱账户内的资金支付到收款方的快钱账户内。如果收款方还没有注册快钱，则付款方需要提供收款方的E-mail地址，并进行付款操作。收款方只需用该Email注册登录快钱，就能顺利收到货款。

② 付款到银行账户：此功能将用户快钱账户内的余额支付到收款方的银行账户内。

（6）批量付款。快钱向企业用户提供批量付款功能，该功能帮助用户一次性处理多笔在线支付业务，减少重复进行单笔付款操作的麻烦。用户只需下载并填写一张快钱指定的Excel模版，将该文件上传后，就可以一次性完成批量付款的操作。批量付款操作同样包括批量付款到快钱账户及批量付款到银行账户。

（7）优惠券。对于用快钱支付货款，进行消费的快钱用户来说，优惠券是十分受欢迎的产品，用户领取优惠券后，就能在对应的商家网站进行消费时享受到相应的优惠。对于接入了快钱支付，用快钱进行在线收款的企业用户来说，优惠券是十分强大的营销工具，商家可以免费向广大快钱用户发行自己的优惠券并加以管理，开展促销活动。

（8）集团账户管理。集团账户管理功能用来关联总公司和子公司的快钱账户，总公司账户可以对子公司账户进行明细和余额查询的服务。如经特殊授权，还可以实时划拨集团内相关成员在快钱账户内的资金，提高企业管理水平与资金使用效率。

（9）手机话费充值。通过本服务，用户可以在线为指定的手机充值，充值费用通过银行卡或快钱账户内的资金进行支付。

（10）快钱盾。快钱盾是保护用户账户安全的硬件产品，采用了国际上最先进的动态密码算法。快钱是国内第一家提供该类产品的独立第三方电子支付企业。

（11）信用卡还款。快钱信用卡跨行还款服务，是让个人用户通过快钱平台，经借记卡网上银行扣款，对其信用卡进行还款的业务。

（12）快钱生活服务中心。这里集合了日常生活中常用的缴费支付功能，让用户一站式完成付费，实现理想的轻松生活。具体包括如下功能：① 公共事业缴费；② 房贷；③ 保险账单；④ 生活费；⑤ 跨行转账。

5. 快钱的客户群

（1）快钱联手天府热线。随着天府灵通、天府短信、天府彩铃、天府游戏等多项增值业务的发展，天府热线为了使平台更专业、更便捷，与快钱达成友好合作，共同建立天府热线的支付平台，旨在使用户切身感受到天府热线不断改进的服务品质。此次合作快钱不仅为天府热线的互动娱乐平台实现虚拟币充值提供技术平台，还为天府热线商城、游戏、音乐、宽频等产品的支付及外包频道的支付提供整合的支付解决方案，为天府热线在电子商务发展的战略布局提供支持。

（2）快钱与国美建立战略合作关系。国美电器与快钱就网上电子支付业务达成战略合作关系。快钱将为国美打造一套量身定作的支付解决方案，至此覆盖全国 40 多个城市的国美网上商城首次开通了电子支付服务。

（3）快钱携手联众共促中国游戏产业。快钱与国内最大的游戏在线门户网站联众世界达成合作协议，双方将利用在各自领域的资源进行优势互补，形成竞争合力和规模效应，从而加速其在各自领域产业化发展的进程。

（4）快钱携手乐驾开通网上新业务。快钱与乐驾汽车俱乐部采取单到付款的方式，合作开通了网上电话缴费平台，为上海车主提供免费网上缴费受理。

（5）快钱进军主机行业。快钱与 SWsoft 和微软公司等国内外技术合作伙伴共同携手，改善现有市场环境，全面提升和推动主机行业持续健康发展。

（6）快钱联手金山。快钱与国内领先的应用软件产品和互联网服务供应商金山软件达成合作。快钱为金山一卡通代理商提供全面的电子支付服务。

（7）快钱联手苏州仕德伟推出在线行销整体解决方案。该解决方案依托仕德伟庞大的用户资源，并充分利用快钱的技术优势，将电子商务整合在以互联网为中心的各个业务平台之中，为苏州地区的中小企业在线营销和推广提速。

（8）快钱与搜狐达成战略联盟推出联名账户支付服务。快钱与搜狐共同推出搜狐快钱联名账户支付服务。根据协议，搜狐的广大用户可以方便快捷地使用快钱的网上电子支付、电话支付等多种支付平台，享受丰富多彩的网络增值服务。

（9）快钱携手新蛋为资源共享树立电子支付新标杆。B2C 商务模式的 IT 购物网站“新蛋网”和快钱联手，共同打造全新的支付标杆，成为 B2C 网站和支付平台强强合作的又一个经典范例。

（10）快钱携手柯达共同开拓网上冲印市场。快钱与柯达公司签署协议，成为柯达网上数码冲印指定支付平台。

（11）快钱联手工商银行进军电话支付领域。快钱与中国工商银行正式达成合作协议，双方联手推出电话支付服务。

（12）快钱助力凤凰网电子支付。快钱与凤凰网签订合作协议，成为凤凰网指定在线支付平台。

（13）打造校园社区交易第一平台——快钱校园站正式开通。快钱校园站集合了京沪 14 所高校的交流平台，以引领青少年时尚生活、打造中国校园社区网上交易的第一平台为宗旨，提供全面的大学校园资讯。

（14）快钱联手 CCTV 网上商城开通网上收费通道。CCTV 网上商城和快钱达成合作协议，CCTV 网上商城的用户足不出户，在任何时间，任何地方都可以通过快钱完成交易。

6. 快钱第三方电子支付市场发展趋势

独立第三方电子支付平台与银行之间形成了微妙的互补关系。快钱正是打造的这样一个平台，为各类型电子商务网站、个人用户提供全面、安全、便捷及经济的服务，这种方式正在成为电子商务时代在线支付的主导方式。

在新媒体和线下应用中，同业重叠度较高，即在一个应用领域中，有很多家商户提供相近的产品和服务。这种重叠度较高的市场情况在国内特别明显。快钱采取“独立”的市场定位，可以在保障支付业务和用户信息公正性的同时，使快钱的服务尽可能覆盖所有应用和用户，成为开放的平台。在快钱与合作商户和用户之间，不存在业务竞争。

支付行业本身属金融特种行业，支付也是银行的传统核心业务，第三方电子支付公司在市场上的定位各有不同，但具备强有力的增值业务开发能力，才有长期存在和发展的价值。在现有的银行卡在线支付过程中，支付实际发生在银行，而第三方电子支付公司主要的服务是同交易双方清算。如果第三方电子支付公司简单地批发银行服务，价值不大。因为功能高度趋同会引发价格战，这本身就会使第三方电子支付公司无法生存。

快钱同许多商业银行进行直联，并依托银行的许多现有服务，同时投入大量产品和研发资源开发增值服务和行业解决方案。在同我们的商户、用户和银行合作中，实现多赢。

六、汇付天下

“汇付天下”于 2006 年 7 月正式成立，总部设在上海，并在北京、广州等地设立分公司，拥有超过亿元的雄厚资金实力。“汇付天下”以巨资投入的系统平台提供了最有效的跨行支付、跨行汇款以及向个人提供丰富的理财增值服务。

（1）中国第一家实现“系统灾难备份”的支付公司。“汇付天下”是中国第一家实现“系统灾难备份”的支付公司，成功杜绝了传统的第三方电子支付公司由于自身资金实力限制或运营金融支付系统的经验不足所带来的系统漏洞，真正做到了支付系统“零时间”切换的运行服务。他们采用的“多通信网络动态接入”的方式，使任何接入网络的用户均稳定、可靠地使用网上电子支付服务。“汇付天下”利用先进的技术和业务专家的资深经验，向商户提供了完善的“单边账”处理解决方案，最大程度保护了商户的利益，并成为中国第一家全面解决交易“单边账”的支付公司。

（2）创新产品“天天付”和“天天汇”。汇付天下与国内商业银行紧密合作，设计推出的新型金融支付交易产品，可以满足企业和个人在全国范围内跨地区、跨银行的汇款需求。更为特别的是，汇付天下不但提供标准的电子支付产品，还可为每家客户量身定制个性化的服务。从 B2B 渠道发展角度来说，汇付天下的合作银行几乎涵盖了中国所有的商业银行，可以支持中国工商银行、中国农业银行、中国银行、中国建设银行、交通银行等 17 家主要全国性商业银行的银行卡网上电子支付业务，支持的银行卡占全国总发卡量的 90%左右。

（3）后台系统直接与银行的后台系统进行了连接。汇付天下的后台系统直接与银行的后台系统进行了连接，每隔若干分钟就对交易进行搜索和更新，一旦发现消费者通过汇付天下进行的订单支付状态与银行对应订单状态不符，就立刻进行状态更新，并将更新结果及时发送给商户，以保证消费者及时了解交易钱款的去向，为每一笔交易的成功保驾护航。

第三节 国外典型支付网关

一、PayPal

1. PayPal 简介

PayPal（在中国的品牌为贝宝），1998 年 12 月由 Peter Thiel 及 Max Levchin 建立，是一个总部在美国加利福尼亚州圣荷西市的因特网服务商，允许在使用电子邮件来标识身份的用户之间转移资金，避免了传统的邮寄支票或者汇款的方法。PayPal 也和一些电子商务网站合作，成为它们的货款支付方式之一，但是用这种支付方式转账时，PayPal 收取一定数额的手续费。

PayPal 是备受全球亿万用户追捧的国际贸易支付工具，同时也受中国用户欢迎，因为其即时支付，即时到账，全中文操作界面，能通过中国的本地银行轻松提现，解决中国外贸支付难题。用户注册 PayPal 后就可立即开始接受信用卡付款。作为世界第一的在线付款服务，PayPal 在全世界有超过 1.5 亿的用户进行了免费注册。PayPal 是 eBay 旗下的一家公司，账户集成的高级管理功能，使用户能轻松掌控每一笔交易详情。PayPal 已在全球 190 个国家和地区支持多达 24 种货币进行交易。在 eBay 跨国贸易中，PayPal 为用户提供安全高效的一站式支付方案，集国际流行的信用卡、借记卡、电子支票等支付方式于一身。帮助买卖双方解决各种交易过程中的支付难题。在跨国交易中超过 90%的卖家和超过 85%的买家认可并正在使用 PayPal 电子支付业务。

表 3-5 为买卖双方在 PayPal 使用中的优点。

表 3-5 PayPal 优势

买　家	卖　家
安全 • 付款时无需向商家提供任何敏感金融信息 • 购物享有 PayPal 买家保护政策	高效 • 实现网上自动化支付清算，有效提高运营效率 • 多种功能强大的商家工具
简单 • 集多种支付途径为一体 • 无需任何服务费 • 两分钟即可完成账户注册，具备友好简洁的多国语言操作界面	保障 • PayPal 成熟的风险控制体系及全球 4 000 多位网络安全专家 24 小时在线监控 • 商家因欺诈所遭受的平均损失不到其收入的 0.27%，仅为其他信用卡支付方式的六分之一 • 内置的防欺诈模式，个人财务资料不会被披露
便捷 • 支持包括国际信用卡在内的多种付款方式 • 数万网站支持 PayPal， 一个账户买遍全	节省 • 只有产生交易才需付费，没有任何开户费及年费 • 集成 PayPal，即集成所有常见国际支付网关

2. PayPal 支付流程

通过 PayPal 付款可以分为以下几个步骤。

（1）付款人通过登录已有电子邮件地址开设 PayPal 账户，通过验证成为其用户，并提供信用卡或者相关银行资料，增加账户金额，将一定数额的款项从其开户时登记的账户（例如信用卡）

转移至 PayPal 账户下。

（2）当付款人启动向第三人付款程序时，必须先进入 PayPal 账户，指定特定的汇出金额，并向 PayPal 提供收款人的电子邮件账号。

（3）接着 PayPal 向商家或者收款人发出电子邮件，通知其有等待领取或转账的款项。

（4）如商家或者收款人也是 PayPal 用户，其决定接受后，付款人所指定之款项即移转予收款人。

（5）若商家或者收款人没有 PayPal 账户，收款人得依 PayPal 电子邮件内容指示连线站进入网页注册，取得一个 PayPal 账户，收款人可以选择将取得的款项转换成支票寄到指定的处所、转入其个人的信用卡账户或者转入另一个银行账户。从以上流程可以看出，如果收款人已经是 PayPal 的用户，那么该笔款项就汇入他拥有的 PayPal 账户，若收款人没有 PayPal 账户，网站就会发出一封通知电子邮件，引导收款者至 PayPal 网站注册一个新的账户。所以，也有人称 PayPal 的这种销售模式是一种“邮件病毒式”的商业拓展方式，从而使得 PayPal 越滚越大地占有市场。

3. PayPal 客户群

PayPal 有 3 种不同类型的账户：个人账户、高级账户和企业账户。各账户的用途及说明如表 3-6 所示。

用户要根据自己的需求选择适合自己的账户类型。PayPal 规定每个人只能拥有一个个人账户，注册多账户会被限制。

表 3-6　PayPal 各类型账户比较

账户类型	账户用途	账户说明
个人账户（Personal Account）	适合买家，用于个人用途的小额交易	·可以接受来自信用卡的付款
高级账户（Premier Account）	适合卖家，用于个人商品交易收款	·可以接受来自信用卡的付款·是进行跨国交易的卖家使用最广泛的账户·可以使用商家工具功能
企业账户（Business Account）	适合商家，便于账户管理	· 具备高级账户的所有功能 ·支持多用户权限分配功能，方便账户管理和维护

（1）个人账户功能。利用个人账户，用户几乎可以向拥有电子邮件地址的任何人进行付款。用户可以免费发送和接受某些类型的付款，对于其他类型的付款则收取少量费用。

（2）高级账户功能。高级账户适合卖家，用于个人商品交易收款可以接受来自信用卡的付款，是进行跨国交易的卖家使用最广泛的账户，卖家收款要收取约 3.4%的费用再加每笔固定费用（根据具体货币而定）。

4. 企业账户功能

以企业公司商户的名义注册，需提供企业公司商户的名号等信息。该账户可以免费付款并收取多种类型的付款，使用一系列功能和服务来管理并提升用户的销售，包括设立不同级别的多用户访问权限等。（这是企业级的账户，适合公司做国际电子商务收款业务）

5. PayPal 账户的费率

PayPal 账户办理业务的收费标准如表 3-7 所示。

6. PayPal 账户的信用卡认证

认证方式为关联用户的信用卡，PayPal 从用户的信用卡内扣除 1.95 美元，并在该笔信用卡账单上生成一个四位数号码，如“PP****4567”或“Paypal****4567”等方式，只要找到 4567 位置的四位数号码输入进去后，账户通过实名认证。此时 PayPal 会将这 1.95 美元返还到用户注册的 PayPal 余额内，下次用户提现的时候可以一起提出来。

表 3-7 PayPal 账户费率

	个人账户（可用于个人用途）	高级账户（可用于个人商品交易） 企业账户（可用于公司业务）
开户	免费	免费
付款	免费	免费
提现	1. 通过电汇提现，每笔 35 美元，没有限额 2. 通过香港银行账户提现，1 000 元及以上金额的则免费 3. 通过支票收款，收费 5 美元+60 元人民币（其中 PayPal 只收取 5 美元支票提现费用；60 元人民币属于银行托收的费用）	1. 通过电汇提现，每笔 35 美元，没有限额 2. 通过香港银行账户提现，1 000 元及以上金额的则免费 3. 通过支票收款，收费 5 美元+60 元人民币（其中 PayPal 只收取 5 美元支票提现费用；60 元人民币属于银行托收的费用）
收款	免费（不能接受来自信用卡的付款）	收取一定费用（可以接受来自信用卡的付款）

注：通过香港银行账户提现只针对于个人账户和高级账户。

认证的信用卡有单币卡和多币卡之分，并要满足以下 3 个条件。

（1）中国本地银行发行的信用卡。

（2）信用卡上有 Visa（威仕）、MasterCard（万事达）、American Expre（美国运通）等标志。

（3）需要有可支付 1.95 美元以上的信用额度。

7. PayPal 经营策略

（1）PayPal 创建社区网站拓展业务。贝宝（PayPal）公司推出一个面向第三方开发人员的社区网站。这个网站将服务于那些在其他网站中集成贝宝支付服务的开发人员。贝宝的大多数支付业务来自于母公司 eBay 网站。为了改变这种单一局面，贝宝开始向其他领域扩展，力图成为一个独立的第三方在线支付服务提供商。在美国电子商务网站的开发中，开发人员一般会根据客户的选择衔接到支付服务商。通过和开发人员使更多的电子商务网站采用自己的服务。在社群网站中，开发人员可以共享代码、讨论支付集成项目。

（2）PayPal 拓展虚拟借记卡服务。PayPal 能够生成用于网上购物的一次性借记卡号码，使得用户无需在互联网上传输自己的信用卡详细资料。

当 PayPal 用户计划在接受万事达卡的网站上购物时，会出现一个弹出窗口，询问用户是否愿意使用 PayPal Virtual Debit Card 付费。单击一个按钮会生成一个支付表单。PayPal Virtual Debit Card 会为每笔交易生成一个新的卡号和验证号码，资金将会从用户的 PayPal 账户中扣除。

（3）PayPal 开通手机支付业务。2006 年 4 月 7 日，PayPal 正式推出了基于短信服务的手机支付服务，使美国和加拿大的用户可以随时随地通过自己的手机进行支付。PayPal 手机支付服务推出后，用户可以利用移动通信设备进行支付、购物或慈善捐赠。借助 PayPal 手机支付的“短信购买”（Text to Buy）服务，用户只需以短信的形式发送商品代码，即可购买 CD、DVD、鞋、服装等商品。可以通过“短信捐款”（Text to Give）服务向国际特赦组织、Starlight Starbright 及 UNICEF 等机构进行慈善捐助。

用户向 PayPal 发短信进行付款，PayPal 给用户回电并确认本次手机支付后，才会把款项发给收款人。如果用户是在进行“短信购买”（Text to Buy）支付，商品随后将邮递到用户在 PayPal 账户中的注册地址。

每一笔 PayPal 手机支付都受到个人身份识别码的严密保护，并且得到 PayPal 领先的防欺诈系统的全面保障。使用 PayPal 手机支付的过程中，用户的任何账户信息都不会泄露给收款人，这些信息都存储在 PayPal 高度安全的服务器中。因此，即使用户的手机遗失或被盗，他们的 PayPal 账户仍然是十分安全的。

（4）eBay 与 GE 消费者金融集团共同发行信用卡。通用电气旗下的消费者金融服务集团与

eBay及其下属的PayPal子公司联手发行PayPal Plus信用卡。该信用卡的特点是为PayPal用户提供一套回报奖励计划。这种信用卡最初的用途是为通用电气提供一个适用于PayPal注册用户的最高信用额度，最新的PayPal Plus信用卡是其升级版本。

（5）eBay的博客和Wiki服务。互联网新技术和新产品的应用日益成为电子商务的有利工具，并正逐渐改变传统的生意规则，尤其是博客和维基（Wiki）这两大内容发布和心得分享工具。eBay博客为用户辟出了专门的空间，供他们分享心得，互动沟通并宣传自己的商品。通过eBay Wiki，用户可以协作撰写文章，从而共同打造一个有关eBay信息的在线百科全书。

（6）eBay快迅（eBay Alerts）服务。eBay快迅（eBay Alerts）服务，是通过电话、短信息以及AOL Instant Messenger、雅虎通、MSN等即时通信工具把最新的商品信息发送给用户。用户会收到目前自己正在竞拍的商品“更高出价”或者“即将结标”等信息，还可以通过电话或者短信息设置更高的竞拍价。

二、Google Checkout

1. Google在线支付简述

Google Checkout服务类似易趣的贝宝（PayPal），网上零售商将Checkout系统整合到自己的支付平台，在线购买者可以通过它实现安全付款。完成每次支付后，Google Checkout向商家收取0.20美元的手续费以及交易商品价格2%的费用。美国超过90%的零售商注册了Google Checkout服务，包括DVD Empire、Jockey、Starbuck’s、Levi’s、Timberland等品牌零售网站。在中国，Google Checkout的用户群体主要集中于外贸行业的个人及企业，也包括喜欢在国外购物的人士。

谷歌在推出Google Checkout服务的基础上又推出了特别的“Checkout Deals”服务。顾客可以通过Mountain View的互联网支付系统，购买到众多打折商品。

2. Google在线支付系统的功能

（1）打开Google Checkout的地址。当前这个地址被自动指向Google Accounts，一旦上线，会被指向正式的Google Checkout网页。

（2）网站或贸易商可以把Google Checkout集成至网页里。

（3）消费用户只需把自己的信用卡及相关付款资料输入Google Checkout账户里，即可以在支持Google Checkout的网站上进行购物，然后再进行付款。

（4）购物后，消费用户可以通过Google Checkout来跟踪自己的订单情况。

（5）Google将会与一些大型的客户例如花旗银行合作，提供一个Google Checkout选项，把一些优惠返回给用户。

3. Google Checkout的客户群

Google Checkout的客户群如表3-8所示。

表3-8　Google Checkout客户群

支持Google CheckOut支付服务的商家		
Buy.com	Starbucks Store	uBid.com
RitzCamera.com	ACE Hardware	Jokey.com
GNC	Timberland	Dick’s Sporting Goods
Magazines.com	Sports Authority	Dockers
Blufly	Aeropostale	eCost
Zales	Rockport	Fossil
Luggage.com	Shop PBS	Skates.com

第四节　中国主要第三方电子支付平台对比分析

易观国际对中国第三方电子支付平台所提供的内容与服务、系统的准确性、易用性以及安全性等方面进行了比较评价。易观国际认为银联电子支付在客户服务质量方面的表现与支付宝基本相当，但要好于贝宝；在第三方电子支付系统质量方面，三家第三方电子支付平台基本相当；而在信息质量方面，银联电子支付要低于支付宝和贝宝。

银联电子支付服务公司是中国银联绝对控股的专业化服务公司，拥有面向全国的统一支付网关，专业从事以互联网等新兴渠道为基础的电子支付、跨行转账业务以及相应增值服务，是中国银联旗下的网络方面军。由于其权威性和安全性，客户对其服务质量的感知比较高。但是，它提供的服务并不丰富，而且与其合作的商家并非主要的网上 C2C 商场。因此在信息质量上低于支付宝和贝宝。

据易观国际最新报告《中国第三方在线支付市场实力矩阵专题报告 2008》研究结果显示：第三方在线支付市场 2007 年市场规模达 725 亿元人民币，较 2006 年增长 87.4%。其中，市场领先者为支付宝；务实者为 China Pay（银联电子支付）、财付通、环迅；创新者为快钱、易宝；补缺者为网银在线、首信易支付、贝宝、云网支付。如图 3-18 所示。

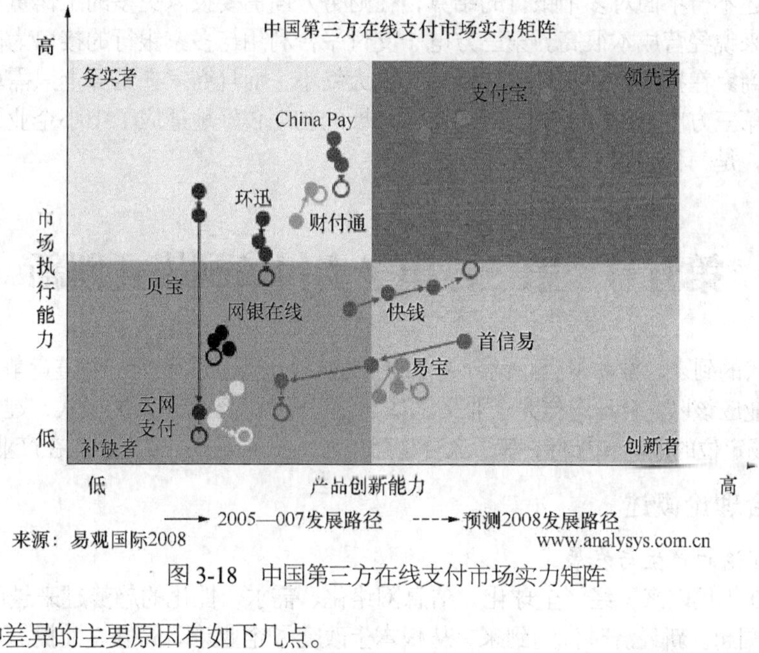

图 3-18　中国第三方在线支付市场实力矩阵

产生这种差异的主要原因有如下几点。

第一，资金到账时间方面，支付宝的效率要明显高于贝宝。在实际中，支付宝往往不到 24 小时就可以将用户在支付宝账户上的资金转到相应的银行账户，而贝宝的承诺是："此过程通常需要 2～5 个工作日来完成，这取决于银行的规则"，在实际中，也会常常出现超出此时间范围的情况。正由于支付宝在资金到账速度上快于贝宝，而且贝宝在提现时间上出现了与承诺不合符的现象，所以造成了二者在"响应性"和"可靠性"指标上得分差异比较大。

第二，交易流程规范方面，支付宝的交易流程更加规范，在淘宝购买的物品交易状态会自动反映在支付宝的网站上，同时在支付宝网站上会显示交易状态，必须一步步地通过买卖双方交互确认才能完成交易。而在易趣购买的物品状态不会反映在贝宝的网站上。用户在使用支付宝服务时，会产生对服务质量的信赖和安全感，从而导致了在“保证性”上，支付宝要高于贝宝。

第三，易用性与便捷性方面，支付宝的注册过程比贝宝简单，注册中没有直接添加银行账户的需求，而且在注册后无须通过电子邮件确认，而贝宝不通过电子邮件确认就不能进行交易。贝宝中如果对易趣商品进行付款要填写订单号，而对于淘宝中的交易，无须填写交易号码。正是这些为用户充分着想的设计，使得支付宝在“移情性”上的得分高于贝宝。

第四，交易收费方面，由于支付宝和贝宝目前都采用免费的营销方式，因此得分差异并不是很大，由于在客户交流上，支付宝更加迅速及时，用户会感觉到自己的时间得到了充分的利用，因此对于价格中的“与客户有效联系，不浪费客户的时间”就会比较高，最后导致了“价格”方面的得分会高于贝宝。

第三方电子支付服务实际上是电子交易中连接消费者、商家以及银行的桥梁。第三方电子支付在法律上没有严格的定义，它从信息技术服务行业派生出来并兼具某些金融机构的服务职能。从狭义的角度看，第三方电子支付服务主要是为从事电子商务的商家服务，即为商家提供多个银行的支付接口和来自于不同银行的转账结算服务。目前，国内的绝大多数第三方电子支付供应商是以商家为主要服务对象的。国内发行的银行卡大多为借记卡，持卡人大多在不同的银行开户，因此企业开展电子商务必须选择支持许多种银行卡在网上电子支付才能满足多数消费者的需求。由于国内各家银行借记卡系统自成体系，各家银行的接口标准与网上电子支付授权方式不尽相同，商家为了支持多种银行卡需要与各银行分别进行合作，从商务谈判到技术实现需要商家投入较大的人力及工作量，且实现的周期较长，成本较高。此外，商家除了连接多个银行接口外还不得不面对多个银行的结算，在财务方面需要投入更多的工作量来进行管理，对于中小企业来说经营成本很高。第三方电子支付平台利用与多家银行的接口为商家提供一个标准的接口使商家在技术实现的过程和难度都大大缩小，而且商家在结算上只需单独面对支付平台。因此，第三方电子支付在国内电子商务开展的初期较好地适应了中小企业开展电子商务对支付的需求，是一种相对理想的解决方案。

*第五节　第三方电子支付盈利模式创新

新经济时代的到来，推动了企业竞合关系的出现，企业竞争演变为产业链竞争，在一系列的变化面前，企业应该以竞合理念作为企业文化基础，积极探索经营创新的模式，建立市场定位新理论，确立市场定位的取向和指标，基于竞合构建市场定位框架，并锁定企业在产业链中的角色。

一、竞合理论概述

1. 竞合理论的产生与发展

20世纪90年代以来，经济全球化、信息网络化、需求个性化的趋势越来越明显，一个崭新的经济时代崛起。新经济时代的到来，从根本上改变了企业策略的假设前提。布朗登勃格和内勒巴夫便根据这种新型关系表现出既有 Cooperation（合作）又有 Competition（竞争）的特点，创造了一个新的复合词 Coopetition（竞合），把一对矛盾统一起来。其实合作与竞争并不矛盾，用他们的话来解释就是，“合作把饼做大，竞争把饼分掉”。Adam M. Brandenburger 和 Barry J.Nalebuff 则概括为：合作是一起做大一块蛋糕，而竞争是分割它。竞合策略是博弈理论的应用，它是关于创造价值与争取价值的理论。创造价值的本质是合作的过程，争取价值的本质是竞争的过程。竞合策略的主要观念是增加互补者（Complementors），运用互补者的策略可使产品和服务变得更有价值。

英国剑桥大学经济学博士、现在美国哈佛大学商学院担任管理经济以及竞争与策略教授的布兰登博格，美国麻省理工学院经济与数学硕士、英国牛津大学博士、现在美国耶鲁大学管理学院教授竞合策略、赛局理论以及决策分析等课程的奈勒波夫，以研究赛局理论的心得以及他们各自在多家大企业实验成功的经验，形成了一套实用的决策工具叫做“竞合策略”，该策略可用来观察商场的动态赛局变化，并改变赛局为企业创造机会与利益。

从此，竞合成为企业策略关系的主线。从竞争到竞合的转变，改变了企业原有的获取和保持竞争优势的策略方法。现代企业获取竞争优势的基础已经超出了单个企业自身的资源和能力范围，竞争范围从单个企业竞争扩展到了产业链竞争。尼尔·瑞克曼（Neil Rackham）认为，企业伙伴关系和合作精神是企业竞争优势的新来源。企业间的竞争有其时代特征。不同的经济发展阶段，企业的策略环境不同，企业策略关系与策略行为也就不同。基于新型企业策略关系竞合，企业将如何才能获取和保持竞争优势，这正是本节所要解决的核心问题。

2. 竞争性合作概念

（1）竞争性合作的意义。

如果从市场角度分析，无论多么强大的企业，也只是处在一条产业链当中的一部分。这是一条从起点到终点贯穿于供应商和用户全部过程的利益链条，在这条产业链中，不同层面的企业均有其核心竞争能力，确保企业长期稳定地获取超额利润。但在市场竞争的环境下，这些核心竞争力往往是相对竞争优势，没有那一个企业可以做到“一统天下”，所以要使企业利益达到最优化，就需要在市场上寻求合作。

通过竞争性合作这种合作博弈，可以使整个产业链减少因对抗性而产生的资源浪费，企业间可以产生联合的最大化垄断利润，使社会财富总量增加。同时，竞争性合作企业之间可以形成稳定的产业链，稳定的质量及价格，减少库存、检验、交易成本的发生。而在合作伙伴内部，分工与协作有利于各企业间的优势互补，可以形成更为有效的专业化分工，发挥规模效益，以使产品整体成本降低。相反，如果只有竞争而没有合作，那么整个产业链也就会因此而运转不畅或断裂，大家就会陷入争夺市场、瓜分利益的“红海”中去。

（2）竞争性合作产生的条件。

第一，交易成本。因为竞争性合作均是有代价的，如果市场交易成本过高，同时企业内部的协调成本比较低，则经济活动应该在企业内部进行。如果市场的交易成本足够低，经济活动就应该通过市场进行。

第二，产业的市场。产业的市场要足够大，并且要具有诱人的增长空间，只有这样才有可能把饼做大。

第三，产品差异性。产品差异性越大，越有可能出现合作。

第四，产业技术变化速度。产业技术变化速度越快、越具有不确定性，同业合作的可能性越大。

第五，商业知识和经营知识隐性程度。行业内商业知识和经营知识的隐性程度越高，出现合作的可能性越大。

总之，合作伙伴之间的协同优势，是企业的核心能力必不可少的互补性，双方的合作是“1+1＞2”的合作，会带来产品价值的提升。如果合作双方力量相差悬殊，有可能会导致优势一方对另一方的利益侵占，最终致使合作破裂。也就是说企业要有独具特色的竞争对手，合作双方的能力很难相互复制，只有通过合作，方可互惠互利。在合作的过程中企业应保持自身的独立性，但合作者之间应有相近的企业文化。

合作是美好的，但竞争更美好，因为没有真正的竞争，就不会有真正的合作。

（3）竞争性合作的定义。

基于竞合的思想，对“竞争性合作”做如下定义：竞争性合作是以互利共赢为出发点，企业通过竞争确立在产业链上的定位，企业在价值创造中的贡献度决定其在价值分配中的话语权，企业之间表现出合作中有竞争、竞争中有合作的复杂战略关系。竞争不是为了消灭对手，而是为了找到自己的位置，合作才是竞争的根本目的所在。没有竞争，就不可能有合作。竞争性合作反映了企业竞争手段的丰富性和多样性，体现了企业合作关系的动态性和复杂性。竞争性合作的内涵主要体现为以下几方面。

① 互利共赢理念。以互利共赢为理念的竞争性合作，体现了一种市场制衡。既然稳定的市场格局是多家共存，那么以消灭竞争对手为目的的纯粹竞争就并非最佳选择；而在互补产品的企业之间，合作更加直接体现为互利共赢，例如在第三方电子支付过程中银行与企业在支付工具与客户服务方面是互补产品，通过合作可以达到共赢，如今的第三方电子支付供应商通过细分市场，在各自的领域搭建支付平台，并与银行联盟在第三方电子支付领域就可独领风骚。今天的市场特点决定了无论多么强势的银行或企业都不可能独占支付市场，也不可能完全消灭竞争对手。美国企业界有句名言："如果你不能战胜对手就加入到他们中间"，中国今天的第三方电子支付平台建设正是企业与企业、企业与银行在这种互利共赢理念的完美体现。

② 竞争确立企业在产业链中的定位。在共建第三方电子支付盈利模式的合作中，企业合作是一种关系存在，是在产权独立基础上的合作，因此合作的双方或者多方的自主性较大。自主性较大的各第三方电子支付供应商都有各自客户群和利益取向，即使在共同客户群中也会有不同的利益取向。利益取向不同会在合作企业之间引发竞争，适度的竞争使第三方电子支付供应商在市场中确立在不同细分领域的地位，形成企业的核心竞争力，大家都在做自己最擅长的事，是良性的竞争，它能调动企业的自主性，通过企业之间的整合，更好地达到共赢目标；但也有恶性的竞争，如果各方企业的定位冲突，整合摩擦，都有可能导致为了争夺领导权或控制权而勾心斗角，最终破坏合作，共赢也就成了共输。归根到底，产业链内的企业以合作为主，在行业或细分市场方面以竞争为主，也就是竞争确立角色，合作共创盈利。

③ 企业在价值创造中的贡献度决定其在价值分配中话语权。竞争性合作时代，企业竞争已经演变为市场细分的竞争，但是在产业链内部却形成互补与合作。这种合作通常是以共同目标为依据，如果没有共同的目标就不会有合作，那么原有的产业链便不复存在。共同合作的目标可以是动态变化的，所以产业链也是在动态变化的。但是企业在产业链中的位置与在价值创造中的贡献度决定了企业在价值分配中的话语权的大小。例如，银行与第三方电子支付供应商构筑的产业链，由于银行与企业在产业链中的位置和在价值创造过程中的贡献不同费率就不同。银行在资金清算方面扮演主角，其话语权大于企业；而企业在客户服务方面扮演主角，其在增值费率方面的话语权大于银行。如图 3-19 所示。

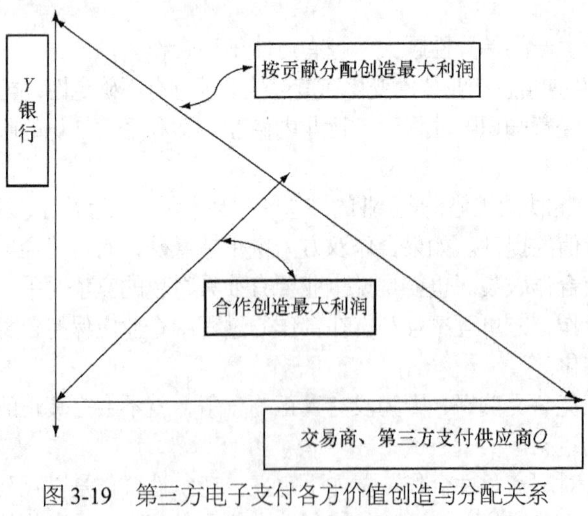

图 3-19　第三方电子支付各方价值创造与分配关系

纵轴（资金清算方面代表银行或客户服务方面代表企业）表示银行的数量及其在价值创造中

的贡献度。

$$Y=\{y_1, y_2, y_3, \cdots, y_n\}, \quad AY=\{a_1y_1+a_2y_2+a_3y_3+\cdots+a_ny_n\}$$

其中，Y 代表银行的数量，A 代表银行在价值创造中的权重，AY 代表银行在价值创造中的贡献度，y_i 代表某个银行，a_j 某个银行在价值创造中的权重，a_jy_i 代表某个银行在价值创造中的贡献度。

横轴（资金清算方面代表企业或客户服务方面代表银行）表示企业的数量及其在价值创造中的贡献度。

$$Q=\{q_1, q_2, q_3, \cdots, q_n\}, \quad BQ=\{b_1q_1+b_2q_2+b_3q_3+\cdots+b_nq_n\}$$

其中，Q 代表企业的数量，B 代表企业在价值创造中的权重，BQ 代表企业在价值创造中的贡献度，y_i 代表某个企业，a_j 某个企业在价值创造中的权重，a_jy_i 代表某个企业在价值创造中的贡献度。

竞争确立在支付产业链中的角色。在第三方电子支付中银行与企业在支付产业链中的角色不同，企业与企业之间由于市场定位不同在产业链中的角色也不同，所以确立角色必须解决定位问题、可持续发展问题、资源优化问题以及互补共赢问题。

二、差异性决定在支付产业链上的定位和角色

竞争性合作共建盈利模式的条件是所创盈利模式与参与者在产业链方面有密切的关联性，这是合作的动机和基础，同时共建盈利模式要求参与者在市场的定位方面具有一定差异性。银行定位在资金清算为主业，企业定位在客户服务为主业。银行在资金清算领域不同的银行在服务的对象和行业方面有也差异，例如中国工商银行主要针对城镇居民和大中小企业提供服务，中国农业银行主要针对农村乡镇的农户和乡镇企业提供服务，中国银行主要针对外贸企业及涉外交往的用户提供服务等。第三方电子支付供应商呈现出的差异性主要体现在服务的对象、盈利模式和产品与服务等方面。

1. 第三方电子支付供应商在服务对象上呈现出差异性

易观国际《2008 年第三季度中国第三方电子支付市场季度监测》数据显示，中国第三方电子支付市场交易额总规模在 2008 年第三季度达到 661.99 亿元，环比增长 23%，高于第二季度 19% 的环比增长率。其中网上电子支付达 623.58 亿元，第三方手机支付达 36.25 亿元，第三方电话支付（固网支付）达 2.16 亿元。

在网上电子支付细分市场中，支付宝依靠外部商家规模和交易额的迅速增长，以 362.5 亿元的交易规模继续排名市场第一位，占据了 58.1%的市场份额。财付通在电子机票和 B2B 领域进一步渗透，交易额增速高于市场平均速度，其份额提升 1.3%～17.3%。China Pay 以 11.0%的市场份额位居第三。

第三方电子支付在服务对象上的差异并不明显，目前的市场份额差异主要是盈利模式和企业背景不同形成的，例如，支付宝就是依托阿里巴巴电子商务网站和部分免费提供支付服务而赢得了庞大的客户群，使其交易支付额度占绝对优势，财付通与支付宝相同。但是现阶段第三方电子支付企业已经在策划市场细分，力争自己在某一个领域具有核心竞争力。

环迅支付已集成了银行卡支付、IPS 账户支付及电话支付等几大主流功能，并自主研发了包括酒店预定通、票务通等新产品，为消费者、商户、企业和金融机构提供全方位、立体化的优质服务，通过数十个特色频道集中推广环迅 IPS 开展的各类市场活动，以及为旗下众多商户提供了一个商品展示平台。环迅支付服务对象差异不明显，需要进一步市场细化，明确取舍。例如，以酒店、票务等领域的支付服务为主业，同时做好相关的增值服务。

China Pay 致力于银行卡受理环境的建设和银行卡业务的推广，将先进的支付科技与专业的金融服务紧密结合起来，通过业务创新形成多元化的支付服务体系，为广大持卡人和各类商户提供

安全、方便、快捷的银行卡支付及资金结算服务，为网上购物、金融、民航、旅游、彩票、移动通信等行业领域提供了先进的支付系统解决方案。China Pay 主业定位比较准确，但是市场细化不够，更有拓展其他市场的欲望，力求大而全，要做行业老大。

支付宝服务的商家已经覆盖了虚拟游戏、数码通信、商业服务、机票等行业。将进一步拓展服装、电子、机械、家居、文化等在内的几乎所有已应用电子商务的产业领域。支付宝目前在第三方电子支付行业排位老大，但其面面俱到做大而全的策略很难维持，缺乏差异化的核心竞争力，一旦免费服务受到政策限制，其业务将会迅速下滑。

快钱公司推出的支付产品主要有人民币支付、外卡支付、神州行支付、代缴/收费业务、VPOS 服务、集团账户管理等众多支付产品，支持互联网、手机、电话和 POS 等多种终端，满足各类企业和个人的不同支付需求。集团账户管理系统，可以帮助总公司对子公司账户进行明细和余额查询；如经特殊授权，还可以实时划拨集团内相关成员在快钱账户内的资金，提高企业管理水平与资金使用效率。快钱在服务对象上差异也不明显，但其对客户提供的金融与通信支付服务解决方案很有优势，应作为提供服务的主业，也就是以金融与通信交易支付平台开发为主业，同时做好相关的增值服务。

财付通核心业务是帮助在互联网上进行交易的双方完成支付和收款。增值服务有个人用户账户的充值、提现、支付和交易管理，对于企业用户提供支付清算服务和辅助营销服务等。为方便用户使用财付通出售自己的商品，财付通开发了“财付通交易按钮”、“网站集成财付通”、“成为财付通商户”等商家工具。财付通依托腾讯公司的客户群提供支付服务，其服务的对象主要是互联网王国的客户群，市场细化应在现有的客户群中深化，腾讯正在努力构筑一个“大而全”的互联网王国。

“汇付天下”所提供的支付服务主要体现在网上电子支付接入业务、跨行汇款业务和个人理财业务，汇付天下成熟的支付接入业务和跨行汇款业务可以提供虚拟账户的充值和取款服务，它的个人理财业务实际上是互联网支付的一项基于金融理财产品的支付应用。汇付天下在服务对象上差异也不明显，但其对客户提供的支付服务解决方案有优势，应作为提供服务的主业，也就是以支付平台开发为主业，同时做好相关的增值服务，例如网上个人理财等。

综上所述，中国主要的第三方电子支付供应商在服务对象上有交叉，但也有差异，例如，环迅支付自主研发酒店预定通、票务通等新产品，为旗下众多商户提供商品展示平台等；China Pay 致力于银行卡受理环境的建设和银行卡业务的推广；快钱公司推出金融与通信支付平台开发业务及集团账户管理系统；“汇付天下”推出通用的支付平台开发并提供个人理财业务等。这些差异性将促使银行与企业在共创盈利模式中达成合作。当然市场细化还远没有完成，合作的基础还需进一步夯实。

2. 第三方电子支付供应商在产品与服务上呈现差异性

目前，银行与企业在产品与服务上同质化竞争比较明显，信用卡还款、转账、汇款以及理财等业务仍欠成熟。银行与企业在产品与服务上呈出差异性应体现在根据客户的需求变化，及时开发出客户满意的产品与服务，形成银行与企业独有的核心竞争力。另外，第三方电子支付供应商应不断扩展服务的范围，为浏览器、IM、网络视频、网络下载、社区等拥有较大用户群体的企业提供个人应用产品。例如，淘宝、财付通等服务商，可以充分发挥高粘性个人用户的规模优势，开发个人金融工具等产品，集成于“旺旺”和“QQ”上，以迅速占领个人用户市场。

由此可见，银行与企业在产品与服务差异性方面空间很大，关键是要积极拓展创造交易的服务创新，挖掘潜在的客户，拓展更多的新市场。

综上所述，银行与企业在差异化竞争方面已经有了良好的开端，但是同质化竞争的现象还是比较明显，我认为，利用竞争性合作的理念创建共同的支付盈利模式有利于解决这个难题。

三、市场细分打造合作者各自的核心竞争力

与电子支付在欧美国家的盛行相比，中国用户对电子支付的概念还比较陌生。美国几乎100%的电子商务客户都选用在线方式进行支付，而在中国，这个数字只有10%，还有90%的用户在选择货到付款的现金支付方式。无论是银行，还是第三方互联网电子支付公司、移动运营商、固网运营商，他们共同担负着引导用户消费观念，挖掘和培养电子支付客户群体，拓展电子支付市场的任务。也就是通过市场细分挖掘和培养客户群，打造合作者各自的核心竞争力和可持续发展能力。因此，作为第三方电子支付市场上的竞争者，在市场细分的问题上拥有着共同的利益。

市场细分是银行与企业把握客户需求、挖掘潜在需求的重要手段。在第三方电子支付行业中，用户可以细分为高端、中端和低端用户。从应用的行业来看，市场可以细分为电子商务、公共缴费、旅游、游戏、数字产品等；从用户的支付需求及支付金额来看，市场可以细分为大额、中额和小额支付市场等。例如，在酒店、票务、银行卡受理业务、小商品交易支付、游戏、教育、咨询、文化娱乐等行业又可以进一步细分为高端、中端和低端等不同的服务群体，也可以细分为大额、中额和小额不同额度的支付群体。又如，当前福利彩票行业大举开拓农村市场，这是电子支付挖掘和培养客户的又一个良机。随着互联网接入、固网支付、手机支付在农村的普及，第三方电子支付的新市场将被开发，培养这些客户群的电子支付习惯十分重要。

由此可见，市场细分对于银行和企业有着广泛的空间，关键是银行与企业要密切合作，创新服务，挖掘潜在客户，通过市场细分挖掘和培养客户，打造合作者各自的核心竞争力和可持续发展能力。

四、整合优质第三方电子支付资源提升服务水平与质量

网上电子支付在当前的第三方电子支付市场上占据着绝对主导地位，拥有最大的客户群和市场规模，然而手机支付、固网支付等新兴的支付方式各具特色，但是各种支付方式在功能、客户群方面却有较大的重合。所以，移动运营商、固网运营商势必将与阿里巴巴、云网等第三方互联网电子支付公司展开激烈的竞争，电子支付市场或将面临重新洗牌。通过竞争重新确立市场定位和在产业链中的角色。

整合第三方电子支付资源是指将各种电子支付方式有机地结合起来，从而更好地满足用户在不同情况下的需求，达到“1+1>2”的效果。通过整合提供多元化的第三方电子支付服务，可以更加充分地挖掘和满足企业商户及个人用户的个性化、差异化的支付需求。一方面可以深入行业中为商户提供更多的增值服务，打造具有行业特性的支付方式；另一方面，可以针对个人用户的喜好提供个性化服务，提升用户体验，进而将潜在用户转换成实际的电子支付使用者，促使非活跃用户向活跃用户转变。例如，可以将移动支付同互联网电子支付结合起来，构成统一的电子支付系统。目前，支付宝、首信易支付等互联网电子支付平台，大多要求用户使用E-mail登录，通过移动运营商与互联网电子支付公司的协作，可以支持手机号码登录，从而将手机支付同互联网电子支付结合起来。可以预见，在3G时代的无线互联网门户和手机商城等业务中，这一支付模式将为用户提供更大的便利，有利于拓展电子支付的应用范围和市场发展空间。

五、用竞争性合作策略打造第三方电子支付的核心价值

用竞争性合作策略创建的盈利模式形成第三方电子支付企业的核心竞争力，体现着银行与企业优势互补形成了第三方电子支付盈利模式的核心价值。在中国资金清算市场和客户资源市场都存在着激烈的竞争，这就要求银行和企业必须在市场中遥相呼应优势互补。例如，银行和第三方电子支付供应商在市场竞争中不是寻找差异化的竞争，而是在同质化的竞争中推行打折风，使第三方电子支付行业利润越来越低，危及到整个支付市场的利益。另外，第三方电子支付行业目前进入门槛低，一些企业盲目跟进导致各类新增的第三方电子支付供应商在经营能力和资金实力方

面参差不齐，造成各区域单个企业业务量差距较大，加之粗放的市场网络模式约束控制能力差，第三方电子支付市场出现无序竞争的现象。通过银行与企业合作共建第三方电子支付盈利模式，促使同质化的恶性竞争走向差异化竞争的良性竞争，通过竞争性合作实现银行与企业的优势互补，共同打造第三方电子支付盈利模式的核心价值。

总之，银行与企业通过竞争确立在盈利模式中的角色，通过差异性决定在电子支付产业链上的定位，以市场细分培养合作企业各自的核心竞争力，整合优质第三方电子支付资源提升服务水平与质量，以竞争性合作策略打造第三方电子支付盈利模式的核心价值。

*第六节　第三方支付的服务质量评估

一、网上第三方支付服务质量概述

（一）传统服务业质量分析

1. 服务的定义、特性

（1）服务的定义。

目前对于服务较流行的定义有两种，一种是科特勒等人的定义：服务是一方向另一方提供的一种活动或利益，它通常是无形的，而且不牵涉到所有权的变化。服务的生产可以与有形产品相关，也可能无关；另一种是格罗鲁斯定义：服务是由一系列或多或少具有无形性的活动所构成的一种过程，这种过程是在顾客与雇员、有形资源的互动关系中进行的，这些有形的资源（或有形产品、有形系统）是作为顾客问题的解决方案提供给顾客的。

（2）服务的特性主要包括以下几个方面。

① 服务的无形性。白瑞归纳，服务是“一种活动，一次表演，一项努力”。

② 生产与消费的同时性。比如自动取款机提供服务（生产）与顾客取款（消费）之间的关系。

③ 人作为产品的一部分。在一些高度接触的服务行业，顾客不但要同服务人员产生接触，还可能与其他顾客发生联系，没有顾客的亲自参与，服务过程是无法进行的。

④ 质量控制困难。服务的生产和消费是同时进行的，服务生产出来的同时就被消费掉了，这是一种时事生产，对于许多服务结果，人们是无法纠正的。这就使得服务企业很难控制质量和提供质量始终如一的产品。

⑤ 顾客评价困难。服务具有经验性品质特征，只能在购买后或消费过程中识别其质量，如舒适程度、安静等。

⑥ 服务无法储存。服务是一种活动或过程，而不是顾客可以保有的一种有形物品，所以它是易逝和不能被储存的。

⑦ 时间因素的重要性。许多服务是实时传递的，顾客必须在现场接受来自企业的服务。时间是顾客宝贵的资源，顾客在计算总的让渡价值时会将时间全部列入精神成本。

⑧ 分销渠道与实体产品不同。在服务业中是不存在中间商的，服务企业要么通过电子渠道传播服务，要么将服务的生产、销售和消费等整合到一起。

⑨ 服务的不可分和不可加性。

2. 服务质量定义及其内容

格罗鲁斯认为可感知的服务质量包含两个部分：技术质量和职能质量。技术质量是指服务过程的产出，即顾客从服务过程中所得到的东西。对于这一方面的服务质量，顾客容易感知，也便于评价。不过，技术质量并不能概括服务质量的全部。既然服务是无形的，而且服务推广的过程也就是顾客同服务人员打交道的过程，服务人员的行为、态度、穿着等将直接影响到顾客对服务质量的感知。所以，顾客对服务质量的感知不仅包括他们在服务过程中得到的东西，而且还要考虑他们是如何得到这些东西的，这就是服务质量的职能方面，即职能质量。显然，职能质量难以被顾客进行客观的评价，它更多的取决于顾客的主观感受。

Lehtinen（1982）将服务质量确认为 3 个方面。第一个是有形质量，这与服务的有形方面相关，如提供服务的设备；第二个是企业质量，与公司的形象有关；最后是互动过程中的质量，主要产生于服务提供者与接受者之间的互动关系。

Rust 和 Oliver（1994）认为服务质量包括 3 个要素和一个核心。它们是服务产品、服务环境、服务传递和有形产品（可能并不存在），如图 3-20 所示。

图 3-20 中，图中心是有形产品，这会在制造业中出现，但不会出现在纯服务行业中。其他 3 个因素总是存在的。服务产品是指用于传递的设计好的服务；服务环境包括内部环境和外部环境，内部环境与组织文化、领导层的理念有关，外部环境与服务设置的有形环境有关；服务传递是指服务提供者和服务接受者之间的互动关系。

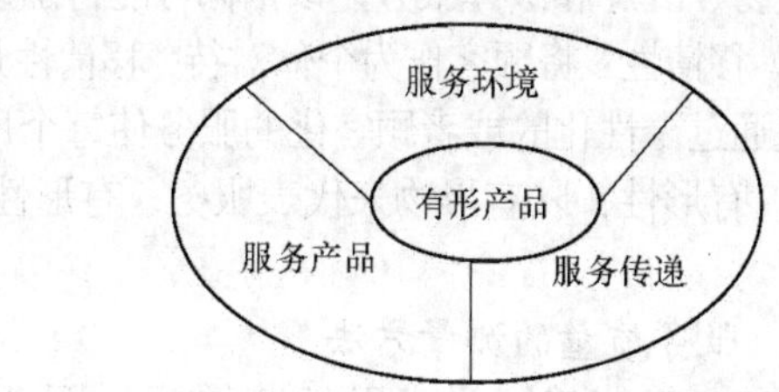

图 3-20　Rust 和 Oliver 提出的服务质量的内容图

服务质量的概念是逐步发展和完善起来的，归纳起来可以得出以下基本特征。

① 服务质量是一种主观质量。不同的顾客可能对同一服务质量产生不同的感知，即使是同一客户，在不同的时段，可能对质量的要求也会产生变化，这是在分析服务质量问题时必须注意到的一个问题。

② 服务质量是一种互动质量。如果没有消费者的紧密配合、响应，或者是顾客无法清晰地表达服务要求，那么服务过程就将失败，服务质量将是低下的。

③ 过程质量在服务质量构成中占据极其重要的地位。服务过程在服务质量形成过程中起着异常重要的作用，过程质量是服务质量构成极其重要的组成部分。

④ 对服务质量的分析，无法采用制造业中采用的方法。在服务业中，衡量服务质量的外部效率，即对客户关系质量的影响。也就是说，这种服务质量对服务提供者与顾客建立持久的关系有什么样的影响作用。明确这一点，对于提高服务质量管理水平，具有非常重要的意义。

3. 服务质量测量的决定因素

诺曼曾把顾客同企业进行服务接触的过程形象地比喻为“真实瞬间”。它意味着在这个特定的时间和地点，企业才真正有机会向顾客展示自己产品的质量。“真实瞬间”影响着服务质量。在这一瞬间内，大部分或者全部的技术质量都已经为顾客所接受，而如果企业在真实瞬间出现问题，将直接影响到职能质量，从而破坏顾客对服务质量的感知。但是“真实瞬间”概念之抽象使服务质量的测评不能得到有效实施。

1985 年，美国学者西斯姆、巴拉苏罗门和白瑞等人分析提出了著名的 GAP 模型（Gap Analysis Model，差距分析模型），该模型专门用来分析服务质量问题的根源。在分析报告中，巴拉苏罗门等人（1985）通过对信用卡、零售银行、证券经纪和产品维修与保护等 4 个服务行业的考察和比较分析，以及通过与服务提供者及客户的小组深入访谈，认为顾客在评价服务质量时主要从下述 10 个标准进行考虑，分别是：可靠性、响应性、能力、可访问性、礼貌、交流、可信度、安全性、对顾客的理解或认知和有形性。

巴拉苏罗门等人在 1985 年曾经指出，虽然随着服务行业性质的不同这些因素的相对重要性会发生变化，但是多数服务业的服务质量的测量指标应该包括在这 10 个因素之中。在同一年，白瑞等人又发现交流、能力、礼貌、可信度、安全性之间以及可访问性、对顾客的理解两因素之间存在高度的相关性，于是将 10 个因素归纳为 5 个因素，分别为有形性、可靠性、响应性、安全性和移情性。这 5 个标准的具体含义如下。

① 可靠性：按照承诺行事，在 5 个服务质量指标中，可靠性被美国消费者一致认为是服务质量感知最重要的决定因素。

② 响应性：主动帮助顾客，响应性是帮助顾客及提供便捷服务的自发性。该指标强调在处理顾客需求、询问、投诉、问题时的专注和快捷。响应性表现于顾客在获得帮助、询问的答复及对问题的注意前等待时间上。响应性也包括为顾客提供其所需要服务的内容和能力的含义。

③ 安全性：激发信任感，安全性被定义为雇员的知识和谦恭态度等，及其能使顾客信任的能力。在顾客感知的服务包含高风险或其不能确定自己有能力浮价服务的产出时，比如银行、保险、证券交易、医疗和法律服务，该指标可能特别重要。

④ 移情性：将顾客作为个体对待，移情性是企业给予顾客的关心和个性化的服务，移情性的本质是通过个性化的或者顾客化的服务使每个用户感到自己是唯一和特殊的。

⑤ 有形性：以有形物来代表服务，有形性被定义为有形的工具、设备、人员和书面材料的外表。

4. 服务质量的测量方法

1985 年，美国学者巴拉苏罗门、西斯姆和白瑞建立起一种新型的服务质量测评量表——SERVQUAL，并在格罗鲁斯的分析基础上构建出服务质量的“五点差距理论”。

（1）差距 1：管理者服务质量感知差距。由于管理者的服务质量感知不同于顾客的服务质量感知，因此认为管理者有必要比较两者的差距，从中发现问题。

（2）差距 2：服务质量规则标准差距。此项差距是指管理者所认为的基于顾客需求的服务质量是否能够正确地反映到服务质量的规则标准中。

（3）差距 3：服务过程差距。实际的服务过程的表现是否与所制定的服务规则标准存在差距。

（4）差距 4：市场沟通差距。管理者向市场宣传承诺的服务质量与实际服务过程表现是否存在差距。

（5）差距 5：顾客服务质量感知差距。顾客服务质量的期望值是否与服务质量的实际感受值存在差距。这是服务质量测评、推进服务质量改善的重要环节。

SERVQUAL 差距理论中前 4 点差距要求服务企业在服务质量测评中需考虑到管理者扮演质量控制与改进角色的重要作用并且意识到管理者对服务质量、服务过程表现和服务标准的理解直接影响到企业的服务质量的高低，因而首先要求从管理者的角度测评服务质量，并且对比顾客的服务质量实际感受值，以便找出差距和发现问题。

第五点差距——顾客服务质量感知差距是建立在顾客感知决定服务质量理论基础之上的，也是服务质量测评体系中最为重要的测评指标之一。服务质量是通过顾客比较其对服务提供者所提供的服务质量的期望值及其实际服务质量的感受值之间的差距而产生的。如果顾客的实际服务感受值等于或超过期望值，顾客就认为是比较满意的高质量的服务；如果顾客的实际服务感受值低于期望值，顾客就认为是不满意的低质量的服务。

SERVQUAL 量表是基于差距理论中第五点差距——顾客服务质量感知差距构建的，最初是从 10 个基本指标上综合测评服务质量，其中包括：可靠性、响应性、胜任性、可进入性、礼貌性、交流性、可信性、安全性、理解性、有形性。1988 年巴拉苏罗门等学者重新构建了该测评体系，将 10 个测评指标集中缩小到 5 个指标即：可靠性、保证性、有形性、移情性和响应性。为了有效地对 5 个指标进行评估，他们于 1988 年设计出一个包括 22 项问题的问卷调查表，后称之为 SERVQUAL 量表。问卷调查表包括两部分内容：顾客对服务质量的期望值和顾客对服务质量实际感受值的评价。涵盖 5 个指标的 22 个问题中每个指标包含了 4～5 个问题，每一个问题的答案都采用 7 点李克特数值法表示：1 表示非常不同意，7 表示非常同意。

问卷调查表需对同一受访者进行两次调查，要求回答问卷两个部分的问题，以便分别测评顾客服务质量的期望值（E）和实际感受值（P），通过对比两次测评的结果来了解服务质量是否存在差距。问卷分析方面可以使用对单项问题期望值与实际感受值比较的方法（P_1，E_1，P_2，E_2，…，P_{22}，E_{22}），也可采用分指标比较期望值与实际感受值［（$P_1+P_2+P_3+P_4$），（$E_1+E_2+E_3+E_4$）］的方法，同时还可以综合以上两种方法获得服务质量的总体质量测评结果。

（二）银行业的服务质量分析

1. 银行业的服务质量分析

在银行领域对服务质量的实证分析开始于20世纪90年代，主要集中于零售银行业的服务质量分析。在这些分析文献中，多数是将SERVQUAL运用于银行服务质量的分析并结合对SERVQUAL模型的修改。并且在2000年以前，对银行服务质量的分析多数采用原始或修正过的巴拉苏罗门等人所提出的SERVQUAL指标，对于银行业而言，始终没有一套公认的指标专门适用于测量银行服务质量。

2000年后加拿大学者（Kamilla Bahia，Jacques Nantel）为建立一套衡量指标简称BSQ（Banking Service Quality）测量法，涵盖了6个因素的31个具体指标，这是目前银行领域对服务质量测量最成熟的一套指标，其中的6个决定因素和含义分别如下。

（1）效率和信任尺度：效率是指雇员的能力和响应速度；信任是指可靠性、安全性、移情作用和信息交流。

（2）接待能力尺度：不仅仅代表有形的现代化设施，还包括顾客对现代化设施的感性认识。

（3）价格尺度：包括3项与特定的货币形式相关的价格和2项更广泛的价格概念。如：信息缺失或延误的价格。

（4）有形资产尺度：指服务场所的气氛和环境，以及服务的精确度。如宣传册和账表等。

（5）服务职责尺度：指提供服务的范围。

（6）可靠性尺度：指正确性和可靠性。

与SERVQUAL模型的5个尺度相比，BSQ的6个尺度更具有针对性，即特别为衡量银行的服务质量而量身定制，分项指标几乎涵盖了衡量银行业服务质量的全部内容。但由于金融市场发展的不平衡，不同国家以及同一国家的不同地区之间，对服务质量的要求均存在一定的差异。

中国从20世纪90年代末开始注重对商业银行质量管理的分析，学术界和银行业的分析主题围绕为建立一个由银行所有业务质量活动和管理活动有机形成的质量管理体系而展开。这一时期主要进行将国际上企业组织建立质量体系所普遍采用的ISO9000国际标准运用于中国商业银行系统的分析，也包括对传统服务提供过程进行控制的分析，其目的都是为了更好地满足顾客的需要和控制不合格服务尤其是经营和操作风险的发生。中国在银行服务质量的分析尚属起步阶段。

2. 信息技术领域的服务质量

在所有对服务质量定义及其测量的文献分析中，最具影响的是SERVQUAL服务质量测评体系（1988，1991），但是在测评基于现代信息技术的服务而言，SERVQUAL并不是很适合的，因为它是针对传统服务传递渠道提出的。随着基于IT系统的服务行业和服务项目的增加，在某种程度上改变了服务传递的属性，有必要将与IT服务传递系统相关的变量作为服务质量测量的一部分。

因此，互联网网络环境下的信息服务业对服务质量的观点形成了挑战。针对顾客评估服务质量的5个决定性因素——有形性、响应性、可靠性、可信性和移情性，巴拉苏罗门在2000年曾指出：由于这5个因素是在面对服务环境中总结出来的，因此在电子商务环境下，这5个因素的含义和测量尺度可能会有所变化，其相对重要性也有待验证。如国外学者Gronroos、Lehtinen、Czepie等人认为，服务可划分为两个不同的部分，即技术性质量（或称结果性质量）和功能性质量（或称过程性质量）。前者是指顾客从服务中获得的好处，而后者则是指服务是如何传递给顾客的。通常人们都认为企业要取得长期竞争优势，采用优质服务的策略更为有效，即服务人员的服务意识、服务态度、服务行为和服务方法对顾客实际经历的整体服务质量会产生更大的影响，提高功能性服务质量，可为顾客提供更多的利益、更多的消费价值，而且超越顾客对功能性质量的期望的机会要比超过服务对技术性质量的期望的机会要大得多（巴拉苏罗门，1986）。在电子服务中，虽然服务人员与顾客之间的联系已被顾客与电子界面所取代，但是其服务质量是否仍然可以划分为功能性质量和技术性质量两个部分，而且是否是功能性质量发挥关键性的作用将有待于进一步的分析。在网络环境下，顾客转移到竞争对手的网站上只不过举手之劳，因此网络服务质量的管理和提高将至关重要。这些在某种程度上成为服务质量领域的新兴课题。

对基于信息技术的网络服务的质量测量时，需要将 SERVQUAL 模型中的因素和指标根据网络型服务的特点进行调整，尤其是随着企业信息化进程和客户对网络信息服务的强烈需求，分析发现有形性的重要性随着技术的深化在减弱，而信息质量和在线系统的服务能力则成为信息技术型服务质量的关键影响因素。

3. 网络金融服务的特征和服务质量分析

在网络金融服务方面，国外学者对于网上银行做了大量的分析。他们对 SERVQUAL 模型的维数做了修改，并提出了各自的观点。主要考虑了以下的几个方面：易实用性、安全性及方便性、交互性、动态性、亲近性。

（1）国外部分学者通过分析网上银行得出了以下结论。

① 通过分析分析发现，影响因素最少的是站点有浮动的窗口、在使用前要求登记、站点链接到其他的站点。这意味者使用者对这些并不在意，而更为关注方便性。

② 顾客最为关注的因素是网站的安全性、目前的利率、容易使用、能够发送 E-mail 到银行。（在目前中国的网上银行使用 E-mail 方式往往很难得到回复，这影响了客户对“交流性”和“可访问性”的评价，而国外网上银行非常强调通过 E-mail 加强与客户的联系。）

③ 在期望与感受值差距方面，下载速度是否快，是否容易使用等指标最受关注。2001 年 Jun and Cai 就曾经阐述过下载速度的快慢及浏览器的问题对网上银行是至关重要的，在网上银行中，这些都是关键因素，是使用者关注的焦点。目前这些因素在消费者使用的满意度方面还存在着一定的距离。

④ 在可靠性方面，使用者对银行是否采用新技术并不关注，而是关注使用是否方便，能否让客户在最短时间登录并提供安全方便的服务。

（2）中国学者袁嘉颖应用 SERVQUAL 服务模型对网上银行调查的结论如下。

从客户服务质量因素中选择了 10 个指标：有形性、可访问性、可靠性、响应性、保证性、移情性、价格、礼貌、交流性和持续完善性；从企业网上银行系统质量因素中选择了 3 个指标：内容、易用性和安全性。通过对 120 份问卷的调查，得出了以下结论。

① 客户服务质量因素中的“可访问性”、“可靠性”、“移情性”、“响应性”、“交流性”以及网上银行系统质量因素中的“内容”、“易用性”与顾客整体满意度的相关性较强，说明这些因素是导致满意的敏感性因素。2005 年 CFCA 对网上银行的调查报告也证实了袁嘉颖的统计：80.7%的用户关注操作方便性；73.5%的用户关心“交易和查询速度”；65.8%个人用户关注网上银行安全性；68.7%潜在用户担心网络不安全。

② 从银行客户的规模角度看，大中型企业使用网上银行服务的比例远远高于中小型企业，说明大中型企业由于财务运作的多样性和复杂性，对网上银行服务的需求高于中小型企业，中国商业银行应在产品开发方面给予大中型企业更多的自助银行服务。2005 年 CFCA 的网上银行调查报告中也证实了大企业客户对网银的需求量大，而且越大的客户对网银的需求越多。另一方面，统计显示不同规模的企业客户对网上银行客户服务质量的感知是不同的，并且从超大型企业到小型企业的感知分数是依次降低的，此结论表明银行对中小型企业客户服务的质量令人不满意，网上银行应该加强对这一层次客户的服务。2005 年 CFCA 的调查表明私营企业不但现有用户多，而且

潜在用户的比例也最高，应成为开发网上银行客户的首选。

③ 对于客户服务质量的管理，调查表明网上银行客户对服务质量的感知不仅仅是单纯的在线客户服务，相反他们更关注网下客户服务。这一点，与实际情况是相符合的。客户不仅需要使用网上银行，而且许多问题还是需要面对面的解决，尽管在客户发生问题时需要银行加强在线指导和导航。但即使是再好的信息技术和网络技术，其功能也必须靠现实中的人在互动过程中来实现，仅仅通过互联网无法满足客户的要求。这也是国外许多虚拟网上银行倒闭的原因。

二、第三方支付服务的质量问题

由于第三方支付服务进入门槛不高，也没有严格的资质审查。大量的小型支付公司不断涌现。2005 年，中国第三方支付服务提供商达到 50 多家。随着第三方支付平台市场规模的扩大，该市场未来将有更多的竞争者。支付公司之间的竞争最先反映在和银行关系的竞争上。能否与各大商业银行形成紧密合作，能否在和银行的谈判中将价格谈到最低，成为支付公司竞争的首要手段。除银行之外，中国第三方支付市场还面临 4 种力量的竞争，分别是潜在竞争对手、替代品生产商、客户、现有产业竞争对手，它们加上银行构成了驱动产业竞争的 5 种基本力量。第三方支付市场的 5 种竞争力量在市场上的博弈竞争。将共同决定该产业的平均盈利水平，它们的分化组合也将对第三方支付平台的发展产生深刻影响。

由于银行博弈的方面，网上交易者在考虑选择支付平台的时候会考虑平台的经济便捷，更会考虑信用和安全因素，这些都属于服务质量的关键问题。网上银行和第三方支付企业都可以作为支付平台，因此二者之间是一种微妙的关系。对于中小客户的网上支付，使用第三方支付平台的一致的界面就比网上银行方便，银行也乐意将不擅长的零碎中小客户的支付业务交出去，而且可以与第三方支付平台分享手续费。但是在争取大客户方面，第三方支付平台就对银行形成威胁和竞争。在一些第三方平台免费大餐的诱惑下，会有不少企业选择使用它，但是这又可能引发企业的逃税问题。当然，对于真正的大客户，银行仍然有着自己的优势。一些大型企业特别是在进行 B2B 交易时，就更愿意选择银行而不是第三方支付平台交易，因为它们在现实中有自己的信用体系，货款放在银行总是比放在支付平台可靠些，也减少了手续费，避免了第三方平台出现倒闭或失信的风险。

第三方支付平台应当创新自己服务模式，改善整体服务质量，提供增值服务，而不是与银行在网上支付领域正面“厮杀”。未来的支付市场将会逐渐进行市场细分，电子银行和第三方支付之间是一个产业链，它们相互依托相互补充，共同促进支付市场的良性发展。

第三方支付盈利模式主要是基于 C2C 和 B2C 的网上支付，在 C2C 领域，单笔交易利润很低，各家支付平台均处于发展客户，扩大规模的阶段。在 B2C 领域，第三方支付平台与银行间存在竞争，商家也可以直接连接网上银行支付网关，不采用第三方支付平台的技术方案和服务，但第三方支付平台占据了先发优势，并可以提供多家银行的支付通道，还具有一定的优势，但发展空间逐步缩小。

另外，第三方支付企业除了要面对强大的银行对手，而同业之间的竞争更加激烈。不同的支付平台有自己的目标群体，但也有很多共同的客户，不同平台的手续费标准差异很大，有的平台手续费高达 3%，有的手续费低于银行手续费，属于“赔钱赚吆喝”；有的甚至完全免费。相比较为规范的传统银行转账收费标准，第三方支付市场的收费混乱局面，形成“窝里斗”，不利于第三方支付市场的发展。恶性竞争、收费低廉、用户规模小、投机获益的政策不确定性等，将是网上支付队伍精简缩编的重要原因，支付平台的整合是不可避免的。从目前的第三方支付服务质量来看，中国的第三方支付仍处于初级阶段，还没有找到比较成熟的服务质量管理的模式。

三、第三方支付服务质量指标体系

（一）服务质量指标

Milljoon lun 和 Shaohan Cai 在 2001 年提出了网络金融服务质量评价的关键因素，把网络金融服务质量的主要指标分为 3 类，即客户服务质量、在线系统质量和网络金融产品质量。同时他们还指出，每一个主要指标下面还分有二级指标，如“客户服务质量”指标包含 10 个二级指标，分别是可靠性、响应性、能力、礼貌、可信性、可访问性、交流性、对客户的理解、与技术供应商的合作、持续完善性；“在线系统质量”指标包含 6 个二级指标，分别是内容、精确性、易用性、及时性、美观性和安全性；“网上银行服务产品质量”指标则主要指网上银行产品多样性和多样化。

对于上述指标调整的主要依据如下。

（1）SERVQUAL 的 10 个原始指标，即可靠性、响应性、能力、可访问性、礼貌、交流、可信度、安全性、对顾客的理解或认知和有形性。

（2）Lia Patricio、Rayond P. Fisk 在 Improving Satisfaction with Bank Service Offerings：Measuring the Contribution of Each Delivery Channel 一文中提出的测量方法，他们分析的指标结构如表 3-9 所示。

表 3-9　Lia Patricio 和 Rayond P.Fisk 关于网上银行服务质量影响指标表

主维度	次维度
易使用性	便于下载
	通过特殊的网络、在分支机构得到服务
	站点有站点地图
	站点有搜索引擎
安全性及方便性	站点有具体的安全措施
	有分支机构的具体地理位置
	提供了具体的银行利率
	提供了竞争者的银行利率（国外的银行）
	具体的透支条款
	银行账户费用
	使用银行账户时的收费
	具体怎样支付费用
	在账户中怎样转移资金
	在外汇交易中怎样委托代理
交互性	站点具有经常遇到问题的 FQS
	站点具有使用 E-mail 的功能
	站点有产品简介及更多的在线状况
动态性	站点有每日更新
	站点有足够的资料提供给客户，使客户不用到其他的网站就可以做出购买的决定
新近性	站点具有在线辅导，能够解释怎样使用网站
亲近性	站点有浮动窗口
	在使用前要求登记
	站点连到其他的站点
	站点容易使用

（3）中国上海学者袁嘉颖应用 SERVQUAL 服务模型对网络金融服务做出的调查。

（4）鲁斯特（Rust）在 1999 年针对电子服务提出的服务质量测评指标。

鲁斯特的贡献在于它对服务质量与服务效益关系“E 服务”方面的开拓型探讨。在他出版的新著《服务质量收益》（*Ouality on Return*）一书中明确提出：第一，质量是一种投资；第二，这种投资必须符合经济法则；第三，有可能会出现质量投资过度的行为；第四，并不是所有的质量投资都是“物有所值”的。这些观点对于校正服务管理中盲目追求服务质量、忽视服务质量与成本关系的现象有着重要的意义。鲁斯特关于电子化服务质量影响的指标如表 3-10 所示。

表 3-10 鲁斯特关于电子化服务质量影响指标表

主要维度	对维度的解释
进入容易性	可以很快的进入网站，寻找到想要接触的公司
保证/信任性	顾客对与公司合作有信心
网上浏览的便捷性	
效率	网页简单易懂
安全/隐私	保护个人信息、保证交易安全
网页美观新颖	
可靠性	网址技术功能良好、服务承诺、结算和产品信息准确
响应性	对顾客要求和问题的反应速度、解决迅速
服务弹性	顾客浏览、购买、付款和退货方式较多
定制化/个性化	按照顾客的偏好和过去购买特点提供个性化服务
价格信息准确	

资料来源：韦福祥，《服务质量评价与管理》，人民邮电出版社，2005。

网上第三方支付服务质量的主要指标分为三大类：第一类是网上第三方支付客户服务质量；第二类是网上第三方支付系统质量；第三类是网上第三方支付产品质量。每一个主要指标还分有次级指标，如指标“网上第三方支付客户服务质量”下面包括了 10 个次指标，分别为：可访问性、有形性、可靠性、响应性、保证性、移情性、价格、礼貌、交流、持续完善。指标“网上第三方支付系统质量”下面包括 3 个二级指标，分别为：内容、易用性、安全性。指标“网上第三方支付产品质量”下面包括两个二级指标，分别为：产品范围、产品特性。调整结果如表 3-11 所示。

表 3-11 网上第三方支付服务质量测评指标表

一、网上第三方支付客户服务质量		
原始次维度	调整原因和结果	最终次维度选择
1. 可访问性（Access）	与 SERVQUAL 原始维度吻合	√
2. 有形性（Tangibility）	与 SERVQUAL 原始维度吻合	√
3. 可靠性（Reliability）	与 SERVQUAL 原始维度吻合	√
4. 响应性（Responsiveness）	与 SERVQUAL 原始维度吻合	√
5. 保证性（Assurance）	与 SERVQUAL 原始维度吻合	√
6. 移情性（Empathy）	与 SERVQUAL 原始维度吻合	√
7. 价格（Price）	弥补 GAP 模型的不足	√
8. 能力（Competence）	与 SERVQUAL 原始维度中的“响应性”类似	×
9. 礼貌（Courtesy）	与 SERVQUAL 原始维度吻合	√

续表

10. 合作（Collaboration）	与 SERVQUAL 原始维度中的“交流”以及“对顾客的理解或认知”相重叠	×
11. 交流（Communication）	与 SERVQUAL 原始维度吻合	√
12. 可信性（Credibility）	与 SERVQUAL 原始维度中的“可靠性”类似	×
13. 了解客户（Understanding the Customer）	与 SERVQUAL 原始维度中的“移情性”类似	×
14. 持续完善（Continue Improvement）	根据上海学者袁嘉颖对 SERVQUAL 原始维度的调整	√
15. 反馈/抱怨管理（Feedback/Complaint management）	与 SERVQUAL 原始维度中的“响应性”类似	×
	二、网上第三方支付系统质量	
1. 内容（Contents）	根据上海学者袁嘉颖对 SERVOUAL 原始维度的调整	√
2. 准确性（Accuracy）	可以包含在“内容”维度中	×
3. 合时性（Timeliness）	可以包含在“内容”维度中	×
4. 易用性（Ease of Use）	根据上海学者袁嘉颖对 SERVQUAL 原始维度的调整	√
5. 美观性（Aesthetics）	与“易用性”都是为了顾客更好的使用系统，因此与“易用性”合并	×
6. 安全性（Security）	与 SERVQUAL 原始维度吻合	√
	三、网上第三方支付产品质量	
1. 产品范围（Product Range）		√
2. 产品特性（Product Features）		√

分析 Minjoon lun 和 Slmohan Cai 的原始表，会发现有些指标是和 SERVQUAL 原始指标相吻合的，比如：可访问性、有形性、可靠性、响应性、保证性、移情性、礼貌、交流、安全性。而有一些指标与 SERVQUAL 原始指标中的某一项相类似，或者与某几项相重叠，将其进行剔除，比如：能力、合作、可信性、了解客户、反馈/抱怨管理。在分析“网上第三方支付系统质量”指标时，发现对系统准确性和合时性要求可以合并在“内容”指标中进行度量。另外，系统质量的易用性和美观性也有重叠之处，都是为了顾客更愉悦更方便地使用系统，故将其合二为一。

电子商务相对于其他分析而言，是一个新兴的分析领域，因此对在线系统质量的深入分析较少。然而，另一分析领域中对终端用户信息系统质量的分析却能对在线系统质量的分析提供借鉴和思考。在终端计算环境下，用户对他们的应用将承担更多的责任。同理，当客户登录网站的时候，网站可以被认为是一个信息系统，而客户被看作信息系统的终端客户。这样，基于因特网的数据处理，能被认为是终端计算环境下的特殊例子，因为网站的用户很少有机会与网站的操作人员有直接的交互。

Doll 和 Torkzadeh（1988）提出影响终端用户满意的 5 个质量因素：内容、准确性、形式、易用性和及时性。另有一些分析还表明电子商务环境下，一个公司的网站特征对商业的成功起着关键的作用，网站的形象、背景、颜色、声音、影像、多媒体和内容等，都是设计网页所必须考虑的因素。而 Sathyc（1999）在分析网上银行是否为澳大利亚的客户接受时，发现“使用操作困难”和“安全”是导致客户不接受网上银行的两个重要因素。

（二）各指标指标的拟定

与网上第三方支付服务质量相关的所有指标体系，如表 3-12 所示。

表 3-12 网上第三方支付服务质量指标体系表

维度	指标说明	序号
网上第三方支付客户服务质量		
可访问性（Access）	1. 保证客户随时随地都能登录网站	1
	2. 保证客户随时随地都能进入支付服务系统	2
	3. 客户可以很快地登入账户	3
	4. 网页具有不同语言版本	4
	5. 除了网上服务，还具有电话支持服务	5
	6. 除了网上服务，还具有 E-mail 支持服务	6
	7. 为老年人或残疾人提供特殊服务	7
有形性（Tangibility）	1. 第三方支付提供商拥有先进的 IT 服务设备	8
	2. 第三方支付提供商拥有与网上服务相匹配的设施	9
可靠性（Reliability）	1. 提供服务的内容与宣传中承诺的一致	10
	2. 提供服务的时间与宣传中承诺的一致	11
	3. 该第三方支付提供商是可靠的	12
	4. 该第三方支付提供商保留准确的服务记录	13
	5. 客户遇到困难时，第三方支付提供商表现出关心并提供帮助	14
	6. 在服务传递过程中保证低出错率	15
响应性（Responsiveness）	1. 告知客户服务实现的准确时间	16
	2. 告知客户问题反馈的准确时间	17
	3. 客户能够享受及时的服务	18
	4. 拥有迅速解决问题的能力	19
	5. 总是愿意向客户提供服务	20
	6. 不会太忙而无法立即响应客户的需求	21
	7. 第三方支付服务提供商拥有快捷的电话支持服务	22
	8. 第三方支付服务提供商会主动联系客户	23
保证性（Assurance）	1. 提供的服务是值得信赖的	24
	2. 客户在使用服务的过程中感觉很安全	25
	3. 客户登录以后，系统能自动识别客户	26
	4. 网上服务得到该服务提供商的充分支持	27
	5. 该服务提供商拥有优质的信誉	28
移情性（Empathy）	1. 客户会享受到个性化的服务	29
	2. 了解并且关注客户的需求	30
	3. 优先考虑客户的利益	31
价格（Price）	1. 与客户有效联系，不浪费客户的时间	32
	2. 对收费制度有合理的解释	33
	3. 定期向客户提供对账单	34
	4. 对账户管理收取合理的费用	35
	5. 一旦新的收费制度出台，会告知客户	36
礼貌（Courtey）	与客户有接触的服务人员是有礼貌的	37
交流（Communication）	1. 能清晰地回答客户的问题	38
	2. 在第一时间告知客户重要的信息	39

续表

<table>
<tr><th>维度</th><th>指标说明</th><th>序号</th></tr>
<tr><td colspan="3">网上第三方支付客户服务质量</td></tr>
<tr><td rowspan="4">交流（Communication）</td><td>3. 通过 E-mail 与客户交流</td><td>40</td></tr>
<tr><td>4. 通过 24 小时热线电话与客户交流</td><td>41</td></tr>
<tr><td>5. 客户可以清楚知道自已交易所处的状态</td><td>42</td></tr>
<tr><td>6. 会向客户提供解决问题的更好方案</td><td>43</td></tr>
<tr><td rowspan="3">持续完善（Continuous Improvement）</td><td>1. 不断改进在线系统质量</td><td>44</td></tr>
<tr><td>2. 不断改进提供产品的质量</td><td>45</td></tr>
<tr><td>3. 不断改进客户服务的质量</td><td>46</td></tr>
<tr><td colspan="3">网上第三方支付系统质量</td></tr>
<tr><td rowspan="2">内容（Contents）</td><td>1. 提供网上产品和服务的信息</td><td>47</td></tr>
<tr><td>2. 提供客户需要的其他信息</td><td>48</td></tr>
<tr><td rowspan="4">准确性（Accuracy）</td><td>3. 能够准确的指导在线交易</td><td>49</td></tr>
<tr><td>4. 在接口和内容上没有错误</td><td>50</td></tr>
<tr><td>5. 能够对发生的所有交易提供准确的记录</td><td>51</td></tr>
<tr><td>6. 保证所有的交易顺利完成</td><td>52</td></tr>
<tr><td>合时性（Timeliness）</td><td>提供及时的信息</td><td>53</td></tr>
<tr><td rowspan="8">易用性（Ease of Use）</td><td>1. 网上系统与客户的计算机及浏览器相互兼容</td><td>54</td></tr>
<tr><td>2. 网上支付与客户拥有的支付工具相互兼容</td><td>55</td></tr>
<tr><td>3. 界面友好</td><td>56</td></tr>
<tr><td>4. 操作简单，提供使用指南</td><td>57</td></tr>
<tr><td>5. 网站响应速度快</td><td>58</td></tr>
<tr><td>6. 网站是可以方便进入的</td><td>59</td></tr>
<tr><td>7. 拥有客户需要的功能</td><td>60</td></tr>
<tr><td>8. 提供导航，整体框架设计清晰</td><td>61</td></tr>
<tr><td>美观性（Aesthetics）</td><td>网站设计具有互动性，趣味性</td><td>62</td></tr>
<tr><td rowspan="2">安全性（Security）</td><td>1. 重视客户的隐私信息</td><td>63</td></tr>
<tr><td>2. 网上交易在技术上有保证</td><td>64</td></tr>
<tr><td colspan="3">网上第三方支付产品质量</td></tr>
<tr><td>产品范围（Product Range）</td><td>提供的产品和服务内容全面</td><td>65</td></tr>
<tr><td rowspan="2">产品特性（Product Features）</td><td>1. 提供的产品和服务能够不断创新</td><td>66</td></tr>
<tr><td>2. 提供其他第三方支付不具备的产品和服务</td><td>67</td></tr>
</table>

（三）与服务质量相关因素的确认

出于分析和确认网上第三方支付服务质量的影响指标和对应指标的考虑，并且力求在指标体系建立的效度方面有所保证，调研问卷还包括了对与服务质量相关因素的分析。

与网上第三方支付服务质量相关的并且用来检验服务质量指标和指标效度的因素主要有以下几个。

（1）网上第三方支付服务质量的整体质量水平感知。

（2）网上第三方支付的整体满意度感知。

（3）继续使用网上第三方支付平台的可能性。

（4）向其他人推荐使用网上第三方支付的可能性。

（四）测评方法的选择

尽管 SERVQUAL 评价方法在服务质量分析领域是最为权威、主流的方法，但是，在其操作性还是存在一些问题。

SERVQUAL 标尺沿袭了传统的差距理论，将服务质量定义为 P 和 E 的代数差距。然而，由于顾客对服务质量的感知具有强烈的心理特征和主观性，在实际应用中，差距型度量方式会带来一系列问题。

另外，由于调查者需要测评服务质量的期望值和实际感受值，所以需要两份调查表，一份考察期望值，另一份考察实际感受值。顾客完成第一份问卷以后，在被要求填写第二份问卷时由于两份问卷的结构、句式和措辞极为相近，导致顾客经常混淆两份调查表之间的区别，认为两份调查表内容一致，从而拒绝填写第二份问卷或者填写不全，造成问卷调查的可靠性和可信性降低。

为了解决以上问题，学者克罗宁和泰勒（Cronin & Taylor，1992）于 1992 年推出了“绩效感知服务质量度量方法”，即 SERVPERF 方法。SERVPERF 摒弃了 SERVQUAL 所采用的差异比较法，而只是利用一个变量，即服务绩效来度量客户服务质量，在应用上比 SERVQUAL 简单实用了许多。SERVPERF 是对 SERVQUAL 的继承和发展，SERVPERF 的问卷设计与 SERVQUAL 并没有什么实质性的区别，采用的问项也基本相同，其简易性和实用性都高于 SERVQUAL。测量采用 SERVPERF 方法，即只衡量客户对网上第三方支付服务质量的感知。

由此，调查问卷选取了 67 个指标，被调查者根据其服务体验回答问题（每个指标的分值在 1～5 之间，分别代表“完全不同意”和“完全同意”）来说明他们所感知的网上第三方支付平台的服务质量，由此来确定总的感知服务质量的分值。

【本章关键词】

第三方电子支付　支付流程　支付宝　贝宝　快钱　财付通　银联　汇付天下　PayPal　Google Checkout　盈利模式创新　竞合　服务质量评估

【本章思考题】

1. 简述第三方电子支付系统的主要模式和功能。
2. 简述第三方电子支付系统的优缺点。谈谈你对第三方电子支付的展望。
3. 比较国内外第三方电子支付网关，分析其特色与功能。
4. 联系实际谈谈你对第三方电子支付盈利模式创新的理解。
5. 简述第三方支付服务质量评估的指标体系。

第四章

手机银行

教学要求

1. 熟悉手机银行的类型与系统特点
2. 掌握手机银行的性能与优缺点
3. 了解手机银行的发展现状

引导案例

移动电子商务与手机支付

手机支付业务是由移动运营商、移动应用服务提供商（MASP）和金融机构共同推出的、构建在移动运营支撑系统上的一个手机数据增值业务。手机支付系统为每个手机用户建立一个与其号码关联的支付账户，其功能相当于电子钱包，为用户提供一个通过手机进行交易支付和身份认证的途径。用户通过拨打电话、发送短信或者使用 WAP 功能接入手机支付系统，手机支付系统将交易的要求传送给 MASP，由 MASP 确定交易的金额，并通过手机支付系统通知用户，在用户确认后，付费方式可通过多种途径实现，如直接转入银行、用户电话账单或者实时在专用预付账户上借记，这些都由手机支付系统（或与用户和 MASP 开户银行的主机系统协作）来完成。

手机支付，也称为移动支付，是用户使用其移动终端（通常是手机）对所消费的商品或服务进行账务支付的一种服务方式。整个手机支付价值链包括移动运营商、支付服务商（例如银行、银联等）、应用提供商（公交、校园、公共事业等）、设备提供商（终端厂商、卡供应商、芯片提供商等）、系统集成商、商家和终端用户。手机支付技术实现方案主要有 3 种：NFC、E-NFC 和 SIMPass。手机支付产业属于新兴产业，2009 年上半年，中国手机支付用户总量突破 1 920 万户，实现交易 6 268.5 万笔，支付金额共 170.4 亿元。2013 年 2 月 10 日，据国外媒体报道，扬基集团（Yankee Group）分析师预期，到 2015 年通过智能手机实现的移动支付规模将达到 1 万亿美元。

中国移动在 2006 年下半年推出全新的手机在线购物平台“移动商城”。用户能够在手机上进行各种商品的选择、比较，并能够使用“手机钱包”等金融支付手段进行手机在线购买。“移动商城”是整合后的“手机购物平台”，具有类似网上购物的商品呈现、摆放、购买、服务、配送、退货等整套服务功能。通过手机 WAP 上网，用户可按照商品类别在“移动商城”查找、选择，然后可通过手机在线进行支付购买，也可通过短信等其他方式进行支付，真正给用户提供随时随地的购物体验。

第一节　移动电子商务发展

一、移动电子商务概述

移动电子商务是指通过手机、PDA、掌上电脑等手持移动终端从事的商务活动。

3G技术的普及使移动电子商务成为各个产业链竞相争夺的新型市场。移动商务等增值业务越来越受到运营商、服务商、终端厂商等从业企业青睐，同行竞争、异域融合成为移动电子商务的发展趋势。

1. 移动电子商务发展环境

（1）从技术环境看，3G 商用时代开启，为移动电子商务发展提供了良好的平台基础。2009年1月7日，中国移动、中国联通和中国电信分别获得工业和信息化部发放的3G牌照，这标志着中国的移动通信正式进入3G时代。3G牌照的发放加速了移动电子商务领域的竞争。

（2）从政策环境看，国家移动电子商务试点示范工程正式启动，推动移动电子商务创新探索。移动电子商务被列入《电子商务十一五规划》的重点引导工程，标志着国家移动电子商务试点示范工程正式启动。这表明移动电子商务建设得到国家重视，宏观政策环境有利于移动电子商务良性发展。

（3）从用户环境看，全球目前拥有15亿手机用户，移动电子商务潜在用户基数庞大。根据美国KPCB风险投资公司著名互联网分析师玛丽·米克尔的报告显示，2012年全球移动设备用户约为15亿，而2011年同期仅为11亿。

根据工业和信息化部统计数据，截至2013年3月底，中国共有11.46亿移动通信服务用户，比上月增长1.24%，比去年同期增长12.46%；11.46亿移动通信服务用户当中，有2.7727亿是3G用户，占全部用户的24.20%，有8.1739亿用户接入移动互联网，占全部用户的71.34%；移动通信服务用户数占全国人口的84.9%。另外，有2.7641亿用户在使用固网电话服务，占全中国人口比例为20.5%。在3月份，移动通信服务用户发送短信745.8亿条，平均每个手机号码每天发送2.11条短信。

2013年，中国移动发展了300万手机钱包用户、发行可存储数十张电子卡应用的NFC SIM卡，已与中国银联、浦发银行、招商银行等金融机构签署合作协议，并与部分学校、企业以及20多个城市的公交地铁管理部门达成了合作意向。

（4）从应用环境看，移动定位、二维码及移动支付为移动电子商务提供技术支持。通过二维码的识读和被读，引导用户进入商家WAP站点，降低用户进入移动电子商务界面的门槛；移动定位业务基于对用户信息数据库的掌控基础，有效为商家实现精准营销，充分体现了移动电子商务分众、定向、及时和互动的优势；移动支付则为移动电子商务的应用提供了安全便捷的支付通道和技术支持。

2. 中国移动电子商务发展面临的挑战

（1）安全方面：信用缺失仍是阻碍移动电子商务的主要因素。与传统电子商务一样，信用仍是制约移动电子商务发展的一大难题。

（2）交易方面：移动支付体系仍不完善。构建安全灵活的移动支付机制是完善商业模式的关键环节。根据国际调研机构Jupiter Research预计，到2013年年末，支持NFC技术的手机销售量达到8亿台，全球每5部手机中就有1部NFC手机，到2015年，移动支付交易额将达到6 700亿美元，其中2 680亿美元将由NFC实现。从中国网民用户群和互联网的支付量以及手机支付的发展模式来看，手机支付业务模式仍在探索阶段。安全性问题是移动支付发展的关键瓶颈，产品服务单一是移动支付缺乏用户基础的主要原因。

（3）人才方面：移动电子商务人才培养与中小企业实际需求存在断层。虽然每年有大量电子商务专业毕业生走出校园，但企业电子商务人才需求往往是有一定行业背景和营销经验的复合型人才。人才不足也是影响中小企业移动电子商务应用的一个重要因素。

二、移动电子商务成功案例

2012 年上半年手机购物用户规模快速增长。截止到 2012 年 6 月，手机网上购物用户规模达 3 747 万人，相比 2010 年 12 月增长率达 59.6%。如图 4-1 所示。

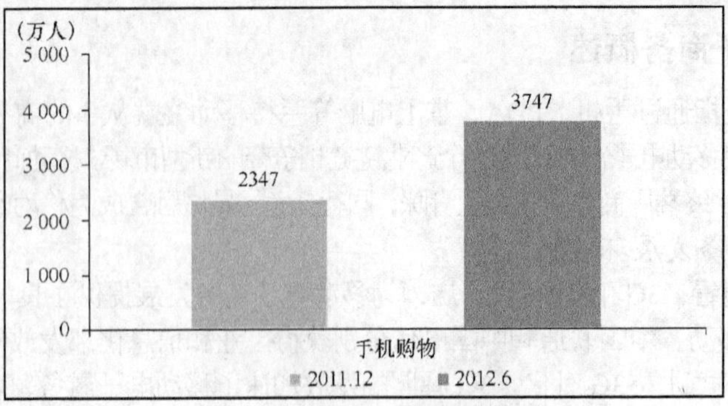

图 4-1　手机网上购物用户规模

手机购物用户规模快速增长的原因包括以下几个方面。

第一，智能手机、平板电脑等移动终端逐渐普及，为移动电子商务注入新的活力，手机购物正逐步被用户接受。中低价的智能机不断进入市场，千元智能型手机已出现百家争鸣的状况，据工信部电信研究院最新发布的数据显示，2012 年 5 月全国智能手机出货总量为 1841.3 万部，市场占有率过半，达 51.3%，智能手机逐渐走入用户的生活。与传统互联网购物相比，通过智能手机购物具有时间自由、位置不限、操作简便等特点。比如利用等车、睡前等零碎时间，用户在有 3G 或 Wi-Fi 覆盖的地方，限时抢购、秒杀商品等。

第二，传统电子商务的发展为移动电子商务的发展奠定基础。移动电子商务（M-Commerce）是由电子商务（E-Commerce）的概念衍生出来的，传统电子商务公司具备传统电子商务运营、管理经验、商品渠道、物流仓储的储备实力和良好的品牌形象等优势。传统电子商务网站逐步进军移动电子商务领域，淘宝网、京东商城、凡客、当当等多家电商针对移动电子商务争相推出塞班、安卓、iPhone 等智能手机系统的客户端，方便用户在手机上“逛街”，部分电商将手机购物业务提升到战略高度，从而推动手机购物的快速发展。另外，多途径识别技术受移动电商青睐，进一步扩展移动电子商务的“便捷”优势。2011 年，淘宝、京东、1 号店先后推出带有二维码识别能力的手机客户端。二维码应用已经推广到了机场、餐厅、公交、电影院、会议、传媒、旅游等日常生活中。

可以说，移动电子商务的发展为移动支付的发展奠定了基础。

第二节　手机银行

一、手机银行概述

手机银行是利用手机办理银行相关业务的简称，只要是通过移动通信网络将客户手机连接至银行，利用手机界面直接完成各种银行业务的服务系统都可称之为手机银行。它是继网上银行之后出现的一种新的银行服务方式，突出了手机的移动性与便携性。手机银行利用移动电话与计算机集成技术，为银行客户提供个性化、综合性的服务。伴随着中国 4G 时代的来临以及手机终端技术的不断提高，未来商业银行将围绕手机银行创新丰富多彩的增值业务。

1. 手机银行发展现状

（1）中国手机银行的现状。

1999 年，中国银行和中国移动首先推出了覆盖 26 个城市的国内最早的手机银行业务。随后，各大银行纷纷推出自己的手机银行或手机钱包，但都局限于重点城市的推广。2004 年年底，交通银行推出国内第一家采用无线上网技术连接中国移动和中国联通的手机银行。在经历技术革新和市场变迁后，各主要商业银行对手机银行实现方式的技术选择逐渐趋于一致，纷纷选择基于 WAP 模式的手机银行业务。

根据艾瑞咨询《2012—2013 年中国移动支付市场研究报告》数据显示，2012 年中国移动支付市场交易规模达 1 511.4 亿元，同比增长 89.2%。

第一，移动市场交易放量。2012 年中国移动支付市场交易规模达 1 511.4 亿元，同比增长 89.2%；预计 2016 年中国移动支付市场交易规模将突破万亿交易规模，达到 13 583.4 亿元。

第二，格局未定，远程先行。从交易规模企业份额来看，2012 年在移动互联网市场整体爆发的情况下，移动远程支付正快速进入高速成长期，短信、移动互联网、客户端等远程支付产品运营企业市场表现较好。其中，传统互联网支付企业支付宝在移动支付市场和移动互联网支付领域的市场份额分别为 31.5%和 57.9%，均占据市场第一位；联动优势、上海捷银、钱袋宝等开展移动支付业务较早的运营企业，凭借其市场先发优势亦在整体市场中占据一定位置，三者市场份额依次为 27.8%、10%、2.6%，分列第二、三、七位；中国银联借助其在传统金融体系中的领导地位和在支付领域的积极布局，亦取得较好的成绩，在移动支付市场和移动互联网支付领域的市场份额分别为 6.8%和 11.9%，分别排第四和第二位；而电信运营商受限于金融业务许可、商户拓展、资金账户以及近场支付发展缓慢等因素，移动支付发展相对靠后。如图 4-2 所示。

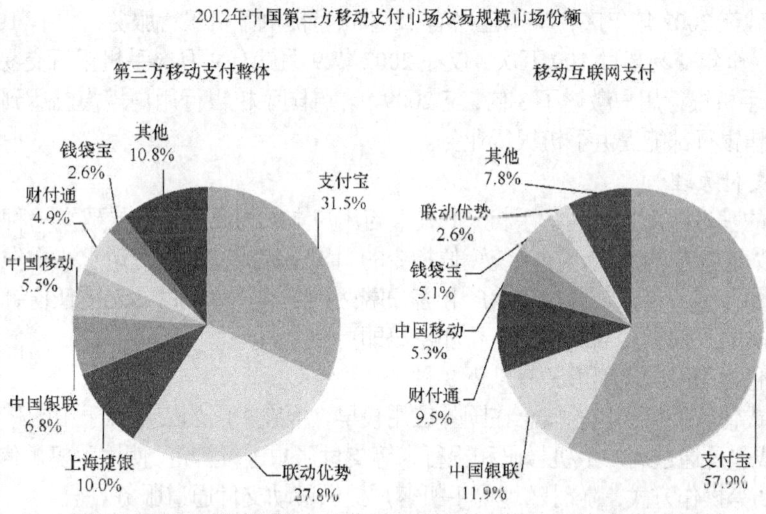

注：1.移动支付是指基于无线通信技术，通过移动终端实现的非语音方式的货币资金的转移及支付行为；移动支付市场交易规模统计包括用户购买第三方平台提供的产品和服务的行为；包括使用移动支付购买实物商品及信息化服务的支付；2.统计企业类型中不含银行，仅指规模以上非金融机构支付企业；3.统计企业移动支付交易规模仅指企业自有产品完成的交易规模，不含转接其他支付企业的移动支付交易规模；4.艾瑞根据最新掌握的市场情况，对历史数据进行修正；5.2012年中国第三方移动支付市场整体和移动互联网支付市场的交易规模分别为1511.4亿元和781.1亿元。

来源：艾瑞综合企业及专业访谈，根据艾瑞统计模型核算及预估数据。

图 4-2 2012 年中国第三方移动支付市场交易规模与市场份额

艾瑞咨询分析认为，由于移动支付结合了移动通信技术、互联网技术、电子商务技术、金融行业相关技术等，具有明显的跨行业的特点，因此行业发展处于起步阶段，尚未形成稳定的市场竞争环境。以支付宝、财付通为代表的拥有自有电商平台的在线支付企业在移动互联网的趋势下，逐步将在线支付的优势、产品形态以及用户平移至移动终端，由于技术成熟且不需要改造终端，因此短期内即可产生联动效应，获取先发优势，但长期来看，移动互联网支付排他性较弱，支付企业还需更好地结合线上与线下市场，不断创新商业模式。

（2）外国手机银行发展现状。

手机银行起源于欧洲，因为其拥有先进的电子信息技术和发达的银行业，已经建立起比较完善的手机银行业务系统，吸纳了大量银行客户，银行和通信运营商从中赚取了巨额的收益。以金融业高度发达的英国为例，世界著名商业情报公司 Datamonitor 的分析报告指出，2000 年英国手机银行用户仅有 5 万人，到了 2005 年，这一数字已经到达 620 万，年复合增长率高达 90.3%。截至 2009 年，平均年增长率仍超过 30%。英国四分之一的账户持有人使用互联网来管理自己的账户，而手机转账服务则成为最受欢迎的一项移动应用。因此，专家预测，随着技术和服务水平的不断提升，手机银行市场将超越互联网，成为账户持有人管理账户的首选。作为电子商务的重要支付手段，手机银行已在欧洲许多国家广泛应用，成为欧洲银行业新的利润增长点。

日本因先进的电子信息技术和发达的市场经济率先在亚洲推出手机银行业务，并使之成为目前该国主流支付方式之一。日本的移动终端可以直接使用 Java 和 SSL，因此最先建立了手机钱包的商业运营模式。在日本，因交易信号经过了多重加密，安全保障技术近于完美，再加上银行使用专线网，消费者对这一业务十分信赖，被视为“直接银行”之一而受到广泛的推广和应用。手机银行在日本的普及率和公众接受度比较高。现在大约有 6 000 万日本手机用户开通了电子支付功能，这个数字几乎相当于日本总人口的一半。

在韩国，手机银行业务一经推出，立即取得了突飞猛进的发展。2003 年韩国互联网报告提供的数据显示，截至 2002 年年底，韩国已经有 18 家银行提供手机银行服务，已有 100 万人开通了手机银行业务，全年交易超过 109 万次，仅在 2002 年 9 月就有 9 万次手机银行交易发生。在此后的 15 个月里，手机银行用户激增了 3 倍，至 2009 年，韩国手机银行用户规模已达到 1 115.5 万人，并且所有的零售银行都能提供手机银行业务。

2. 手机支付原理

手机支付的基本原理是将用户手机 SIM 卡与用户本人的银行卡账号建立一种一一对应的关系，用户通过发送短信的方式，在系统短信指令的引导下完成交易支付请求，操作简单，可以随时随地进行交易。用户也可以通过 WAP 和客户端两种方式进行支付，无需任何绑定，用户在短信引导下完成交易，仅需要输入银行卡号和密码即可结算。

手机支付包含的不同实现形式有以下 3 种。

（1）手机钱包。手机钱包的概念在国外应用较早，而在中国的应用源于中国移动和中国银联的合作。手机钱包是通过用户手机号码和银行卡等支付账户进行绑定，使用手机短信、语音、WAP、K-Java、USSD 等操作方式，随时随地为手机客户提供移动支付通道服务。

（2）直接手机支付。直接手机支付指利用无线射频技术，通过手机智能卡直接进行支付。这属于移动现场支付，是在购物现场选购商品或服务的方式。现场支付又分为两种：一种是利用手机通过移动通信网络与银行以及商家进行通信完成交易；另一种是只将手机作为 IC 卡的承载平台以及 POS 机通信工具来完成任务。

（3）手机银行。它是指将手机作为银行为用户提供的一种现代化银行服务渠道，通过手机界面操作或者发送短信完成各种金融服务。

手机支付无疑是未来移动电话发展的潮流之一，尤其近距离通信（NFC）作为支持该功能的主要技术之一已经开始被更多的手机厂商所关注。

二、手机银行模式

1. 手机银行模式分布

中国手机银行模式分布如图 4-3 所示。

2. 手机银行的业务模式

手机银行的业务模式大致可以分为以下两大类。

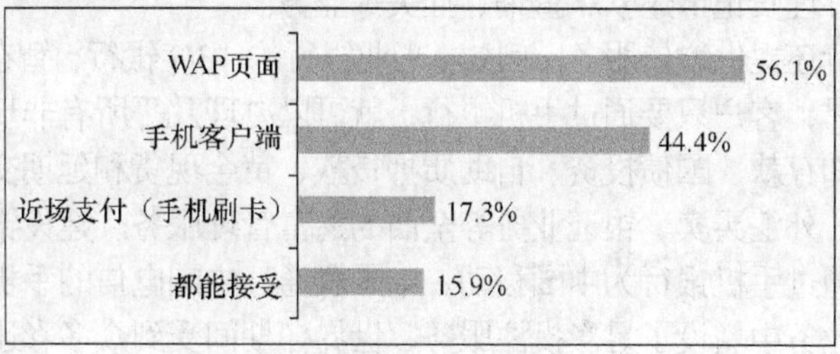

图 4-3 手机银行模式分布

（1）以银行为主导的手机银行模式。手机银行是商业银行利用移动互联网（主要是 WAP 和 3G 等通信手段）提供的一种新型金融服务。通过将手机号码与银行账户进行绑定，客户可以通过使用手机来获得各种银行服务，即银行将柜台上非现金交易和不涉及实物单证的业务从传统互联网向移动互联网终端（即手机）进行延伸。从银行角度看，移动运营商应该是商业银行开办手机银行业务的一个重要渠道，负责提供相应的技术支持和信息服务。客户通过运营商提供的渠道能够接触到各种类型的银行服务。从实现方式上看，这种手机银行业务操作可以分为以下 3 类。

第一，基于 WAP 的模式。通过手机自带或内嵌的 WAP（Wireless Application Protocol）浏览器访问银行网站，即利用手机上网处理银行业务的在线服务，客户端无需安装软件，只需手机开通 WAP 服务。这种模式兼容性很高，但受制于手机上网的速度，同时在满足客户体验方面缺乏吸引力。

第二，基于客户端的模式。这种模式是将手机银行的客户端软件安装嵌入客户手机界面，客户通过操作银行提供的客户端软件访问登录手机银行。基于客户端的模式能够为客户提供银行特色服务，有效满足客户体验需求，但是需要银行不断开发新的客户端程序来适配不同款式的手机，运行成本较高。

第三，基于短信的模式。短信模式是指银行按照客户通过手机短信发送的指令，为客户办理查询、转账、汇款、捐款、消费、缴费等业务，并将交易结果以短信方式通知客户的金融服务方式。短信方式门槛较低，但功能有限，难以实现交互业务，而且要求客户熟记各家银行的短码，多有不便。

2009 年，基于 WAP 模式的手机银行是主流，其适配性基本上能达到 80%～90%，一般手机机型都能支持 WAP 模式，兼容性最好。客户端模式因为开发、运营和维护成本过高，市场正在不断萎缩，但从客户消费需求特征和技术进步等条件看，发展空间巨大。基于短信模式的手机银行尽管在各商业银行都存在，但相对规模在不断下降。

（2）以移动运营商为主导的手机银行模式。从移动运营商角度看，凭借移动通信技术、市场网络和客户信息资源等方面的优势，移动运营商足以开展相应的手机银行业务，特别是在移动支付方面，商业银行可以成为其开展移动支付业务在金融方面的资金结算后台。这种模式由移动运营商或第三方服务商设立手机钱包，客户首先通过自助设备等渠道将资金充值到手机钱包账户，然后从该手机钱包账户进行支付。

三、手机银行功能

中国各商业银行手机银行业务的功能分为以下几种。

（1）手机与手机之间的转账。该功能使得客户无需知道收款方的银行账号，只需简单地输入收款方手机号码和转账金额，即可实现同城和异地账户之间的转账。

（2）手机跨行转账。客户可通过手机银行向全国范围内的其他商业银行进行转账，跨行转账还提供了历史收款账户保存、收款网点名称等关键字查询以及免费短信通知收款方等辅助功能，客户使用起来十分方便。

（3）手机来账查询。客户还可以查询到手机银行各账户下转入款项的来账信息，包括转账时间、付款人姓名、账号和转账金额等。

（4）为客户提供办理贷记卡还款、查询、挂失等业务。

各银行的手机银行还提供增值服务。例如，兴业银行的“3G银行，智在兴业”提供投资理财类业务和手机商城交易，客户只要通过手机银行，就可以办理几乎所有非现金业务，特别是投资理财类业务、智能通知存款、国债投资、自助质押贷款、黄金现货和延期交易、白银延期交易、基金交易、基金定投、外汇买卖、银证业务等全面的财富管理服务。建设银行推出全国手机话费充值功能，客户可以通过手机银行为中国移动、中国联通、中国电信的手机用户实时充值话费。交通银行的手机银行业务中增设了足彩投注服务，世界杯期间受到众多彩迷的欢迎。足彩投注进入手机银行便成为了“小秘书”一样的角色，手机银行不但可以让用户更方便地投注，还会帮助用户定时查看开奖公告，投注与中奖记录都会被记载下来，客户不必费心查询中奖信息。

四、手机银行技术

1. 技术分类

（1）SMS。短信服务（SMS）是一种在移动网络上传送简短信息的无线应用，是一种信息在移动网络上储存和转寄的过程。世界上第一条短信息是1992年在英国Vodafone的GSM网络上通过PC向移动电话发送成功的。与话音传输及传真一样，短信服务同为GSM数字蜂窝移动通信网络提供的主要电信业务，它通过无线控制信道进行传输，经短信息业务中心完成存储和前转功能，每个短信息的信息量限制为140个八位组。从发送方发送出来的信息（纯文本）被储存在短信息中心（SMS），然后再转发到目的用户终端。这就意味着即使接收方终端由于关机或其他原因而不能即时接收信息的时候，系统仍然可以保存信息并在稍后适当的时候重新发送。

（2）STK。STK是SIM Tool Kit的英文缩写，即“用户识别应用开发工具”。它包含一组指令用于手机与SIM卡的交互，这样可以使SIM卡运行卡内的小应用程序，实现增值服务的目的。之所以称小应用程序，是因为受SIM卡空间的限制，STK卡中的应用程序都不大，而且功能简单易用。市场提供的主流STK卡主要有16KB和32KB、64KB卡。STK卡与普通SIM卡的区别在于，在STK卡中固化了应用程序。通过软件激活提供给用户一个文字菜单界面。这个文字菜单界面允许用户通过简单的按键操作就可实现信息检索，甚至交易。STK卡可以有选择性地和PKI结合使用，是通过在卡内实现的RSA算法来进行签名验证，从而使利用手机来从事移动商务活动不再是纸上谈兵。

（3）GSM/GPRS。GPRS的英文全称为General Packet Radio Service，中文含义为通用分组无线服务，它是利用“分组交换”（Packet-Switched）的概念所发展出的一套无线传输方式。所谓的分组交换就是将数据封装成许多独立的封包，再将这些封包一个一个传送出去。GPRS是一种新的GSM数据业务，它在移动用户和数据网络之间提供一种连接，给移动用户提供高速无线IP和X.25分组数据接入服务。GPRS采用分组交换技术，它可以让多个用户共享某些固定的信道资源。

（4）WAP。WAP是无线互联网的标准，由多家大厂商合作开发，它定义了一个分层的、可扩展的体系结构，为无线互联网提供了全面的解决方案。WAP协议开发的原则之一是要独立于空中接口，所谓独立于空中接口是指WAP应用能够运行于各种无线承载网络之上，如TDMA、CDMA、GSM、GPRS、SMS等。

（5）GSM/USSD。USSD（Unstructured Supplementary Service Data）即非结构化补充数据业务，是一种基于GSM网络的新型交互式数据业务，它是在GSM的短消息系统技术基础上推出的新业务。USSD业务主要包括补充业务（如呼叫禁止、呼叫转移）和非结构补充业务（如证券交易、信息查询、移动银行业务）两类。

（6）K-JAVA。无线JAVA业务是一种新的移动数据业务的增值服务，开辟了移动互联网新的应用环境，能更好地为用户提供全新图形化、动态化的移动增值服务。用户使用支持 Java 功能的手机终端，通过 GPRS 方式接入中国移动无线 Java 服务平台，能方便地享受类似于互联网上的各种服务，如下载各种游戏、动漫画、小说等，也可进行各种在线应用，如联网游戏、收发邮件、证券炒股、信息查询等。无线 Java 业务使得手机终端的功能类似于可移动上网的个人电脑，可以充分利用用户的固定互联网使用习惯以及固定互联网应用资源，提供用户高性能，多方位的移动互联网使用体验。

（7）CDMA／BREW。QUALCOMM 从芯片出发设计了 BREW 平台。BREW 并不仅仅是为 PC 或 PDA 开发的产品的缩减版本，它比其他应用程序平台或成熟的操作系统小许多。BREW 平台位于芯片系统软件之上，启用了快速 C/C++本地应用程序，以及浏览器与基于 Java 技术和扩展的虚拟机（例如游戏引擎和音乐播放器）的简易集成。除本地 C/C++以外，BREW 还支持其他多种语言，包括 Java、可扩展标识语言（XML）、Flash 等执行环境。而且，由于它可以驻留在采用 Palm 等任何移动操作系统（OS）的智能手机上，因而可使用 BREW 发布系统（BDS）无线下载为这些 OS 编写的应用程序，并像 BREW 应用程序一样使之商品化。BREW 对基本的电话和无线网络运行提供保护。

2. 技术比较

（1）USSD/SMS／WAP 三者的异同主要表现在以下 3 个方面。

第一，尽管目前 USSD、SMS 和 WAP 都属于电路承载型的业务，但它们所使用的电路信道各不相同：通话状态下，USSD 和 SMS 使用相同的信令信道即 SDCCH，数据传输速率大约为 600bps；而非通话状态时，USSD 使用 FACCH 信令信道，数据传输速率大约为 1kbit/s，比 SMS 传输速率高。目前，用户只能在非通话状态下使用 WAP，数据通过话音信道 TCH 进行交换，其传输速率大约为 9.6kbit/s。随着 GPRS、3G 等移动通信技术的发展和成熟，WAP 将演进为分组交换型业务，其数据传输速率也将达到 115.2kbit/s（GPRS 的一般速率），甚至达到 2Mbit/s。

第二，USSD 在会话过程中一直保持无线连接，提供透明管道，不进行存储转发；而 SMS 在物理承载层没有会话通道，只是一个存储转发系统，用户完成一次查询需要进行多次会话过程。因此，USSD 每次消息发送不需要重新建立信道，就响应时间而言，USSD 比短消息的响应速度快。WAP 与 USSD 类似，交互中保持一个会话过程，但由于 WAP 服务器和互联网速度等因素的影响，其目前的响应速度比 SMS 还慢。

第三，USSD 和 WAP 都可以在服务器端对服务内容进行相应的调整，尤其是 USSD 可以在服务器端方便地修改菜单，使运营商可以迅速针对市场需求情况的变化做出反应；而以 SMS 平台为基础的 STK 卡则无法随时修改菜单选项，在业务开拓方面要稍微麻烦一些。

根据上述分析给出 SMS、USSD、WAP 三者异同点。随着 USSD 应用的进一步推广和日渐成熟，运营商可充分利用当前的 GSM 网络资源，整理建设思路，并可以将 USSD 和 SMS、WAP 等集成在一起，提供满足各种用户需求的移动数据业务。

（2）K-Java 与 BREW 也各有优劣。K-Java 和 BREW 在交互方式、交易速度、界面表达能力方面均有较强的优势，同时 BREW 在安全性上则更完善，而 K-Java 则在用户群和开发商方面更有优势。据悉，在中国移动强推“百宝箱”业务时，中国联通也即将支持 Java 业务，而高通公司业务将在 CDMA 芯片中同时支持 BREW 和 Java 平台。

3. 国内手机银行应用比较

国内一些商业银行在最近几年陆续推出了“手机银行”服务业务，使得手机不只是一个通信工具。最近随着无线通信技术的发展，手机银行也由之前单一基于 STK 的模式有所发展，出现了基于不同通信模式的应用，使手机银行的模式越来越多。下面主要对几种主要模式进行比较。

（1）基于 SMS 的银行应用。该技术是基于手机短信提供银行服务的一种新的手机银行模式，客户和银行通过手机短信交互信息。其优缺点如下。

① 技术基础成熟，几乎现有的所有手机均支持这种方式，对用户来说不需要任何设备更新。

② 成本不确定，不论交易者在何地，每次交互需 0.1 元／次。

③ 面向非连接的存储—转发方式，只能实现请求—响应的非实时业务。

④ 无法实现交互流程，不同业务需要使用不同的代码完成。

⑤ 信息量少。

（2）基于 STK 卡的手机银行。该模式是使用银行提供的 STK 卡替换客户的 SIM 卡，事先在 STK 卡中灌注银行的应用前端程序和客户基本信息，客户使用该卡完成银行业务。其优缺点如下。

① 内置银行密钥，可实现端到端的安全。

② 基于 STK 卡（解决菜单、密钥和个人信息存放），有较少支持 WAP。

③ 有特定的运营商限制（中国移动或中国联通）。

④ 有手机型号限定（主要是为了支持 STK 卡操作）。

⑤ 业务扩展较难，新增服务或客户信息变更时需要重新写卡，业务的交互流程限制在卡内，无法方便实现银行对用户调整定制的服务。

⑥ 推广成本高（STK 卡和配套设备），用户需要更换 STK 卡，或更换支持 STK 卡的手机。

⑦ 技术标准不统一，它受处理器技术发展的限制，技术发展空间小。

⑧ 32KB STK 卡的容量决定了在一张卡上只能使用一家银行的服务。

（3）WAP 模式。WAP 是全球性的工业标准，支持动态伸缩的数据装载，不受服务种类限制，联机方式，应用存在手机上，使用特定的终端设备。因终端特性和开发难度而导致目前无大规模应用。其主要优缺点概括如下。

① 面向连接的浏览器方式，可实现交互性较强业务，可实现网上银行的全部功能。

② 终端设置较复杂。

③ 客户可能需要更换终端设备。

④ 交易成本高，不适合做频繁小额支付。

（4）GSM/USSD 模式。USSD 是实时互动的全新移动增值业务平台，为最终用户提供交互式对话菜单服务，支持现有 GSM 系统网络及普通手机，提供接近 GPRS 的互动数据服务功能。其主要优缺点概括如下。

① 传输速度较 SMS 快。

② 面向连接的，提供透明的交互式会话，容易实现银行为不同客户定制的交互流程。

③ 交易成本低，可以以接近 SMS 的价格实现接近 WAP 的业务功能。

④ 手机无需作任何设置。

⑤ 相对 SMS，信息量较大。

⑥ 不支持 USSD 交互的手机，可通过类似 SMS 的功能代码方式交易。

⑦ 不是所有地区的移动服务商都支持此模式，但可以漫游。

⑧ USSD 应用接口协议是 SMPP，SMPP 是无线数据市场上使用最广泛的消息协议，SMPP 的使用为 USSD 使用现有的应用（如 SMS）提供了可能。USSD 服务器提供了对 SMPP 应用开发的一系列支持，开发包支持 Windows 和主要 UNIX 版本的 C 语言开发库。

（5）BREW／KJAVA 模式的主要优缺点概括如下。

① 图形化界面，可以和用户有良好的交流。

② 提供透明通道，实时通信，响应迅速。

③ 支持的终端较少。

④ 安全机制较完善，适合电子商务运作。

⑤ 需为不同终端编译不同的版本支持。

⑥ 功能更新需客户下载新版本。

可以看到较新的技术总是支持的终端较少，但是速率快、交互性强、安全性高。的确随着手机通信技术日新月异的发展，手机银行可以依托的手机技术也朝着客户界面日益友好、交易速度越来越快、安全性逐渐提高的方向发展。因此，建立手机银行的解决方案不应追逐或拘泥于某种接入技术、某个特定的通信服务器提供商，而应提供在提供强大的向后兼容的基础上，注重银行业务在移动通信渠道上的集成，无论接入技术如何变化，不变的是银行业务本身的逻辑。

4. 应用实例

国内也有多家银行开通了手机银行业务。其中，工商银行和招商银行的手机银行是采用 STK 方式或 SMS 方式实现的；建设银行的手机银行基于 BREW 方式实现，服务于 CDMA 手机。仅有交通银行和北京市商业银行开通了 WAP 方式的手机银行，相比之下，北京市商业银行的手机银行业务暂时仅支持移动全球通客户，且功能较少；交通银行的手机银行支持移动、联通的手机客户，实现功能较为完善。

交通银行于 2004 年年底推出国内第一家采用无线上网技术连接中国移动和中国联通的手机银行。其主要功能有：太平洋卡个人理财业务，包括太平洋卡查询业务、太平洋卡客户转账服务、太平洋卡挂失业务、手机充值业务和分行特色业务；外汇宝业务，已签约的外汇宝客户通过手机银行进行汇率查询、汇市信息查询、外汇定活期存款互转，并通过即时交易、委托、止损及双向挂单交易，实现不同交易币种之间的买卖；基金业务，通过手机银行向已签约的基金客户提供信息查询和交易等基金业务服务；金融服务，通过手机银行向客户提供外汇牌价、外汇行情、外汇咨询、外汇 K 线、环球股指、基金净值查询、股市行情等金融信息服务；卡号管理，为客户提供手机银行中常用登录账户的设定、解除及账户的别名设置等一系列个性化服务。

五、手机钱包

1. 中国移动手机钱包的概述

手机钱包是移动通信运营商和各大商业银行共同推出的一项全新的个人移动金融服务，通过把客户的手机号码与银行卡等支付账户进行绑定，使用手机短信、语音、WAP、K-Java、USSD 等操作方式，随时随地为拥有中国移动手机的客户提供移动支付渠道服务。手机支付作为移动通信和传统生活的结合，已经逐渐成为用户的“电子钱包”。

（1）中国移动手机钱包的概念。中国移动手机钱包业务是中国移动通信集团公司与银联公司共同推出的一项全新的个人移动金融服务，是将客户的手机号码与银联标识借记卡进行绑定，通过手机短信等操作方式，随时随地为拥有银联标识借记卡的中国移动手机用户提供方便的个性化金融服务和快捷的支付渠道。使用该渠道服务可完成手机缴费、手机理财、移动电子商务付费等类别个性化服务，具体包括：查缴手机话费、动感地带充值、个人账务查询、手机订报、购买数字点卡、电子邮箱付费、手机捐款、远程教育、手机投保、公共事业缴费等多项业务。

（2）中国移动手机钱包的发展经历了如下历程。

第一，中国移动 3 年寻找“手机钱包”。2000 年，中国移动开始与各家银行展开合作，通过更换手机用户的 SIM 卡向用户提供银行金融信息服务；2001 年年初，中国移动取消点对点短信月租，无需申请就能尝试使用。手机用户能通过短信收费方式来进行小额支付；2003 年 8 月，中国移动、中国银联合资成立联动优势科技有限公司。联动优势定位为专业化的移动支付服务商，旨在为中国移动用户提供手机钱包服务。联动优势的目标是运用其独创的商业模式开展移动支付业务，大力整合行业资源，建立行业客户群体，不断完善移动支付价值链构成。

第二，“手机钱包”发展驶上快车道。手机钱包在北京、天津、黑龙江、山东、湖北、上海、广东、四川、吉林、海南省等地区全面铺开，开展手机缴费、手机投保、手机投注、手机缴税、手机购物、公共事业缴费等多项移动电子商务服务。

2. 中国移动手机钱包的分析

（1）中国移动手机钱包有以下 4 个特点。

① 支付便捷：客户通过手机进行简单操作，即可完成支付流程，无时间和空间限制。

② 安全可靠：手机钱包业务在开通和交易过程中，均受到国家认证的安全保障，其中包括：充分利用主叫号码鉴别客户身份，在交易中无需客户输入银行卡号及密码从而有效保护个人信息，手机钱包密码控制交易过程从而降低手机被盗用的风险，设置消费额度限制以防范支付风险。

③ 实惠：在众多联盟商家享受折扣。

④ 时尚：全新支付体验，引领消费时尚。

（2）中国移动手机钱包的服务内容主要包括以下几个方面。

① 手机支付业务可以通过 SMS、互联网或者营业厅开通，其主要功能是进行远程支付，如网站购物、公共事业缴费，而手机钱包不仅包括了手机支付的基本账户功能，还可以进行现场支付，如超市购物、手机刷公交等，如图 4-4 所示。“手机钱包”具备了信用卡和提款卡功能，例如，购物时手机只需在终端机前晃一晃，就能签信用卡。需要现款时，只要把手机拿到提款机前，输入个人密码，就能提取现款。手机万一遗失了，用户只需报失，就能中断所有电子钱包服务。

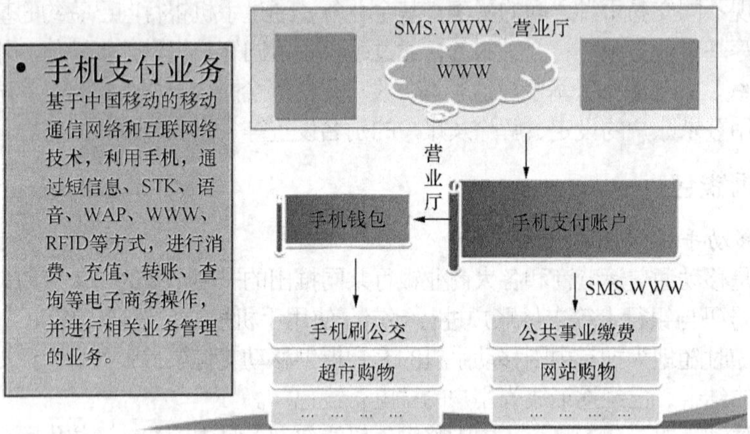

图 4-4 手机钱包服务内容图

②“手机钱包”是将手机与信用卡两大高科技产品融合起来，演变成一种最新的支付工具，为用户提供安全、便捷、时尚的支付手段。手机缴费、手机理财、移动电子商务付费等类别个性化服务，具体包括：查缴手机话费、动感地带充值、个人账务查询、手机订报、购买数字点卡、电子邮箱付费、手机捐款、远程教育、手机投保、公共事业缴费等多项业务。

③“手机钱包”业务范围还包括：缴费（包括水、电、煤气等公共事业费的缴纳、税务、交通罚款、有线电视、会员费等）、查缴手机话费、个人账务查询、手机捐款、购买彩票、付费电子邮箱、充值卡充值（如向市政一卡通等进行充值操作）、各类传统媒体的征订购买、订票（机票、火车票、演出票、电影票、各类球赛门票等）、远程教育、网上商城（包括 IP 卡、游戏卡、充值卡及各类实物商品的销售等）、自动售货机购物消费、购买保险、酒店预订、软件下载等。

（3）中国移动手机钱包的开通流程和开通方式如下。

① 中国移动手机钱包的开通流程如图 4-5 所示。

② 手机钱包开通的方式包括：营业厅和 STK 菜单两种方式（见表 4-1）。1.1 版本的手机钱包卡操作业务开通时，手机支付账户与手机钱包将同时开通；1.0 版本的手机钱包卡操作业务开通时，需先开通手机支付账户，再开通手机钱包。

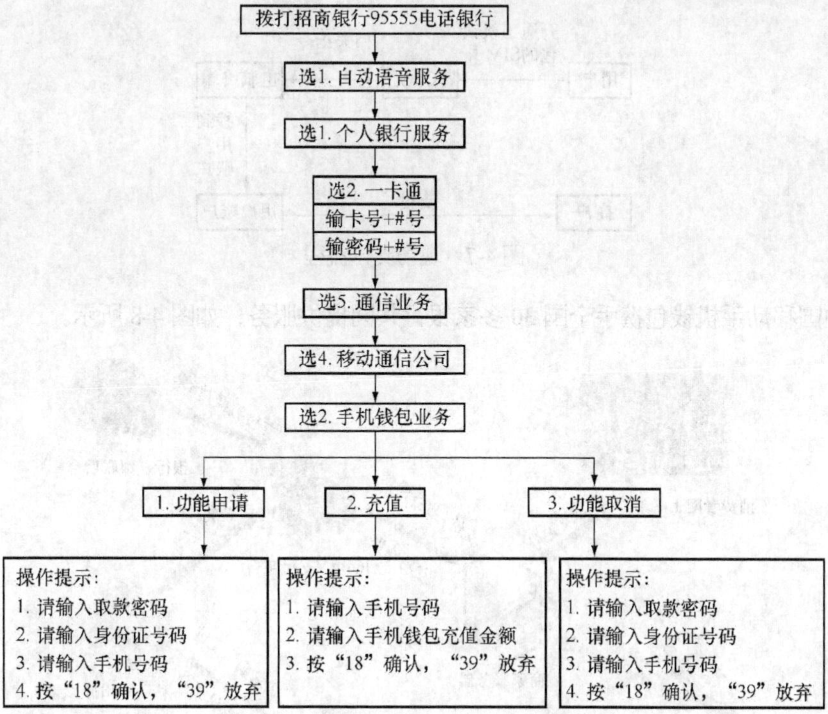

图 4-5　中国移动手机钱包的开通流程

表 4-1　手机钱包的开通方式

营业厅开户	STK 菜单开户
携带本人手机（含卡）和有效身份证件到移动营业厅更换一张支持手机钱包现场消费功能的 SIM 卡	如果用户已更换用于现场刷卡功能的 RFID-SIM 卡，可通过手机 STK 菜单，业务管理功能直接开通

（4）手机钱包的使用方式如表 4-2 所示。

表 4-2　中国移动手机钱包使用方式

短信方式	用户主动发送短信代码进行购买
WEB 方式	用户在合作商户网站输入手机号码，选择通过手机钱包方式购买
WAP 方式	用户通过手机上网，选择购买的产品，在手机当中确认支付，支付成功之后会给用户下发商品信息

（5）中国移动手机钱包的支付流程包括远程支付和近端支付。

① 远程支付流程如图 4-6 所示。

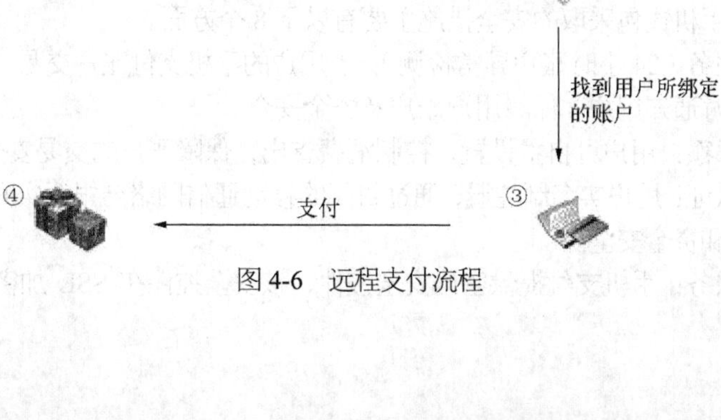

图 4-6　远程支付流程

② 现场支付流程如图 4-7 所示。

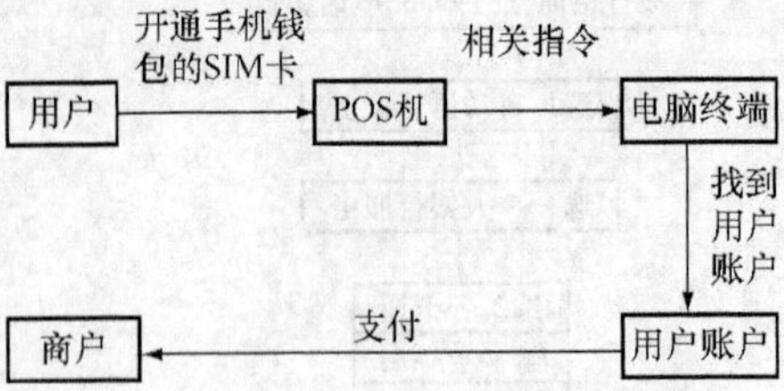

图 4-7　现场支付流程

（6）中国移动手机钱包携手全国 30 多家银行共同提供服务，如图 4-8 所示。

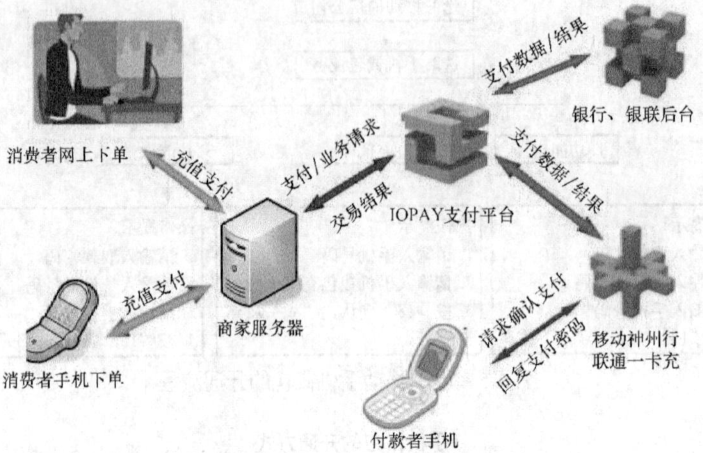

图 4-8　中国移动手机钱包短信支付流程

（7）中国移动手机钱包的安全性问题有以下 3 个方面。

① 交易安全性：按照“手机钱包”的业务流程，用户需输入银行签约密码，经确认无误后，购物款项便从个人账户中扣除。由于是通过无线方式传输，加密手段相对简单，一旦被破解，造成的损失将无法挽回。

② 病毒危害：计算机网络安全防护手段不完全适用于无线设备，因为无线设备仍然缺乏足够的内存和运算能力来运行大多数病毒扫描程序。最典型的是目前还没有一款有效对抗手机病毒的防病毒软件。黑客通过脚本语言编写的手机病毒程序，可以拨打电话簿里的每个人，从而将病毒传播到那些电话中。

③ 手机丢失风险：由于手机很小巧，如果丢失或者被窃走，别人就可以访问移动设备上极有价值的数据和数字机密，一旦攻破电子银行密码设置，就会随意支配用户信用卡上的资金，给用户造成巨大经济损失。

手机钱包业务为中国移动核心系统与中国银联系统进行的直接连接，具有双重加密功能，有高度的安全性和可靠性。

（8）中国移动手机钱包采取的安全措施主要有以下 8 个方面。

① 短信通知服务（24 小时账户异常检测）：当用户的手机支付账户交易、资金变动时，手机支付平台将短信即时通知用户，保障用户账户及资金安全。

② 控制消费限额：用户可自主设置，控制消费支出，保障账户的交易安全。

③ 实名信息认证：用户实名制注册，通过封闭的移动通信网络与银行实时交互，进行数据加密传输，确保交易和资金安全。

④ 数字证书服务：手机支付提供密码安全控件，该安全控件在 SSL 加密传输基础上对用户

的关键信息进行再次的复杂加密，可以有效防止账号密码被木马程序或病毒窃取。

⑤ 安全控件下载：专业的风险监控体系实时监控交易，全天候异常操作检测保护用户的账户，防止发送未经授权的操作。高效规避了支付过程中的操作风险，为用户保驾护航。

⑥ 多层密码体制：采用登录密码与支付密码相分离的多层密码体制，为用户的账户安全提供双保险。

⑦ 设置密保问题：通过密保问题的设置，为用户的密码添加多重保险，保障用户的账户安全。

⑧ 设置密保手机：密保手机是手机支付业务特有的安全产品，在密码或账户信息遗失的情况下，为用户提供密码找回的渠道。用户可以通过绑定除本机以外的第三方手机号码（用户的另一台手机，家人或朋友的手机号码）作为用户的密保手机，确保交易安全。

中国已经成为世界上最大的移动市场，根据 iResearch 艾瑞咨询的统计数据显示，2013 年第一季度中国第三方移动支付市场交易规模达 646.1 亿元。其中，移动互联网支付占比最高，为 69.2%；其次为短信支付，占比 28.1%；近端支付仅占 2.7%。如图 4-9 所示。

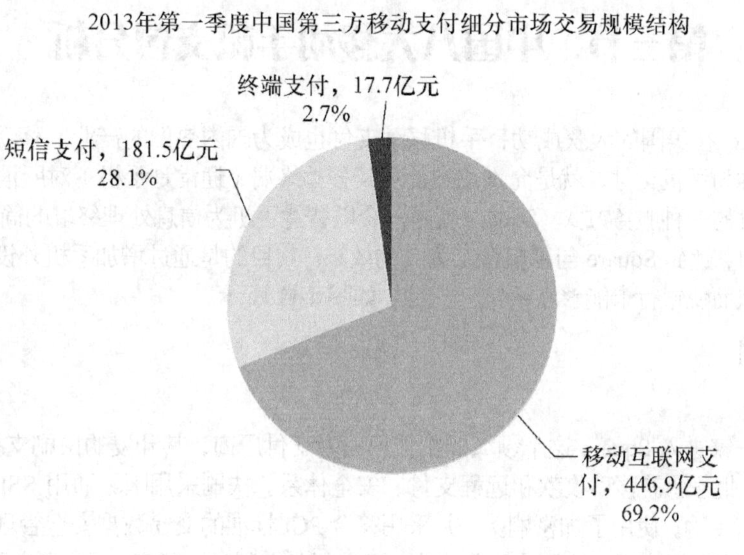

注：1.移动支付是指基于无线通信技术，通过移动终端实现的非语音方式的货币资金的转移及支付行为；移动支付市场交易规模统计包括用户购买第三方平台提供的产品和服务的行为；包括使用移动支付购买实物商品及信息化服务的支付；2.统计企业类型中不含银行，仅指规模以上非金融机构支付企业；3.统计企业移动支付交易规模仅指企业自有产品完成的交易规模，不含转接其他支付企业的移动支付交易规模；4.艾瑞根据最新掌握的市场情况，对历史数据进行修正；5.2013年第一季度中国第三方移动支付市场整体交易规模为646.1亿元。
来源：艾瑞综合企业及专业访谈，根据艾瑞统计模型核算及预估数据。

2013.05iResearch Inc www.iresearch.com.cn

图 4-9 中国第三方移动支付市场交易规模

艾瑞咨询分析认为，当前我国移动远程互联网支付进入高速增长阶段，主要源于在移动通信技术、金融技术创新需求的推动下，中国移动互联网经济、移动电子商务以及 O2O 电子商务呈现迅猛发展势态，从而带动以应用内支付、移动客户端支付等移动远程互联网支付交易规模飞速增长。而由于非接近端支付的应用场景、应用内容等基础条件尚不成熟，因此市场放量尚待时日。

（9）手机支付消费状况如图 4-10 所示。

从图中可以看出，公共事业缴费为消费者最易接受的支付方式，占 13.9%的份额。国内众多第三方支付企业以及运营商都在加紧布局手机移动支付应用。如今，通过手机支付完成消费正逐渐成为人们的习惯，其中增长潜力最大的，就在于手机银行业务的使用。手机支付这一新兴的购物模式不仅是网络购物的延伸，更成为都市年轻人群快节奏生活方式的象征之一。

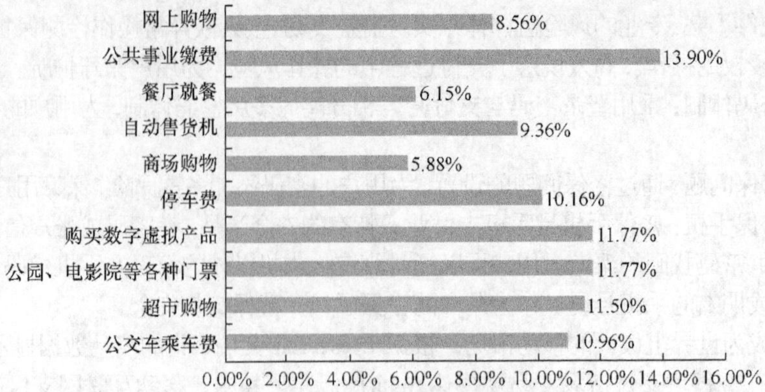

图 4-10　手机支付消费状况

第三节　中国八大移动手机支付分析

随着 Square 在美国的大获成功，手机移动支付也成为国内热门的产业。移动支付（Mobile Payment），也称为手机支付，就是允许用户使用其移动终端（通常是手机）对所消费的商品或服务进行账务支付的一种服务方式。Square 就是一个以智能手机为信息处理终端的简易 POS 机，外设插入音频接口，达到 Square 与手机合二为一的效果。其目的是通过增加手机外设，并开发手机安全支付应用从而使银行卡能够在手机上支付。如图 4-11 所示。

一、快刷

1. 概况

快钱是第一家进入 Square 这个领域的主流第三方支付厂商，其开发的快刷支持平台是 IOS、Android 系统，业务涵盖移动收款和远程支付、安全体系。快刷采用国际通用 SSL 或 SET 及数字证书进行加密传输，使用了加密刷头，并采用符合 PCI 标准的交易数据安全管理措施，磁道信息及数据传输全程协议加密。快刷由手机供电，通过行业定制方式售卖。用户群主要为中小商家。其购买渠道是通过与各大商家合作，以行业定制的方式售卖，覆盖保险、物流、零售等行业。已有友邦、阳光、天安、安华等 4 家保险公司与快钱公司签约合作。快刷的产品定向是“移动 POS 机”，为赢得顾客对产品的信任，独创了“卡密分离”，更能切实保障持卡人的支付安全。如图 4-12 所示。

图 4-11　Square 与手机合二为一

图 4-12　快刷

2. 流程

快刷的主要运作流程是：持卡人刷卡后，快刷会针对有银行密码的卡，自动开启 IVR 外呼，持卡人可根据系统提示音输入密码。顾客在商家手机上刷卡，在自己手机上输密码，做到“卡密分离”的安全保障。

二、乐刷

1. 概况

乐刷的支持平台是 Android1.5 以上 ROM 版本，支持 IOS3.0 以上系统（iPad 版本开发进行中），Symbian（此版本正在开发中）。其业务涵盖手机充值、财付通充值、游戏充值、电影票购买。采用国际通用的 SSL 或 SET 及数字证书进行加密传输。主要面向个人支付的用户。其概况及外型如图 4-13 和图 4-14 所示。

图 4-13　乐刷概况

图 4-14　乐刷外型

2. 不足之处

通过实际的应用，发现乐刷有以下不足之处。第一，刷卡识别成功率不高，往往需要多次刷卡。第二，手机充值到账时间有延迟。第三，卡号识别有错误的现象。

三、盒子支付

1. 概况

图 4-15 盒子支付

盒子支付支持 IOS 系统下的 iPhone / iPod touch / iPad，各品牌的 Android 系统设备，即将支持 Windows Phone 系统及 Blackberry 系统。其业务涵盖余额查询、信用卡还款、银行卡转账、话费充值、彩票购买、游戏充值、水费缴纳、机票订购、PC 刷卡消费、电费缴纳、电影票订购、电子商务、煤气费缴纳等。安全体系为硬件加密，主要用于个人支付和中小商户服务。其外型如图 4-15 所示。

2. 特点

盒子支付主要有以下 8 个方面的特点。

（1）金融级硬件加密。金融级硬件加密，物理密码键盘，专线接入，一机一密、一卡一密、一次一密保障每一笔交易安全。

（2）易申请，快速开通。1 分钟申请，24 小时审核开通，无需固网电话，无需安装布放。

（3）T+1 到账，快速回款。权威金融合作伙伴保障资金安全，T+1 快速回款，稳定及时，高效率的使用资金。

（4）最经济实惠的 POS 机。装机成本较传统 POS 机节省 90%，无开户费，无押金，一次收费终身保修包换。

（5）贴心的增值服务，助推商户发展。提供商户会员关系管理、消费数据分析等众多增值服务以改善客户关系、提升客户满意度、增加盈利。免费享受余额查询等便民服务。

（6）刷卡收单。钱盒商户通不仅能刷 POS 机收款，还能缴水电、费充话费、在网上刷卡购物。

（7）操作简单方便。三步收款、交易云管理、数字签购单、免费增值。

（8）便捷安全。盒子支付全球首创基于音频口的双向认证，硬件金融级加密技术，并且采用公网中建立专线的防黑客技术确保卡片的敏感信息安全采集传输。盒子支付严格执行银联标准和安全规范。

四、立方宝

立方宝支持 IOS，Android，Win7 等平台，通过音频接口与智能设备连接（IOS，Android，Win7），内置智能安全芯片及 NFC 卡，包含如下功能。

（1）音频盾：提供设备持有人身份认证和电子签单功能，提供数据加解密、签名验签和数据安全读写功能。

（2）NFC 卡：CubePass 本身就是一张标准的符合 ISO14443 Type A 的 NFC 非接触卡，可内置人民银行 PBOC2.0 标准电子钱包及符合建设部标准的公交卡，设备通过手机客户端驱动与智能手机应用进行交互，可以简化用户登录及支付流程、提升交易安全，可实时在线查询、圈存及管理钱包额度。

（3）磁条卡处理：CubePOS 可准确读取符合 GB/T 15120 标准的磁条卡磁道信息，并通过硬件进行解码加密，磁条及密码信息传输通过非对称体系加密，支持双向刷卡设备除 CubePass 的优势以外，与手机客户端软件结合，可以简化用户信用卡手机支付的流程，提升卡支付安全等级，降低支付风险。

（4）立方宝产品 CubePass 及 CubePOS 基于非对称加密体系（PKI），所选取芯片经过人民银行 PBOC2.0 标准认证。除硬件设备以外，体系还包括驱动软件、发卡系统、认证系统及应用前置机。

五、钱袋宝

钱袋宝支持 IOS 和 Android 版本，即将推出 Symbian、Windows Phone 等操作系统的版本，其涵盖业务有免费查询账户余额、资金归集、转账汇款、手机充值、游戏点卡、网购支付（无须网银）、钱袋宝 WAP 商场、电影票购买。即将推出信用卡还款、机票购买、火车票购买、彩票购买、水电煤缴费、我要付款业务，其用户群主要为个人。

图 4-16　钱袋宝大精灵 POS 产品

钱袋宝还推出了专门针对手机平台开发的创新手机支付产品——“钱袋宝大精灵”。钱袋宝大精灵是一款适用于苹果 iOS 和谷歌 Android 的电话 POS 产品。如图 4-16 所示。

“钱袋宝大精灵”可以一站式完成转账、信用卡还款、话费充值、游戏充值、水电煤生活缴费等常规个人金融服务。商户只需在智能手机上安装钱袋宝应用，打开该应用，通过音频口连接线与钱袋宝大精灵刷卡器连接，输入金额并刷卡，之后输入密码、签名，即可完成支付，过程相当便捷。其设计标准参考 POS 机相关规范，内置金融级安全芯片，可同时受理磁条卡和芯片卡，采取多重加密措施。同时，该产品还创新地添加了 LBS 功能，可以借助互联网和无线网络对交易地点进行精准定位，使得商户可以清晰获取每笔交易的时间、地点等信息，为收付款安全再加上一层筹码。

凡是用钱袋宝大精灵的商户管理者，可以通过钱袋宝云管理平台在店面以外的任何地方查询每日交易流水、资金统计报告、客户 CRM 信息等。此外，钱袋宝还会定期为商户提供专业的交易数据分析，以便于用户更好地进行财务管理和 O2O 营销。

钱袋宝还支持近场手机刷卡。用户可以利用手机网络，把自己银行卡账号里的钱充值到这个电子钱包里，就可以随时随地地实现刷卡消费。普通的手机刷卡器需要手机、银行卡和手机刷卡器 3 个同时作用的情况下方能完成支付，钱袋宝则只需手机和手机刷卡器，省略了携带银行卡的麻烦。

六、拉卡拉

拉卡拉支持 iPhone、HTC、小米等各类主流手机以及 Pad 产品。（IOS 和 Android），其业务涵盖信用卡还款、余额查询、转账汇款（银行账户汇款和手机号汇款）、手机充值、账单号汇款、支付宝交易号付款、支付宝充值码、财付通账户充值、游戏充值卡、账户直充、公益捐款、交易查询、开通手机号收款、提醒服务、网点查询、在线支付类业务，如彩票、商城、积分、团购、票务等，其主要面向个人及商户。

七、刷宝

1. 概况

刷宝支持 Android 1.5 以上版本、IOS 3.0 以上版本、symbian（此版本近期即将开通），其业务涵盖手机充值、无须网银、财付通充值、游戏充值、Q 币充值、电影票购买等。采用国际通用 SSL 或 SET 及数字证书进行加密传输。主要面向个人用户。

2. 功能

刷宝是一款移动手机刷卡支付产品，由刷宝刷卡器和手机 APP 软件两部分构成。用户可通过手机刷卡器和刷宝 APP 进行移动刷卡支付，无需开通网银及第三方支付平台账户，可随时随地实现个人手机移动刷卡支付业务。不仅到账快，而且使用安全。刷宝手机移动支付平台与招商银行、建设银行等众多银行及支付宝、财付通等大型网上支付平台合作，采用国际通用 SSL 或 SET 及数字证书进行加密传输，并且各大银行为网上支付提供全面的支持与保护，使用安全可靠。

3. 合作平台

刷宝支持的银行借记卡有：工商银行、建设银行、招商银行、交通银行、中信银行。信用卡有：工商银行、建设银行、招商银行等。

4. 传输技术

刷宝移动支付平台采用国际通用 SSL 或 SET 及数字证书进行加密传输，并且各大银行为网上支付提供全面的支持与保护，使用安全可靠。

5. 刷宝使用方法

第一，在手机端安装并启动“刷宝应用程序”；第二，进入刷卡界面；第三，将刷卡器插入手机耳机口，并确保正面面向使用者；第四，银行卡磁条向下，卡正面与刷卡器保持一致；第五，左手稳住刷卡器，右手快速刷卡；第六，刷卡成功。

6. 刷宝移动刷卡器介绍

（1）产品介绍。刷宝刷卡器是个人手机刷卡支付工具。只要拥有一张刷宝支持的银行卡、一个刷卡器、一个装有刷宝客户端软件的智能手机，即可体验这种全新的手机支付方式。该产品充分发挥软件和硬件的集成支付优势，总体定位为“个人移动生活服务平台”。

（2）产品功能。智能手机用户无需开通网银、无需开通手机银行，即可享受财付通充值、支付宝充值、手机话费充值、Q 币充值、300 余款游戏充值、订单支付、信用卡还款、购买优惠电影票等便捷应用服务。即将开通功能有：机票预定、火车票预定、酒店预定、精品团购、手机网购、彩票投注、在线租车、代缴违章罚款等功能。

八、我刷

“我刷”是国内首家实现大规模商用的新型移动支付产品。如图 4-17 所示。

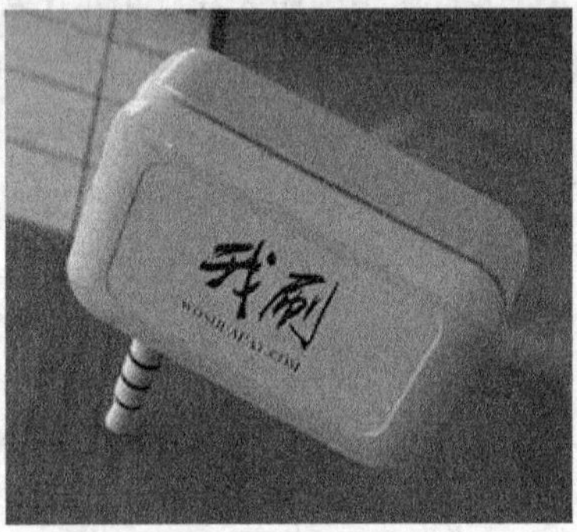

图 4-17　我刷外型

（1）支持平台方面，基本上是 IOS 和 Android 两个热门平台。

（2）业务范围方面，几乎所有的手机刷卡器都支持手机充值、游戏充值、Q 币充值等各类小额充值。手机刷卡器为每张银行卡都开通“网银”，可以实现信用卡还款、余额查询、转账汇款等一些与银行挂钩的业务。手续费每次按交易金额的 1%（最低 2 元）收取。

（3）安全体系：大致可分为硬件加密和通过 SSL 或 SET 及数字证书进行加密传输两种。硬件加密是通过专用加密芯片或独立的处理芯片等实现密码运算。易与招商银行、建设银行等众多银行及支付宝、财付通等大型网上支付平台合作时进行无缝对接。

（4）供电源方面，可分为手机供电和手机刷卡器自身供电两种。有源手机刷卡器稳定，较少受手机电流的影响，刷卡识别率相对更高；而无源手机刷卡器，受手机影响大，刷卡识别率不高，常需多次刷卡方能识别。但是有源会比无源价格更高，选择有源还是无源还是值得考虑对比的。

【本章关键词】

移动电子商务 手机银行 手机支付 手机钱包

【本章思考题】

1. 举例分析手机支付的基本原理。
2. 举例分析手机电子钱包的特点、内容和流程。
3. 简述移动电子商务的发展现状与趋势。

第五章

网上电子支付工具

教学要求

1. 熟悉电子支付工具的类型与系统特点
2. 掌握电子支付工具与系统的性能与优缺点
3. 了解电子支付工具与系统的发展现状

引导案例

智能卡应用系统技术方案

智能卡系统方案采用当今最先进的非接触式 IC 卡作为信息载体，读卡距离可达 20 厘米。在读卡范围内只需轻轻一晃卡，瞬间就可完成数据交换，省去了插卡或刷卡的繁琐，方便、快捷；采用成熟的技术和产品，可靠性强；可以一卡多用，实用性强；卡和读卡机没有物理接触，故障率低；采用 Windows 操作界面，日常管理操作简便；采用数据加密技术，安全性能高。

非接触式智能卡又称射频卡，它将芯片和天线完全封装在卡片内部，卡的表面没有触点，通过电磁感应方式与读写器进行通信。与接触式智能卡相比较，非接触式卡具有以下优点。

（1）可靠性高：非接触式卡表面无裸露的芯片，避免了芯片因接触造成物理损坏，且便于卡片的印刷。

（2）操作方便、快捷：读写器在一定距离范围内可以从任意方向对卡片操作，配置灵活多样。读写器可以同时处理多张智能卡。

（3）加密性能好：非接触式卡在处理前要与读与器进行三次相互认证，而且在通信过程中所有的数据都加密。

非接触式智能卡是目前国际智能卡的前沿技术，目前非接触式智能卡根据卡中的集成电路不同可大体分为逻辑加密卡和 CPU 卡。由于 CPU 卡比逻辑电路加密卡安全性更高，卡片内文件管理更有效，实现各种功能的方式更灵活，因此，非接触式逻辑加密卡符合 TYPE A 标准占据绝大多数市场，非接触式 CPU 卡一般采用 TYPE B 标准。

综合 IC 卡管理系统包括智能停车场管理系统、IC 卡门禁管理系统、IC 卡考勤管理系统、IC 卡餐厅消费系统等子系统。各子系统有各自的数据区和保密码及相应的管理软件，可以独立统计和核算。同时又和大厦的其他管理系统相联系，如停车场智能管理子系统有自己的收费管理站，属于停车场综合管理系统，又可通过网络与财务处交换数据；又如 IC 卡门禁管理系统，它既是综合 IC 卡管理系统的组成部分，又属于保安监控系统，它有自己独立的安全管理方式。这样各系统分工负责，既集中又灵活，极大地提高了大厦综合智能化的水平和管理的效率，实现大厦运营最大效益。

案例分析

智能卡是信用卡的典型，智能卡将现有的在工业上已经应用的科技体现在该应用系统内。系统联网采用现有通用的方法，从而达到一个完全开放式的系统，就是因为采用工业等方面的技术及设备，智能化管理系统不单可以应用在智能保安系统上更能接到其他网络系统，达到统一的管理。有了这样一套系统，所有弱电设备都可以通过一个操作系统及其多个终端去控制，从而可以减轻管理人员的负担。除此以外，管理人员还可以通过简单而统一的操作平台，利用其直观的图形界面操作所有智能保安系统，省却了需要对管理人员进行多个系统的复杂培训，减少了资金投资。

该案例说明将来智能卡功能拓展与支付工具的创新方向。

随着计算机技术的发展，电子支付的工具越来越多。这些支付工具可以分为三大类。第一类是电子现金类；第二类是电子信用卡类，包括智能卡、借记卡、电话卡等；第三类是电子支票类，如电子支票、电子汇款（EFT）、电子划款和电子商业票据等。前两类是 B2C 支付工具，后一类是 B2B 支付工具。这些支付方式各有自己的特点和运作模式，适用于不同的交易过程。这里主要介绍信用卡类、电子现金、电子支票和电子商业票据。关于跨国支付将介绍国际汇兑系统。

第一节　B2C 支付工具

一、信用卡类

（一）信用卡付款系统

信用卡型电子货币是电子支付中最常用的工具，信用卡可在商场、饭店、车站等许多场所使用。可采用刷卡记账、POS 结账、ATM 提取现金等方式进行支付。

信用卡（包括现金卡、记账卡、购物卡、支票卡等）的起源可追溯到 19 世纪 80 年代，当时只是作为商店进行赊销的购物凭证。现代信用卡兴起于 20 世纪 50 年代，随着经济发展和现代科技水平的提高，信用卡不断向高效能方向发展，使用范围不断扩大并冲破了国界，运用形式逐渐趋向现代化。世界上最早的信用卡是美国富兰克林国民银行于 1952 年发行的信用卡。此后，美洲银行从 1958 年开始发行“美洲信用卡”，并吸收中小银行参加联营，发展成为今天的维萨集团。美国西部各州银行组成联合银行卡协会，于 1966 年发行“万事达信用卡”，发展成为今天的万事达集团。中国首张信用卡是 1985 年出现的珠江卡（中国银行珠江分行发行）。1986 年，中国银行北京分行开始发行“长城信用卡”，随后，中国工商银行、中国建设银行、中国农业银行等也发行了自己的信用卡。

根据中国人民银行数据显示，2008 年信用卡发卡量同比增长曾高达 57.7%，此后信用卡发卡量增速下滑，2009 年、2010 年、2011 年发卡量增速分别为 30.4%、23.1%和 24.3%。2012 年信用卡发卡增幅又进一步放缓。中国人民银行《2012 年支付体系运行总体情况》显示，2012 年信用卡累计发卡量为 3.3 亿张，较上年年末增长 16%，增速放缓 8.3 个百分点。

当前，信用卡型电子货币在全球范围内尤其是发达国家已形成一定规模。作为电子货币载体的信用卡，也逐步向高层次演变，从只能读写的磁卡，向装有集成电路、具有逻辑运算功能、可脱机运行的智能卡（IC Card）转化。随着 ATM 和 POS 的广泛分布，商业卡和银行卡将合而为一，电子货币的功能将大大地扩展。如法国的 IC 卡，被广泛地用于记载持卡人的信息资料、充当个人身份证、医疗证、运输通行证、执照、办公设备使用卡，而且可用于保险、维修、通信领域，至于在特约商号采购、赊销或是从银行提现、转账、透支、查询等，更是它的基本功能了。

1. 信用卡付款系统的优点

信用卡付款系统与其他形式的付款相比，具有以下优点。

（1）信用卡被广泛发行，使用简单，而且信用卡被全世界所接受。

（2）信用卡系统提供了良好的消费者保护，因为用户有权在一定时间范围内退货并拒绝支付费用，这些费用不是直接从用户账户中支取的。

（3）信用卡不一定是本国货币。无论客户在哪里购买商品，都会为顾客自动完成货币兑换。

（4）在因特网上使用信用卡的机制简单易学，几乎每个人都能够在几秒钟之内学会如何使用。用户浏览一个因特网站点，在决定了他们所需要的服务或商品后，将他们的信用卡信息输入并发送到该因特网站点（在那里，这些信息要么被收集起来并每天向银行发送一次，要么因特网站点的所有者与银行建立起一个直接链接），由此，如果用户有足够的存款支付所选的商品，就可以即时结账。

2. 信用卡付款系统中的4个角色

在信用卡付款系统中有4个角色：顾客、贸易商、发行器和捕获器。为了使用一张信用卡，顾客和贸易商必须与捕获器相应的发行器建立联系。发行器发给顾客一张信用卡，贸易商向捕获器请求能接受一个或多个信用卡品种的能力。顾客到贸易商那里购买商品或服务，并将他们的信用卡呈现给贸易商。贸易商把信用卡信息发送给捕获器来验证信用卡的合法性。然后，请求就会通过金融网络传输到顾客所在的银行，银行验证发送过来的信息，并通过捕获器向贸易商返回授权。

3. 信用卡付款系统的标准

为了保证信用卡付款的安全，在过去的几年中已经建立起了两个标准：安全套接层（Secure Sockets Layer，简称SSL）标准和安全电子交易（Secure Electronic Transaction，简称SET）（http://www.setco.com/）标准。SSL与SET之间的区别是很明显的。SSL只加密Web浏览器和Web服务器（顾客的计算机和贸易商的计算机）之间的通信；而SET提供了一个完全的付款安全解决方案，这个方案不仅包括顾客和贸易商，而且还包括信用卡付款所需的银行。

4. SET支付体系

SET支付体系由支付网关和与之相连的银行系统、电子柜员机、用户端电子钱包构成。

（1）SET 支付网关。支付网关连接银行内部网络中的收单行（商家的金融机构，保证商家能接受一种支付卡品牌并将获得的支付转移给商家）。发卡行（客户的金融机构，给客户提供支付卡，给商家提供支付）通过银行内部网络或其他交流渠道与收单行通信，不需要用SET协议来实现。

支付网关需要接收和确认商家从持卡人处收到的支付信息，它首先要通过收单行与发卡行通信进行申请和接受授权，然后将授权转发给商家从而让商家完成定单，最后接收从发卡银行得到付款并将其转移给商家。基本的支付网关为从卡处理系统返回的信息（如ISO 8583）和发往卡处理系统的信息（SET）提供了通信和协议转换能力，并执行所有的SET密码功能。

支付网关起到了一种连接作用，将用于持卡人和商家之间交换信息的开放网络（如互联网）与传统的封闭网络和金融机构互相通信的其他方法连接起来。一个SET支付网关能支持多银行系统，即一个支付网关可供多个银行系统使用，处理多种银行系统内部通信协议。

中国电子商务体系SET支付网关应该统一规划、统一建设，避免重复建设的情况发生。对于内部已联网的金融系统，支付网关只需连到该系统总部或省级单位，该系统其他分支可直接使用这一支付网关；对于内部没有联网的金融系统，支付网关可与该金融机构的每一分支部门专线相连，一旦该机构实现联网就拆除专线，利用其自身网络优势；对于发展较快，业务需求量大的省份，可在本省先行建立支付网关，处理其电子商务交易的支付问题，一旦其金融机构联网则按全网电子商务支付统一规划使用支付网关。

（2）电子柜员机。电子柜员机是在线商家的支付服务器，它必须能处理持卡人的申请并和收单行（通过支付网关）进行通信，发送和接收加密信息，存储签名密钥和用于交换密钥的密钥，申请和接受认证，与数据库进行通信以便存储和填写定单及保留和处理记录。由于客户端软件使用双重签名技术分别对购买信息和支付信息进行加密，所以电子柜员机只能看到用户的购买信息，而支付信息则完整地转发给支付网关。

（3）持卡人电子钱包。持卡人使用的软件叫做“电子钱包”应用系统，它能完成 SET 交易所需要的功能：第一，能够发送和接收信息；第二，能够加密和解密；第三，能够存储共用和私用的签名钥匙；第四，能够用于钥匙交换的钥匙；第五，能够申请、接受和保存证书，并且能够进行交易记录。

为了在互联网上进行实际的交易，软件还必须能与 Web 浏览器进行通信，或者作为内置程序或者作为帮助程序执行。

5. 信用卡付款系统中的第三方

改善信用卡事务处理安全性的一个途径就是在买方和卖方之间启用第三方代理，目的是使卖方看不到买方信用卡信息，避免信用卡信息在网上多次公开传输而导致的信用卡信息被窃取。

（二）第三方代理人支付方式

1. 第三方代理人支付方式的原理

第三方代理人支付方式的原理是：买方在线或离线在第三方代理人处开账号，第三方代理人持有买方信用卡号和账号；买方用账号从卖方在线订货，即将账号传送给卖方；卖方将买方账号提供给第三方代理人，第三方代理人验证账号信息，将验证信息返回给卖方；卖方确定接收订货。

2. 第三方代理人服务的特点

第三方代理人服务的特点是：支付是通过双方都信任的第三方完成的；信用卡信息不在开放的网络上多次传送，买方有可能离线在第三方开设账号，这样买方没有信用卡信息被盗窃的风险；卖方信任第三方，因此卖方也没有风险；买卖双方预先获得第三方的某种协议，即买方在第三方处开设账号，卖方成为第三方的特约商户。

3. 利用第三方处理器在线付款程序和多家付款系统

（1）First Virtual

First Virtual 产生于 1994 年，它是唯一的没有使用加密技术的安全的在线付款系统。First Virtual 系统的安全性是通过向顾客要求一个确认电子邮件来得以保证的。如果顾客不能在给定的时间范围内用某种代码应答，则定单不会被执行。为了防止对信用卡信息的探测，被交换的不是信用卡信息，而是特殊的标识符。信用卡需要在 First Virtual 服务器上存储一次，并且给信用卡号码分配一个虚拟的个人识别号（Virtual PIN），它可用于交易处理。用户需要呼叫 First Virtual 并将信用卡号码告诉它们。该信息决不会经过因特网发送。First Virtual 用金融网启动该付款交易。

First Virtual 公司提供第三方代理服务解决方案。在交易进行前，商家和客户都要用 First Virtual（FV）注册。客户在用 FV 注册时，产生一短语，并在因特网页面上填上其信用卡细目和 E-mail 地址，再通过网络传递给 FV。FV 给收到的短语加上一后缀，形成一新短语，称为 Virtual PIN，再发送给用户。下一步，用户通过电话向 FV 提供其信用卡号码。这样，FV 就可建立起 Virtual PIN 和用户信用卡之间的联系，而无需再使用用户的信用卡号码。商家也需经过类似的注册程序，把他的开户银行细目传送给 FV，并从 FV 收到 Virtual PIN。发送银行细目的正常方法是发送由商家根据其在银行的账目而开出的支票。FV 从支票中取出所有的账目识别信息。商家完成注册后，可要求 FV 处理已注册的 FV 客户的业务，并要求 FV 在扣除每宗业务的收费后，使用传统的银行自动清算所（ACH）服务，给商家在银行的账户入账。

FV 系统的主要优点是简单，系统运作当中简单的信息交换意味着在前端不需要特定的软件，且后端的软件也不复杂。该系统对于只有有限营业额的商家极具吸引力。系统的主要缺点是商家或客户在使用 FV 系统前，必须事先注册；而且商家必须有银行账号，客户必须有信用卡。

（2）CyberCash

CyberCash 解决方案与 SSL 和 SET 一样，对信用卡详细信息进行加密，但过程略有不同。信用卡信息由顾客发送到贸易商，而且这些信息是以贸易商不能解密的形式进行加密处理的。贸易商将这些信息以及顾客定单金额传输到 CyberCash 服务器。CyberCash 服务器在金融网络中启动付款。

CyberCash 提供两种解决方案。

第一种是 CyberCash 的第三方代理人的解决方案。根据此方案，买方必须首先下载 CyberCash 软件，即“钱夹”。钱夹里面包括信用卡、数字/电子现金、电子支票，打开钱夹可以选择其中的一种支付方式。其软件使用步骤如下：在建立钱夹过程中，买方将信用卡信息提供给第三方 CyberCash；第三方 CyberCash 指定一个加密的代码代表信用卡号码，传送给买方；当买方向接收 CyberCash 的卖方购物时，它只需简单地输入代码；卖方将代码及购买价格传送给第三方 CyberCash；第三方证实这一事务处理并将资金及购买商品的授权传送给卖方。

CyberCash 第三方代理软件具有以下特点：开设账号时信用卡信息通过网络传输；CyberCash 信用卡服务不向买卖双方额外收费，所有 CyberCash 费用都通过信用卡处理系统支付。

CyberCash 公司推出的这种在线付款方式的过程很简单，当消费者在电子商场选中商品后，只需按下“CyberCash 付款”的按钮，系统自动通知商家立即发给消费者一份购物表格，让消费者填上姓名和信用卡号码，然后将填入的信息以加密方式发回给商家。商家将发票及认证信息传送给 CyberCash 服务器，服务器收到这些信息以后，进行解密工作，并将信用卡信息传送给商家的开户银行确认。CyberCash 服务器一旦得到银行的确认信息，就通知商家向消费者发货。这种方式对消费者而言，不需要在第三方那里设立专门的账户，只需输入自已持有的信用卡信息即可，因此既方便又安全。对于商家而言，最大的好处是不必担心欺诈行为，付款过程的严谨性保证发货之前消费者所付货款已到账。

第二种是 CyberCash 公司的简单加密信用卡解决方案。简单加密信用卡模式的一般原理是：使用简单加密信用卡模式付费时，当信用卡信息被买方输入浏览器窗口或其他电子商务设备时，信用卡信息就被简单加密，安全地作为加密信息通过网络从买方向卖方传递。该方案中所采用的加密协议有 SHTTP、SSL 等。

CyberCash 公司提供的简单加密信用卡解决方案是：CyberCash 用户从 CyberCash 卖方订货后，通过电子钱包将信用卡信息加密后传给 CyberCash 卖方服务器；卖方服务器验证接收到的信息的有效性和完整性后，将买方加密的信用卡信息传给第三方——CyberCash 服务器；第三方——CyberCash 服务器验证卖方身份后，将买方加密的信用卡信息转移到非因特网的安全地方解密，然后将买方信用卡信息通过安全专网传送到卖方银行；卖方银行通过与一般银行之间的电子信息网络从买方信用卡发卡行得到证实后，将结果传送给第三方——CyberCash 服务器，CyberCash 服务器通知卖方服务器交易完成或拒绝，卖方通知买方。

该软件的特点如下：整个过程历时 15～20 秒；加密的信用卡信息只有业务提供商或第三方机构能够识别；由于购物时只需一个信用卡号，所以给用户带来了方便；需要一系列的加密、授权、认证及相关信息传送，交易成本较高，所以对小额交易不适用；交易过程中每进行一步，交易各方都以数字签名来确认身份，买方和卖方都需使用 CyberCash 软件；签名是买方、卖方在注册系统时产生的，且本身不能修改；加密技术使用工业标准，使用 56 位 DES 和 768～1024 位 RSA 公开密钥对产生数字签名。

CyberCash 支持多种信用卡，如维萨卡（Visa Card）、万事达卡（Master Card）、美国运通卡

（American Express Card）等；已授权处理 CyberCash 的系统有全球支付系统（Global Payment System）、第一数据公司（First Data Corporation）和维莎网（Visa Net）等。

（三）智能卡存储的信息

智能卡是目前应用最为广泛的电子货币，它要求在线连接使用。智能卡、银行卡支付是金融服务的常见方式，可在商场、饭店及其他场所中使用。银行发行最多的是信用卡，它可采用联网设备在线刷卡记账、POS 结账、ATM 提取现金等方式进行支付。更先进的方式是在互联网环境下通过 SET 协议进行网上直接支付，具体方式是用户在网上发送信用卡号和密码，加密发送到银行进行支付。

智能卡上一般存储以下几种信息。

①用户的身份信息。②用户的绝对位置。③用户的相对位置以及相对于其他装置的物体的方位。④特定的环境参数，如光、噪声、热量和湿度。⑤用户的生理状况和其他生物统计信息。⑥特定的计时参数，如某一事件发生的频率或用户采取某种行动需要多长时间才能完成。⑦特定的运动参数，如速度、加速度、物理姿态和跟踪信息。⑧用户持有的货币信息。

（四）智能卡的应用范围

智能卡主要应用在以下几方面。

（1）电子支付，如智能卡用于电话付费，代替信用卡。

（2）电子识别，如能够控制对大楼房间或系统的访问，如计算机或收银机。

（3）数字存储，即一种必须适时存储和查询数据的应用，如存储和查询病历，目标跟踪信息或处理验证信息。

（五）智能卡的结构与业务流程

1. 智能卡的结构

智能卡的结构主要包括以下 3 个部分。

（1）建立智能卡的程序编制器。程序编制器在智能卡开发过程中使用，它从智能卡布局的层次描述了卡的初始化和个人化创建所有需要的数据。

（2）处理智能卡操作系统的代理。包括智能卡操作系统和智能卡应用程序接口的附属部分。该代理具有极高的可移植性，它可以集成到芯片卡阅读器设备或个人计算机及客户机/服务器系统上。

（3）作为智能卡应用程序接口的代理。该代理是应用程序到智能卡的接口。它有助于对不同智能卡代理进行管理，并且还向应用程序提供了一智能卡类型的独立接口。

2. 智能卡的业务流程

智能卡系统的工作过程是：首先，在适当的机器上启动用户的因特网浏览器；然后，通过安装在 PC 机上的读卡机，用户的智能卡登录到为用户服务的银行 Web 站点上，智能卡会自动告知银行用户的账号、密码和其他一切加密信息。完成这两步操作后，用户就能够从智能卡中将现金转到厂商的账户上，或从银行账号将现金存入智能卡。在电子商务交易中，智能卡的应用类似于实际交易过程。只是用户在自己的计算机上选好商品后，键入智能卡的号码登录到发卡银行，并输入密码和在线商家的账号，完成整个支付过程。

智能卡内安装了嵌入式微型控制器芯片，可储存并处理数据。卡上的价值受用户的个人识别码（PIN 个人身份号码）保护，因此只有用户能访问它。多功能的智能卡内嵌入有高性能的 CPU，并配备有独自的基本软件操作系统（OS），能够如同个人电脑那样自由地增加和改变功能。这种智能卡还设有“自爆”装置，如果犯罪分子想打开 IC 卡非法获取信息，卡内软件上的内容将立即自动消失。

二、电子现金

电子现金是一种以数据形式流通的货币，它把现金数值转换成一系列的加密数据序列，通过这些序列数来表示现实中各种交易金额的币值。用户使用电子现金进行购物，需要在开展电子现金业务的银行设立账户并在账户内存钱。电子现金交易时类似实物现金，交易具有匿名性。图 5-1 为电子现金支付流程。

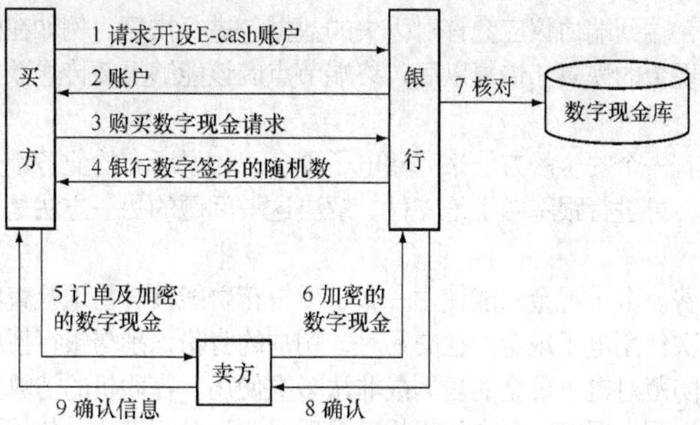

图 5-1　电子现金支付流程

(一) 电子现金的特性

电子现金在经济领域起着与普通现金同样的作用，对正常的经济运行至关重要。电子现金具备以下性质。

(1) 可分性：电子现金不仅能作为整体使用，还能被分为更小的部分多次使用，只要各部分的面额之和与原电子现金面额相等，就可以进行任意金额的支付。

(2) 具有金钱价值。即受现金、银行授权信用或银行证明的本票所担保，若没有适当的银行证明，电子现金就有在存款时以资金不足而被拒绝的风险。

(3) 可传递性：用户能将电子现金像普通现金一样，在用户之间任意转让，且不能被跟踪；即可以和其他电子现金、纸钞、货物或服务、信用贷款限额、银行账户存款、银行票据或契约、电子利益转移等来交换。

(4) 独立性：电子现金的安全性不能只靠物理上的安全来保证，必须通过电子现金自身使用的各项密码技术来保证电子现金的安全。

(5) 快捷方便。客户不论是在家里、办公室或旅行中都可以时实利用电子现金进行交易，甚至可以将电子现金储存在远程的计算机、智能卡或其他方便携带或特别设计的装置上。

(6) 匿名性：银行和商家相互勾结也不能跟踪电子现金的使用，就是无法将电子现金的用户的购买行为联系到一起，从而隐蔽电子现金用户的购买历史。

(7) 安全性。电子现金可以预防或检测电子现金的复制或重复使用，使电子现金不容被复制或篡改。

电子现金以数字签名的密码系统为基础。数字签名安全可靠，而且证明比手写的签名更不容易仿造。客户通过建立账号和维持账号内足够的钱来支持任何使用电子现金的采购，如此便可从货币服务器购买电子现金，其价值由银行来做担保，一旦买进电子现金，客户计算机上所使用的电子现金软件，就会记下银行所签章的数字金钱，使用者就可以在任何接受电子现金的商店里尽情购物，而不必再开账号或传送信用卡号码，客户如果想付款，软件就会从所储存的电子现金中转出适当的金额。为防止电子现金的重复使用，银行须拿数据库里已使用的电子现金资料来进行核查。银行通过不断的检查，维持电子现金的安全性。

电子支付系统保密性有两个方面。首先是交易内容的保密。通过将所有在协议执行过程中传递的敏感数据加密，可实现支付保密性。保密性的另一个基本形式是不可跟踪性。这包括两个方面的内容，一方面，通过强有力的密码学技术，它使银行可以检测到电子现金的任何非法性插入，而且能追踪到应对欺诈行为负责的一方。另一方面，给那些诚实的账户所有者提供强有力的支付保密性功能。

电子现金的传送必须是安全的和可靠的。其安全性可通过加密来实现，其完整性可通过计算并嵌入一个加密的消息文摘来加以保护。通过这种方式能够保证电子现金在传送期间不被篡改。为了可靠地传送数据，端到端协议应允许对丢失的数据包进行恢复。例如在因特网上，由于节点的故障而丢失的电子现金的恢复。恢复以后，终端节点应该能够重新传送数据包，并且应该避免接收者收到两次。

用户和银行必须有一个安全的方法来存储电子现金。如果所有的业务都是在线进行的，则当被盗的现金在使用时，可进行跟踪并拒绝支付。解决这一问题的另一方法是用户持着存有电子现金的智能卡。

（8）不可重复花费。电子现金只能使用一次，重复花费能被容易地检查出来。不法分子可能会想方设法复制或多次使用电子现金。在交易时，用户的身份识别与银行授权可以同时在联机系统中出现，这样可以防范对电子现金的复制或非法多次使用。在联机的清算系统中，用于支付的电子现金会被马上传送到发行电子现金的机构，然后对照记录在案的已使用过的电子现金，确定这些现金是否有效。但这样一个系统就等同于一个信用卡处理系统，从隐私权及用户的角度来看，这样的系统是不理想的。而且，从数据库技术的角度来看，存储使用过的电子现金的信息并迅速进行查阅验证，需要很高性能的联机验证处理能力。

在脱机的支付系统中，重复花费的检查是在用户支付以后、商家在银行存款时进行的。这种事后检查在大部分情况下可阻止重复花费，但在某些情况下则无效，例如某人以假身份获得一账号，或者某人在重复花费某一大宗款项后藏匿起来。所以，在脱机系统中仅依靠事后检查是不够的，还需要依靠物理上的安全设备。

（二）电子现金的清算机制

1. eCash

eCash 电子货币最早是由数字现金公司（DigiCash）推出，后被数字现金技术公司（eCash Technologies）收购。德国的德意志银行（Deutsche Bank）、瑞士的网上支付 AG 银行（Net Pay AG）、澳大利亚的圣·乔治银行（St.George Bank）以及奥地利的奥地利银行，均曾开展 eCash 的相关业务。一些书店、娱乐场和在线报纸都曾接受 eCash 用以交换商品、游戏和信息。eCash 曾是一个十分成功的电子现金解决方案。

eCash 采用公用密钥以及数字签名技术，保证了电子货币在传送过程中的安全性与购物时的匿名性。由于其使用过程几乎与用现金付款一样简单，很受用户的欢迎。为了使用 eCash，顾客必须在一家参与银行开一个账户。然后，顾客还必须在该账户存储一定数量的钱，而且顾客会得到以电子现金形式存在的钱，这些钱可以存储在顾客的硬盘上。这些钱是以代币（Token）的形式存储的，顾客从银行所获得的电子现金也可以转到一个特殊的银行账户，然后用这个账户来支付与贸易商之间的金融交易。顾客可以用存储在硬盘上的文件进行付款。想接受 DigiCash 货币的贸易商也需要在一家支持 DigiCash 的银行设立一个账户，以便兑换已接受的货币。对 DigiCash 模型来说，交易费用为零。

eCash 系统是一个单向代币系统，它只允许货币使用一次。在顾客和贸易商之间只能执行一个交易。而且贸易商不能用它来支付其他东西。这些货币必须送回银行进行兑现。顾客之间的对等交易是可行的，但是在过程中需要一家银行来兑换代币，每个代币都包含它所代表的金额、用作序列号的随机数以及发行银行的数字签名。银行能够在不知道使用者的情况下对电子现金进行验证，而且还允许电子货币保持匿名性。这是通过使用“隐蔽签名”（Blind Signature）的系统来实现的。隐蔽签名是由 Digi Cash 的创始人大卫·考恩（David Chaum）发明的具有专利权的算法。为了使其更加简单，由获取电子现金的顾客创建原始代币。将一个序列号加到代币上，并将其发送到顾客的银行。通过将该序列号与另一个随机数（所谓的隐藏系数（Blinding Factor））相乘，银行可以看得见该序列号。银行给代币增加一个数字签名，并将其送回给顾客。顾客可以用隐蔽系数分解序列号，并取回原始的序列号。采用这种机制，银行就能将代币追溯到顾客，因为银行看不到原始序列号。

2. NetCash

NetCash 是可记录的匿名电子现金支付系统。它是由南加利福尼亚大学在 1995 年开发的，现在已经不再使用。虽然 NetCash 是一个非常好的方案，但是由于它出现的时间太早，难以取得成功。它要求有一个复杂的付款基础设施。在早期，这对许多因特网用户来说是很难实现和使用的。NetCash 的主要特点是设置分级货币服务器来验证和管理电子现金，以使其电子交易的安全性得到保证。

NetCash 系统运作的中心是一个货币服务器。货币服务器是一个经政府许可的发行电子现金的机构，该机构存有资金，以保证支付，并且在许多方面和银行的作用相同。政府机构还需建立一个中心认证机构，用于向货币服务器发放公钥和数字签字密封。

NetCash 系统产生的电子现金有以下字段：第一，货币服务器名称，负责产生这个现金的银行名称及 IP 地址；第二，截止日期，电子现金停止使用的日期；第三，顺序号，银行需记录尚未兑现的有效账单的顺序号；第四，币值，这个电子现金的数额及货币类型。

电子货币可通过任意次数的不同协议实现交换，但在通常情况下，以下两步是必需的。

（1）客户能在某些电子现金或数字支票中结合一些指令，这些指令用于指示货币服务器用这些电子现金或数字支票去交换由其他人开出的新的现金或支票。客户还可以在以上电子现金或数字支票中随机选取私钥，并且用货币服务器的公钥进行加密。

（2）货币服务器解密收到的消息，并按用户的指令产生新的电子现金或支票，同时检查是否有欺诈。

NetCash 系统的安全性依赖于单向认证。另外，客户的身份能保密，因为业务过程中不需要出示客户的公钥或其证书上的身份。货币服务器负责清理支票。客户服务器应在发出新支票或新电子现金前，向货币服务器呈递客户的钱，以实现支付。货币服务器应经常清账。客户能够通过在若干个不同的货币服务器之间交换电子现金而隐藏身份信息。

3. CyberCoin

CyberCoin 是应用于微付款业务的电子支付系统。CyberCoin 使得持币者和顾客可以通过因特网销售和购买数字产品。CyberCoin 有 0.25～10 美元的面额，由于这些面额太小，因此在用信用卡购物时不能使用。在一个专门的因特网服务器上为每个顾客和贸易商提供了专门的“现金容器”（Cash-containers），用作 CyberCoin 账户。利用 CyberCoin 钱包，可以将钱转移到 CyberCoin 账户中。如果用该钱包进行付款，需要从 Web 浏览器向 CyberCoin 钱包发送一个特殊指令，该指令要求顾客接受付款。一旦顾客同意付款，钱就从顾客账号过户到贸易商账户。该支持系统通过加密使通信安全化。顾客将定单发送给贸易商，贸易商将数据添加到定单中，并将已完成的定单发送给 CyberCoin 网关，然后由该网关来完成账户间的转账。

三、电子钱包

（一）电子钱包的产生

电子钱包是电子商务活动中购物顾客常用的一种支付软件，是在小额购物或购买小商品时常用的新式钱包。电子钱包是一种便利、安全、多功能的支付工具，是电子货币的一种主要实现形式。由于容纳了传统意义上的钱包所包含的信用卡、现金等多种付款方式，所以被称为“电子钱包”。

英国西敏寺（National-Westminster）银行开发的电子钱包 Mondex 是世界上最早的电子钱包系统，它于 1995 年 7 月首先在有“英国的硅谷”之称斯温顿（Swindon）市试用。起初，Mondex 的名声并不那么响亮，不过很快它就在温斯顿打开了局面，被广泛应用于超级市场、酒吧、珠宝店、宠物商店、餐饮店、食品店、停车场、电话间和公共车辆之中。由于电子钱包使用起来十分简单，只要把 Mondex 卡插入终端，三五秒钟之后，收据便从设备中出来，读取器将从 Mondex 卡所有的钱款中扣除掉本次交易的花销。一笔交易即告结束。此外，Mondex 卡还具有现金货币所具有的诸多属性，如作为商品尺度的属性、储蓄的属性和支付交换的属性，通过专用终端还可将一张卡上的钱转移到另一张卡上，而且，卡内存有的钱一旦遗失或被窃，将不能重新发行，也就是说持卡人必须负起管理上的责任。有的卡如被别人拾起照样能用，有的卡写有持卡人的姓名和密码锁功能，只有持卡人才能使用，比现金要安全一些。Mondex 卡损坏时，持卡人可向发行机关申报卡内所剩余额，由发行机关确认后重新制作新卡发还。

使用电子钱包的顾客通常要在有关银行开立账户。在使用电子钱包时，将电子钱包通过他的电子钱包应用软件安装到电子商务服务器上，利用电子钱包服务系统就可以把自己的各种电子货币或电子金融卡上的数据输入进去。在发生收付款时，如顾客需用电子信用卡付款，如用 Visa 卡和 Mondex 卡等收款时，顾客只要单击一下相应项目（或相应图标）即可完成。这种电子支付方式称为单击式或点击式支付方式。

在电子钱包内只能装电子货币，即装入电子现金、电子零钱、安全零钱、电子信用卡、在线货币、数字货币等。这些电子支付工具都可以支持单击式支付方式。

电子商务服务系统中设在电子货币和电子钱包的功能管理模块，叫做电子钱包管理器（Wallet Administration），顾客可以用它来改变保密口令或保密方式，用它来查看自己银行账号上收付往来的电子货币账目、清单和数据。电子总务服务系统中还有电子交易记录器，顾客通过查询记录器，可以了解自己都买了什么物品，购买了多少，也可以把查询结果打印出来。

（二）电子钱包的优势

（1）电子钱包给商家、客户和银行都带来了极大的方便。

电子钱包中的钱款以数字的形式被存储，使用时准确无误地被减除。消费者无需在口袋中揣有大量的现钞，也无需跑到自动出纳机前去取现。既减少了携带零钱的不便，又使交易因无需找零而加快了速度。对商业组织而言，付款方直接将电子钱包中的现金或支票发向收款方的电子信箱，并通过网络将电子付款通知单发向银行，银行便可以随即将款项转入收款单位的账户。这一支付过程数秒即可完成，不仅使银行简化了手续，而且又节约了用户的时间。

（2）电子钱包较现金系统具有更大的可靠性。

电子钱包内置密码、证书概要和其他用户个人数据，完全脱离启动装置及中介装置，即使计算机资源丢失或被盗，电子钱包中的信息仍然能够得到保护。

（3）电子钱包给予用户较大的隐私保护。

在使用电子钱包时，计算机可以为每个“电子代币”建立随机选择序号，且把此号码隐藏在加密的信息中。这样就没人能清楚地知道到底是谁提取或使用了这些电子现金，从而确保了个人隐私权。

（4）电子钱包有利于降低交易成本和管理费用。

电子钱包的问世有效地减少了持有现金的成本，降低了庞大的现金流通费用，节约了各分支机构用于现金管理上的人力、物力和时间。由于电子钱包内设软件程序，所以它可以根据场所的不同而被指定用于各种特殊的用途，再加上卡上的费用是分次输入的，这些均有助于使用者更合理地使用现金。

（5）电子钱包使发行者获利的范围扩大。

一旦取得对这种支付媒体的控制，发行者就有机会通过占有其使用权获取专利。它们还可以从消费者和商人手中获得新的费用收入，从集中存入的电子现金中获取利息。通过吸收社会闲散资金来减少资金的滞留和沉淀，在不发行新货币的情况下，充分运用这部分资金，从大范围的投资中获取盈利。

（6）电子钱包有利于银行法定准备金的管理。

库存现金的增减引起了法定准备金的变化，从而使银行额外的准备金发生变动。而当电子现金发生变化时，仅仅是以一种负债（电子现金账户上的负债）的增减代替另一种负债（存折上负债）的增减。由于库存现金并不发生变化，所以当准备金率相等时，就不会影响法定准备金的总体运作。

（7）电子钱包实现了“一卡走天下”。

电子钱包可以获取网络上的商务信息，用于保存财务资料、信息资源及其他个人数据。通过软件设计，还可以被广泛地运用于通信、转换以及娱乐系统。电子钱包这种集支付、消费、转账、储蓄、结算、记录、存贮于一身的优势给顾客带来了极大的方便，真正实现了“一卡走天下”。

（三）电子钱包购物的步骤

使用电子钱包购物十分方便，其基本步骤如下。

（1）客户使用浏览器在商家 Web 主页上查看在线商品，选择要购买的商品。

（2）客户填写订单，包括项目列表、价格、总价、运费、搬运费、税费。

（3）订单可通过电子化方式来商定传过来，或由客户的电子购物软件建立。有些在线商场可以让客户与商家协商物品的价格。

（4）顾客确认后，选定用电子钱包付钱。将电子钱包装入系统，单击电子钱包的相应项或电子钱包图标，电子钱包立即打开；然后输入自己的保密口令，在确认是自己的电子钱包后，从中取出一张电子信用卡来付款。

（5）电子商务服务器对此信用卡号码采用某种保密算法计算并加密后，发送到相应的银行去，同时销售商店也收到经过加密的购货账单，销售商店将自己的顾客编码加入电子购货账单后，再转送到电子商务服务器上去。这里，商店对顾客电子信用卡上的号码是看不见的，销售商店无权也无法处理信用卡中的钱款。因此，只能把信用卡送到电子商务服务器上去处理。经过电子商务服务器确认这是一位合法顾客后，将其同时送到信用卡公司和商业银行。在信用卡公司和商业银行之间要进行应收款项和账务往来的电子数据交换和结算处理。信用卡公司将处理请求再送到商业银行请求确认并授权，商业银行确认并授权后送回信用卡公司。

（6）如果经商业银行确认后拒绝并且不予授权，则说明顾客的这张电子信用卡上的钱数不够用了，或者是没有钱了，或者已经透支。遭商业银行拒绝后，顾客可以再单击电子钱包的相应选项再打开电子钱包，取出另一张电子信用卡，重复上述操作。

（7）如果经商业银行证明这张信用卡有效并授权后，销售商店就可交货。与此同时，销售商店留下整个交易过程中发生往来的财务数据，并且出示一份电子数据发送给顾客。

（8）上述交易成交后，销售商店就按照顾客提供的电子订货单将货物在发送地点交到顾客或其指定的人手中。

至此，电子钱包购物的全过程就完成了。购物过程中间虽经过信用卡公司和商业银行等多次进行身份确认、银行授权、各种财务数据交换和账务往来等，但这些都是在极短的时间内完成的。

实际上，从顾客输入订货单后开始到拿到销售商店出具的电子收据为止的全过程仅用 5～20 秒的时间。这种电子购物方式十分省事、省力、省时。而且，对于顾客来说，整个购物过程自始至终都是十分安全可靠的。在购物过程中，顾客可以用任何一种浏览器进行浏览和查看。由于顾客的信用卡上的信息别人是看不见的，因此保密性很好，用起来十分安全可靠。另外，有了电子商务服务器的安全保密措施，就可以保证顾客去购物的商店必定是真的，不会假冒的，从而保证顾客安全可靠地购到货物。

Visa Card 公司在 1996 年亚特兰大奥运会期间，就发行了 200 张智能卡（内含的钱数分别为 10 美元、20 美元、50 美元、100 美元），特约商店有 2300 家，共进行了 20 万次的付款，总计超过 110 万美元。日本也有不少机构早就打算引进电子钱包，实验计划一订再订，但一直未能实现，因为日本有着与其他国家不同的独特的金融网络，如要应用电子钱包，日本方面必须投入“数以万亿日元”的巨资对现有的金融网络进行改造。这笔巨额的资金投入，对于如今正在饱受经济危机蹂躏的日本来说，无疑是个沉重的负担。所有这些都表明，围绕电子支付开展的竞争刚刚开始。不过，无论如何，电子钱包毕竟比前几年出现的其他类型的电子货币更胜一筹。

第二节　B2B 支付工具

一、电子支票

电子支票的运作类似于传统支票。顾客从他们的开户银行收到数字文档，并为每一个付款交易输入付款数目、货币类型以及收款人的姓名。为了兑现电子支票，需要付款人在支票上进行数字签名。在美国和欧洲，支票的使用很不相同。大多数现有的电子支票解决方案是建立在美国的系统基础之上的，付款人和收款人都必须对支票进行签名。收款人将支票拿到银行进行兑现，然后银行又将支票送回给付款人。

电子支票是一种借鉴纸张支票转移支付的优点，利用数字传递将钱款从一个账户转移到另一个账户的电子付款形式。电子支票的支付是在商户与银行相连的网络上以密文的方式传递的。

电子支票系统是电子银行常用的一种电子支付工具。支票一直是银行大量采用的支付工具之一。将支票改变为带有数字签名的电子报文，或利用其他数字电文代替传统支票的全部信息，就是电子支票。

比起前两种电子支付方式，电子支票的出现和开发是较晚的。1996 年美国通过的《改进债务偿还方式法》成为推动电子支票在美国应用的一个重要因素。该法规定，自 1999 年 1 月起，政府部门的大部分债务通过电子方式偿还。1998 年 1 月 1 日，美国国防部以及由银行和技术销售商组成的旨在促进电子支票技术发展的金融服务技术财团（FSTC）通过美国财政部的财政管理服务支付了一张电子支票，以显示系统的安全性。

利用电子支票，可以使支票的支付业务和支付过程电子化。电子银行和大多数金融机构，通过建立电子支票支付系统，在各个银行之间发出和接收电子支票，向用户提供电子支付服务。电子支票系统通过剔除纸面支票，最大限度地利用了当前银行系统的自动化潜力。例如：通过银行自动提款机（ATM）网络系统进行一定范围内普通费用的支付；通过跨省市的电子汇兑、清算，实现全国范围的资金传输；大额资金（从几千到几百万元）在世界各地银行之间的资金传输等。

（一）电子支票的营运体系

电子支票包含 3 个实体，即购买方、销售方以及金融机构。当购买方与销售方进行完一次交易后，销售方要求付款。此时，购买方从金融机构那里获得一个唯一的付款证明（相当于一张支票），这个电子形式的付款证明表示购买方账户欠金融机构钱，购买方在购买时把这个付款证明交给销售方，销售方再转交给金融机构。整个事务处理就像传统的支票查证过程。当它作为电子方式进行时，付款证明是一个由金融机构出示证明的电子流。更重要的是，付款证明的传递和传输以及账户的负债和信用几乎是同时发生的。如果购买方和销售方没有使用同一家金融机构，通常将由国家中央银行或国际金融组织协同控制。

（二）电子支票的特点

（1）节省时间。电子支票的发行不需要填写、邮寄或发送，而且电子支票的处理也很省时。在用纸支票时，卖方必须收集所有的支票并存入其开户行。用电子支票，卖方可即时发送给银行，由银行为其入账。所以，使用电子支票可节省从客户写支票到为商家入账这一段时间。

（2）减少了处理纸支票时的费用。

（3）减少了支票被退回情况的发生。电子支票的设计方式使得商家在接收前，先得到客户开户行的认证。类似于银行本票。

（4）不易丢失或被盗。电子支票在用于支付时，不必担心丢失或被盗。如果被盗，接收者可要求支付者停止支付。

（5）电子支票不需要安全的存储，只需对客户的私钥进行安全存储。

（6）电子支票与传统支票工作方式相同，易于理解和接受。

（7）电子支票适于各种市场，可以很容易地与 EDI 应用结合，推动 EDI 基础上的电子订货和支付。

电子支票方式的付款可以脱离现金和纸张进行。购买者通过计算机或 POS 机获得一个电子支票付款证明，而不是寄张支票或直接在柜台前付款。电子支票传输系统目前一般是专用网络系统，国际金融机构通过自己的专用网络、设备、软件及一套完整的用户识别、标准报文、数据验证等规范化协议完成数据传输，从而控制其安全性。这种方式已经较为完善，主要问题是如何扩展到因特网上操作。今后的发展趋势将逐步过渡到因特网上进行传输。这种方式尤其适合电子商务中的 B2B 应用。

图 5-2 为电子支票之样张，包含票据应载事项及签章部分之说明，其下附言栏及附件档，可夹带相关资讯及档案。

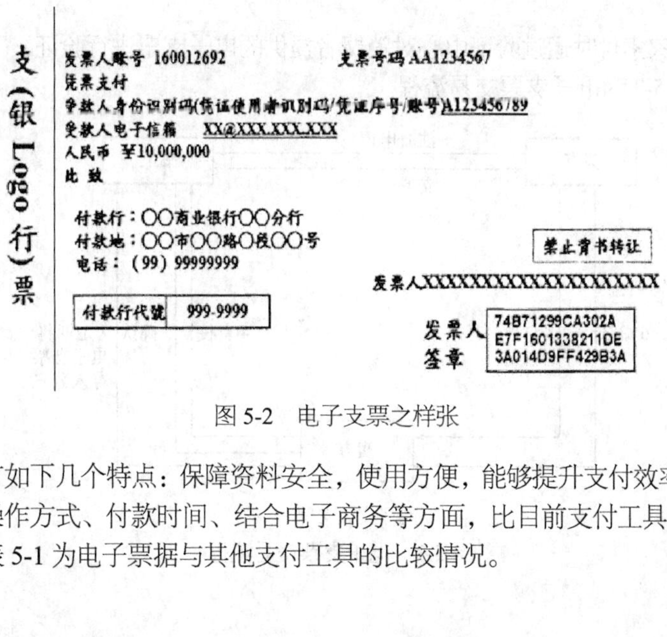

图 5-2　电子支票之样张

电子票据具有如下几个特点：保障资料安全，使用方便，能够提升支付效率，具有法律保障。

电子票据在操作方式、付款时间、结合电子商务等方面，比目前支付工具提供更完整、更强大的处理能力。表 5-1 为电子票据与其他支付工具的比较情况。

表 5-1　　电子票据与其他支付工具比较表

项目/支付工具	传统支票	ATM 转账	汇款	FEDI 汇款	FEDI 期约转账	电子票据
操作方式	人工作业	柜员机	柜台	利用网络	利用网络	利用网络
付款时间	可延后付款	即时付款	即时付款	即时付款	延后付款	延后付款
结合电子商务	不能	不能	不能	能	能	能
结合会计软件	不能	不能	不能	能	能	能
融资功能	有	无	无	无	有	有
融资银行接受度	较高	—	—	—	较低	较高
融资银行债权确保	较佳	—	—	—	较差	较佳
买方资金运用	调度灵活	调度不易	调度不易	调度不易	调度不易	调度灵活
卖方资金运用	融资容易	调度容易	调度容易	调度容易	调度容易	调度容易
附件信息	无	无	有限信息	充分信息	充分信息	完整信息

（三）电子支票的支付过程和交易过程

1. 电子支票的支付过程

（1）开具电子支票。买方首先必须在提供电子支票服务的银行注册，开具电子支票。注册时可能需要输入信用卡和银行账户信息以支持开设支票。电子支票应具有银行的数字签名。

（2）电子支票付款。一旦注册，买方就可以和产品/服务出售者取得联系。买方用自己的私钥在电子支票上进行数字签名，用卖方的公钥加密电子支票，使用 E-mail 或其他传递手段向卖方进行支付；只有卖方可以收到用卖方公钥加密的电子支票，用买方的公钥确认买方的数字签名后，可以向银行进一步认证电子支票，之后即可发货给买方。

（3）清算。卖方定期将电子支票存到银行。卖方可根据自己的需要，自行决定何时发送。

2. 电子支票的交易过程

电子支票交易过程可分以下几个步骤。

（1）消费者和商家达成购销协议并选择用电子支票支付。

（2）消费者通过网络向商家发出电子支票，同时向银行发出付款通知单。

（3）商家通过验证中心对消费者提供的电子支票进行验证，验证无误后将电子支票送交银行索付。

（4）银行在商家索付时通过验证中心对消费者提供的电子支票进行验证，验证无误后即向商家兑付或转账。图 5-3 为电子支票交易流程。

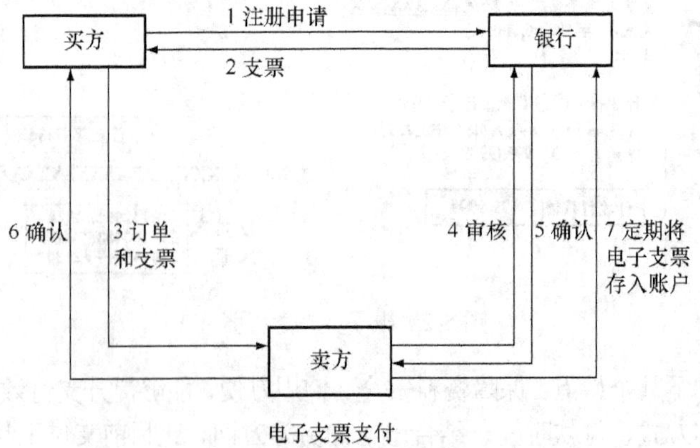

图 5-3　电子支票交易流程

（四）电子支票中的安全机制

（1）电子支票的认证。电子支票是客户用其私钥所签署的一个文件。接收者（商家或商家的开户行）使用支付者的公钥来解密客户的签字。这样将使得接收者相信发送者的确签署过这一支票。同时，客户的签字也提供了不可否认性，因为支票是由支付者的私钥签署的，支付者对发出的支票不能否认。此外，电子支票还可能要求经发送者的开户行数字签字。这样将使得接收者相信他所接收到的支票是根据发送者在银行的有效账目填写的。接收者使用发送者开户行的公钥对发送者开户行的签字加以验证。

（2）公钥的发送。发送者及其开户行必须向接收者提供自己的公钥。提供方法是将他们的 X.509 证书附加在电子支票上。

（3）私钥的存储。为了防止欺诈，客户的私钥需要被安全存储并能被客户方便使用。可向客户提供一个智能卡，以实现对私钥的安全存储。

（4）银行本票。银行本票由银行按以下方式发行：发行银行首先产生支票，用其私钥对其签字，并将其证书附加到支票上。接收银行使用发行银行的公钥来解密数字签字。通过这种方式使接收银行相信，它所接收到的支票的确是由支票上所描述的银行发出的。而且通过这种方式也提供了不可否认性，因为银行本票是由发行银行用其私钥签署的，发行银行对其发出的银行本票不能否认。

（五）电子支票系统

电子支票型电子货币系统主要包括 NetBill 系统、NetCheque 系统和美国金融服务技术国际财团（Financial Service Technology Consortium，FSTC）实施的“电子支票项目”等。

1. NetBill

NetBill 是由美国匹兹堡的卡内基梅隆大学（Carnegie Mellon）与美国的梅隆银行（Mellon Bank）合作设计开发的一个电子支票系统。它被设计成能够在因特网上传递文本、图像、软件之类信息商品。其目的是提高账户转账的效益，使其成为一种顾客只需支付极少的手续费，银行即可提供结算服务的支付系统。

NetBill 中的简单业务由客户、商家和中心服务器三方参与。把客户使用的软件简称为支票簿，把中心服务器使用的软件简称为钱柜。商家从钱柜收到客户想买或卖什么的信息。NetBill 的业务流程如下。

（1）客户选择欲购买的商品，支票簿向钱柜发出报价要求，钱柜将要求发送给商家。

（2）商家对报价数字签字，并将其返回给钱柜。客户如果决定购买，则通知钱柜，并对其购买要求数字化签字。

（3）钱柜得到客户购买信息的要求，并向家商提出要求。商家用一随机私钥对以上要求加密，并把加密的结果发送给钱柜。钱柜对加密结果计算一个安全的校验和，并把加密结果发送给客户。

（4）客户收到加密结果后，对加密结果计算一个校验和。把校验、时戳、购买描述以及最终所接受的价钱打包在一起，形成电子购买订单，并把电子购买订单返回给钱柜。

（5）钱柜收到电子购买订单后，检验其数据的完整性，然后就可安全地转账。钱柜对账目进行核对，并通知商家已完成转账。

（6）商家向钱柜发出一张发票，发票经商家数字化签字，其中含有价钱及用于解密的私钥。

（7）钱柜把发票传递给客户。

（8）客户对商家的加密结果解密。

2. NetCheque

NetCheque 系统是在 1995 年由南加利福尼亚大学的信息科学学院开发的。使用之前，购买者和销售者需要在 NetCheque 注册一个账号。为了使系统真正安全，该系统采用了一个 Kereberos

标识和一个口令。为了用支票付款，必须安装某种专门的客户机软件，该软件的功能就像一个支票本。顾客可以使该软件向贸易商发送加密了的支票。贸易商可以从银行提钱，或在与供应商的交易中使用支票。一个专门的清算账目网络对支票进行验证并给贸易商发送一个“OK”消息，然后贸易商就可以将商品送出去了。

虽然该系统也适合于微付款系统，但是它永远不会真正发展起来。主要问题是交换证书和给支票进行签名所需的公钥付款基础设施。在 1995 年，还没有出现这样的公钥付款基础设施，而且在同一个时间，基于交易的信用卡也开始发展起来。NetCheque 的另一个弱点是它的初始顾客和贸易商的基数太小。

NetCheque 系统在很多方面是模仿普通的支票交易系统的。Kereberos 系统的主要优点是使用私钥加密，而私钥加密一般都未申请专利。因此，很多好的加密方案可被采用，不必担心侵犯了专利权。

使用 Kereberos 时，要求每个用户产生一个用于签署支票的票据，而票据常常会出现过期的问题，因此要求有一个更好的在线环境。另一主要问题是 Kereberos 环境仅在两方之间建立安全联系，因此无法使得某人签署的支票可由任何其他人验证。用户 B 不能验证用户 A 对支票的签字，因为票据仅在用户 A 和银行之间建立安全的联系。这一问题的解决方法是要求支票的产生者对银行和接收者分别建立两个不同的签字字段。

NetCheque 系统利用 Kereberos 标签来产生电子签名，并对支票进行背书。NetCheque 包括支票数额、货币单位、日期、账户号码、收款人、客户签名以及商户和银行的背书等。其中前五项是明文，后几项对于收票行来说是可以验证的。

在签发支票时，用户产生支票的明文部分。用户从 Kereberos 服务器上获得一个标签 T，用来向银行证实自己的身份，并与银行共同享有一个密钥，再根据支票内容产生一个校验和，并把它放在一个证明器中，生成用户签名。

3. eCheck

FSTC 电子支票 eCheck（Electronic Check）现在正在美国财政部做实验。由于只涉及较少的人工步骤，eCheck 电子支票在从真实世界到虚拟世界过程中对支票付款系统起到了杠杆的作用。在现在的商业实践中，eCheck 处理技术相对简便。这个电子支票系统十分安全，它可以被所有的有经常账户的银行客户所使用。经常账户在美国确实存在，但在其他地方是否存在还是一个未知数，如在欧洲。电子支票包含与纸质支票一样的信息，并且是建立在同样的法律框架的基础之上的。电子支票可以直接在用户之间进行交换，而且它可以代替在今天使用纸支票的所有远程交易。顾客签写电子支票并将它发送给收款人。收款人将电子支票存入银行，得到银行存款，然后，付款人的银行向付款银行结算该电子支票。付款银行使电子支票生效并从顾客的账户中收取支票金额。电子支票提供了可以通过因特网以安全的方式处理银行交易的能力。银行可以自动地验证电子支票的合法性，这样，就可以减少所涉及用户被欺骗的损失。使用金融服务标识语言 FSML（Financial Service Markup Language）、数字签名以及数字证书，可以使系统非常安全。

金融服务技术国际财团是由美国的银行、大学、企业、研究机构以及政府机关等，组合成立的非盈利性团体，参加的主要银行有：美洲银行、波士顿银行、曼哈顿银行、化学银行、花旗银行、国家银行等，它以提高美国金融服务业的竞争力为目的。FSTC 推行了一系列电子货币试验项目，其中，最引人注目的当属电子支票项目。该项目的基本内容是，使用密码技术将支票内容（如支付人和支付金额等数据）加密之后，用电子邮件授信进行结算。另外，该项目有关支付的详细数据（如对该支票是为哪笔支付而签发的问题进行说明的数据）也可以连同支票一起授信。这一特点是为了实现金融 EDI，对赊销债权的回收状况能够自动核对，而特意设计的内容。

eCheck 电子支票项目的系统结构，以及该项目中数据授受信的具体方法说明如下。

（1）顾客方信息传递。

顾客方应传递以下 5 个方面的信息：有关支付的详细数据；有关支票内容的数据；对有关支票内容的数据用顾客的私人密钥加密之后得到的顾客的数字签名；对顾客的姓名和公共密钥用顾客开户银行的私人密钥加密之后的“证明书 1”；对顾客开户银行的行名和公共密钥中央机构（如美国联邦储备局等联邦政府机构）的私人密钥加密之后的“证明书 2”等，综合在一起用电子邮件传递给网上商店。

（2）商家对信息的确认。

第一，对来自顾客方的数据进行确认。首先，接收了以上数据的网上商店，用预先保存的公共密钥对“证明书 2”解密，商店就得到顾客开户行的公共密钥，该公共密钥的正确性是由中央机构保证的。然后，用顾客开户行的公共密钥对证明书 1 解密，商店就得到了顾客的公共密钥，该公共密钥的正确性是由顾客的开户行保证的。进而，使用顾客的公共密钥对顾客的数字签名解密，并对解密的结果与支票内容进行比较，从而可以确认有关支票内容的数据在传递途中是否被篡改过。

第二，对已确认的数据处理之后传递给银行。在上述确认无误的基础之上，对支票背书并附加数字签名。然后，将从顾客处接收到的数据、本商店对支票的背书以及商店的证明书一起，用电子邮件传递给本商店的开户银行。

（3）两家银行之间的信息处理。

商店的开户银行和顾客的开户银行之间，对支票的内容和数据的合法性进行确认，在确认无误的基础上，进行支票的兑现处理，即顾客的开户银行从顾客的活期存款账户支出相应金额，而商店的开户银行则往商店的活期存款账户存入相应金额。

FSTC 的电子支票项目，除了使用数字签名防止信息被篡改之外，为了提高安全性还采用了一些其他措施。例如，顾客和商店均分别持有自己专用的、结构复杂使第三者难以发现其中内容的 IC 卡，该卡内保存着自己的私人密钥。因此，第三者对顾客和商店的数字签名以及背书，进行伪造则相当困难。

另外，为了防止商店将受理的顾客数据复制并存储起来，用同一张支票请求第二次、第三次兑现。特意在支票数据中，附加了对支票签发日期安全保护的“数字时间戳”，并对支票兑现期限加以限制。而且，顾客的开户银行还将“支票已支付完结”的信息存储起来，当对方请求兑现时，首先确认该支票是否使用，保证了电子支票结算的安全性。

二、电子商业票据

（一）电子商业票据概述

1. 电子票据的起源

信用卡交易在商家到消费者的领域非常普通，而发票在商家到商家的领域更加通用。在许多情况下，商家到商家的电子商务交易量较大，使用信用卡不太合适。在大宗商品交易中，传统上许多公司是用发票付款，改变这种付款类型将要求重新组织整个处理过程，而且需要一大笔费用。另外，用信用卡支付信用卡公司要求获得大约交易 4%的手续费。所以，用发票付款是商家在线付款的一个可行解决方案。

在线票据在因特网上产生了一个新的服务行业——在线票据服务（Online Billing Service）。客户不用到不同的地点去支付发票，由票据服务经营者利用互联网平台统计好所有的账单，客户在自己的客户端就可以支付所有的账单。这种新技术降低了商家到商家的电子商务的交易费用。

美国是当今世界最早使用电子票据的国家，其中发展最为完善的当属电子支票。目前国际上已经有较为成熟的无纸化票据发行交易市场，例如美国的 WWW.cpmarket.tom 就是一个典型的网上发行交易的电子票据市场。英国经过长期的分析也推出了电子化票据交易系统。

2. 电子票据的概念

电子票据简单来说就是以电子方式制作成的票据，并以电子签章取代实体的签名盖章，包括：指定受款人且划平行线之电子支票、委托金融业担当付款之电子本票及金融业者付款之电子票据。交换所依据“电子签章法”之规定，并以“票据法”做为法源依据，订定“金融业者参加电子票据交换规约”与“电子票据往来约定书”。票据上各方关系人于法律上之权利义务，均十分明确，比现有其他电子付款工具更有保障。

3. 电子票据的优点

一是能提高票据业务的透明度和时效性，优化票据业务的管理手段和水平，全程跟踪票据业务办理的各个环节，有利于对票据业务进行汇总统计和实时监测，防范票据业务风险。采用电子票据后，能大大提高银行自身的内控水平和监管机构的监管水平，遏制银行违规承兑、贴现银行承兑汇票等违规行为，减少票据案件的发生。

二是推行电子票据能克服纸质票据易遗失、损坏和遭抢劫的缺点。电子票据存储在系统中，通过可靠的安全认证机制能保证其唯一性、完整性、安全性，降低纸质票据携带和转让的风险。

三是能抑制假票、克隆票犯罪。在目前的纸质票据中，票据本身以及签章是鉴别真伪的手段。虽然在票据的纸张和印制过程中，应用了很多防伪措施，但是仅凭人工肉眼辨别真伪仍存在很大的困难，一些不法分子利用伪造、变造的票据凭证和签章骗取银行和客户资金的案件时有发生。推行电子票据后，使用经过安全认证的电子数据流和可靠的电子签名，能够抑制假票和克隆票犯罪。

四是推行电子票据后，能节省成本，提高票据的标准化水平，简化交易过程，提高交易效率。

五是有助于统一的票据市场的形成，促进金融市场的连通和发展。

4. 电子票据的发展

在欧美等发达国家，商业票据已成为货币市场的最重要组成部分，是重要的金融市场工具，商业票据基本上都是以电子方式发行、流通转让和兑付的。美国不仅通过了《21世纪支票法案》，明确了替代支票的法律地位，而且美国的商业票据市场发展也非常迅速，一跃成为当今美国货币市场上最主要的工具之一，目前未清偿商业票据余额达数万亿美元。其他国家，如韩国也于2004年推出了电子票据业务，实现了票据签发、转让、承兑、贴现等业务在线无纸化处理，大大方便了企业客户的资金管理，深受其国内大型集团客户的欢迎，这也说明电子票据在实践中具有强大的生命力，具有巨大的发展潜力。

5. 电子商业票据系统

电子商业票据系统是依托网络和计算机技术，接收、登记、转发电子商业票据数据电文，提供与电子商业票据货币给付、资金清算等相关电子商业票据业务处理服务功能，并提供纸质商业汇票登记查询功能及商业汇票公开报价功能的业务处理平台。

6. 电子商业票据的功能

（1）电子商业汇票促进支付市场全面电子化。

商业票据通常是指包括中短期票据、商业汇票、公司债等以商业信用为背景的直接融资工具，一个国家商业票据的发达程度，代表了这个国家信用环境的完善程度。美国银行业贷款占比为50%左右，而商业票据占比则达30%。

由中国中央银行建设并管理的电子商业汇票系统（ECDS）在2009年10月28日正式投入运行，诞生了中国第一张电子汇票，该系统采用中央登记结算中心的模式，为各家银行机构和财务公司、企业客户签发的电子商业汇票实行集中登记存储，相关电子商业汇票的出票、承兑、背书转让、保证、质押、提示付款、追索、转贴现、再贴现等票据行为和票据查询均通过该系统的电子信息平台进行。该系统采用电子签名和第三方安全认证机制，确保电子票据的唯一性、完整性、安全性，解决了纸质票据被伪造、易遗失、保管和携带不便的风险。

（2）电子商业汇票促进利率市场化及商业银行的市场定价能力。

电子商业汇票在制度设计上体现了金融工具市场化的特点，如期限延长至1年期，票面金额最大可达10亿元，银行承兑手续费率不再统一标准，由商业银行根据出票人的资信确定，贴现利率全面放开，允许票据贴现后作赎回交易，商业银行可为电子商业承兑汇票债务人提供保证使该票据信用增级，财务公司可承兑电子银行承兑汇票，持票人可向电子商业汇票系统的所有接入银行发起贴现申请，这些都将有助于培育商业银行的定价能力与加快利率市场化的进程。

（3）电子商业汇票是中央银行公开市场业务操作的新工具。

电子银行承兑汇票作为融资工具，以其低成本承兑的优势会对短期贷款产生挤出效应，即电子银行承兑汇票的签发会相应减少对短期贷款的需求。同时，电子银行承兑汇票作为票据货币，生成的主动权在于企业和商业银行，在其电子系统构建的信用环境下，具有很强的支付转让功能和流动性。据相关部门预测每张电子商业汇票的平均转让次数将达30次，但是，未贴现的商业汇票游离于广义货币M2范畴之外，巨额的电子银行承兑汇票形成的虚拟货币将会对中央银行货币政策的传导机制产生一定的影响。

电子商业汇票系统对所有电子商业汇票集中登记托管，能够实现对商业汇票支付、融资行为的全面、及时、准确统计，了解资金的投向；通过对票据实际融资利率以及票据市场报价的统计监测，及时了解票据市场利率趋势，为利率市场化改革、为宏观经济决策提供基础数据和参考依据。

商业票据市场是货币市场的重要组成部分，中央银行在电子商业汇票系统中作为一个参与者，将增加以商业汇票再贴现与卖出的公开市场业务操作，由于商业汇票也是联结实体经济的一项重要金融工具，此举将能使中央银行的货币政策操作更快地传导到实体经济中去。

（4）电子商业汇票有利于商业银行对融资服务的创新。

电子商业汇票将以价格比较优势和处理的高效率，成为银行综合营销优质企业客户的手段，商业银行可以为与银行相同资信级别的优质客户提供以发行短期融资券为批量融资，承兑电子商业汇票为零售融资的短期融资配套方案，为优质企业低成本融资提供财务顾问服务。

随着电子商业汇票期限的延长，电子商业汇票可创新发展为结合应收账款、融资租赁、物业租赁、收费权质押、出口退税等具有未来确定现金流偿债能力的资产支持票据，并以此作为远期债务凭证；电子商业汇票以其电子化的特性可嵌入电子商务系统中，集融资、结算、现金管理一体的资金管理工具；商业银行或财务公司也可借助电子商业汇票系统第三方托管平台，将电子商业汇票打包组成集合票据管理计划后销售给信托公司，以此调节银行、财务公司的流动性。

（二）中国票据网平台

1. 中国票据网的历史沿革

自1994年起，中国银行间市场开启了波澜壮阔的发展历程，以建设全国统一的市场体系为指导思想，依托现代电子信息技术，先后建成了全国统一的银行间外汇市场、拆借市场和债券市场。作为银行间货币市场的重要组成部分，票据市场在2003年前并没有全国统一的服务平台，市场呈明显“条块状”，信息无法充分交互，不但金融机构开展业务效率低下，监管部门也缺乏实时把握市场情况的有效手段。在此背景下，由中国人民银行主管、中国外汇交易中心（以下简称“交易中心”）主办的“中国票据网”（以下简称“票据网”）于2003年6月应运而生，致力于为全国范围内金融机构提供票据报价、查询、在线业务洽谈以及信息等相关服务，并为监管部门实施有效监管提供充分依据。

为适应票据市场迅猛发展所呈现的新面貌、新格局，交易中心在2011年成立票据项目组并启动了新版票据网建设工作。经过一年多的机构调研、需求分析、开发建设，新版票据网整体功能于2012年12月正式上线，至2013年6月30日，票据网已为市场服务十周年。

为积极发挥长三角地区票据贴现利率在全国市场的晴雨表和风向标作用，票据网从2010年开始受权发布“长三角票据贴现价格指数”。该指数是由长三角票据联席会议成员和该区域市场中票据贴现交易市场化程度较高的共 30 家机构，自主报出其在最近两周内买入全部贴现票据的加权平均利率（金额加权），剔除最高、最低 3 家报价后，对其余报价再折算为相应的价格指数，每两周发布一次。

截至 2013 年 10 月 25 日，中国票据网累计机构会员 2343 家，其报价笔数机构类型及分区如图 5-4 所示。

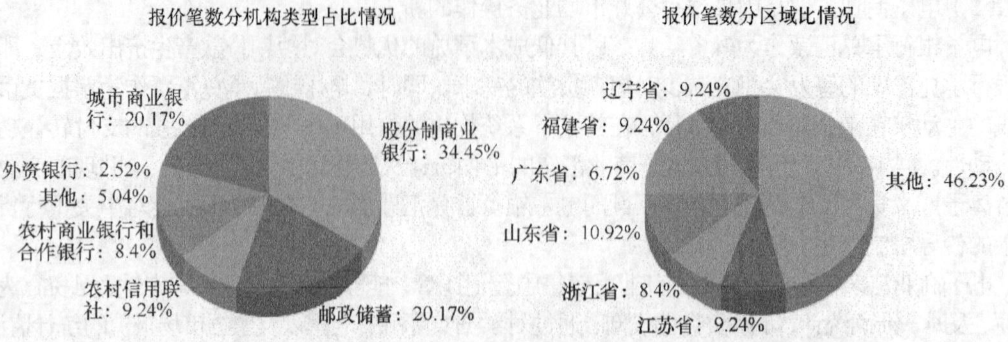

图 5-4 中国票据网报价笔数机构类型与分区

截至 2013 年 10 月 25 日 16:30，各金融机构通过中国票据网发送报价 119 笔，金额 551.94 亿。其中，电票报价 15 笔，环比下降 16.67%，报价金额 60.80 亿，环比下降 13.88%；纸票报价 104 笔，环比下降 4.59%，报价金额 491.14 亿，环比下降 19.88%。10 月 24 日 16:30 以后，共有 2 家金融机构发送报价 2 笔，如表 5-2 所示。

表 5-2 票据转贴现报价日汇总表

	品种	方向	金额（亿）	笔数	最高利率（%）	最低利率（%）	平均利率（%）	较昨日（BP）
电子票据	买断式	买入	60.00	14	7.2500	6.4000	6.7964	+26.57
		卖出	0.80	1	6.9500	6.9500	6.9500	+85.00
	回购式	正回购	—	—	—	—	—	—
		逆回购	—	—	—	—	—	—
纸质票据	买断式	买入	279.30	55	7.0000	5.0000	6.3933	+14.88
		卖出	46.34	23	6.2000	5.8000	6.1000	+10.62
	回购式	正回购	74.00	10	6.1500	5.0000	5.8390	+12.79
		逆回购	91.50	16	6.6000	5.6000	6.3038	+34.69

注：表中平均利率为算术平均年利率。（DVP）自动清算，交易对手涵盖所有系统参与者而无地域差别，也无审核交易对手身份真实性之虞。

2. 中国票据网的特点

中国票据网围绕“服务市场用户和监管用户两大受众，依托报价、信息、管理三大支柱”的理念，从业务功能、规范管理、用户体验等入手，打造全新的票据市场综合服务平台。

第一，服务“市场用户”和“监管用户”。

① 市场用户：长期以来，票据网定位的市场用户为金融机构。但从整个票据业务链以及市场价格体系看，企业的贴现环节以及由此形成的贴现利率，对金融机构的转贴现规模与价格均有重要影响。为此，新版票据网增加了贴现意向发布功能，使得服务对象从金融机构进一步延伸至企业。该举措架起了银企间信息沟通的桥梁，有利于理顺金融市场到实体经济的传导，优化资源在

全国范围内的配置。此外，新版票据网专门针对金融机构增加了较为丰富的增值服务功能，如利息计算、票据清单传输、合同文本打印等，力求较好提升用户黏性。

② 监管用户：票据网原有的统计监测窗口为监管部门实时监测市场报价提供了功能便利。在此基础上，新版票据网推出了“票据利率监测系统”，通过采集和分析活跃金融机构的实际成交数据，呈现更贴近市场的信息。该系统于 2011 年 11 月起在上海地区开展试点，先期纳入具有代表性的 30 家机构作为样本，追踪监测其每日贴现、转贴现交易的量、价信息，显著提高了监测时效性和准确性。该系统也随着新版票据网上线实现了同步升级，并新增资金流向监测等功能，使监管部门对市场的把握更为全面和准确。待时机成熟后，该系统将在全国范围推广。

第二，提供“报价”、“信息”、“管理”三大服务。

① 报价：推出电子票据转贴现报价服务，完善和丰富了中国统一票据报价平台的功能。新版票据网推出的电子票据报价功能，有助于市场成员寻找交易对手，盘活电票存量，活跃贴现、转贴现市场，同时引导市场对电票转贴现利率、尤其是 6 个月到 1 年期限转贴现利率的合理定价，促进电子商业汇票签发、承兑业务量的增长，实现一、二级市场的良性互动。

② 信息：强化信息集中度和涵盖面。一是集中并深度加工票据报价信息。新版票据网同时汇集纸票和电票的报价信息，形成更为完备的票据报价信息库，并支持个性化查询。同时新版网站对报价数据进行了深度加工，形成报价利率走势图和市场综述等内容，使信息的展示更为形象、直观。二是集中票据丧失信息。新版票据网增加票据丧失信息发布和查询功能，金融机构既可上传商业汇票的丧失信息并选择挂失、催告两个状态，也可上传空白票据凭证的遗失信息。该举措有助于在现行法律框架下减少因信息不对称引发的票据市场债权债务纠纷，维护市场秩序。三是集中贴现意向信息。票据贴现意向公告栏为银行和企业间的信息交互提供了重要渠道，通过票据网在全国范围的覆盖与影响，贴现意向公告栏使企业更有机会寻找到合理成本的资金，促进了金融资源在全国范围的优化配置。

③ 管理：规范网站运作保护用户合法权益。一是推行年检制度。该制度要求用户在每年 4 月 1 日前由业务负责人在线更新机构信息，完成年检申报，未按时申报年检的机构将被暂停票据网用户资格。此举既有利于维护市场秩序，有效规避风险，还通过筛选出活跃参与会员，使服务更具针对性。二是建立用户分层制度。新版票据网将用户分为业务负责人和业务人员两个层次，其中业务负责人拥有最高业务权限，负责其他业务人员的管理和本机构年检等；业务人员则可从事报价、信息查询等。此举实现了票据网的有效管理，确保相关责任追溯到位。

3. 中国票据网运行概况

（1）报价与成交利率总体渐趋收敛，价格发现功能日趋增强。

票据网报价服务，不仅定位于协助市场成员便捷、快速地寻找交易对手，更致力于充分实现价格发现功能，有效消除市场信息的不透明。通过比较新版票据网上线前后报价利率与市场实际成交利率的差异，可进一步了解其在引导市场定价方面发挥的作用。

（2）电子票据报价趋于活跃，全国唯一电票报价平台功能初显成效。

作为当前全国唯一的电子票据报价平台，新版票据网在上线后的电子票据报价量呈震荡上行的态势，除了 2013 年第一周由于元旦假期影响导致报价量较低外，其余时间都处于相对高位。尤其是买断式转贴现，每周平均报价量达到 183 亿元，周平均报价笔数为 43.88 笔，有效促进了电子票据在二级市场的流动。

（3）逾千家机构完成年检，重点会员进一步锁定。

截至 2013 年 3 月 31 日，即新版票据网上线后首次年检到期日，共有 735 家机构主动参与年检。截至 4 月 30 日，共有 1 112 家机构完成年检。年检完成率约 50%。这其中，邮储银行、股份制商业银行以及政策性银行的完成率位列前三位。在此期间，交易中心不断探索并优化处理流程，采用市场组织和应急服务相结合，并根据实际情况延长作业时间，确保机构完成相关手续后在最短时间内恢复使用票据网服务。

4. 中国票据网的未来展望

从长远看，票据网致力于成为专业、高效的票据信息一体化服务平台，更好地服务于金融机构和监管部门，为最终建成全国统一的票据市场体系做出新的贡献。

（1）接收并发布电子票据成交行情，提供更为全面的纸质票据报价和交易信息。一方面，电子票据代表了票据市场未来发展方向，现阶段无论从法律法规、参与者基础、市场基础设施等方面来看，均已具备建立全国电子票据交易平台的条件。新版票据网的电子票据报价功能，可为交易平台的建设积累经验。电子票据交易平台建成后，票据网将直接接收和发布电子票据成交行情。另一方面，纸质票据仍将在相当长一段时间内占据市场主导。票据网将继续生成纸票报价信息，同时伴随条件成熟时票据利率监测系统的全国推广，接收和发布全国纸票成交数据，成为纸质票据报价、交易信息的权威出处。

（2）提供票据贴现报价服务。票据贴现是商业银行与实体经济联系最为紧密的业务品种之一，贴现利率也是货币市场体系中市场化程度最高的利率之一。票据网未来将在现有“贴现意向发布”功能运行成熟的基础上，择机推出票据贴现报价功能，使得金融机构的贴现交易意向能更加准确地传导至企业，引导商业银行通过科学、合理定价，在有效增强利率风险把控的前提下持续加大对中小、小微企业的融资和扶持力度。

（3）形成完整的票据丧失信息数据库。新版票据网的“票据丧失信息公告栏”，为解决长期困扰票据市场的失票信息分散问题提供了有效渠道。但其功能的充分发挥，需要各市场成员的广泛、积极参与。交易中心将在未来通过多种形式深入推介该项功能，鼓励和吸引更多的机构上传与查询票据丧失信息。同时择机与高级人民法院开展信息合作，实现高院的票据丧失信息实时转发至票据网，最终形成完整的票据丧失信息库，从而有效遏制票据犯罪，持续净化市场环境。

（4）依托票据网形成活跃的市场交流平台。目前票据网两千多家的会员，已经涵盖了全国各地区不同类型的商业银行及财务公司，通过年检又锁定了重点服务区域和市场主体。交易中心将在未来有效地组织起这些重点服务对象，依托票据网打造活跃的市场交流平台，以业务座谈、机构调研等多种形式，探讨如何更好地发展票据网服务功能。

三、中国电子票据交易系统

（一）中国电子票据交易系统概述

1. 电子商业票据的定义

电子商业票据是出票人以数据电文形式制作的，委托付款人在指定日期无条件支付确定的金额给收款人或者持票人的票据。电子商业票据又分为电子银行承兑汇票和电子商业承兑汇票。

2. 电子商业票据系统的定义

电子商业票据系统是指依托网络和计算机技术，接收、登记、转发电子商业票据数据电文，提供与电子商业票据货币给付、资金清算行为相关服务并提供纸质商业汇票登记、查询和商业汇票（含纸质、电子商业票据）公开报价服务的综合性业务处理平台。

电子商业票据系统包括电子商业票据业务处理功能模块、纸质商业汇票登记查询功能模块和商业汇票公开报价功能模块。

3. 系统参与者和业务参与者的定义

系统参与者是指经过相关部门批准接入电子商业票据系统，通过电子商业票据系统处理电子商业票据业务、纸质商业汇票登记查询业务、商业汇票公开报价业务的银行业金融机构。系统参与者需加入大额支付系统，并具有支付系统行号。电子商业票据系统全面采用大额支付系统的行名行号。业务参与者是指通过其行内或开户行的系统，办理电子商业票据业务的主体。主体共分为5类，包括企业、中央银行、财务公司、直接连入电子商业票据系统的银行业金融机构及其分支机构（以下简称接入银行）、通过他行代理连入电子商业票据系统的银行类金融机构（以下简称被代理行）。业务参与者通过系统参与者发送和接收相关业务。

4. 接入点和接入点银行的定义

接入点是指银行业金融机构接入电子商业票据系统的接入系统。电子商业票据业务处理功能模块必须通过直连方式接入，纸质商业汇票登记查询功能模块和商业汇票公开报价功能模块可通过直连或间连的方式接入。系统参与者通过接入点发送和接收相关业务。

接入点银行是指拥有电子商业票据系统接入点的银行业金融机构。

5. 电子商业票据系统基本功能概述

电子商业票据系统的基本功能包括以下 5 个方面。

（1）身份认证管理功能。电子商业票据系统应具备识别接入点银行身份的功能，以确保银行业金融机构（以下简称商业银行）行内系统与电子商业票据系统之间各类业务活动的不可否认性、数据完整性及传输保密性。电子商业票据系统的身份认证管理功能以接入点银行准入、退出管理规则为依据，以接入点数字证书的新增、变更、废止为手段，包括依据规定受理接入点银行申请，进行接入点信息维护等具体事项。

（2）数据信息交换功能。通过电子商业票据系统与商业银行行内系统及其他相关系统的连接，以电子商业票据系统作为数据信息接收验证、登记存储、发送或转发的“中介”，实现电子商业票据业务、纸质商业汇票登记查询业务和商业汇票公开报价业务的数据信息在不同商业银行之间的“互联互通”，实现电子商业票据资金清算数据在本系统与支付系统之间的传递。

（3）登记、存储功能。电子商业票据系统能够对每一笔电子商业票据的票据行为、融资行为、结算行为和纸质商业汇票票面内容及流转过程等信息进行登记，并在数据库中存储。

（4）统计监测功能。电子商业票据系统能够根据集中登记存储的纸质商业汇票和电子商业票据信息，定期或不定期按出票人（或承兑人）、业务种类、行别、地区统计相关业务量及业务明细情况；能够为中央银行的票据信用管理、反洗钱、征信等相关工作提供基础数据；能够根据预先设定的可疑或异常票据业务参数，监控可疑或异常票据业务；能够根据临时或特殊需要产生特定用途的统计或监测报表。

（5）业务计费功能。为适应收费管理的各种需求，系统应提供灵活的计费功能，计费标准实行参数化管理，根据管理需要进行设置。

（二）中国电子商业票据系统总体结构

中国电子商业票据系统总体结构如图 5-5 所示。

电子商业票据系统包括电子商业票据业务处理功能模块、纸质商业汇票登记查询功能模块和商业汇票公开报价功能模块。电子商业票据业务处理功能模块作为电子商业票据系统的核心模块，与商业银行行内系统及现代支付系统连接，并在将来可以根据需要，与中国人民银行再贴现系统及中国人民银行征信系统连接。纸质商业汇票登记查询功能模块和商业汇票公开报价功能模块是电子商业票据系统的辅助模块，分别向相关银行提供纸质商业汇票登记、查询和银行间商业汇票公开报价的服务。

电子商业票据系统全面采用大额支付系统的行名行号。电子商业票据系统是大额支付系统的无户特许参与者。商业银行申请变更或撤销大额支付系统的行号，必须同时指定电子商业票据系统的承接行。人民银行同时审批行号变更和承接关系，清算总中心负责在系统中建立承接人与被承接人之间的映射关系。

电子商业票据业务参与者通过商业银行行内系统发送、接收电子商业票据业务数据信息并办理与电子商业票据相关的业务。为确保电子商业票据业务处理的实时性，各银行与电子商业票据处理功能模块应通过直连方式进行连接。

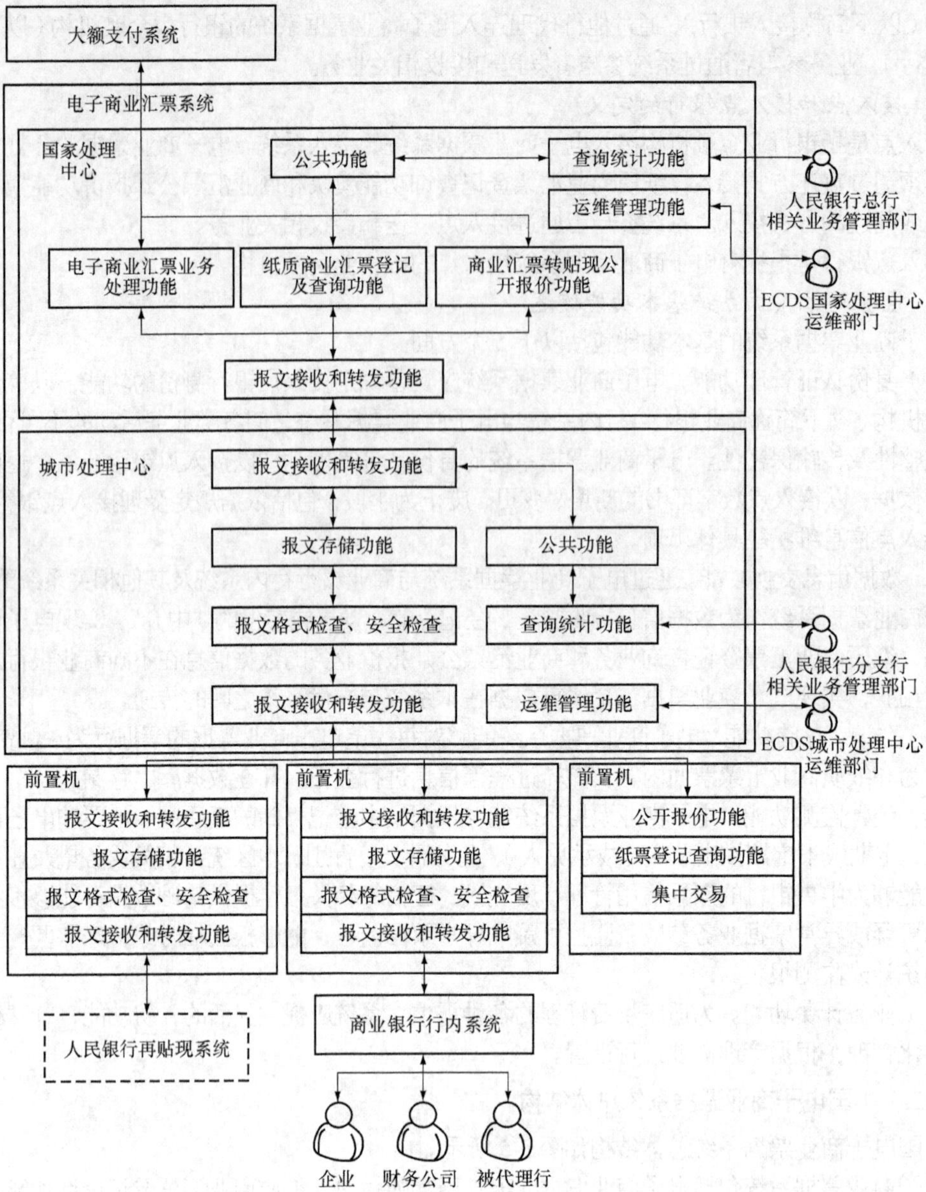

图 5-5　中国电子商业票据系统总体结构

考虑到财务公司和通过代理银行接入本系统的情况，电子商业票据处理功能模块接收其通过开户行发来的特定业务和向其开户行发送特定业务。电子商业票据处理功能模块以业务参与者标志识别不同业务参与者的身份，直接接入电子商业票据处理功能模块的商业银行负责审核业务参与者身份的真实性。

电子商业票据系统的运营机构作为支付系统的无户特许参与者，按照现代化支付系统（CNAPS）接口规范与支付系统进行连接，以实现资金清算、业务收费、支付信息统计和票据信用管理等不同功能。其中与电子商业票据业务相关的资金清算由电子商业票据业务处理功能模块提交大额支付系统进行处理。

电子商业票据业务处理功能模块可根据中央银行再贴现管理部门要求，以数据接口方式与再贴现系统连接，以满足中央银行再贴现管理部门作为电子商业票据系统业务参与者处理与其相关再贴现业务的需求。包括查询、签收、审定并完成再贴现资金结算等具体事务。

各商业银行经批准，可以成为商业汇票公开报价功能模块、电子票据集中交易模块和纸质商业汇票登记查询功能模块的用户。商业银行可以以直连方式接入这两个功能模块，也可通过前置机以间连方式接入这两个功能模块。

（三）中国电子商业票据系统业务分类

1. 票据信息登记、存储业务

票据信息登记、存储业务是指商业银行行内系统生成电子商业票据后，将相关票据信息发送电子商业票据系统，电子商业票据系统据此进行登记和存储的行为。

出票人（承兑人）必须对生成的电子商业票据进行电子签名，出票人（承兑人）开户行负责审核电子商业票据形式、内容及出票人（承兑人）电子签名的真实性和合法性，并按规定保留验签信息；电子商业票据系统负责信息发送银行的身份认证以及报文规范性审查，并按规定保留验证信息；但电子商业票据系统不对电子商业票据当事人电子签名的真实性、合法性进行检验。通过发送银行身份认证和报文规范性审查的，电子商业票据系统对电子商业票据相关数据信息进行登记、存储。

2. 转发电子商业票据信息业务

转发电子商业票据信息业务是指电子商业票据系统将已完成登记、存储的电子商业票据信息，转发至电子商业票据上记载的票据权利人开户行行内系统的行为。

开户行行内系统收到电子商业票据系统转发的电子商业票据信息后，应通过其行内电子商业票据系统向票据权利人提供进行后续操作的各项票据流转和结算服务。

3. 更新电子商业票据信息业务

更新电子商业票据信息业务是指电子商业票据系统根据商业银行行内系统发来的票据权利人对电子商业票据进行撤回、背书、保证、质押、贴现、转贴现、再贴现等操作的处理结果，实时修改原票据相关信息和业务状态的行为。

4. 电子商业票据结算信息转发业务

电子商业票据信息转发业务是指电子商业票据系统根据发起行行内系统提交的电子商业票据结算信息，向接收行行内系统转发相关信息的行为。主要包括提示付款信息、退票信息等转发业务。

5. 电子商业票据资金清算业务

电子商业票据资金清算业务是电子商业票据系统的运营机构作为支付系统的特许参与者，提供与电子商业票据到期提示付款和转贴现、再贴现业务相关的实时资金清算服务。具体包括以下两个方面的内容。

（1）电子商业票据系统根据转贴现背书、回购式转贴现赎回以及再贴现背书的签收信息和资金清算标识，自动向支付系统发送即时转账业务，实时办理转贴现（回购）、再贴现业务的资金清算。

（2）电子商业票据系统实时接收并转发各行提交的电子商业票据提示付款信息，并根据付款银行在规定时间内发送的同意付款业务回执向支付系统发送即时转账业务，实时办理提示付款业务的资金清算。付款银行拒绝付款的，电子商业票据系统将拒绝付款信息实时转发收款银行。

6. 信息服务业务

信息服务业务是指电子商业票据系统提供系统参与者相关信息查询、广播式公告等信息发布服务的行为。

7. 商业汇票报价业务

商业汇票报价业务是指电子商业票据系统提供商业汇票（包括电子和纸质）转贴现业务公开报价，为参与银行进行询价交易提供信息服务的行为。

8. 纸质商业汇票登记查询业务

纸质商业汇票登记查询业务是指系统提供系统参与者登记纸质商业汇票票面内容、当前状态等信息以及查询商业汇票相关信息。

（四）电子商业票据系统系统运行时间

1. 电子商业票据系统系统运行时间

原则上系统运行时间应长于支付系统。

2. 电子商业票据系统业务处理周期

系统在运行时间内处理电子商业票据出票、背书、保证、承兑等信息的登记、存储和转发类业务。电子商业票据转贴现、再贴现业务的资金清算由电子商业票据系统根据资金清算标识实时向大额支付系统提交即时转账指令办理。电子商业票据提示付款业务可由电子商业票据系统根据付款银行在规定时间内发送的同意付款业务回执向支付系统发送即时转账业务，实时办理提示付款业务的资金清算。

（五）电子商业票据系统系统的风险控制

1. 电子商业票据系统流动性风险管理

根据电子商业票据系统提供以即时转账业务为主的资金清算服务的实际情况，与电子商业票据业务有关的流动性风险一并纳入大额支付系统流动性管理范畴。其中需特别说明以下问题。

对于融资类票据交易（转贴现、再贴现），应由电子商业票据系统根据票据买入行的背书签收记录和资金清算标识，实时生成即时转账报文并向大额支付系统发起支付指令，将贴现款项从贴入行账户划至贴出行账户，即通过引入 DVP 付款交割机制，消除信用风险和流动性风险。但如下情况除外：提示付款、转贴现、再贴现业务中，交易方可自行选择是否采用上述“DVP”机制办理转贴现资金的收付事宜。如交易方选择线下资金清算，则不采用“DVP”机制。

2. 电子商业票据系统运行风险管理

为保证电子商业票据系统的安全稳定运行，减少由于设备技术故障和人为因素造成的运行风险，系统必须保证以下5点。

（1）可靠性：系统要采用高可靠性的网络和计算机设备，并具备足够的冗余和可选路由，系统软件和应用软件要高度可靠，保障系统的稳定运行。

（2）安全性：要严格限制接触系统硬件、软件的相关人员权限；进入系统必须通过严格的口令检查和身份鉴别，节点之间的业务数据信息传输必须采取加密和加押措施，并进行法律和技术确认；数据存储要采取相应的安全保障措施；要建立系统运行日志。

（3）故障恢复和重新启动能力：必须保证有充分的信息备份，具备完善的故障恢复和重新启动机制。

（4）数据存档：所有的报文和文件信息都要按规定可靠保存，并能够方便检索。

（5）审计追踪能力：对所有的交易日志以及异常处理都必须建立完整的审计追踪机制。

另外，系统运行、管理部门应定期对所有采用的数字证书和电子签名等技术进行考查和评估，以增强系统的安全性。

第三节　中国电子商业汇票业务网银端解决方案

一、概述

（1）电子商业汇票的业务主体分类：第一，直接接入电子商业汇票系统的银行（以下简称接入行是指接入行为招商银行）；第二，直接接入电子商业汇票系统的财务公司（以下简称接入财务公司）；第三，通过接入行办理电子商业汇票业务的银行（以下简称被代理行）；第四，通过接入行办理电子商业汇票业务的财务公司（以下简称被代理财务公司）；第五，中国人民银行；第六，前五项以外的法人及其他组织。

（2）电子商业汇票为定日付款票据。电子商业汇票的付款期限自出票日起、至到期日止，最长不得超过 1 年。

（3）出票人或背书人在电子商业汇票上记载了“不得转让”事项的，电子商业汇票不得继续背书。

（4）票据当事人通过电子商业汇票系统做出行为申请，行为接收方未签收且未驳回的，票据当事人可撤销该行为。电子商业汇票系统为行为接收方的，票据当事人不得撤销。

（5）电子商业汇票的出票日是指出票人记载在电子商业汇票上的出票日期。电子商业汇票的提示付款日是指提示付款申请的指令到达电子商业汇票系统的日期；电子商业汇票的拒绝付款日是指驳回提示付款申请的指令到达电子商业汇票系统的日期；电子商业汇票追索行为的发生日是指追索通知的指令到达电子商业汇票系统的日期；承兑、背书、保证、质押解除、付款、追索清偿等行为的发生日是指相应的签收指令到达电子商业汇票系统的日期。

（6）每个业务环节都历经提示、签收：对每一笔业务的发起均需对对方做“提示”；对每一类、每一笔业务的接受或拒绝均需做 “签收回复”。

（7）电子商业汇票以人民币为计价单位，单张票据金额不得超过 10 亿元。

（8）电子商业汇票信息以电子商业汇票系统的记录为准。

二、出票及承兑业务处理

1. 出票及承兑业务处理的主要内容

（1）出票人类别必须为企业。

（2）出票及承兑业务处理包括出票信息登记、出票人提示保证、出票人提示承兑、承兑人提示保证、出票人提示收票、未用退回处理 6 个业务子流程。其中出票人提示保证、承兑人提示保证业务处理详见保证业务处理。成功的出票及承兑业务处理须包括出票信息登记、出票人提示承兑、出票人提示收票 3 个业务子流程。其他的出票业务子流程由票据当事人视情况选择使用；出票定制类型包括：“无定制”和“出票、承兑、收票三合一”。“无定制”是指出票人按照上述业务流程逐一操作；“出票、承兑、收票三合一”是指出票人出票登记后，系统自动代替出票人发送出票登记后的提示承兑报文请求、提示收票报文请求，无需出票人逐一操作。

（3）出票人在电子商业汇票交付收款人前，可办理票据的未用退回。

（4）出票人不得在提示付款期后将票据交付收款人。

（5）承兑必须在票据到期日之前完成。

（6）出票人可在电子商业汇票上记载自身的评级信息，并对记载信息的真实性负责，但该记载事项不具有票据上的效力。

（7）承兑人可在电子商业汇票上记载自身的评级信息，并对记载信息的真实性负责，但该记载事项不具有票据上的效力。

2. 出票信息登记业务处理

（1）出票人发起出票信息登记的处理。

操作步骤：出票人登录“网上企业银行”—“供应链金融”—“人民银行企业电子票据业务”，选择“出票登记申请经办”，如图 5-6 所示。

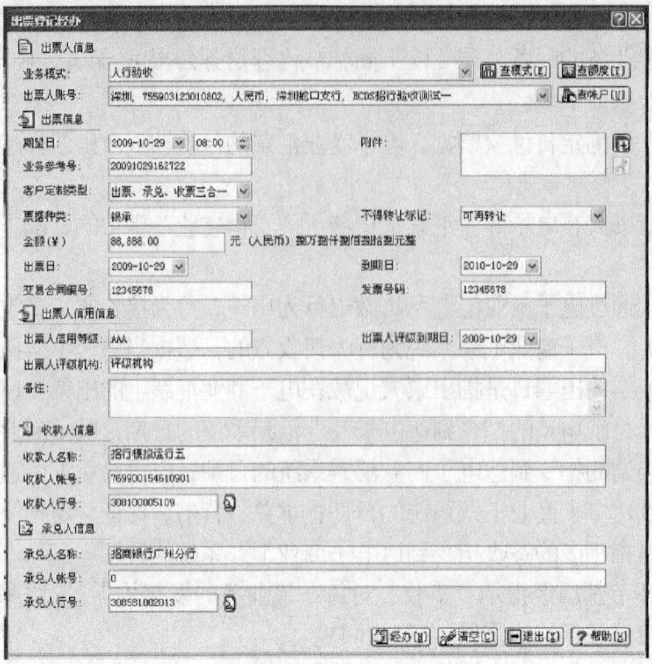

图 5-6　出票登记经办

出票人应自行填写出票申请信息。出票申请信息包括以下内容：电子票据种类：商承／银承；票据金额；出票人名称；出票人账号；客户定制类型：无定制／出票、承兑、收票三合一；不得转让标记：可再转让／不得转让；交易合同号；发票号码；承兑人名称；承兑人账号；承兑人开户行行号；收款人名称；收款人账号；收款人开户行行号；出票日期；票据到期日；期望日。

出票人可将贸易背景资料如贸易合同等通过附件上传 。

出票人可通过单击选择收款人民银行号及承兑人民银行号，如图 5-7 所示。

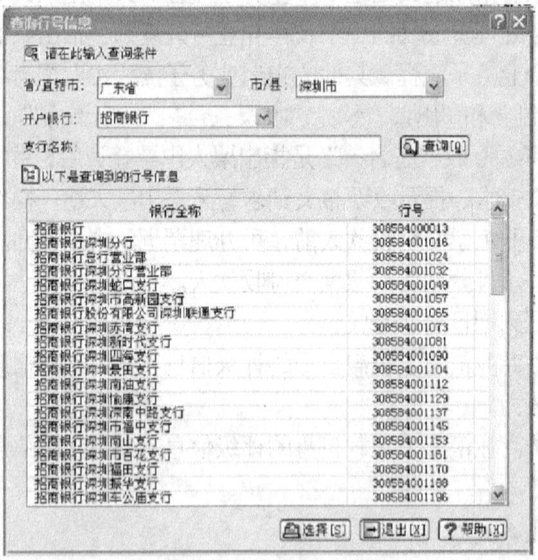

图 5-7　选择银行行号

出票人还可选择填写“票据信息备注”项和“出票人评级信息”项。出票人评级信息包括：信用等级、评级机构、评级到期日。

（2）出票人提示承兑业务的处理。

第一，出票人发出提示承兑的处理：出票人在票据状态为“出票已登记”时向承兑人提示承兑。

操作步骤：出票人登录“网上企业银行”—“供应链金融”—“人民银行企业电子票据业务”，选择 “出票提示承兑经办”，如图 5-8 所示。

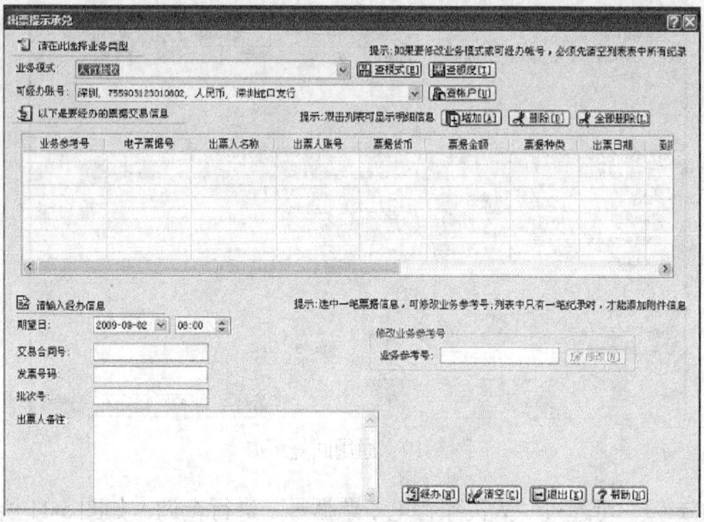

图 5-8　出票承兑经办

出票人单击 增加[A]，可通过“人民银行电子票据号”、“出票到期日起始日”、“出票到期日结束日”、“最小票据金额”、“最大票据金额”等条件进行查询，如图 5-9 所示。

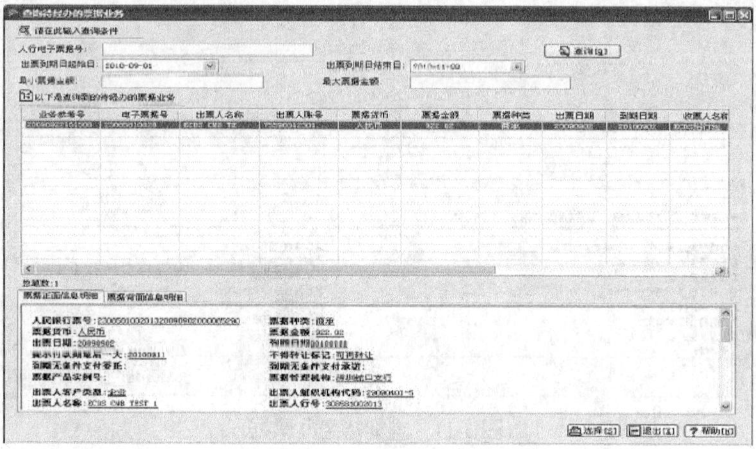

图 5-9　查询待经办的票据业务

选择单张票据即可查看“票据正面信息明细”及“票据背面信息明细”。

出票人选择要提示承兑的电子商业汇票，应填写提示承兑信息。在填写提示承兑信息时，如已获取交易合同和发票，则必须填写交易合同编号、发票号码。若无交易合同编号，则登记交易合同名称。若有多张发票且难以在“发票号码”项中全部注明的，应在“出票人备注”项中补全。

出票人在填写提示承兑信息时，可选择填写“批次号”和“出票人备注”项。

出票人还可通过“修改业务参考号”功能将业务参考号进行修改成为符合自己使用习惯的参考号 ，方便在票据综合查询中进行查询。

第二，承兑人回复提示承兑的处理。

操作步骤：承兑人登录“网上企业银行”—“供应链金融”—“人民银行企业电子票据业务”，选择 “通用回复经办”，业务类型选择“提示承兑回复”，如图 5-10 所示。

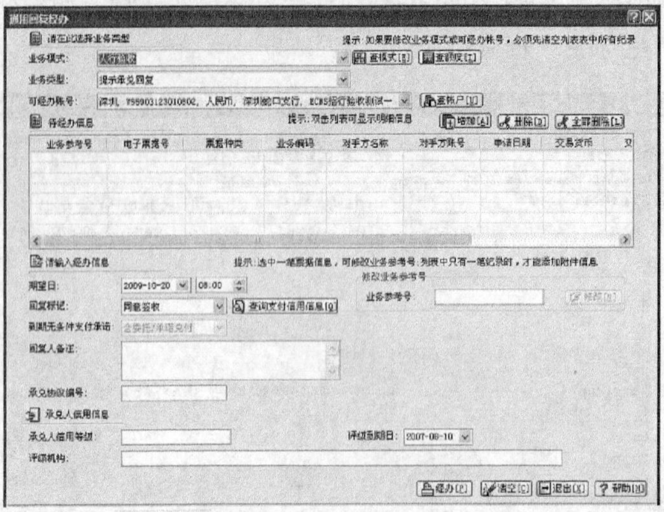

图 5-10　通用回复经办

承兑人单击增加(A)，可通过“人民银行电子票据号”进行查询，如图 5-11 所示。

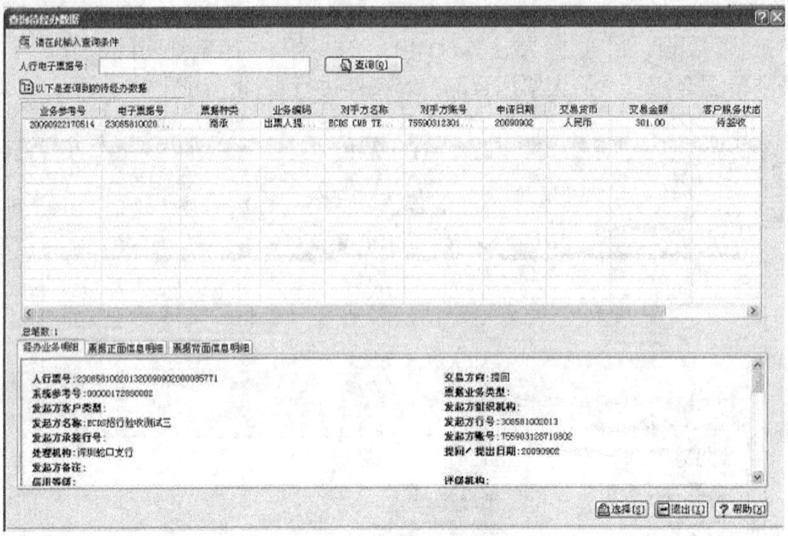

图 5-11　查询待经办票据

选择单张票据即可查看“经办业务明细”、“票据正面信息明细”和“票据背面信息明细”。

承兑人可以在“回复标记”选择对提示承兑“同意签收”或“拒绝签收”。如图 5-12 所示。

承兑人根据需要可在电子商业汇票上选择填写“回复人备注”项、“承兑协议编号”项和“承兑人评级信息”项。承兑人评级信息包括：信用等级、评级机构和评级到期日。

（3）出票人提示收票业务处理。

第一，出票人发出提示收票申请的处理。出票人在电子商业汇票票据状态为 “提示承兑已签收”时可向收款人发出提示收票申请。

操作步骤：出票人登录“网上企业银行”—“供应链金融”—“人民银行企业电子票据业务”，选择 “出票提示收票经办”，如图 5-13 所示。

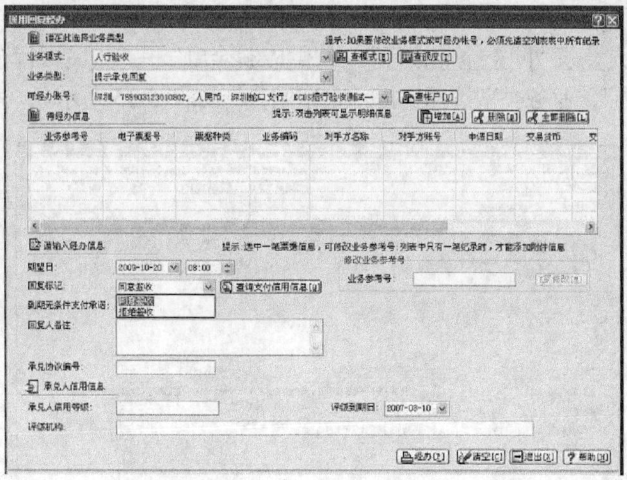

图 5-12　选择回复标记

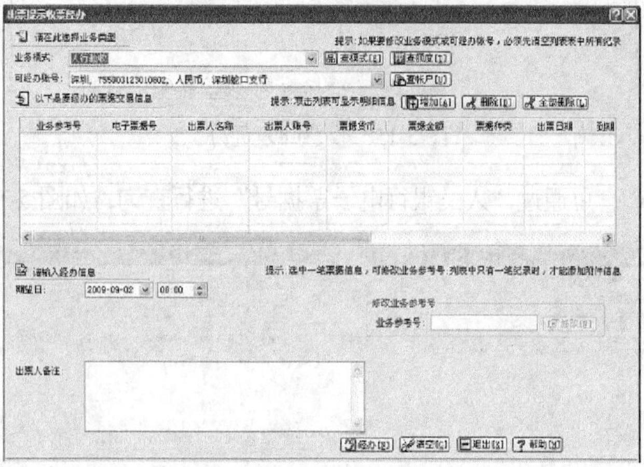

图 5-13　出票提示收票经办

出票人单击增加(A)，可通过“人民银行电子票据号”、“出票到期日起始日”、“出票到期日结束日”、“最小票据金额”、“最大票据金额”等条件进行查询，如图 5-14 所示。

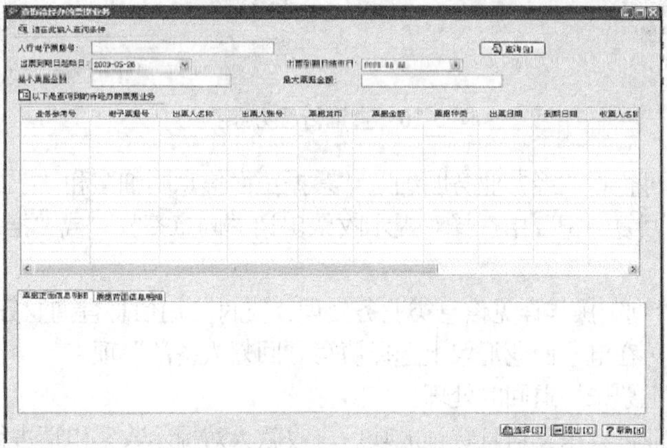

图 5-14　查询待经办的票据业务

选择单张票据即可查看“票据正面信息明细”及“票据背面信息明细”。

出票人在填写提示收票信息时，可选择填写“出票人备注”项。

第二，收款人回复提示收票申请的处理。

操作步骤：收款人登录“网上企业银行”—“供应链金融”—“人民银行企业电子票据业务”，选择 “通用回复经办”，业务类型选择“提示收票回复”如图5-15所示。

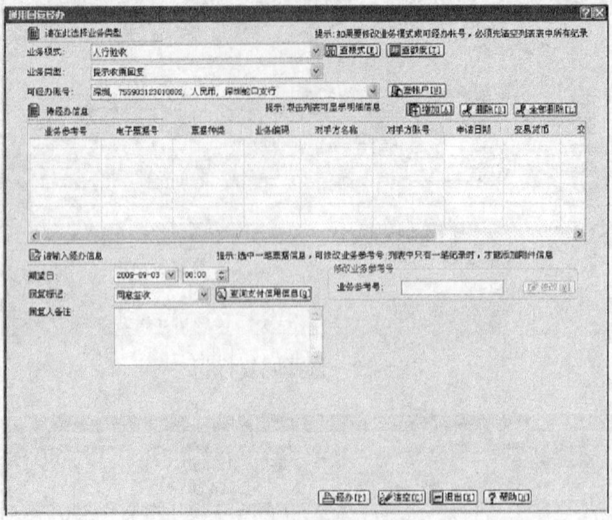

图5-15 收票回复经办

收款人单击增加(A)，可通过“人民银行电子票据号”进行查询，如图5-16所示。

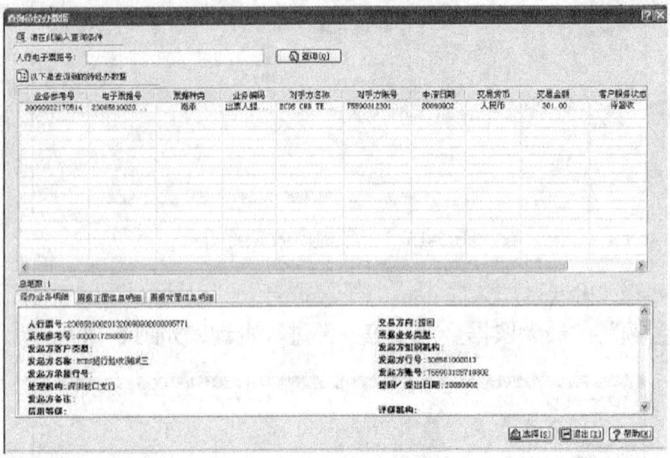

图5-16 查询待经办票据

选择单张票据即可查看“经办业务明细”、“票据正面信息明细”和“票据背面信息明细”。

收款人可以在“回复标记”中选择对提示收票申请“同意签收”或“拒绝签收”。如图 5-17所示。

“支付信用信息查询”操作详见信息类业务处理：支付信用信息查询业务。

收款人根据需要可在电子商业汇票上选择填写“回复人备注”项。

第三，电子商业汇票未用退回的处理。

出票人在电子商业汇票出票信息登记成功后，收款人对提示收票申请进行回复前，可以对票据状态处于“出票已登记”、“提示承兑已签收”的电子商业汇票作未用退回处理（ECDS 称撤票）。

操作步骤：出票人登录“网上企业银行”—“供应链金融”—“人民银行企业电子票据业务”，选择“撤票经办”，如图5-18所示。

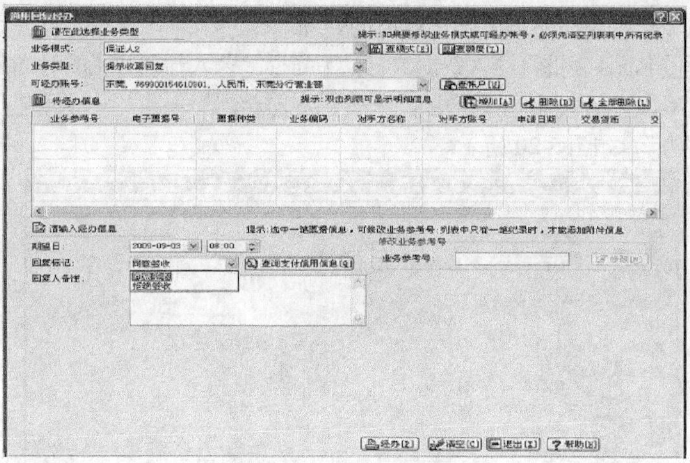

图 5-17　签收票据

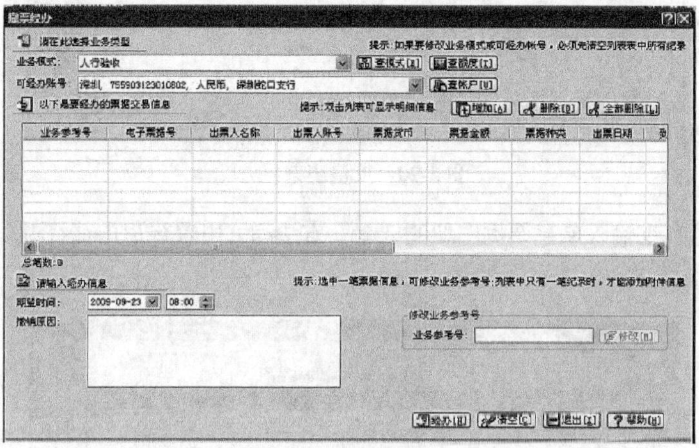

图 5-18　撤票经办

出票人单击增加[A]，可通过“人民银行电子票据号”、“出票到期日起始日”、“出票到期日结束日”、“最小票据金额”、“最大票据金额”等条件进行查询，如图 5-19 所示。

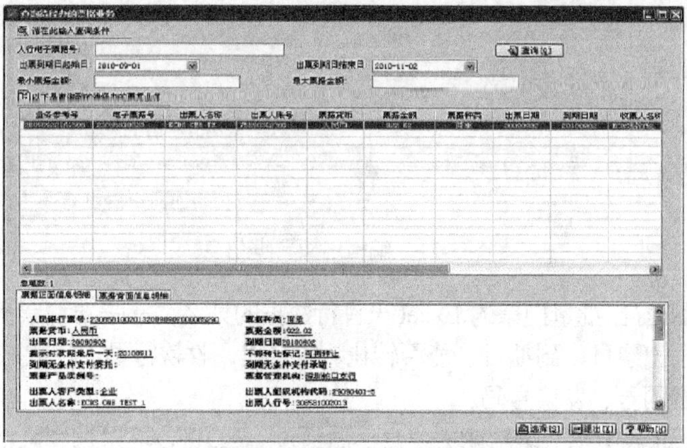

图 5-19　查询待经办的票据业务

选择单张票据即可查看“票据正面信息明细”和“票据背面信息明细”出票人必须在电子商业汇票上填写“撤销原因”项。

第四，出票人发起批量出票信息登记业务的处理。

出票人可以通过 Ecxel 表批量导入票据信息，节省逐笔录入开票要素的时间，提高出票效率。

操作步骤：出票人登录“网上企业银行”—“供应链金融”—“人民银行企业电子票据业务”，选择“批量出票经办”，如图 5-20 所示。

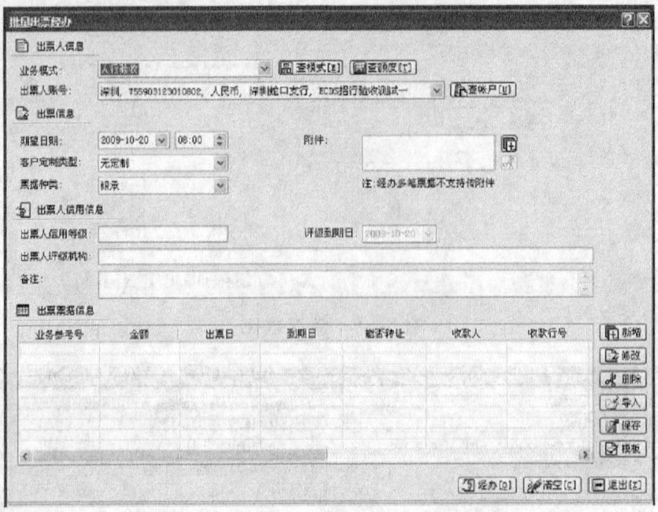

图 5-20 批量出票经办

出票人可单击新增输入单笔票据出票的要素，方法和“出票登记申请经办”相同，如图 5-21 所示。

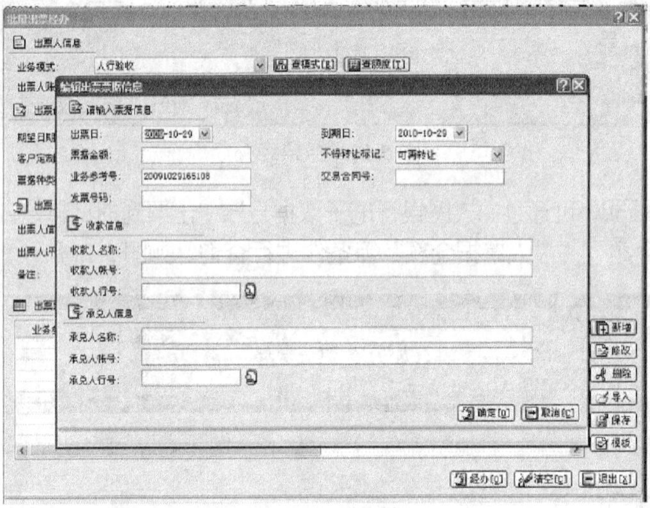

图 5-21 编辑出票票据信息

也可先单击模板导出批量出票的 Excel 表首行数据的列名，一张新增票据应包含以下信息：业务参考号、金额、出票日、到期日、能否转让、收款人、收款行号、收款账号、承兑人、承兑行号、承兑账号、合同号、发票号码。

出票人可在 Excel 表中依次编辑相关信息然后通过导入将多笔票据要素批量导入，如图 5-22 所示。

系统支持 xls、xlsx、txt、csv、etxt、ecsv 等文件格式，对于 Excel 可支持不同的 sheet 表单。单击下一步，如图 5-23 所示。

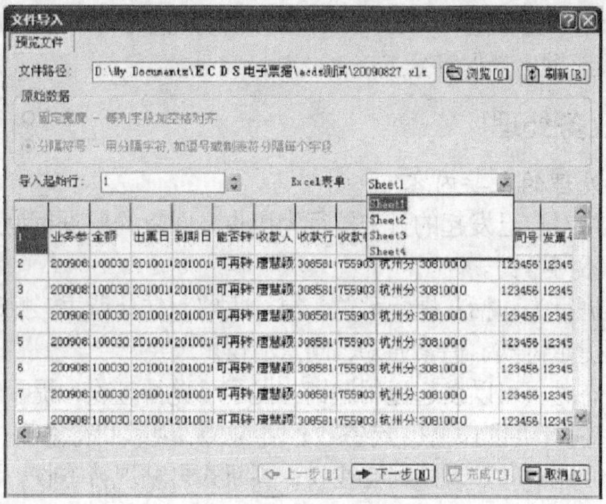

图 5-22　Excel 导入

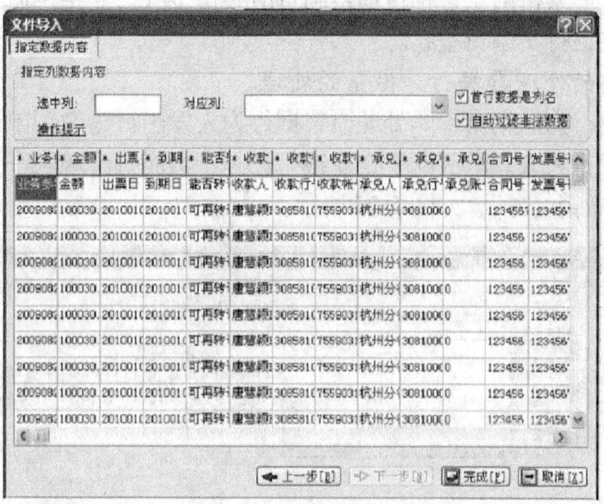

图 5-23　导入 Excel 后的界面

出票人可选中单独一列，然后在“对应列”中选择列名勾选“首行数据是列名”，系统可自动将表单首行数据作为所在列的名称；勾选“自动过滤非法数据”，可自动过滤非法字符不符合系统要求的数据，再单击完成(Z)即可将预先编辑的多笔票据要素导入系统，如图 5-24 所示。

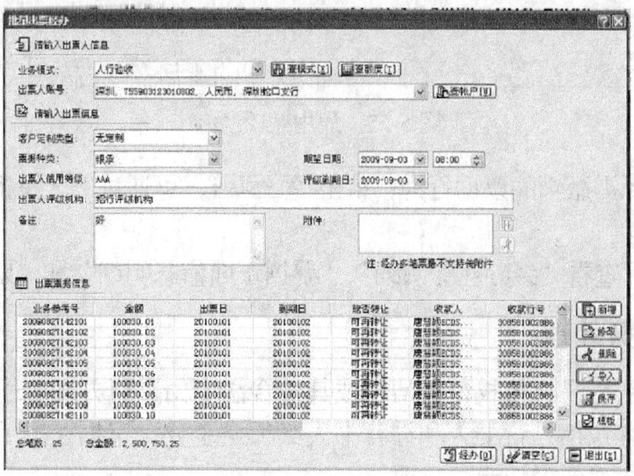

图 5-24　批量出票经办

出票人也可选择单笔票据信息，单击[修改]进行编辑；也可单击[删除]删除某笔或多笔票据信息；单击[保存]可将出票票据信息保存到 Excel 表中。

三、通用撤销业务处理

1. 通用撤销业务处理的主要内容

原票据行为发起人可对自己发起的且未被行为接收方回复的票据行为进行撤销。电子商业汇票系统为行为接收方的不得撤销。

可以发起撤销的票据行为包括：提示承兑、提示收票、转让背书、贴现、质押、质押解除、保证、提示付款、逾期提示付款、追索通知、同意清偿。

在票据处于以下状态时，可以发起通用撤销：提示承兑待签收；提示收票待签收；转让背书待签收；买断式贴现待签收；回购式贴现待签收；回购式贴现赎回待签收；买断式转贴现待签收；回购式转贴现待签收；回购式转贴现赎回待签收；买断式再贴现待签收；回购式再贴现待签收；回购式再贴现赎回待签收；质押待签收；质押解除待签收；保证待签收；提示付款待签收；逾期提示付款待签收；拒付追索待清偿；拒付追索同意清偿待签收；非拒付追索待清偿；非拒付追索同意清偿待签收；中央银行卖票待签收。

2. 票据行为撤销的处理票据行为撤销的处理

原票据行为人发出行为撤销申请的处理原票据行为人发出行为撤销申请的处理。

操作步骤：原票据行为人登录“网上企业银行”—“供应链金融”—“人民银行企业电子票据业务”，选择“通用撤销经办”，如图 5-25 所示。

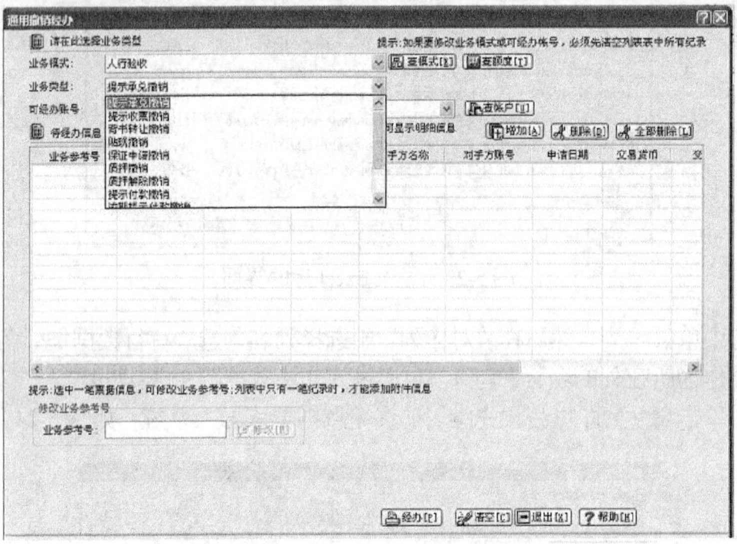

图 5-25　通用撤销经办

原票据行为人选择需撤销的票据行为，单击[增加]，可通过“人民银行电子票据号”进行查询，如图 5-26 所示。

选择单张票据即可查看“经办业务明细”、“票据正面信息明细”和“票据背面信息明细”。

四、转让背书务处理

企业之间基于商品交易、债权债务清偿或其他合法事由，可办理电子商业汇票转让背书业务。转让背书基本内容包括：背书人和被背书人必须是企业；票据在提示付款期后，不得进行转让背书；票据未记载“不得转让”事项。

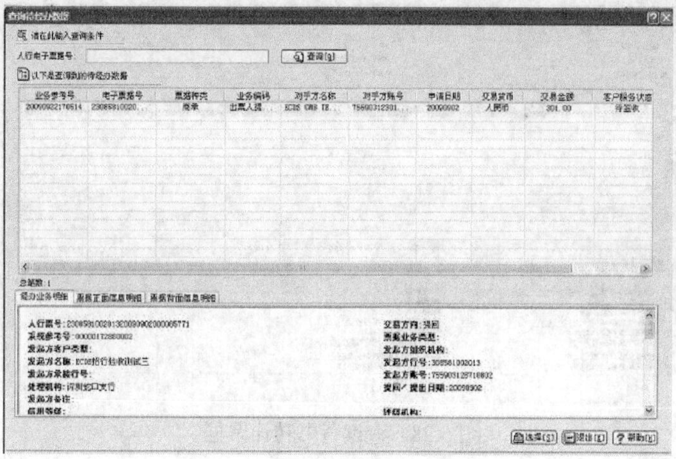

图 5-26 查询待撤销票据

1. 背书人发出转让背书申请的处理

背书人在电子商业汇票处于以下状态时，可向被背书人发出转让背书申请：提示收票已签收、背书已签收、质押解除已签收、回购式贴现赎回已签收。

操作步骤：背书人登录“网上企业银行”—“供应链金融”—“人民银行企业电子票据业务”，选择 “背书转让经办”，如图 5-27 所示。

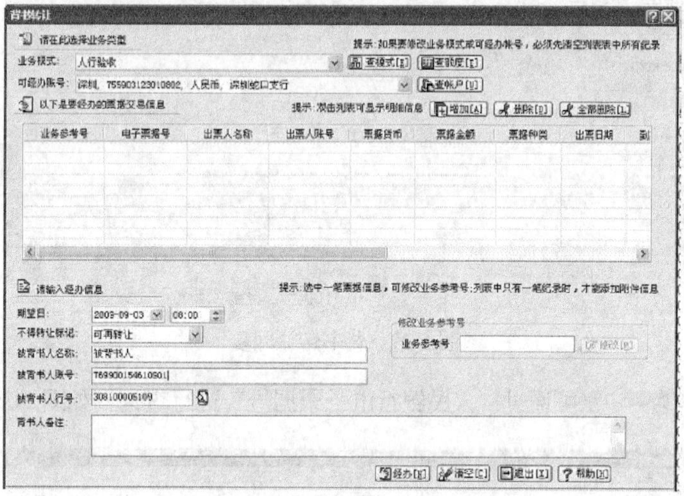

图 5-27 背书转让经办

背书人单击[增加(A)]，可通过“人民银行电子票据号”、“出票到期日起始日”、“出票到期日结束日”、“最小票据金额”、“最大票据金额”等条件进行查询，如图 5-28 所示。

选择单张票据即可查看“票据正面信息明细”和“票据背面信息明细”。

背书人选择要转让背书的电子商业汇票，填写转让背书申请信息。转让背书申请信息应包括以下内容：电子票据号码、票据金额、转让背书申请日期、不得转让标记、背书人名称、背书人类别、背书人开户行行号、背书人账号、被背书人名称、被背书人账号、被背书人开户行行号。背书人在填写转让背书申请信息时还可选择填写 “背书人备注”项。

2. 被背书人回复转让背书申请的处理

操作步骤：被背书人登录 “网上企业银行”—“供应链金融”—“人民银行企业电子票据业务”，选择 “通用回复经办”，业务类型选择 “背书转让回复”，如图 5-29 所示。

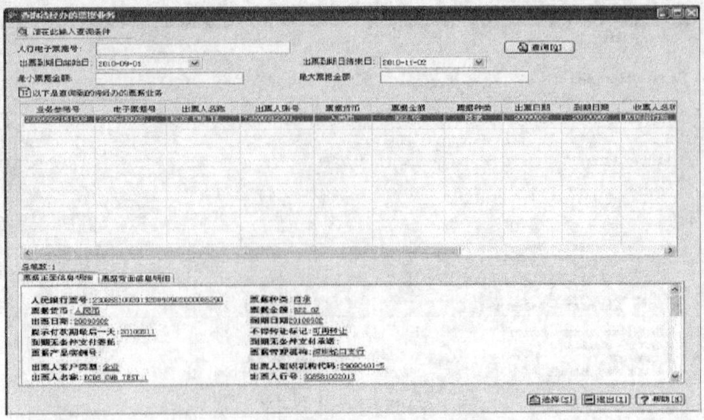

图 5-28　查询背书转让票据

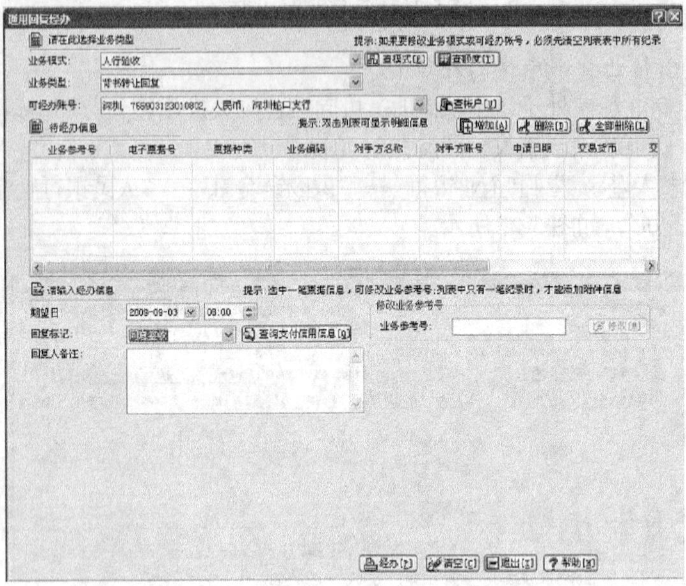

图 5-29　背书转让回复

被背书人单击增加(A)，可通过“人民银行电子票据号”进行查询，如图 5-30 所示。

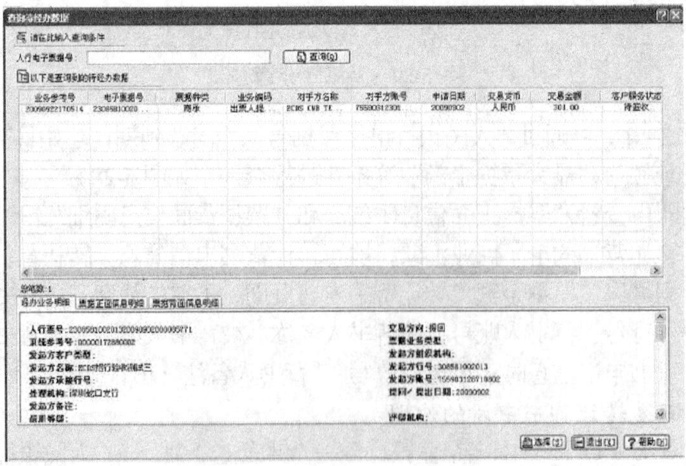

图 5-30　查询背书转让票据

选择单张票据即可查看“经办业务明细”、“票据正面信息明细”和“票据背面信息明细”。被背书人可以在“回复标记”选择对转让背书申请“同意签收”或“拒绝签收”。被背书人根据需要可在电子商业汇票上选择填写　“回复人备注”项。

五、质押业务处理

质押业务基本内容包括：各类业务主体均可作为出质人或质权人；主债务到期日先于票据到期日，且主债务已经履行完毕的，质权人应按约定解除质押；主债务到期日先于票据到期日，且主债务到期未履行的，质权人可行使票据权利，但不得继续背书；票据到期日先于主债务到期日的，质权人可在票据到期后行使票据权利，并与出质人协议将兑现的票款用于提前清偿所担保的债权或是继续作为债权的担保；质押申请日期<=质押解除日期<票据到期日；票据上未记载“不得转让”事项。

1. 质押的处理

电子商业汇票持票人可以将票据以质押背书的形式向其他业务参与者申请质押。

（1）出质人发出质押申请的处理。

当票据在以下状态时持票人可对该票据发起质押申请：提示收票已签收；背书已签收；买断式贴现已签收；回购式贴现已逾赎回截止日；回购式贴现赎回已签收；买断式转贴现已签收；回购式转贴现已逾赎回截止日；回购式转贴现赎回已签收；买断式再贴现已签收；回购式再贴现已逾赎回截止日；回购式再贴现赎回已签收；质押解除已签收；中央银行卖票已签收。

操作步骤：出质人登录“网上企业银行”—“供应链金融”—“人民银行企业电子票据业务”，选择　“质押申请经办”，如图 5-31 所示。

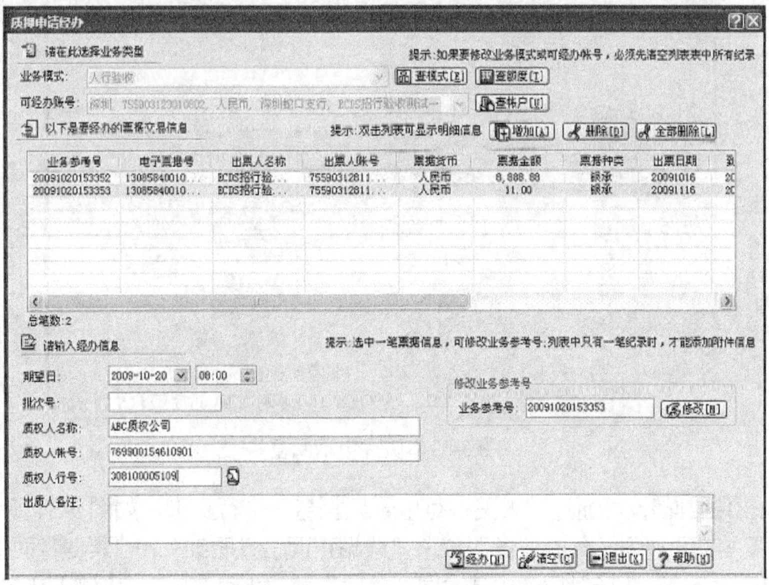

图 5-31　质押申请经办

出质人单击 增加[A]，可通过“人民银行电子票据号”、“出票到期日起始日”、“出票到期日结束日”、“最小票据金额”、“最大票据金额”等条件进行查询，如图 5-32 所示。

选择单张票据即可查看“票据正面信息明细”和“票据背面信息明细”。出质人选择需办理质押的电子商业汇票，填写质押申请信息。质押申请信息应包括以下内容：电子票据号码、票据金额、出质人名称、出质人账号、出质人开户行行号、出质人类别、质权人名称、质权人账号、质权人开户行行号、质押申请日期。出质人还可选择填写“批次号”和“出质人备注”项。

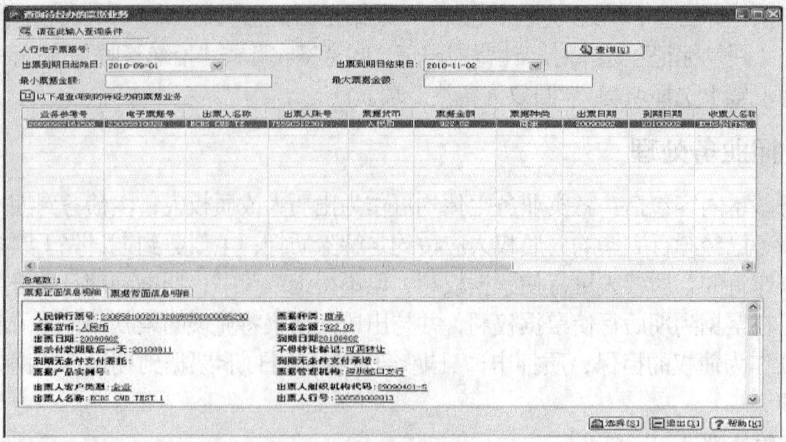

图 5-32 查询要办理质押的票据

（2）质权人回复质押申请的处理。

操作步骤：质权人登录“网上企业银行”—“供应链金融”—“人民银行企业电子票据业务”，选择“通用回复经办”，业务类型选择“质押申请回复”，如图 5-33 所示。

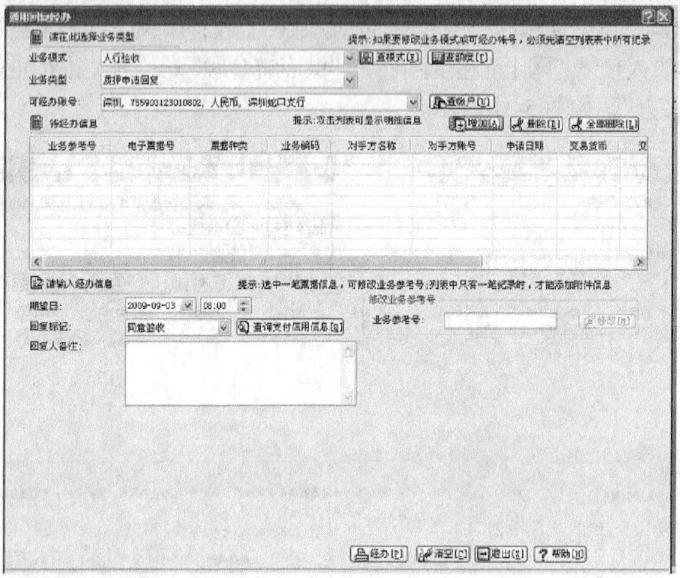

图 5-33 质押申请回复

质权人单击[增加[A]]，可通过“人民银行电子票据号”进行查询，如图 5-34 所示。

选择单张票据即可查看“经办业务明细”、“票据正面信息明细”和“票据背面信息明细”。质权人可以在“回复标记”选择对质押申请“同意签收”或“拒绝签收”。质权人还可选择填写“回复人备注”项。

2. 质押解除的处理

票据质押背书后，自出质日至到期日前一天，质权人可向出质人发起质押解除业务申请。

（1）质权人发出质押解除申请的处理。

票据在“质押已签收”状态时可对该票据发起质押解除申请。

操作步骤：质权人登录“网上企业银行”—“供应链金融”—“人民银行企业电子票据业务”，选择“质押解除经办”，如图 5-35 所示。

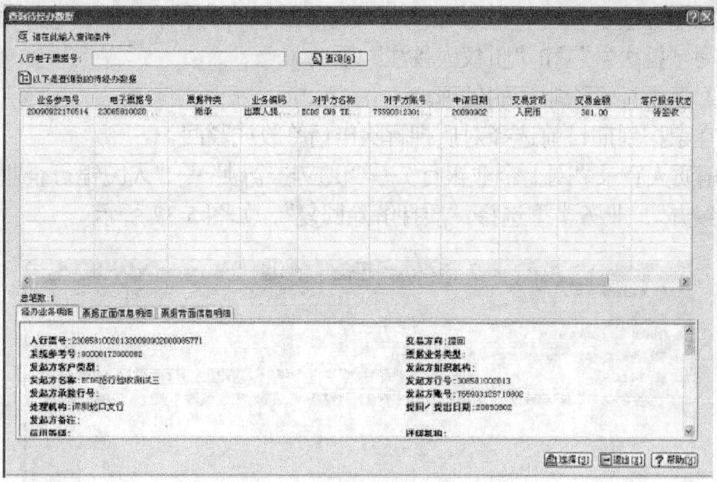

图 5-34　查询质押申请票据

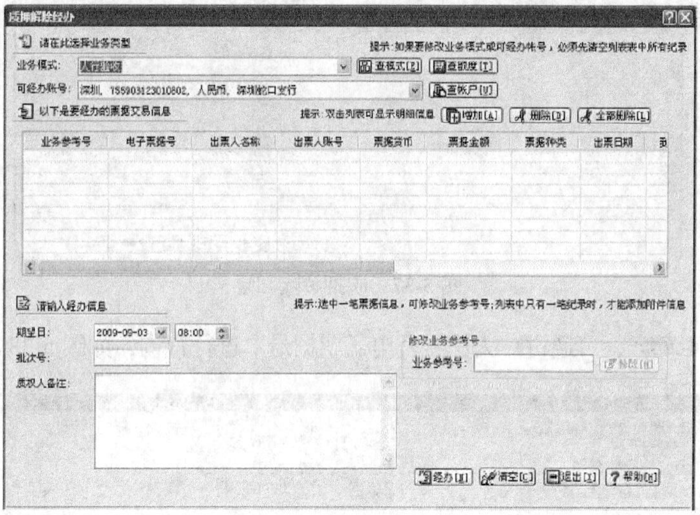

图 5-35　质押解除经办

质权人单击[增加]，可通过“人民银行电子票据号”、“出票到期日起始日”、“出票到期日结束日”、“最小票据金额”、“最大票据金额”等条件进行查询。如图 5-36 所示。

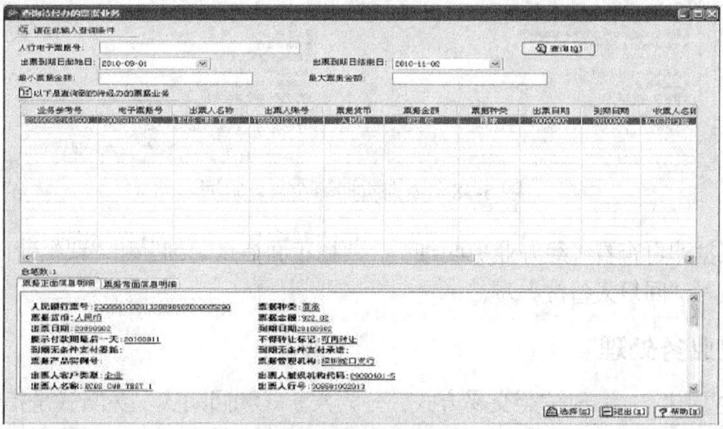

图 5-36　查询质押解除票据

选择单张票据即可查看“经办业务明细”、“票据正面信息明细”和“票据背面信息明细”。质权人还可选择填写“批次号”和“质权人备注”项。

（2）出质人回复质押解除申请的处理。

出质人可以在票据到期日前选择对质押解除申请签收或驳回。

操作步骤：出质人登录“网上企业银行”—“供应链金融”—“人民银行企业电子票据业务”，选择“通用回复经办”，业务类型选择“质押解除回复”，如图5-37所示。

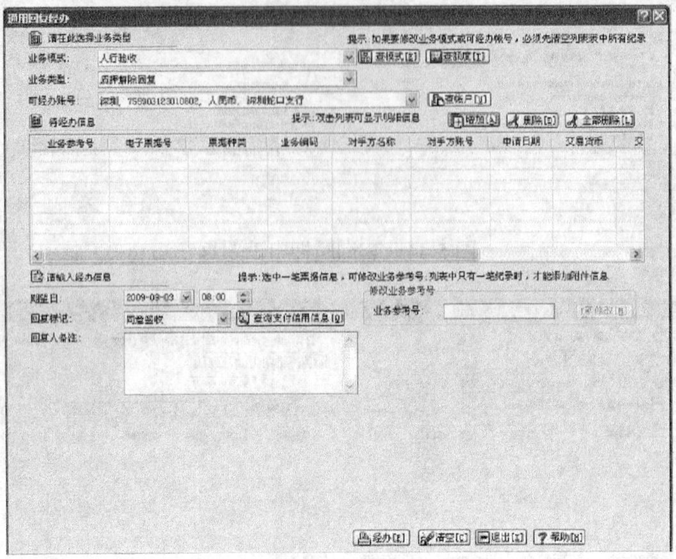

图5-37　质押解除回复

出质人单击 增加[A]，可通过“人民银行电子票据号”进行查询，如图5-38所示。

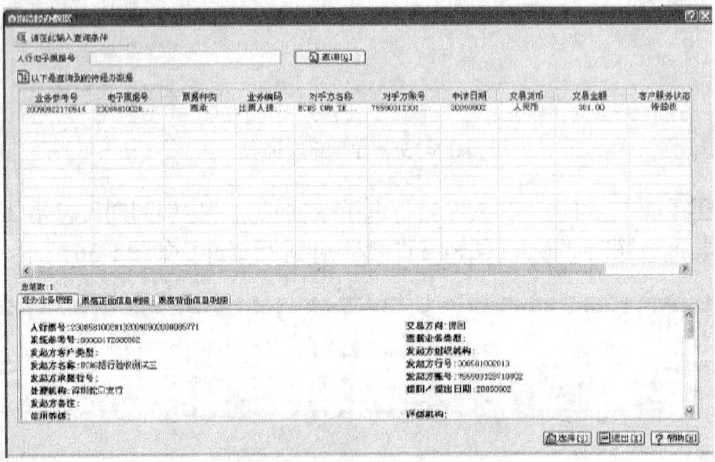

图5-38　查询质押解除回复票据

选择单张票据即可查看“经办业务明细”、“票据正面信息明细”和“票据背面信息明细”。出质人还可选择填写“回复人备注”项。

六、贴现业务处理

贴现业务主要内容：贴现按照交易方式，分为买断式和回购式。买断式是指贴出人将票据权利转让给贴入人，不约定日后赎回的票据行为方式。回购式是指贴出人将票据权利转让给贴入人约定日后赎回的票据行为方式。贴出人必须为企业，贴入人必须为接入行、接入财务公司、被代理行、被代理财务公司。贴现必须在票据到期日之前完成；票据未记载“不得转让”事项；电子商业汇票当事人在办理回购式贴现、回购式转贴现、回购式再贴现业务时，应明确赎回开放日、赎回截止日。赎回开放日是指办理回购式贴现赎回、回购式转贴现赎回、回购式再贴现赎回业务的起始日期。赎回截止日是指办理回购式贴现赎回、回购式转贴现赎回、回购式再贴现赎回业务的截止日期，该日期应先于票据到期日。自赎回开放日起至赎回截止日止为赎回开放期。在赎回开放日前原贴出人、原贴入人不得做出除追索外的其他票据行为。电子商业汇票贴现可选择票款对付方式或其他方式清算资金。

所称票款对付，是指票据交付和资金交割同时完成并互为条的一种交易方式。招商银行客户向招商银行申请贴现采用的即是线下付款的清算方式。

1. 贴现业务处理的主要内容

当企业持有的票据为以下状态时，可向银行、财务公司申请贴现：提示收票已签收；背书已签收；质押解除已签收；回购式贴现赎回已签收。

操作步骤：贴出人登录“网上企业银行”—“供应链金融”—“人民银行企业电子票据业务”，选择“票据贴现经办”，如图 5-39 所示。

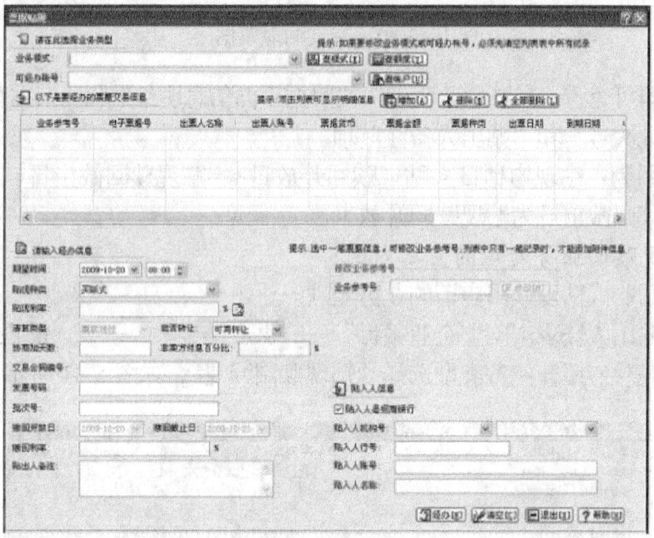

图 5-39 票据贴现经办

贴出人选择要贴现的电子商业汇票，应填写贴现申请信息。贴现申请信息应包括以下内容：电子票据号码、票据金额、贴现种类（买断式／回购式）、贴现申请日期、协商加天数、贴现利率、贴现实付金额（可单击计算）、能否转让标记（可再转让／不得转让）、清算类型（票款对付／线下付款）、贴现资金入账行号和账号、贴出人类别、贴出人名称、贴出人组织机构代码、贴出人账号、贴出人开户行行号、贴入人名称、贴入人账号、贴入人开户行行号、贴入人机构号、贴入人是否为招商银行标记、非卖方付息百分比。

当“贴入人是招商银行”被勾选时，清算类型无法选择。

ECDS 管理办法规定到日期遇法定休假日、大额支付系统非营业日、电子商业汇票系统非营业日顺延贴出人可录入-N 天将到期日提前到节假日前。贴出人也可根据业务需要，录入+N 天顺延到期天数（$-99 \leqslant N \leqslant 99$）。

贴出人也可与持票人自行商议贴现利息由哪方负担，可在“非卖方付息百分比”中录入利率，为零则是贴出人负担。

贴现申请时贴出人还需填写交易合同编号和发票号码。若无交易合同编号，则登记交易合同名称。若有多张发票且难以在“发票号码”项中全部注明的，应在“贴出人备注”项中补全。

若贴现种类为回购式贴现，贴现申请信息还包括：贴现赎回开放日、贴现赎回截止日、贴现赎利率。

贴出人单击增加(A)，可通过“人民银行电子票据号”、“出票到期日起始日”、“出票到期日结束日”、“最小票据金额”、“最大票据金额”等条件进行查询，如图 5-40 所示。

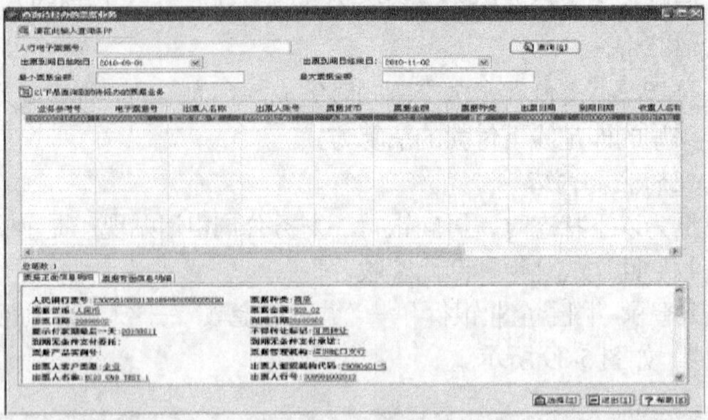

图 5-40　查询贴现票据

选择单张票据即可查看“经办业务明细”、“票据正面信息明细”和“票据背面信息明细”。贴出人可选择填写“批次号”和“贴出人备注”项。

各个日期的关系为：贴现申请日<贴现赎回开放日<=贴现赎回截止日<票据到期日。贴现赎回开放日至贴现赎回截止日为贴现赎回开放期。

2. 回购式贴现赎回业务处理的主要内容

原贴出人回复回购式贴现赎回申请的业务处理。

操作步骤：原贴出人登录“网上企业银行”—“供应链金融”—“人民银行企业电子票据业务”，选择“通用回复经办”，业务类型选择“贴现赎回回复”，如图 5-41 所示。

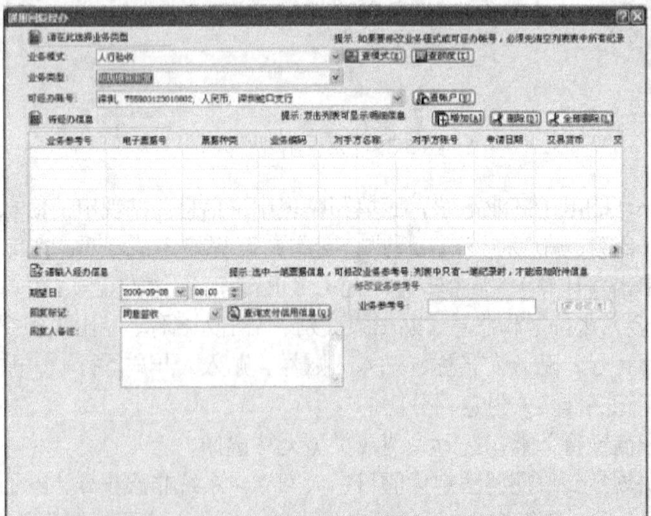

图 5-41　贴现赎回回复

原贴出人单击增加(A)，可通过“人民银行电子票据号”进行查询。如图 5-42 所示。

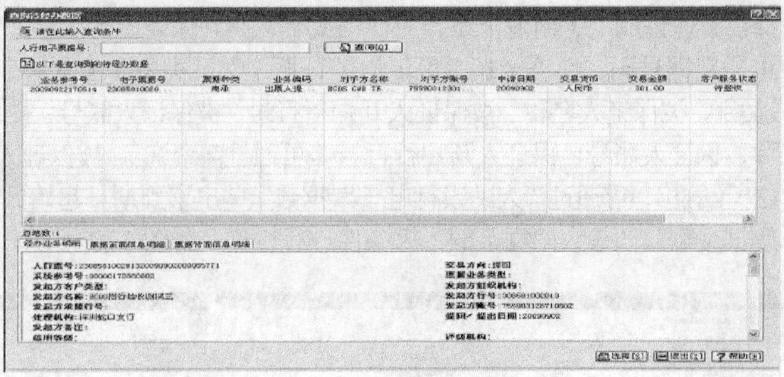

图 5-42　查询贴现赎回回复票据

选择单张票据即可查看“经办业务明细”、“票据正面信息明细”和“票据背面信息明细”。原贴出人可以在“回复标记”选择对贴现赎回申请“同意签收”或“拒绝签收”。若原贴出人签收该回购式贴现赎回申请，应填写回复信息。原贴出人可以选择填写“回复人备注”项。

七、保证业务处理

保证业务处理的主要内容：除中国人民银行不能作为保证人外，保证人和被保证人可为各类业务主体；保证业务包括电子商业汇票出票阶段，出票人发起的保证申请、承兑人发起的保证申请和流转阶段背书人发起的保证申请，不同阶段的保证业务流程一致；同一被保证人可有多个保证人，但被保证人不能通过 ECDS 同时向多个保证人发起保证申请。同一被保证人只有在收到保证申请回复或撤销保证申请后才能向其他保证人发起保证申请；保证人必须在被保证人作出其他票据行为之前完成保证业务处理。

1．被保证人发出保证申请的处理

被保证人在电子商业汇票处于以下状态时，可以向保证人发出保证申请：出票已登记；提示承兑已签收；提示收票已签收；背书已签收；买断式贴现已签收；回购式贴现赎回已签收；回购式贴现已逾赎回截止日；买断式转贴现已签收；回购式转贴现赎回已签收；回购式转贴现已逾赎回截止日；买断式再贴现已签收；回购式再贴现赎回已签收；回购式再贴现已逾赎回截止日；中央银行卖票已签收；质押解除已签收。

操作步骤：被保证人登录“网上企业银行”—“供应链金融”—“人民银行企业电子票据业务”，选择 “保证申请经办”，如图 5-43 所示。

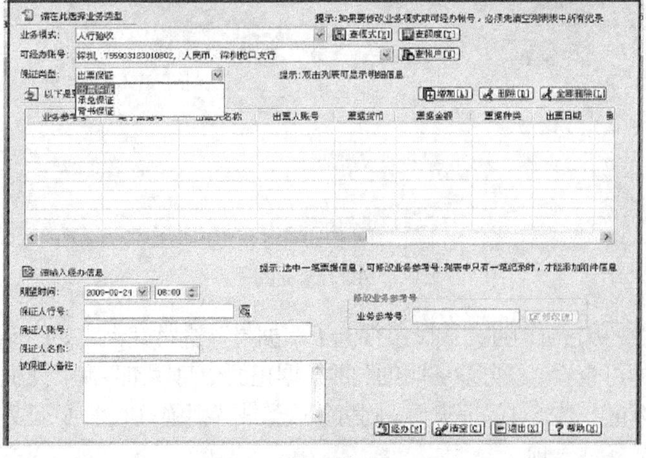

图 5-43　保证申请经办

被保证人选择需要保证的电子商业汇票，应填写或确认由其保证申请信息。保证申请信息应包括以下内容：电子票据号码、票据金额、保证申请日期、保证类型（出票保证\承兑保证\背书保证）、被保证人类别、被保证人名称、被保证人开户行行号、被保证人账号、被保证人组织机构代码、保证人名称、保证人账号、保证人开户行行号（可通过查询）、被保证人签章。

被保证人单击增加[A]，可通过“人民银行电子票据号”、“出票到期日起始日”、“出票到期日结束日”、“最小票据金额”、“最大票据金额”等条件进行查询，如图 5-44 所示。

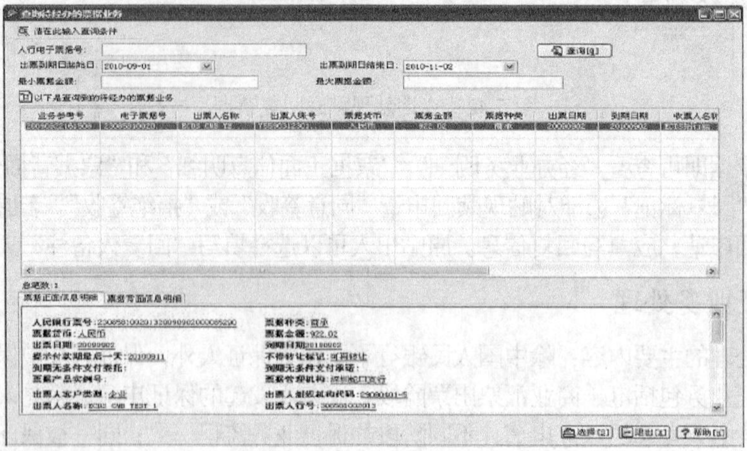

图 5-44　查询保证申请票据

选择单张票据即可查看“票据正面信息明细”和“票据背面信息明细”。被保证人还可选择填写“批次号”和“被保证人备注”项。

2. 保证人回复保证申请的处理

操作步骤：保证人登录“网上企业银行”—“供应链金融”—“人民银行企业电子票据业务”，选择“通用回复经办”，业务类型选择 “保证回复”，如图 5-45 所示。

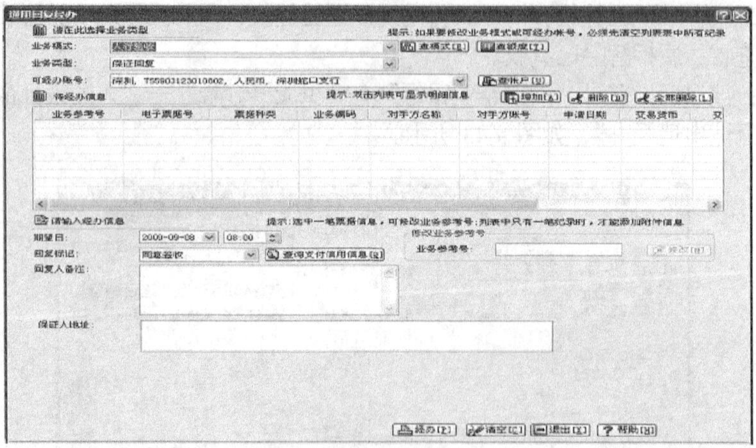

图 5-45　保证回复

保证人单击增加[A]，可通过“人民银行电子票据号”进行查询，如图 5-46 所示。

选择单张票据即可查看“经办业务明细”、“票据正面信息明细”和“票据背面信息明细”。保证人可以在“回复标记”选择对保证申请“同意签收”或“拒绝签收”。保证人还可选择填写 “保证人地址”、“回复人备注”项。

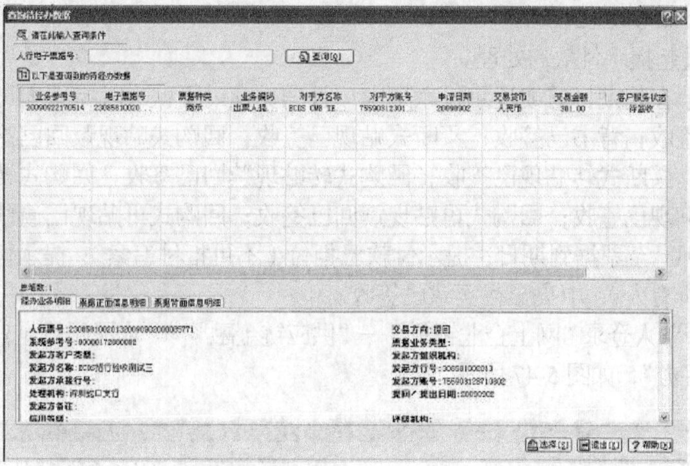

图 5-46　查询保证回复票据

八、提示付款

提示付款处理的主要内容包括：提示付款期自票据到期日起 10 日，最后一日遇法定节假日、大额支付系统非营业日、电子商业汇票系统非营业日顺延；持票人可在票据到期日前或提示付款期内发起提示付款； 超过提示付款期提示付款的，按照逾期提示付款进行处理可在票据到期日后 2 年内发起逾期提示付款；提示付款可以选择线上清算方式或线下清算方式若选择线上清算方式，则承兑人签收时大额支付系统必须为日间处理状态；持票人在票据到期日前提示付款的，承兑人可付款或拒绝付款，或于到期日付款。承兑人拒绝付款或未予应答的持票人可待票据到期后再次提示付款；招行企业银行客户通过招行系统承兑的电子商业承兑汇票到期持票人做提示付款或逾期提示付款后，承兑人需在招商银行网银客户端“通用回复经办”菜单做提示付款回复或逾期提示付款回复。如果持票人和承兑人开户行均为招商银行，若持票人在做提示付款时，选择的清算类型是 “票款兑付”，则承兑人同意兑付后招行系统立刻自动扣减承兑人账户款项进行兑付清算，无论被提示付款的票据是否到期；如果选择的清算类型是“线下付款”则承兑人同意兑付后，承兑人需自行向持票人付款，招商银行不负责相关款项的划转。持票人未在招商银行开户但承兑人在招行开户时，若持票人在做提示付款时，选择的是清算类型是“票款兑付”，则系统自动进行线上清算即承兑人在签收回复时，招商银行系统自动检查承兑人账户并扣款、转账；如果持票人在做提示付款时，选择的清算类型是“线下付款”，则承兑人需自行向持票人付款，招行不负责相关款项的划转；持票人在提示付款期内提示付款的，承兑人应在收到提示付款请求的当日至迟次日（遇法定休假日、大额支付系统非营业日、电子商业汇票系统非营业日顺延）付款或拒绝付款。持票人超过提示付款期提示付款的，接入行、接入财务公司不得拒绝受理。持票人在做出合理说明后，承兑人仍应当承担付款责任，并在上款规定的期限内付款或拒绝付款。

电子商业承兑汇票承兑人在票据到期后收到提示付款请求且在收到该请求次日起第 3 日（遇法定休假日、大额支付系统非营业日、电子商业汇票系统非营业日顺延）仍未应答的，接入行、接入财务公司应按其与承兑人签订的《电子商业汇票业务服务协议》进行如下处理：承兑人账户余额在该日电子商业汇票系统营业截止时足够支付票款的，则视同承兑人同意付款，接入行、接入财务公司应扣划承兑人账户资金支付票款，并在下一日（遇法定休假日、大额支付系统非营业日、电子商业汇票系统非营业日顺延）电子商业汇票系统营业开始时代承兑人做出付款应答并代理签章；承兑人账户余额在该日电子商业汇票系统营业截止时不足以支付票款的，则视同承兑人拒绝付款，接入行、接入财务公司应在下一日 （遇法定休假日、大额支付系统非营业日、电子商业汇票系统非营业日顺延）电子商业汇票系统营业开始时代承兑人做出拒付应答并代理签章。

1. 提示付款业务处理

（1）持票人发起提示付款的处理。

电子商业汇票在到期日前或提示付款期内，且票据在以下状态时持票人可向承兑人提示付款：提示收票已签收；背书已签收；买断式贴现已签收；回购式贴现赎回已签收；回购式贴现已逾赎回截止日；买断式转贴现已签收；回购式转贴现赎回已签收；回购式转贴现已逾赎回截止日；买断式再贴现已签收；回购式再贴现赎回已签收；回购式再贴现已逾赎回截止日；质押解除已签收；质押已至票据到期日；提示付款已拒付（不可拒付追索）；提示付款 已拒付 （可拒付追索，可追所有人）；中央银行卖票已签收。

操作步骤：持票人登录“网上企业银行”—“供应链金融”—“人民银行企业电子票据业务”，选择“提示付款经办”，如图 5-47 所示。

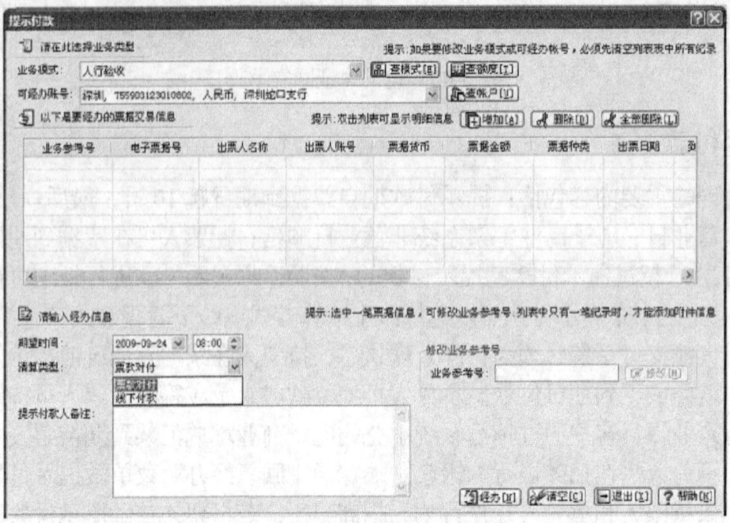

图 5-47 提示付款经办

持票人单击 增加(A)，可通过“人民银行电子票据号”、“出票到期日起始日”、“出票到期日结束日”、“最小票据金额”、“最大票据金额”等条件进行查询，如图 5-48 所示。

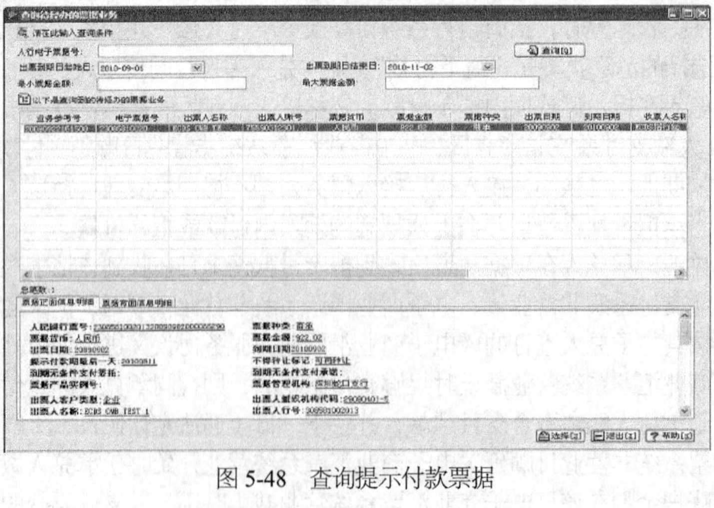

图 5-48 查询提示付款票据

选择单张票据即可查看“票据正面信息明细”和“票据背面信息明细”。持票人还可选择填写“提示付款人备注”项。

（2）承兑人回复提示付款申请的处理。

操作步骤：承兑人登录“网上企业银行”—“供应链金融”—“人民银行企业电子票据业务”，选择 “通用回复经办”，业务类型选择“提示付款回复”，如图 5-49 所示。

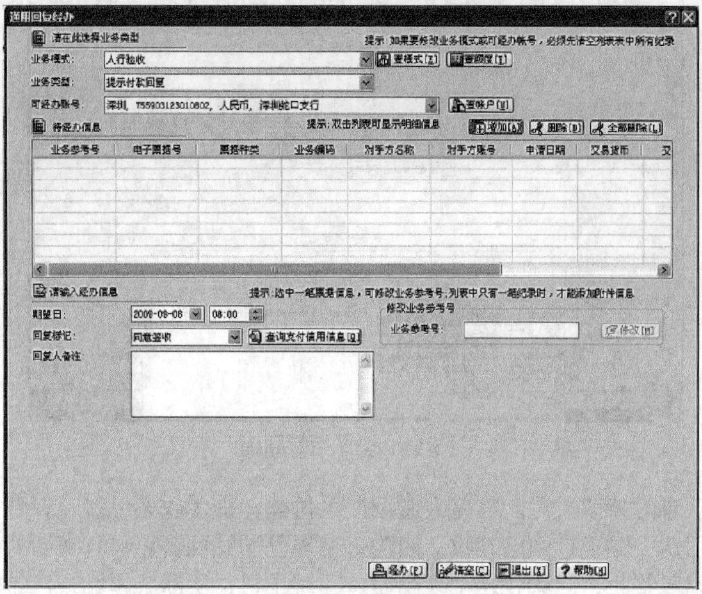

图 5-49　提示付款回复

承兑人单击增加[A]，可通过“人民银行电子票据号”进行查询，如图 5-50 所示。

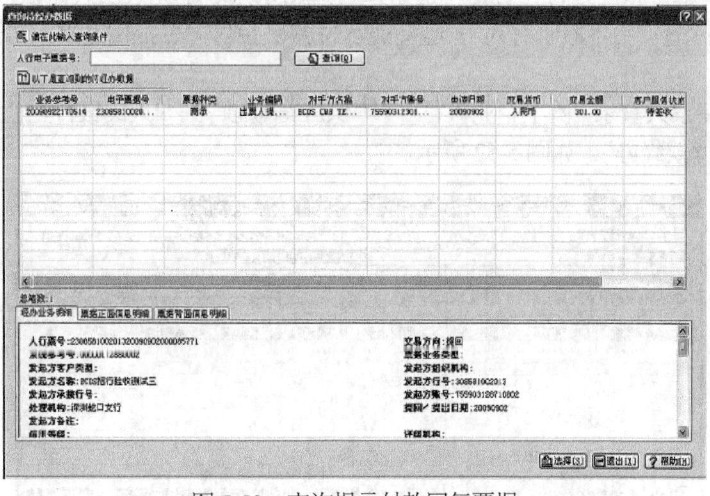

图 5-50　查询提示付款回复票据

选择单张票据即可查看“经办业务明细”、“票据正面信息明细”和“票据背面信息明细”。承兑人可以在“回复标记”选择对承兑申请“同意签收”或“拒绝签收”。如“拒绝签收”，承兑人还可通过“提示付款拒付代码”选择拒付原因，如图 5-51 所示。

承兑人还可选择填写“回复人备注”项。

2. 逾期提示付款业务处理

（1）持票人发起逾期提示付款的处理。

电子商业汇票已逾提示付款期的持票人在做出说明后仍可向承兑人提示付款。

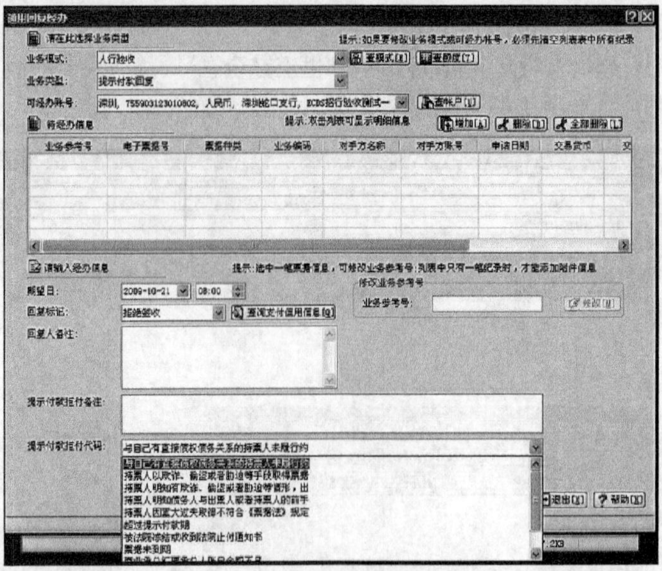

图 5-51　选择拒付原因

票据在以下状态时持票人可向承兑人逾期提示付款：提示收票已签收；背书已签收；买断式贴现已签收；回购式贴现赎回已签收；回购式贴现已逾赎回截止日；买断式转贴现已签收；回购式转贴现赎回已签收；回购式转贴现已逾赎回截止日；买断式再贴现已签收；回购式再贴现赎回已签收；回购式再贴现已逾赎回截止日；质押解除已签收；质押已至票据到期日；中央银行卖出商业汇票已签收；提示付款已拒付（不可拒付追索）；提示付款已拒付（可拒付追索，可追所有人）；提示付款已拒付（可拒付追索只可追出票人、承兑人及其保证人）；逾期提示付款已拒付（可拒付追索，可追所有人）；逾期提示付款已拒付（可拒付追索只可追出票人、承兑人及其保证人）。

操作步骤：持票人登录“网上企业银行”—“供应链金融”—“人民银行企业电子票据业务”，选择“逾期提示付款经办”，如图 5-52 所示。

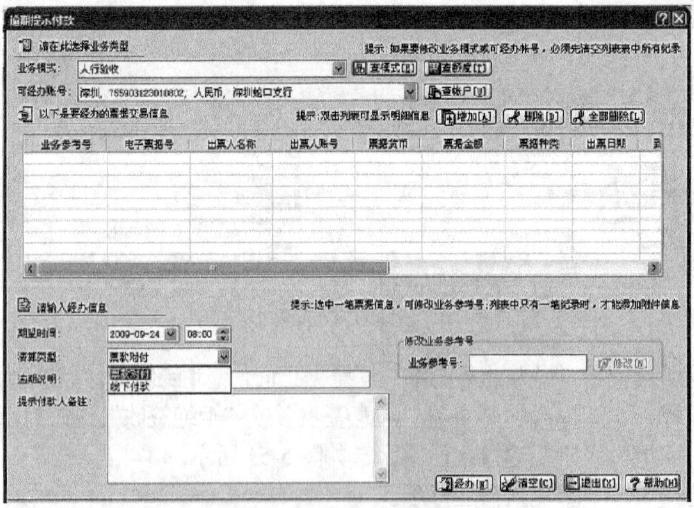

图 5-52　逾期提示付款

持票人单击增加[A]，可通过“人民银行电子票据号”、“出票到期日起始日”、“出票到期日结束日”、“最小票据金额”、“最大票据金额”等条件进行查询，如图 5-53 所示。

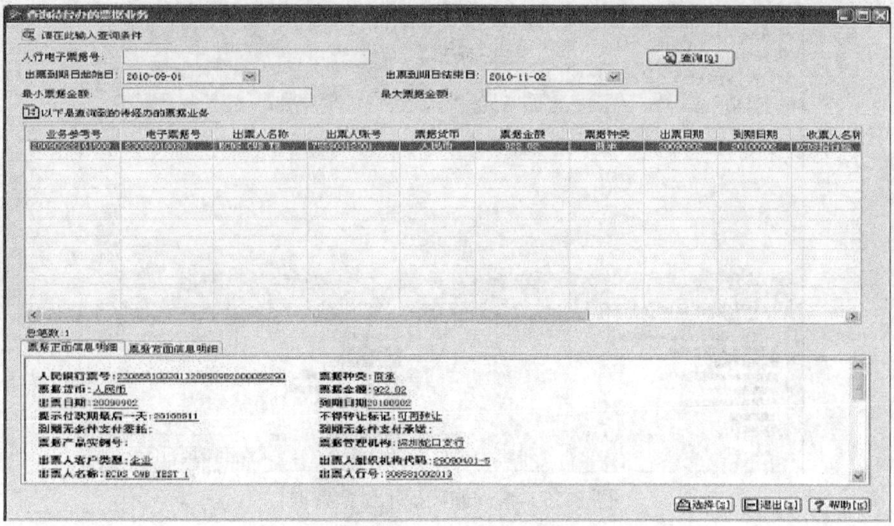

图 5-53　查询逾期提示付款票据

选择单张票据即可查看“票据正面信息明细”和“票据背面信息明细”。持票人还可选择填写“逾期提示付款人备注”项。

（2）承兑人回复逾期提示付款申请的处理承兑人回复逾期提示付款申请的处理。

操作步骤：承兑人登录“网上企业银行”—“供应链金融”—“人民银行企业电子票据业务”，选择“通用回复经办”，业务类型选择“逾期提示付款回复”如图 5-54 所示。

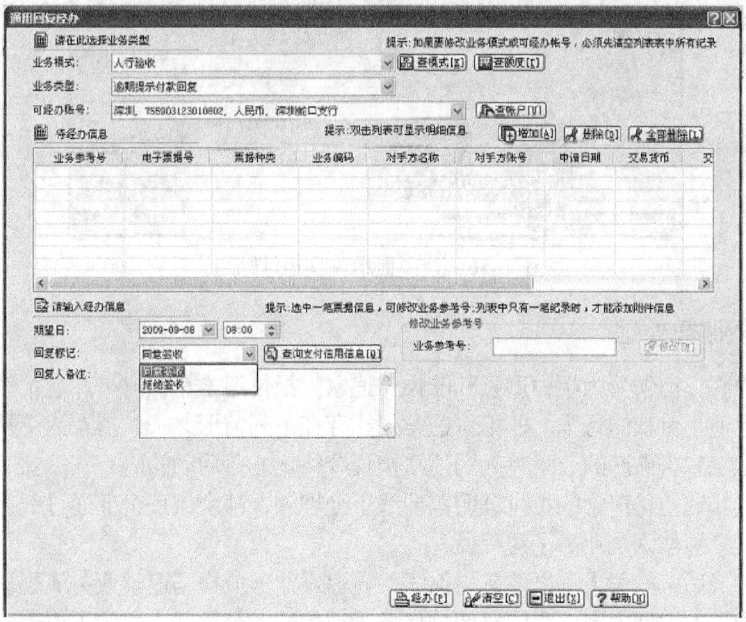

图 5-54　逾期提示付款回复

承兑人单击增加[A]，可通过“人民银行电子票据号”进行查询，如图 5-55 所示。

选择单张票据即可查看“票据正面信息明细”和“票据背面信息明细”，承兑人可以可以在“回复标记”选择对逾期提示付款申请“同意签收”或“拒绝签收”。承兑人还可选择填写“回复人备注”项。

如“拒绝签收”，承兑人还可通过“提示付款拒付代码”选择拒付原因，如图 5-56 所示。

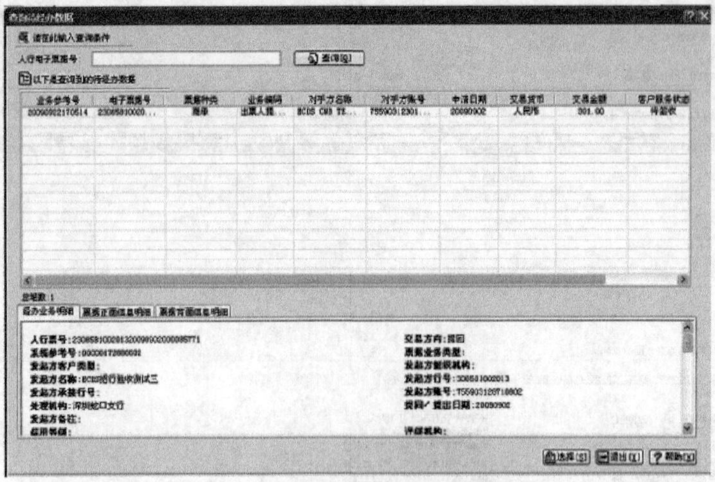

图 5-55　查询逾期提示付款票据

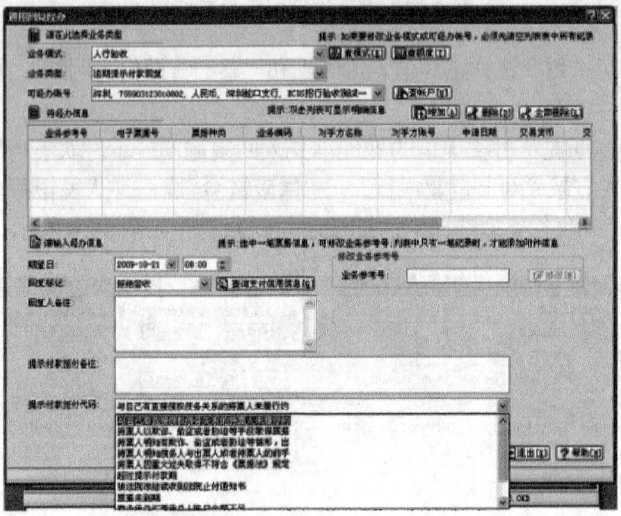

图 5-56　选择提示付款拒付原因

九、追索业务处理

根据追索原因，追索分为拒付追索和非拒付追索。拒付追索是指电子商业汇票到期后被拒绝付款持票人请求前手付款的行为。非拒付追索是指存在下列情形之一，持票人请求前手付款的行为：承兑人被依法宣告破产的、承兑人因违法被责令终止业务活动的。

除追索清偿和非拒付追索的拒付证明需要线下处理外，其余流程全部通过线上处理。追索包括追索通知和同意清偿两个业务子流程。

追索流程完成后，清偿人可以发起再追索，再追索业务流程同追索业务流程。

追索业务处理的主要内容：为同一票据债务人担保的多个保证人之间不得追索；质权人不能被追索。

1. 追索通知业务的处理

追索人可以向多个被追索人发出追索通知，但只能依次一对一发起。若为非拒付追索，追索人还需线下向被追索人提供非拒付追索的相关证明。

当票据在以下状态时可发起追索通知。

（1）拒付追索拒付追索：提示付款已拒付（可拒付追索，可追所有人）；提示付款已拒付（可拒付追索只可追出票人、承兑人及其保证人）；逾期提示付款已拒付（可拒付追索，可追所有人）；逾期提示付款已拒付（可拒付追索只可追出票人、承兑人及其保证人）；拒付追索待清偿；拒付追索同意清偿已签收。

（2）非拒付追索非拒付追索：提示收票已签收；背书已签收；买断式贴现已签收；回购式贴现已签收；回购式贴现已至赎回开放日；回购式贴现已逾赎回截止日；回购式贴现赎回已签收；买断式转贴现已签收；回购式转贴现已签收；回购式转贴现已至赎回开放日；回购式转贴现已逾赎回截止日；回购式转贴现赎 回已签收；买断式再贴现已签收；回购式再贴现已签收；回购式再贴现已至赎回开放日；回购式再贴现已逾赎回截止日；回购式再贴现赎回已签收；质押已签收；质押解除已签收；质押已至票据到期日；非拒付追索已撤销；非拒付追索待清偿；非拒付追索同意清偿已签收；中央银行卖票已签收；提示付款已拒付（不可进行拒付追索）。

（3）追索人发出追索通知的处理。

操作步骤：追索人登录 “网上企业银行”—“供应链金融”—“人民银行企业电子票据业务”，选择“追索通知经办”，如图 5-57 所示。

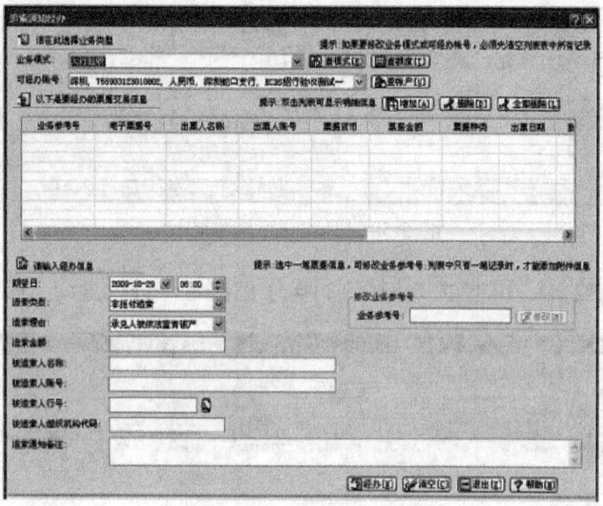

图 5-57　追索通知经办

如果追索类型为非拒付追索，则需要填写“追索理由代码”。

追索人单击增加[A]，可通过“人民银行电子票据号”、“出票到期日起始日”、“出票到期日结束日”、“最小票据金额”、“最大票据金额” 等条件进行查询，如图 5-58 所示。

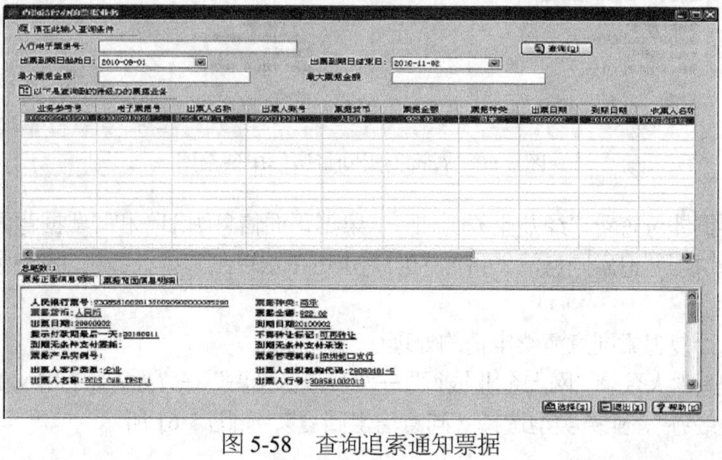

图 5-58　查询追索通知票据

选择单张票据即可查看“票据正面信息明细”和“票据背面信息明细”。追索人还可以选择填写“追索通知备注”项。

2. 追索同意清偿业务处理

（1）被追索人发出追索同意清偿申请的处理。

操作步骤：被追索人登录“网上企业银行”—“供应链金融”—“人民银行企业电子票据业务”，选择 “同意清偿经办”，如图 5-59 所示。

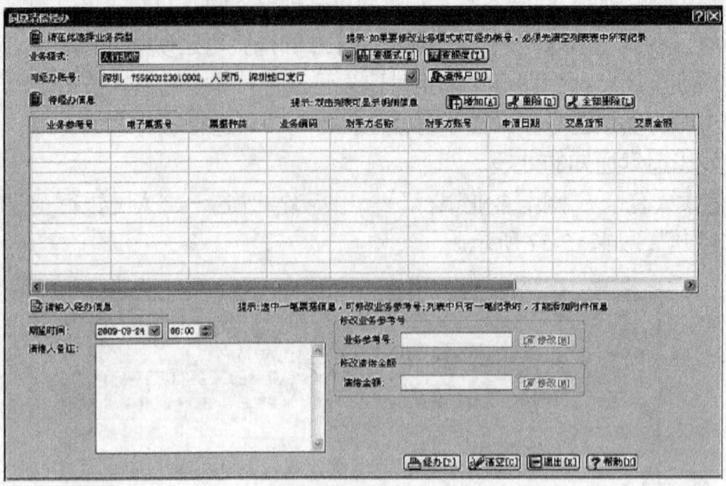

图 5-59　追索同意清偿申请

被追索人单击增加[A]，可通过“人民银行电子票据号”进行查询，如图 5-60 所示。

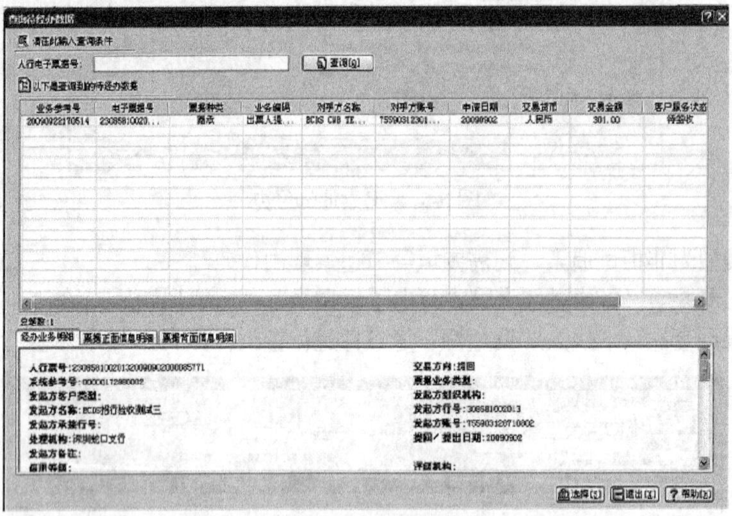

图 5-60　查询追索同意清偿申请票据

选择单张票据即可查看“经办业务明细”、“票据正面信息明细”和“票据背面信息明细”。同意清偿人可选择填写“追索同意清偿备注”项，也可单击单张票据，通过“修改清偿金融”对金额进行修改。

（2）追索人回复追索同意清偿申请的处理。

操作步骤：追索人登录“网上企业银行”—“供应链金融”—“人民银行企业电子票据业务”，选择“通用回复经办”，业务类型选择“同意清偿回复”，如图 5-61 所示。

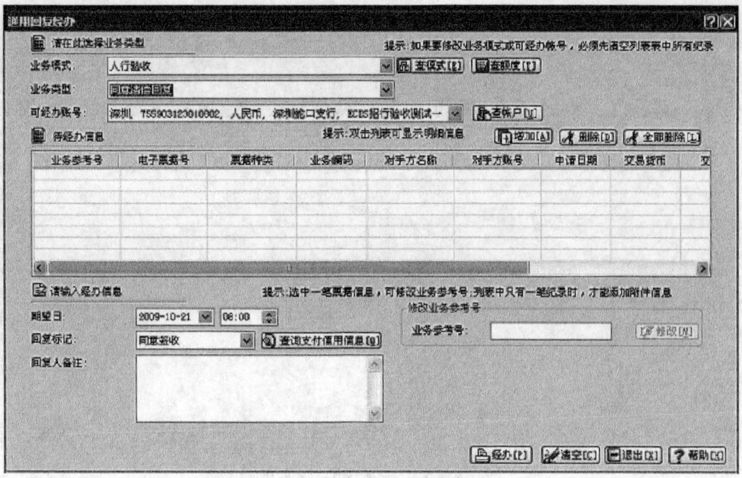

图 5-61　同意清偿回复

追索人单击 增加[A]，可通过“人民银行电子票据号”进行查询，如图 5-62 所示。

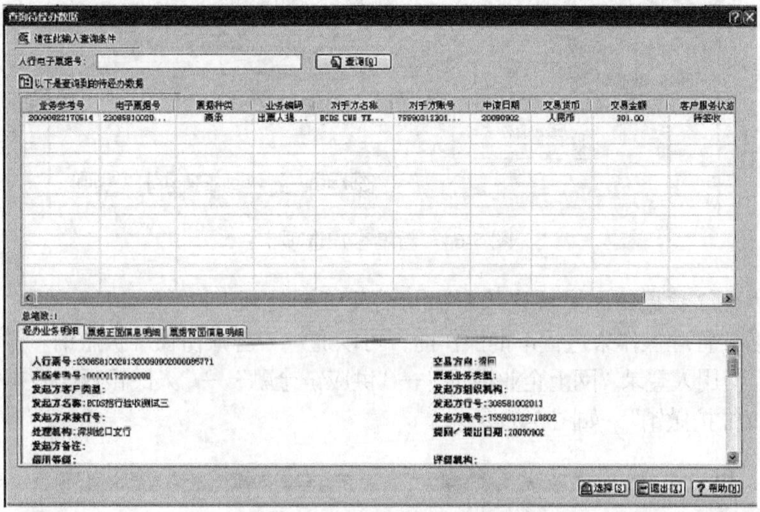

图 5-62　查询同意清偿回复票据

选择单张票据即可查看“经办业务明细”、“票据正面信息明细”和“票据背面信息明细”。追索人可以可以在“回复标记”选择对同意清偿申请“同意签收”或“拒绝签收”。追索人还可选择填写 “回复人备注”项。

十、客户协议管理

客户协议管理的处理手续

1. 客户协议管理的处理

使用电子商业汇票业务前，使用人需在网上企业银行客户端维护“客户协议”，将账户和电子商业汇票业务功能相绑定，使用人还可选择填写“到期通知标志”和“贴现回购通知标志”。

操作步骤：使用人登录“网上企业银行”—“供应链金融”—“人民银行企业电子票据业务”，选择“客户协议管理”，如图 5-63 所示。

单击 查询[Q] 可查询到已维护好的客户协议；单击 增加[A] 可新增客户协议，对企业用户客户类型需选择“企业”，如图 5-64 所示。

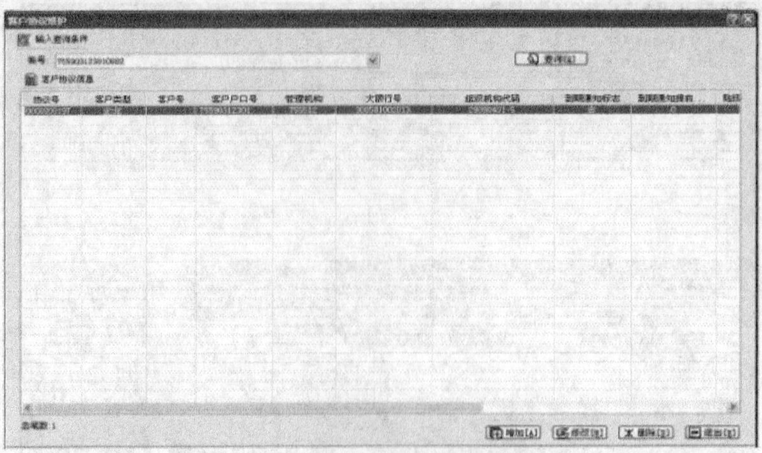

图 5-63　客户协议管理

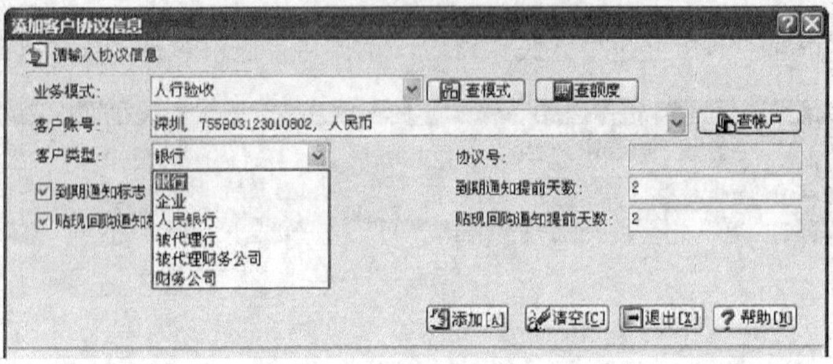

图 5-64　新增客户选项卡

2. 客户协议维护撤销客户协议维护撤销的处理的处理

如在客户协议管理操作未进行审批操作前，可以通过“客户协议维护撤销”撤销经办操作。

操作步骤：使用人登录“网上企业银行”—“供应链金融”—“人民银行企业电子票据业务”，选择“客户协议维护撤销”，如图 5-65 所示。

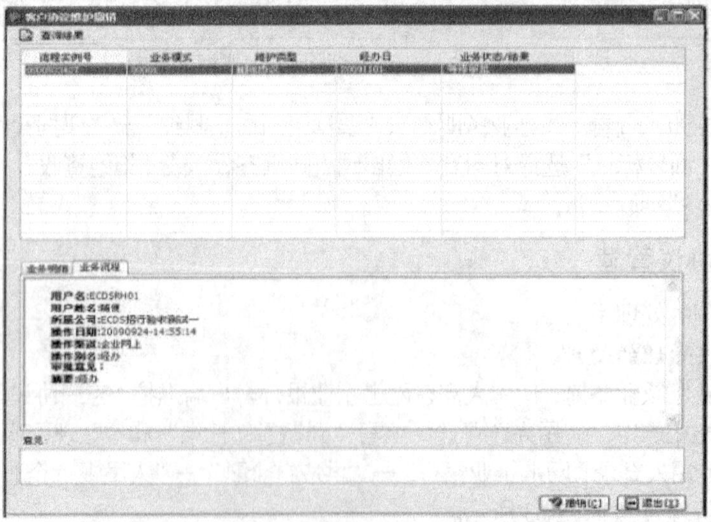

图 5-65　客户协议维护撤销

单击“撤销”即可完成撤销操作，如图 5-66 所示。

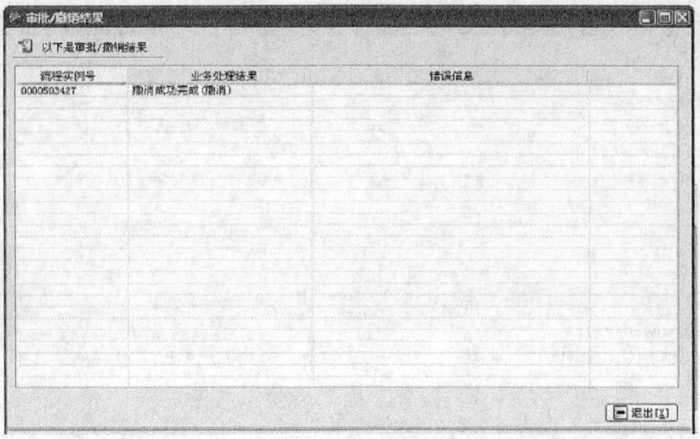

图 5-66　完成客户协议维护撤销

3. 客户协议维护查询的处理

操作步骤：使用人登录“网上企业银行”—“供应链金融”—“人民银行企业电子票据业务”，选择“客户协议维护查询”，如图 5-67 所示。

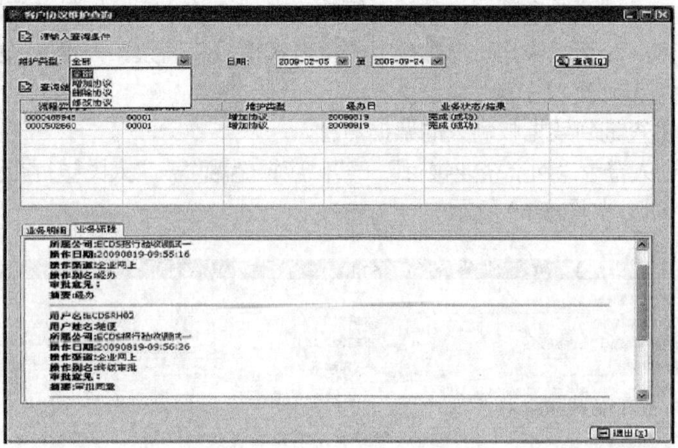

图 5-67　客户协议维护查询

使用人可通过日期和维护类型进行查询，选中某笔协议还可通过“业务明细”和“业务流程”查询具体信息。

十一、信息类业务处理

1. 支付信用信息查询查复业务的处理手续

（1）查询人发出支付信用信息查询的处理。

某一票据行为处于待签收的状态下，行为接收方可以向电子商业汇票系统查询行为发起方的支付信用信息以及票据承兑人的支付信用信息。

操作步骤：查询人登录“网上企业银行”—“供应链金融”—“人民银行企业电子票据业务”，选择“支付信用信息查询”，如图 5-68 所示。

查询人可输入“人民银行电子票据号”单击［支付信用信息查询申请］可向电子商业汇票系统查询行为发起方的支付信用信息以及票据承兑人的支付信用信息。如查询失败，可重新向电子商业汇票系统再次发起查询；如查询成功，电子商业汇票系统会返回“信用查询参考号”查询人可输入“人民银行电子票据号”和“信用查询参考号”，单击［查询］重新查看每一个主体的支付信用信息。

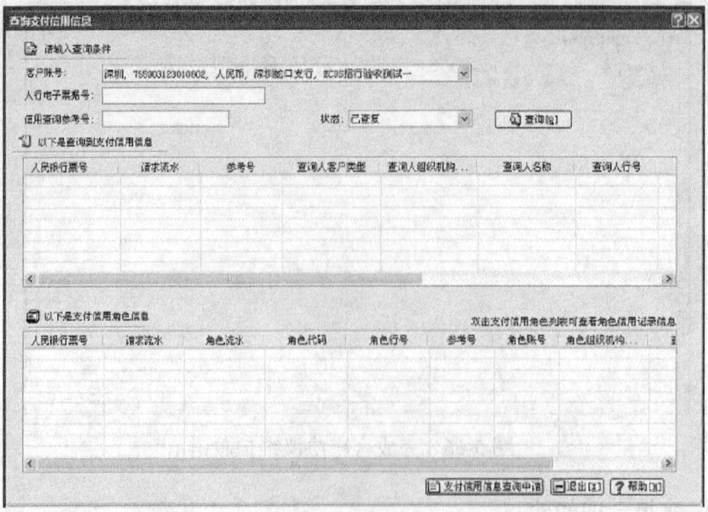

图 5-68 支付信用信息查询

（2）每一主体的支付信用信息包含以下内容：名称、组织机构代码；承兑总笔数、承兑总金额；已结清总笔数、已结清总金额；未结清总笔数、未结清总金额；拒付总笔数、拒付总金额；今年以来拒付总笔数、今年以来拒付总金额；去年以来拒付总笔数、去年以来拒付总金额。

2. 票据信息查询的处理手续

票据信息查询可查询到票据权利人的票据信息。

操作步骤：查询人登录“网上企业银行”—“供应链金融”—“人民银行企业电子票据业务”，选择“票据信息查询”，如图 5-69 所示。

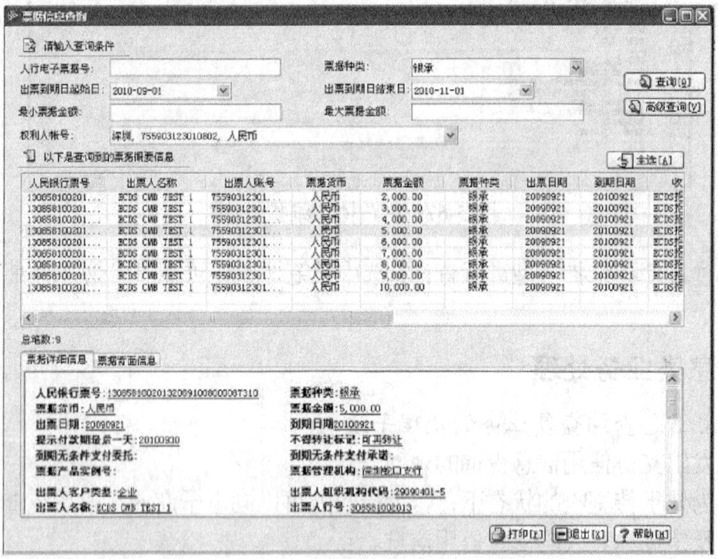

图 5-69 票据信息查询

查询人可通过“人民银行电子票据号”、“票据种类”、“出票到期起始日”、“出票到期结束日”、“最小票据金额”、“最大票据金额”、“权利人账号”等条件对票据进行查询单击“票据详细信息”和“票据背面信息”还可查到票据的明细。

单击 高级查询(Y) 还可通过更进一步的参数设定，如：出票人账号、收票人账号、承兑人账号 、锁票业务编码 、票面流转状态、票据托管机构等，对票据进行精确查找。如图 5-70 所示。

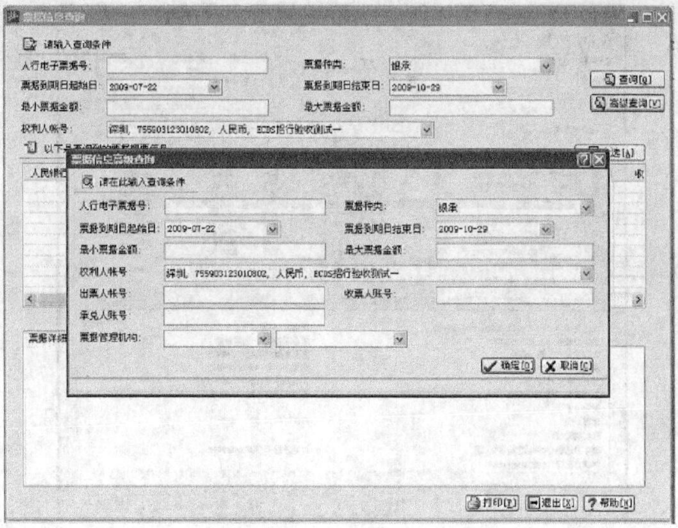

图 5-70　高级查询选项

3. 票据业务撤销的处理手续

操作步骤：使用人登录“网上企业银行”—“供应链金融”—“人民银行企业电子票据业务”，选择“票据业务撤销”，如图 5-71 所示。

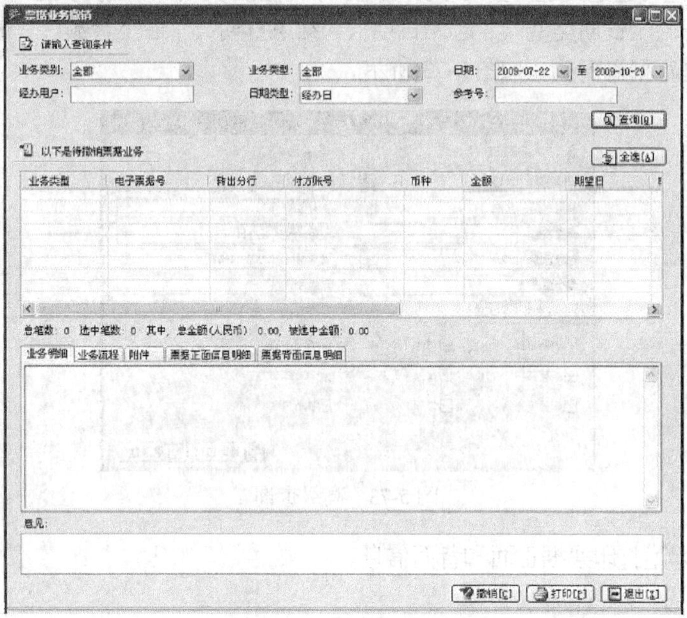

图 5-71　票据业务撤销

使用人可通过“业务类别”、“业务类型”、“经办用户”、“日期类型”、“参考号”、“日期”等参数对票据进行查询。

单击撤销[C]可撤销该笔业务。

4. 票据交易综合查询的处理

查询人可通过票据交易综合查询查询到票据的综合信息。

操作步骤：查询人登录“网上企业银行”—“供应链金融”—“人民银行企业电子票据业务”，选择“票据交易综合查询”，如图 5-72 所示。

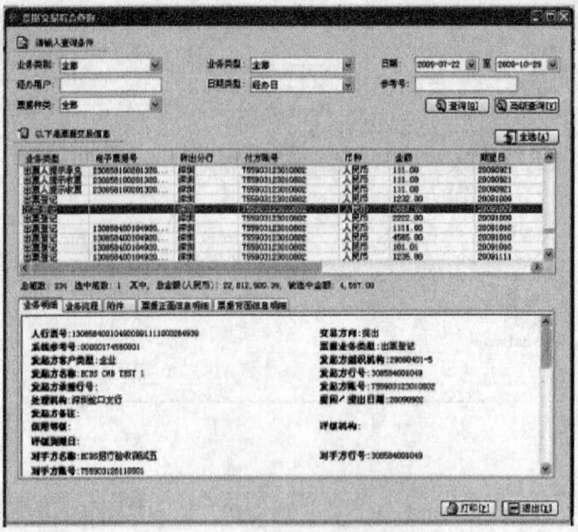

图 5-72 票据交易综合查询

查询人可通过“业务类别”、“业务类型”、“票据种类”、“经办用户”、“日期类型”、“参考号”、“日期”等参数对票据进行查询；选中单笔票据即可通过“业务明细”、“业务流程”、“附件”、“票据正面信息明细”、“票据背面信息明细”能查询到更详细的信息。

单击高级查询(Y)还可通过更进一步的参数设定，如：“业务类别”、“业务类型”、“票据种类”、“经办用户”、“参考号”、“日期类型”、“起始日期”、“结束日期”、“最小金额”、“最大金额”、“业务状态”等对票据进行精确查找，如图 5-73 所示。

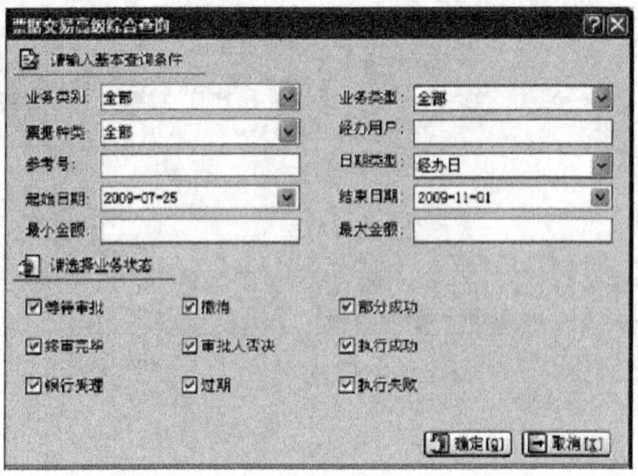

图 5-73 高级查询

还可通过打印票据正面和背面信息。

【本章关键词】

电子柜员机　智能卡　电子钱包　电子现金　电子支票　电子商业票据

【本章思考题】

1. 简述电子支付工具的类型。
2. 简述中国票据网平台的特点和运行状况。
3. 简述电子支付工具的性能与优缺点。谈谈你对电子支付工具的展望。

第六章

电子支付安全

教学要求

1. 熟悉电子支付系统的安全要素、技术和目标
2. 熟悉 CA 的功能与安全管理机制
3. 熟悉电子支付系统的安全标准

引导案例

Radware 中国银联电子支付安全解决方案

- LinkProof Branch 成功构建强势链路管理解决方案

Radware LinkProof Barnch 50M 产品，帮助银联支付实现互联网的多条链路的流量管理，成功构建了多条链路接入的解决方案，同时与 LinkProof Branch 配合启动的 Dosshield、BDOS 功能模块帮助银联支付实现了 DOS/DDOS 攻击防范和有效的网络流量管理。具体表现如下。

与 LinkProof Barnch 配合的全路径检查和先进的健康检测功能模块能够实时发现银联支付的故障链路，与此同时，LinkProof Barnch 即将用户的访问引导至可用链路，确保在线服务的高度可用性。

LinkProof Barnch 的用户“就近检测”专利技术，通过动态判断银联支付用户和站点之间的路由、延迟和负载，为用户选择、提供最佳链路应用，从而有效保证了银联支付的网上服务质量。

LinkProof Barnch 的流量管理功能，帮助银联支付轻松实现对核心应用的带宽保障，同时还可有效防范层出不穷的应用层攻击。

- 绝对优势保障银联支付网上服务先进性

经过完善缜密的部署，银联支付在采用 Radware LinkProof Barnch 解决方案后，网络系统的性能和访问响应能力得到了有效提升，带宽管理和多链路优化管理等功能均成功实现。具体的先进性保证表现在以下 3 个方面。

（1）在线支付应用的高可用性：利用 Radware 的 LinkProof Branch 解决方案可以不断地监视银联支付每条链路的健康状况，一旦发现某个链路故障，LinkProof Branch 即可实时透明地将用户访问链路链接至可用链路，达到 100%的高可用性。

（2）网上业务的服务质量保证：利用 Radware 的 LinkProof“就近性”解决方案，可以通过静态/动态相结合的方式将用户的访问定向到最佳链路，保证系统对银联支付用户的快速响应和服务质量。

（3）实现最佳的安全功能：LinkProof Branch 为银联支付提供实入侵和 DOS/DDOS 攻击的防范能力，确保关键业务系统的安全，充分保护了用户的投资。

案例分析

Radware LinkProof Barnch 50M 产品，帮助银联支付实现互联网的多条链路的流量管理，成功构建了多条链路接入的解决方案，同时与 LinkProof Branch 配合启动的 Dosshield、BDOS 功能模块帮助银联支付实现了 DOS/DDOS 攻击防范和有效的网络流量管理。该产品保障了银联支付网上服务先进性、在线支付应用的高可用性、网上业务服务高质量性、实现了最佳的安全功能。

该案例代表着网上电子支付的关键技术和主要目标。

第一节 电子支付的安全要素与目标

电子支付系统是利用国际互联网、行业系统内和系统外网络及相关技术完成商业贸易交易的支付系统。

一、电子支付安全问题

电子支付的实现，促进了电子商务的发展，同时也引发了支付安全、身份认证、电子文件认证和支付的法律问题以及货币、金融监管等一系列问题。虽然安全协议和认证系统的建立解决了银行的一些紧迫问题，但是安全技术的发展与电子支付的快速发展相比仍显滞后。安全支付存在的以下安全隐患。

1. 信息传递的安全隐患

（1）网络硬件的安全缺陷，如可靠性差、电磁辐射、电磁泄漏等。

（2）通信链路的安全缺陷，如电磁辐射、电磁泄漏、搭线、串音等。

（3）缺乏系统的安全标准引起的安全缺陷，虽然已经有了一些网络安全标准，但是还不完善。

2. 业务系统的安全隐患

（1）根据 ICSA（International Computer Security Association）统计，来自计算机系统内部的安全威胁高达 70%。

（2）非法用户进入系统以及合法用户对系统资源的非法使用。

（3）被非法用户截获敏感数据。

（4）非法用户对业务数据进行恶意修改或插入。

（5）发送方在发出数据后加以否认。

（6）接收方在收到数据后篡改数据。

（7）病毒和蠕虫的蔓延，病毒可以穿透服务器以及用户的浏览器，有些病毒将用户引导到由黑客控制的网站，并在用户的机器中留下远程控制程序来记录用户的击键动作以及登录信息等。

二、电子支付的安全要素

电子支付安全问题的核心和关键是电子交易数据的安全性。由于互联网本身的开放性以及网络技术发展的局限性，使交易面临着种种安全威胁，对电子支付的安全要素控制是管理的重点。电子支付的安全要素主要如下。

1. 身份可认证性

在传统交易中，交易双方往往是面对面进行活动，很容易确认对方身份，即使一开始不熟悉，也可以通过各种凭证鉴别身份，但在进行网上交易时，交易双方很可能在整个交易过程中不见面，如果不采取有效的保护措施，电子交易比传统的商务交易更容易发生假冒或诈欺等违法行为。对于顾客而言，必须能确认自己所访问的网上商店不是他人假冒，而对于商家，则必须确认顾客确有购买意愿和能力、会准时付款等。而满足这些需求的安全要素之一就是保证身份的可认证性，即双方在进行交易前，首先要确定对方的身份，不能被假冒或伪装。

2. 信息保密性

在传统的贸易中，一般都是通过面对面的信息交换，或是信件等通信渠道发送商业报文，达到保守商业机密的目的。而电子支付是建立在一个开放的网络环境上，如果不采取适当的保密措施，可能会有其他人知道交易双方的通信内容。另外，存储在网络上的文件如果不加密的话，也有可能被黑客窃取，造成敏感商业信息泄漏，导致商业上的巨大损失，如账户内的存款被转移、竞标价格被对手掌握等。因此，电子支付的第二个安全要素就是商业信息的保密性。也就是说，一定要对敏感信息进行加密，即使别人截获或窃取了数据，也无法识别信息的真实内容。

3. 信息完整性

信息的保密性问题，针对的是网络面临被动攻击威胁而提出的安全要求。所谓被动攻击，指的是不修改任何交易信息，而通过截获、窃取、观察、监听、分析数据流和数据流模式获得有价值的情报。而与之相对的主动攻击指的是篡改交易信息，破坏信息的完整性和有效性，以达到非法的目的，如改变汇款的收款人、更改信息的关键字眼等。因此，保证信息的完整性是电子支付的第三个安全要素。也就是说，交易各方能够验证收到信息是否完整且正确，是否曾经被人篡改过，或出现信息丢失等差错。

4. 不可抵赖性

由于商情千变万化，随着时间的推移，商品的价格、质量、供需情况都会出现变化，这要求交易合同一旦达成就不能抵赖。在传统贸易中，贸易双方可通过书面文件或盖章、签名等证据作为保证，但在电子支付中，由于使用无纸化办公，必须使用新的技术防止抵赖行为。如延后或提前采购日期或不承认收到合同等。 因此，不可抵赖性是电子支付第四个安全要素。也就是说，电子支付的各个环节都必须是不可否认的，双方都不能否认自己曾发送或接受的信息。

5. 不可伪造性

在商务活动中，交易的文件是不可被修改的。传统贸易可通过笔迹鉴定等手段防止伪造行为，而电子支付没有书面的合同，又在开放的互联网上进行信息传播，非常可能出现伪造合同等行为。因此，不可伪造性是电子支付的第五个安全要素。也就是说，电子交易的合同文件也要做到不可修改，以维持其严肃性和公正性。

三、电子支付的安全目标

电子支付的解决方案，必须保证达到以下目标。

1. 有效性

电子支付以电子形式取代了纸张，如何保证电子形式的贸易信息有效性是开展电子支付的前提。电子支付作为贸易支付的一种形式，其信息的有效性将直接关系到个人、企业或国家的经济利益和声誉。因此，要对网络故障、操作错误、应用程序错误、硬件故障、系统软件错误及计算机病毒所产生的潜在威胁加以控制和预防，以保证贸易数据在确定的时刻、确定的地点是有效的。

2. 机密性

电子支付作为贸易支付的一种手段，其信息直接代表着个人、企业或国家的商业机密。传统的纸面贸易支付都是通过邮寄封装的信件或通过可靠的通信渠道发送商业报文来达到保守机密的目的。而电子支付是建立在一个开放的网络环境上的，维护商业机密是电子支付全面推广应用的重要保障。因此，要预防非法的信息存取和信息在传输过程中被非法窃取。

3. 完整性

电子支付简化了贸易支付过程，减少了人为的干预，同时也带来维护贸易支付各方商业信息的完整性和统一性的问题。由于数据输入时的意外差错或欺诈行为，可能导致贸易支付各方信息的差异。此外，数据传输过程中信息的丢失、信息重复或信息传送的次序差异也会导致贸易支付各方信息的失真。贸易支付各方信息是否完整将影响到贸易支付各方的交易和经营策略，保持贸易各方信息的完整性是电子支付应用的基础。因此，要预防他人对信息的随意生成、修改和删除，同时也要防止数据传送过程中信息的丢失和重复并保证信息传送次序的统一。

4. 可靠性

电子支付可能直接关系到贸易双方的商业交易，如何确定要进行交易的贸易方正是进行交易所期望的贸易方，这一问题则是保证电子支付顺利进行的关键。在传统的纸面贸易中，贸易双方通过在交易合同、契约或贸易单据等书面文件上手写签名或印章来鉴别贸易伙伴，确定合同、契约、单据的可靠性并预防抵赖行为的发生。这也就是人们常说的“白纸黑字”。在无纸化的交易方式下，通过手写签名和印章进行贸易方的鉴别已不可能，因此，要为在交易信息的传输过程中，为参与交易的个人、企业或国家提供可靠的标识。

第二节 电子支付安全体系结构的分析

安全体系结构理论与技术主要包括安全体系模型的建立及其形式化描述与分析、安全策略和机制的分析、检验和评估系统安全性的科学方法和准则的建立、符合这些模型和策略及准则的系统的分析，例如安全信息系统、安全网络系统、安全操作系统、安全数据库系统等。随着系统越来越开放和方便，安全风险和攻击逐渐增多，人们对电子支付的安全关注也越来越强烈，因此对电子支付安全体系结构的分析一直是一个热点。

一、安全体系结构的分析

1. 分布式安全结构

X／Opengroup 制定了一种分布式安全结构（X／Open Distributed Security Framework，XDSF），如图 6-1 所示，该结构认为信息系统的安全体系结构是系统整体体系结构的一部分，它包括一组相互协作的安全元素的描述与配置。这些元素共同实施系统的安全策略。安全功能元素可划分为 3 个层次：最底层是密码支持，如硬件、软件等；中间层次是基本的安全功能，如鉴别、授权、审计等；最上层是一组交互的安全服务，如特权属性服务、证书管理、密钥分发、可信第三方等。安全管理覆盖了 3 个层次的安全元素。

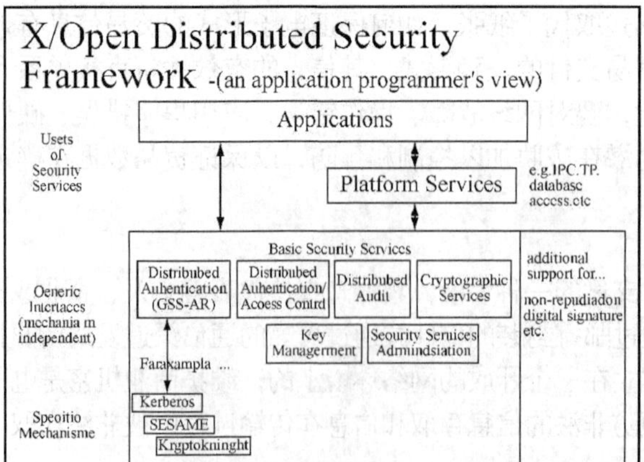

图 6-1 分布式安全结构配置

2. 通用数据安全体系结构

1996 年，Intel 的体系结构实验室提出了通用数据安全体系结构（Common Data Security Architecture，CDSA），是为了解决通信和数据安全问题而提出的一系列分级的、动态的、集成的安全服务构架。CDSA 的技术目标是为数据安全提供一个整体的解决方案，在设计时充分考虑各种基本安全协议组件之间的互操作性。

CDSA 共划分为 4 个层次：应用层、安全服务层、公共安全服务管理者（Common Security Service Manager，CSSM）层、安全服务提供者层。最底层是实现基本算法的插件式安全模块，包括加密算法和证书处理等组件。这些基本功能模块在公共安全服务管理器的协调下向最顶端的系统安全服务（System Security Service，SSS）层提供服务。

CSSM 是 CDSA 的核心部分，它定义了一组公开的应用程序接口 API，以支持安全应用程序和安全服务的开发。具体功能的实现由下层完成，下层有如下 4 个基本的插件式安全模块。

（1）加密服务提供（Cryptographic Service Provider，CSP）模块，CSP 负责加密、解密、数字签名和私钥保存等工作，是整个 CDSA 结构的基础。

（2）信任政策（Trust Policy，TP）模块，TP 负责信任政策的具体实施，判定特定行为（例如访问涉密信息）所需的信任级别。由于具有模块化的结构，TP 能够对不同的机构采用不同的政策。

（3）证书库（Certificate Library，CL）模块，CL 负责处理各种格式不同的证书和证书撤销列表等功能。

（4）数据存储库（Data Storage Library，DL）模块，DL 进行安全相关数据对象的存储，包括证书、密钥和信任政策对象等，而实际的存储位置可能在商用关系数据库、原始的文件系统或者某种特定的硬件设备中。

3. PPDR 安全体系结构

PPDR（Policy Protection Detection Response）动态安全体系结构中，Policy（安全策略）是 PPDR 的中枢，其制定系统稳定运行的安全策略和应急处理策略，所有的防护、检测、响应都是依据安全策略实施的。Protection（防护）通过身份认证、防火墙、客户端软件、内容安全、加密等传统的静态的安全技术来实现。Detection（检测）是 PPDR 中非常重要的一个环节，检测是静态防护转化为动态防护的关键。只有充分了解当前的安全状态，才能更加明确防护的重点和防护的漏洞。检测是动态响应的依据，系统是否能够采取合适的响应方式关键是看检测的结果是否正确。检测是落实或强制执行安全策略的有力工具。安全策略的建立不应该是静态不变的。

应该能够根据系统当前状态进行动态调整以适应安全需要，而系统当前的安全状态的信息主要来自于不间断的检测系统。Response（响应）在安全系统中占有最重要的位置，对于检测的结果通过循环反馈做出及时准确的响应，包括报警、日志、恢复和其他响应方法。从某种意义上来讲，安全问题就是要解决紧急响应问题和异常问题处理。

PPDR 安全体系结构包含 4 个主要部分，如图 6-2 所示。安全策略是整个系统安全的依据。PPDR 安全体系结构体现了防御的动态性和基于时间的特性。它强调了系统安全的动态性和管理的持续性，以入侵检测、漏洞评估和自适应调整为循环来提高系统安全。在时间特性上，该模型引入实时检测的概念。假设系统检测时间为 Dt，系统的响应时间为 Rt，系统的保护时间为 Pt，如果 Pt>Dt+Rt，则认为系统是安全的。PPDR 安全体系结构提出的响应安全目标，实际上就是尽可能地增大保护时间，尽量减少检测时间和响应时间。

图 6-2　PPDR 安全体系结构

用户单位首先制定安全策略，指明安全防范的范围和目的，然后围绕安全策略采取合适的安全措施对目标实施安全防护，使用检测系统检查安全措施的有效性和系统活动的合法性，对违反安全策略的行为予以响应。

上述过程是一个螺旋上升的过程。用户通过一个过程，弥补已有的安全漏洞，制定新的安全策略，提升防护水平，加强系统抵抗攻击的能力。

4. 安全评估标准

安全评估是衡量安全产品的重要手段，安全评估标准是开发、评价、选择安全产品的重要依据。1983 年美国国家计算机安全委员会（National Computer Security Commission，NCSC）提出了可信计算机系统安全评估标准（Trusted Computer System Evaluation Criteria，TCSEC），将系统的安全等级划分成 4 类和 7 个等级。基于 TCSEC 中可信计算机的概念，1987 年 NCSC 又发布了可信网络解释，1991 年出版了可信数据库指南等评测标准，构成了彩虹系列评测标准体系。

TCSEC 最初是针对单机下的系统而设计的，主要考虑信息的访问控制和审计功能，没有考虑网络环境下的身份认证、数据传输的保密性、完整性以及抗抵赖等安全功能。所以，一些学者对基于可信计算基础（Trusted Computing Base，TCB）概念和 BLP 模型的 TCSEC 的科学性与合理性提出了质疑。TCB 的概念作为构造计算机系统的基础，对于满足安全需求是不完善的。BLP 主要是一种访问控制模型，具有只允许向下读、向上写的特点，可以防止机密信息向下级泄露，不能判断系统的总体安全。TCSEC 将系统的安全保护能力分为从 D 到 A 共 4 个等级，其中 D 级是最小保护级，A 级为验证保护级。TCSEC 的安全主要停留在信息的保密性上，其采用的形式化模型不足以完全反映应用的安全需求，也没有考虑应用系统分布式处理的特点。

在 TCSEC 出现以后，许多国家和地区也相继提出了一些安全评估标准。欧洲的英、法、德、荷 4 国针对 TCSEC 标准只考虑保密性的局限，联合提出了信息技术安全评价标准（Information Technology Security Evaluation Criteria，ITSEC），将安全概念分为功能与评估两部分，功能是指系统做什么才安全，评估指开发者为保证系统安全所要做的事情。首次全面提出了信息安全的保密性、完整性和可用性等概念，把可信计算机的概念提高到可信信息技术的高度上认识。加拿大制定了可信计算机产品评估标准（Canadian Trusted Computer Product Evaluation Criteria，CTCPEC），该标准将安全分为功能性需求和保证性需求两部分，其结构化安全功能的方法影响到后来的国际标准。美国联邦制定了联邦标准（Federal Criteria，FC），该标准的目的是提供 TCSEC 的升级版本，并且引入保护轮廓（Protection Profile，PP）的概念，每个保护轮廓包括功能、开发条件和评价 3 个部分。在框架下，安全目标是评价的基础，安全目标必须用具体的语言和有力的论据来说明保护框架中的抽象描述如何逐条地在所评价的产品中得到满足。信息安全评估公共标准（Common Criteria，CC）试图把现有的安全评测统一成一个公共的标准，该计划从 1993 年开始，涉及 NIST、NSA、欧洲的荷兰、英、法、德以及加拿大等国家，1999 年推出版本 2.1。CC 把安全需求分成功能需求和保障需求两部分，不仅可以用来评测某一种具体的产品，还可以用来评测一个保护轮廓（Protection Profile）、安全目标（Security Target）以及由基本评测对象所组成的包（Package）。CC 将功能需求分为 11 个类（Class），每个类又根据不同的安全目标分成若干个族（Family），对于一个族中的安全需求，又根据其强度和能力的不同划分为更小的组件（Component）。CC 将安全保障划分为 7 类 26 族，并定义了 7 个评测保障级别（Evaluation Assurance Level，EAL），按照安全确信度由低到高依次分别从 EAL1 到 EAL7，其中 EAL1 为功能性测试级，EAL2 为结构性测试级，EAL3 为工程方法上的测试及验证级，EAL4 为工程方法上的设计、测试和评审级，EAL5 为半形式化设计和测试级，EAL6 为半形式化验证设计和测试级，EAL7 为形式化验证设计和测试级。每个 EAL 用来评估保障需求的一个基准线，定义了保证需求的一个一致集，形成了一个有序的集会，成为 CC 预定义的保证尺度。

5. OSI 安全体系结构

ISO/IEC JTCl 在 1999 年增加了关于安全体系结构的描述，后来又制定了一系列特定安全服务的标准。OSI（Open System Interconnection Reference Model）安全体系结构现在已经成为安全专业人员的重要参考，它不着眼于解决某一特定安全问题，而是提供一组公共的安全概念和术语，用来描述和讨论安全问题和解决方案。OSI 安全体系结构是安全服务与相关安全机制的一般性描述，说明了安全服务怎样映射到网络的层次结构中去，并且简单讨论了它们在其中的合适位置。

X.800 定义了 OSI 的安全架构，该架构包含了 OSI 所提供的安全服务以及为实现这些服务所需的安全机制，并且为这些安全服务、安全机制在 OSI 层之间的分配进行了说明。该框架中的安全服务属于基本的安全服务，在实际使用中需要在适当的 OSI 层激活，并与其他非 OSI 的安全服务与机制相协调以实现客户的特定安全策略。X.802 对 OSI 低层（1～4 层的传输子网）的安全模型进行了分析，提出了用于标志安全功能特性的安全关联（Security Association）概念，并就安全功能的引入对 OSI 现有协议的影响进行了分析。X.830 对 OSI 高层的一般安全模型进行了分析，提出一系列协议构建工具以支持面向应用的安全保护功能，包括一般性的安全信息交换和信息变换方法以及支持安全应用协议设计的抽象语法表示工具。X.810 系列对 X.800 中提出的基本安全服务的架构模型进行了说明。国际标准化组织（International Standard Organization，ISO）于 1989 年对开放式系统互联（Open System Interconnection Reference Model，OSI）环境的安全性进行了深入的分析。在 OSI 网络体系之外附加了一个 OSI 网络安全体系标准，定义了安全服务功能、安全机制、安全管理及有关安全方面的其他问题，即 ISO 7498-2 标准。OSI 安全体系结构主要包括 3 个部分：安全服务、安全机制和安全管理。首先列举了开放式系统的各种威胁，针对这些协议定义一组安全服务：鉴别服务、访问控制服务、数据机密性服务、数据完整性服务和抗抵赖服务。为支持这些安全服务，OSI 安全体系结构定义了如下安全机制：加密、数字签名、访问控制、数据完整性、数据交换、路由控制、公证机制，另外还包括与安全管理相关的普适机制，如可信功能度、安全标签、事件检测、安全审计跟踪、安全恢复等。一种安全服务可以由多种安全机制来实现，同时一种安全机制也可以提供不同的安全服务。OSI 安全管理涉及与 OSI 相关的安全的管理以及管理的安全两个方面。OSI 安全管理活动包括系统安全管理、安全服务管理和安全机制管理 3 个方面，如图 6-3 所示。

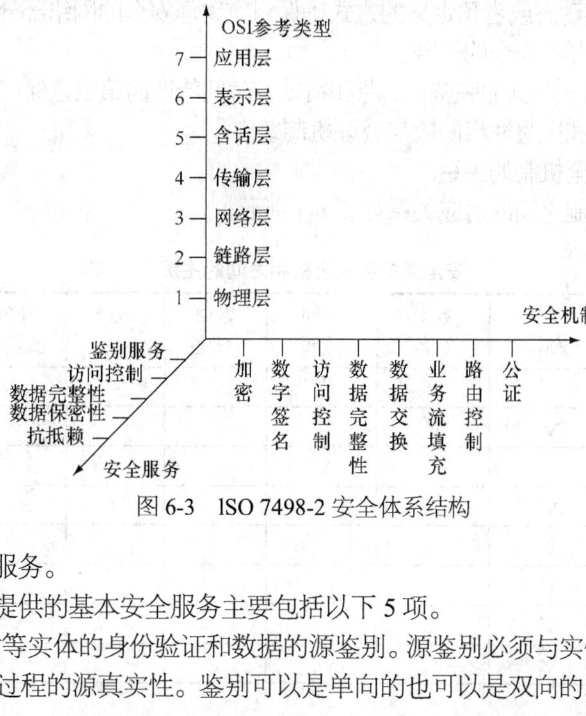

图 6-3 lSO 7498-2 安全体系结构

（1）OSI 的安全服务。

OSI 安全架构中提供的基本安全服务主要包括以下 5 项。

① 鉴别：提供对等实体的身份验证和数据的源鉴别。源鉴别必须与实体鉴别等其他服务相结合才能保证当前通信过程的源真实性。鉴别可以是单向的也可以是双向的。

② 访问控制：对 OSI 协议可访问资源提供针对非授权访问的保护。访问控制包括策略和授权两个部分，策略部分决定了访问控制的规则，实施部分则据此进行授权。

③ 数据保密：对用户数据提供针对非授权泄漏的保护，保护对象为面向连接或者无连接的或者特定字段及通信业务流。数据保密包括：连接保密、无连接保密、选择字段保密、信息流保密。

④ 数据完整性：对面向连接或无连接的数据提供带／不带恢复功能的数据完整性保护，防止其透过违反安全策略的方式进行非法修改（包括篡改、重排序、删除和假冒）。数据完整性包括：可恢复的连接完整性、无恢复的连接完整性、选择字段的连接完整性、无连接完整性、选择字段无连接完整性。

⑤ 抗抵赖性：对通信源端以及宿端进行特定通信过程的不可否认性验证。不可否认性包括：不得否认发送和不可否认接收。

（2）OSI 的安全机制。

OSI 安全架构中用于实现上述安全服务的安全机制主要包括以下几项。

① 加密：提供对数据或信息流的保护，可以用于其他的安全机制实现。加密算法包括双向和单向的，同时需要加密密钥管理的支持。

② 数字签名：提供对数据单元的签名及验证，通过签名过程中所使用的签名方个人信息的保密性来推断数据单元的有效性，具有解决收发方纠纷的能力。

③ 访问控制：根据实体的身份来确定访问权限，按照事先确定的规则决定主体对客体的访问是否合法，并对非授权的访问企图进行处理，将事件报告给审计跟踪系统。其基础包括访问授权信息、鉴别信息、访问权限、安全标记、访问请求时间以及方式。

④ 数据完整性：提供对数据单元和数据流的完整性保护，对数据单元主要采用数字签名技术。

⑤ 数据交换：通过信息的交换来提供对等实体的认证，包括口令鉴别、密码技术、时间戳和同步时钟、二/三次握手、不可否认机制以及实体特征或所有权鉴别。

⑥ 业务流填充：在应用连接空闲时，持续发送伪随机序列，使攻击者不知道哪些是有用信息，从而抵抗业务流量分析攻击。

⑦ 路由控制：通过动态或者预定义的方式确保只有物理安全的网络部分被使用，安全策略要求带安全标记的信息避开不安全的子网。

⑧ 公证：提供对信息数据的完整性、源和宿以及时间特性的第三方保证和公平仲裁。通信过程中使用的签名、加密和完整性机制应与公证机制兼容。

（3）安全服务与安全机制的关系。

安全服务与安全机制之间的对应关系如表 6-1 所示。

表 6-1　安全服务和安全机制之间的关系

机制 服务	数据加密	数字签名	访问控制	数据完整性	认证交换	业务流填充	路由控制	公证机制
对等实体鉴别	√	√			√			
数据源鉴别	√	√						
访问控制			√					
连接的保密性	√						√	
无连接的保密性	√						√	
选择字段的保密性	√							
业务流安全	√					√	√	
带恢复的连接完整性	√			√				

续表

服务 \ 机制	数据加密	数字签名	访问控制	数据完整性	认证交换	业务流填充	路由控制	公证机制
不带恢复的连接完整性	√			√				
选择字段连接完整性	√			√				
无连接的完整性	√	√		√				
数据源点不可否认		√		√				
数据交付不可否认		√		√				√

二、对安全体系结构的分析

通过上面的介绍可以看出，这些安全体系结构都是叙述性的，没有形式化方法，都是从不同的方面描述安全体系结构，具体分析如下。

（1）分布式安全结构（XDSF）主要从分布式、分层次的安全服务及其实现角度来讨论系统的安全体系结构，不够详细和具体。

（2）通用数据安全体系结构（CDSA）虽然功能强大，但是也存在不足。一方面，CDSA 本身结构复杂，为了兼容其他的安全系统而设计了相当复杂的接口规范，所以整个系统的规模较大，造成系统资源的浪费和使用上的困难。另一方面，CDSA 本身庞大的规模使得以其为基础的系统也比较庞大，从而限制了具体应用产品的小型化。另外，虽然 Intel 宣布公开 CDSA 的源代码，但是开发商只能修改安全服务层和附加的功能模块，而不能修改 CDSA 的 CSSM 框架。

（3）PPDR 安全体系结构仅描述了安全技术体系中部分安全要求，忽略了人和管理的因素，还不是一个完整的安全体系结构。另外，PPDR 缺少预警，没有考虑安全周期预警阶段，没有入侵检测功能，不是真正的动态，而且安全策略粒度过大，不是针对系统的安全防御目标制定详细安全策略。

（4）信息安全公共评估标准（CC）定义了评估信息技术产品的系统安全性的基本标准，是当前系统安全认证方面最权威的标准。然而 CC 标准也存在不足之处：一方面，CC 标准没有涉及管理安全、物理安全、认证过程、评估方法、对密码算法质量的评价这 5 个信息安全保障要注意的环节；另一方面，CC 标准没有数学模型的支持。

（5）OSI 安全体系结构给出了一些概念性的框架，从功能角度描述了开放式系统的安全体系结构，包括安全服务、安全机制和安全管理。其注重开放式系统间信息的安全传输，没有考虑端系统、传输网络和设备的安全需求；没有指出安全服务和安全机制与系统其他部分交互；没有真正适用于实际情况的形式化安全模型；仅给出了协议的分层模型，没有把端系统、网络等实体作为一个整体来考虑。

通过对现有安全体系结构的分析，可见现有的分析从不同的视角，用不同的描述方法，得到不同的结果，原因是对什么是安全体系结构以及安全体系结构的描述方法上，不同的组织和分析机构见仁见智，并没有达成共识，而且他们的安全侧重点也不同。

三、电子支付安全体系结构的构建

OSMT（Object，Structure，Management，Technology）是一个完整的实用的安全体系结构，利用它来指导电子支付系统安全和相应支持体系的设计。整个安全体系可规划为 4 个层次，分别是目标（Object）层、组织（Structure）层、管理（Management）层和技术（Technology）层。考虑到安全体系结构是由一定数量的特定体系结构元素按照某种适当的方式组装起来的安全系统的高层结构，所以一个完整的信息安全系统规划，需要同时考虑这 4 个层次，还应该关注这 4 个层次之间的关系。在电子支付系统开发的概念阶段，安全体系结构要反映系统的安全目标和安全策略，明确期望的保障程度、安全性对开发过程的影响以及指导原则。安全策略定义系统的整体安全考虑，用来阐述一个组织在特定环境中的安全问题。这些安全策略得到了特殊的标准以及指导方针的支持，同时也提供如何保证一个组织来实现其所声称的安全功能。随着系统结构设计的逐步深入和细化，安全体系结构也越来越深入和细化，开始组织、管理和技术等层面的具体实施。在已经有一定安全基础的情况下，也可以单独考虑为某个部分进行强化。电子支付安全体系结构基本构成如图6-4所示。

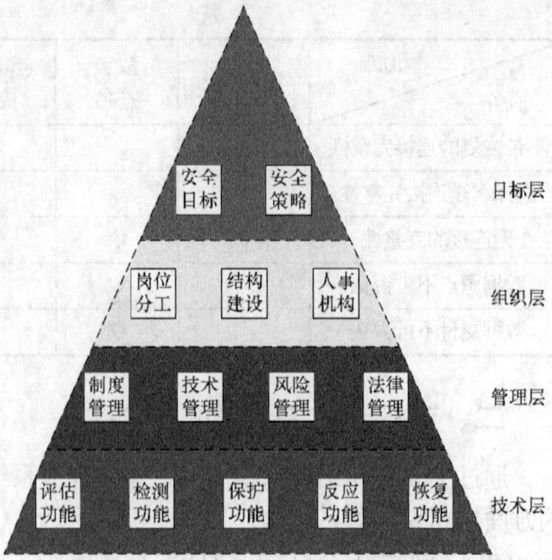

图6-4　电子支付安全体系结构OSMT

从图中可以看出，电子支付安全体系的最上层为电子支付系统的目标层，其下是支持实现这个目标的组织层、管理层和技术层3个层面。

1. 目标层

目标层包括安全目标与安全策略，通常表现为一系列的文档，是一个组织根据任务、威胁以及上层的制度、法律等制定出来限制用户使用哪些资源、如何使用资源的一组规定。安全策略是指一种由系统实施的、明确的和定义好的安全政策，是标志安全功能实体对象安全功能特性的基本属性。例如，所有的通信流量都应该加密，只有注册用户才可以访问信息资源，所有的资源都实施自主型访问控制，只有违反安全政策的活动或者企图才被审计记录等，安全设计和实施是为了完成这个目标而进行的。

2. 组织层

组织层主要涉及进行内部安全机构建设、岗位分工、人事机构相关的人员分工和培训等工作，还需要定义外部支持机构和相关的协调。

3. 管理层

管理层主要包括进行制度管理、法律管理、风险管理以及技术管理。其中，制度管理是电子支付内部，依据必要的安全需求，制定的一系列内部规章制度，主要内容包括安全管理和执行机构的行为规范、岗位操作规范、岗位人员的素质要求及行为规范、内部关系与外部关系的行为规范等。法律管理是根据相关的法律、法规，对电子支付系统主体及其与外界关联行为的规范和约束，具有对电子支付主体行为的强制约束力。在技术管理方面，参考了OSI中对系统安全、安全服务和安全机制的管理要求。

4. 技术层

技术层使用的是评估、保护、检测、反应、恢复功能技术模型。即在设计一个安全的信息系统时，从技术角度应该具备评估、保护、检测、反应和恢复5种技术能力。对于其中的保护功能，按照ISO 7498-2中对安全服务的分类，划分为鉴别、访问控制、数据完整性、数据保密性和抗抵赖5类安全功能。对于电子支付安全体系结构来说，安全技术层是确定其安全效果的一个重要影响层面，同时也是达到安全目标的具体实现手段。

在这个电子支付安全体系结构中，由于安全管理或者技术手段都离不开人员的实施和组织，因此组织层是很重要的一部分，而安全管理是组织结构进行技术体系实施和管理的具体操作，所以管理层是整个体系中起承上启下作用的重要一环。缺乏良好的安全管理体系结构，即使构建了优秀的技术结构，仍然会面对无法有效管理和使用的窘境，从而造成大量的资源浪费，也达不到既定的安全目标。技术层是具体的各种安全功能和安全需求的技术实现，例如防火墙、入侵检测、防病毒等技术和产品都是通过不同的方式满足电子支付安全体系结构中 5 种技术能力的要求。技术层主要是实现电子支付安全体系的技术支撑和具体技术手段，它既是确定具体安全目标的一个重要因素，同时也是达到安全目标的重要手段。技术层由一些基本的模块组成，它们构成安全服务的基础，同时可以相互任意组合，以提供更强大的安全服务。此外，技术层还以多种方式影响着管理层、组织层和目标层。一方面，技术层是确定安全任务分工和各主体职能、职责和职权的关键因素；另一方面，技术层直接关系到安全管理的管辖范围和实现的效果。本文分析的重点也集中在技术层的各个组成模块。

电子支付安全体系结构 OSMT 的优点主要表现在以下几个方面。

（1）在安全需求与安全系统软硬件实现之间架起了一座桥梁，使得系统设计人员根据安全需求，全局地把握系统的安全实现。

（2）提供了一种理解和管理电子支付的机制，以一种通用语言来表述各种关注和需求，反映了开发早期的决策，对安全系统的质量和使用有较好的影响。

（3）能够促进安全系统设计的重用，得到广泛理解的安全体系结构部件能够容易地用于新的设计。

（4）对于电子支付这样复杂的系统，以一定的安全体系结构作为指导，制定相关标准，有利于安全系统的互连、互通和互操作。

第三节　信息安全技术

一、信息加密技术

通过计算机网络进行安全的商务活动和通信就像我们签署一封信笺并把它密封在一个信封里发出去一样。签名保证了发信人身份的真实性，密封的信封保证了机密性。密码系统通过使用和某一种算法相关的密钥对信息加密来保证机密性。可以产生一些“混乱”的消息发送给接收者，接收者使用原来加密用的密钥可以获得原来的信息内容。双方使用的密钥必须保证机密性。在密码应用系统中，管理这些密钥是安全管理工作的中心工作，公钥密码系统为此奠定了基础。

公钥密码系统使用一个密钥对代替了原来使用的唯一对称密钥，这个密钥对包括一个公钥和一个私钥。使用公钥加密的信息只能使用相应的私钥才能解密。使用这套系统，公钥可以在公共的目录中发布，方便各方互相通信。除了加密，公钥和私钥还可以用来产生一个“数字签名”，附加在信息的后面对信息和信息的发送者进行认证。

要实现这种保密且方便的环境，需要一套公钥基础设施（Public Key Infrastructure，PKI）。

从广义上讲，所有提供公钥加密和数字签名服务的系统，都可叫做 PKI 系统，PKI 的主要目的是通过自动管理密钥和证书，可以为用户建立起一个安全的网络运行环境，从而保证网上数据的机密性、完整性、有效性。数据的机密性是指数据在传输过程中，不能被非授权者偷看；数据的完整性是指数据在传输过程中不能被非法篡改；数据的有效性是指数据不能被否认。一个有效的 PKI 系统必须是安全的和透明的，用户在获得加密和数字签名服务时，不需要详细地了解 PKI 是怎样管理证书和密钥的，一个典型、完整、有效的 PKI 应用系统至少应具有以下部分：公钥密码证书管理、黑名单的发布和管理、密钥的备份和恢复、自动更新密钥、自动管理历史密钥、支持交叉认证。

加密的标准一般来说有两个：一是令未经授权者不能看懂经加密的信息，并且很难破解。很难破解一般定义为用全球所有的计算机同时破解此密钥，也要经过一年以上的时间才能完成，即使破解了也来不及应用。二是收信者一方可以很方便地破解密钥，不会因破解需太长时间误事。

设计这样的密钥需要用到单向函数的概念，具体方法这里不再赘述。

（一）密码体制

目前出现了多种密码体制和加密算法，按照加密密钥和解密密钥是否相同，可以将现有的密码体制分为两种：对称密钥体制和非对称密钥体制。

1. 对称密钥体制

这种体制的加密密钥和解密密钥类同或者本质相同。其优点是具有很高的保密强度，但是它的密钥必须通过安全途径进行传递，密钥管理成为影响系统安全的关键因素，难于满足开放式计算机网络的需求。根据对称密钥体制中加密模式的不同，又可以细分为序列密码（Stream Cipher）和分组密码（Block Cipher）两种。序列密码每次对相同的明文加密，都会得到不同的密文。序列密码加密速度快，适合于实时性的要求。分组密码对相同的明文用相同的密钥加密，永远得到相同的密文。分组密码的设计是基于 Shanon 的扩散（Diffusion）和混乱（Confusion）原理。扩散的思想为：密码算法应保证有语言多余度的明文的统计结构扩散到相当长的一段统计中去，不同的加密函数之间不存在"简单关系"。混乱的思想为：密码算法应当保证密钥、明文和密文的依赖关系相当复杂，使攻击者无法利用，其混乱程度主要用"非线性度"来度量。

2. 非对称密钥体制

非对称密钥体制的概念是在 1976 年首次提出的。非对称密钥体制要求密钥成对出现，用任何一次密钥对信息加密，只有相应的另一对密钥才能够解开，其中一对为可以公开的加密密钥，另一对为由用户自己秘密保存的解密密钥。在对称密码体制中，加密和解密双方使用相同的密钥。双方虽然在通信时加了密，比较保险，但是密钥却要事先约定或者通过信使传递，这给密钥的管理和更新带来了困难。非对称密码体制能够解决这些问题。另外，非对称密码体制还能够保障在互不认识的人之间安全保密地传递信息和进行信息传递双方的身份认证。但是非对称加密算法要比对称加密算法慢，所以在实际应用中，通常非对称加密和对称加密结合使用，即使用非对称密码体制交换密钥，使用对称密码体制传递正文。

（二）密码技术

在电子货币的分析中，主要应用到的密码技术有密钥管理、零知识证明和群签名技术等。

1. 密钥管理

密钥是系统安全的关键，密钥管理极为重要。密钥管理包括密钥的生成、分发、传送、保存、更新等环节。密钥管理服务可以用来提供在证据生成和证据验证中使用的密钥。即使相应的用于证据生成的密钥已不再有效或可用，仍可能需要密钥管理服务为证据验证提供密钥。针对对称和非对称加密体制，密钥管理也相应地分为对称密钥管理和非对称密钥管理。

对称密钥管理基于共同保守秘密的约定。采用对称加密技术的双方必须要保证采用的是相同的密钥，要保证彼此密钥的交换是安全可靠的，同时还要防止密钥泄漏并设定更改密钥的程序。这样，对称密钥的管理和分发工作将变成一件具有潜在危险的、繁琐的过程。通过非对称加密技术实现对称密钥的管理能够使相应的管理变得简单和安全，同时还解决了纯对称密钥模式中存在的可靠性问题和鉴别问题。

非对称密钥管理是密钥主体自己保存密钥，通过数字证书来交换公开密钥。数字证书能够起到标识交易方的作用，是目前电子商务广泛采用的技术之一。

在过去的几年中，针对密钥管理有多个提案，例如，IBM 的模块密钥管理协议（Modular Key Management Protocol，MKMP）、SUN 的简单 INTERNET 密钥管理协议（Simple Key for Internet Protocol，SKIP）、Philkarn 的 Photuris 密钥管理协议、Hugo Krawczik 的安全密钥交换机制（Secure Key Exchange Mechanism for（E）nternet，SKEME）、NSA 的 INTERNET 安全关联密钥管理协议

（Internet Security Association and Key Management Protocol，ISAKMP）、Hilarie Orman 的 OAKLEY 密钥判定协议等。

目前广泛使用的密钥管理协议是 IKE（Internet Key Exchange）。IKE 沿用了 ISAKMP 的基础、Oaldey 的模式以及 SKEME 的共享和密钥更新技术，定义出特有的验证加密生成技术以及协商共享策略。IKE 还定义了自己的两种密钥交换方式。IKE 使用两个阶段的 ISAKMP。在第一阶段，通信各方建立一个已经通过身份验证和安全保护的通道，即建立 IKE 安全联盟。在第二阶段，利用这个既定的安全联盟，协商具体的安全联盟。IKE 共定义了 5 种交换：第一阶段中 IKE 采用的是身份保护交换，以及根据基本 ISAKMP 文档制订的野蛮交换模式交换；第二阶段中，IKE 则定义了一种快速模式交换。IKE 定义的另外两种交换均属信息方面的交换。

2. 零知识证明

按照通俗的说法，零知识证明允许一人使另一人相信某事实而不暴露有关证明的信息。零知识证明系统是交互式证明系统，证明者 A 知道一些事实，希望验证者 B 相信他知道这些事实。交互式证明是由规定的轮数组成的一个“挑战——应答”（Challenge-Response）协议组成。通常每轮由 B 的挑战和 A 的应答组成。在协议结束时，B 根据是否成功地回答所有挑战来决定是否接受 A 的证明。密码学中主要分析的交互式证明系统是：B 所做的计算只能在多项式时间内完成，而 A 的计算能力不受到限制。

可见，零知识证明的主要思想是：证明人向验证人除了证明一个陈述是正确之外，不泄露任何信息，无论验证人采取何种攻击方法。在电子货币分析中零知识证明尤为有用，如身份证明（即一方向另一方证明知道他的密钥而不泄露密钥）、知道某些信息的证明（如用户在支付时证明他知道货币的内部结构）、加密消息的有效性证明等都要应用零知识证明。

零知识证明从形式上分为两种，一种是交互式零知识证明（Interactive Zero Knowledge Proofs），它是由 Goldwassert 等学者提出来的，证明者和验证者之间必须进行交互，才能实现零知识证明；另一种是非交互式零知识证明（Non-interactive Zero Knowledge Proofs），它是由 Blumt 等学者提出来的，通过一个共同的称为参考串的短随机串代替交互来实现零知识证明思想，这种证明是非交互的、单向的。非交互零知识证明比交互零知识证明的适用范围更广，因此大大扩充了零知识证明思想的应用范围。

二、信息认证技术

（一）数字签名

1. 数字签名

数字签名是指用户用自己的私钥对原始数据的哈希摘要进行加密所得的数据。哈希（Hash）摘要是用一种符合特殊要求的散列函数所得的数据，典型的散列算法为美国国家安全局开发的单向散列算法之一（SHA-1），该算法产生长度为 160 比特的散列值，Hash 函数散列算法保证对于不同的数据产生相同的散列值的概率极小。信息接收者使用信息发送者的公钥对附在原始信息后的数字签名进行解密后获得哈希摘要，并通过与自己收到的原始数据产生的哈希摘要对照，便可确信原始信息是否被篡改。这样就保证了数据传输的不可否认性，这类函数的特殊要求是：第一，接受的输入报文数据没有长度限制；第二，对任何输入报文数据生成固定长度的摘要（数字指纹）输出；第三，由报文能方便地算出摘要；第四，难以对指定的摘要生成一个报文，由该报文可以得出指定的摘要；第五，难以生成两个不同的报文具有相同的摘要。

2. 数字信封

数字信封的功能类似于普通信封。普通信封在法律的约束下保证只有收信人才能阅读信的内容；数字信封则采用密码技术保证了只有规定的接收人才能阅读信息的内容。

数字信封中采用了单钥密码体制和公钥密码体制。信息发送者首先利用随机产生的对称密码加密信息，再利用接收方的公钥加密对称密码，被公钥加密后的对称密码被称为数字信封。在传递信息时，信息接收方要解密信息时，必须先用自己的私钥解密数字信封，得到对称密码，才能利用对称密码解密所得到的信息。这样就保证了数据传输的真实性和完整性。

（二）数字证书及应用

数字证书是各类实体（持卡人／个人、商户／企业、网关／银行等）在网上进行信息交流及商务活动的身份证明，在电子交易的各个环节，交易的各方都需验证对方证书的有效性，从而解决相互间的信任问题。

1. 数字证书

数字证书是一个经证书认证中心数字签名的包含公开密钥拥有者信息以及公开密钥的文件。简单地说，数字证书是一段包含用户身份信息、用户公钥信息以及身份验证机构数字签名的数据。身份验证机构的数字签名可以确保证书信息的真实性。证书格式及证书内容遵循 X.509 标准。

2. 证书用途

从证书的用途来看，数字证书可分为签名证书和加密证书。签名证书主要用于对用户信息进行签名，以保证信息的不可否认性；加密证书主要用于对用户传送信息进行加密，以保证信息的真实性和完整性。

3. 证书的传送

假设现有持证人甲向持证人乙传送数字信息，为了保证信息传送的真实性、完整性和不可否认性，需要对要传送的信息进行数字加密和数字签名，其传送过程如图 6-5 所示。

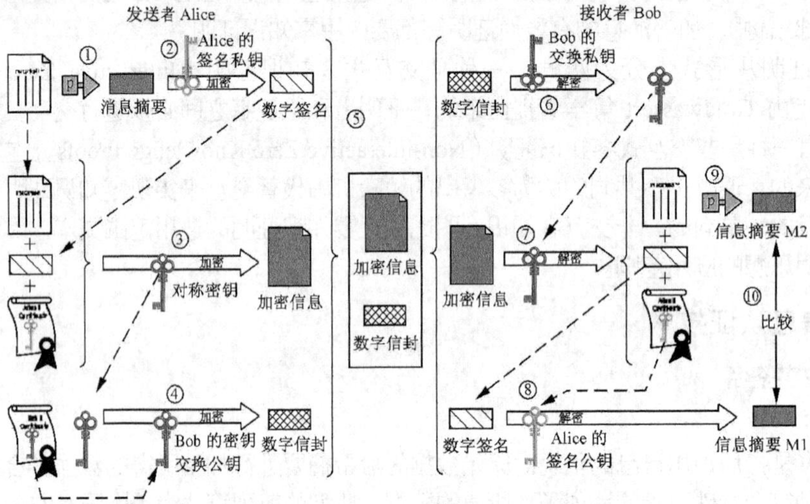

图 6-5　数字加密和数字签名流程

数字加密和数字签名的具体流程如下。

① 甲准备好要传送的数字信息（明文）。

② 甲对数字信息进行哈希（Hash）运算，得到一个信息摘要。

③ 甲用自己的私钥（SK）对信息摘要进行加密得到甲的数字签名，并将其附在数字信息上。

④ 甲随机产生一个加密密钥（DES 密钥），并用此密钥对要发送的信息进行加密，形成密文。

⑤ 甲用乙的公钥（PK）对刚才随机产生的加密密钥进行加密，将加密后的 DES 密钥连同密文一起传送给乙。

⑥ 乙收到甲传送过来的密文和加过密的 DES 密钥，先用自己的私钥（SK）对加密的 DES 密钥进行解密，得到 DES 密钥。

⑦ 乙然后用 DES 密钥对收到的密文进行解密，得到明文的数字信息，然后将 DES 密钥抛弃

（即 DES 密钥作废）。

⑧ 乙用甲的公钥（PK）对甲的数字签名进行解密，得到信息摘要。

⑨ 乙用相同的 hash 算法对收到的明文再进行一次 hash 运算，得到一个新的信息摘要。

⑩ 乙将收到的信息摘要和新产生的信息摘要进行比较，如果一致，说明收到的信息没有被修改过。

三、通信加密技术

随着计算机网络技术向整个经济社会各层次延伸，整个社会表现对互联网、内联网、外联网等使用的更大的依赖性。随着企业间信息交互的不断增加，任何一种网络应用和增值服务的使用程度将取决于所使用网络的信息安全有无保障。因此，网络安全已成为现代计算机网络应用的最大障碍，也是亟需解决的难题之一。

1. 安全套接层协议 SSL

由于 Web 上有时要传输重要或敏感的数据，因此 Netscape 公司在推出 Web 浏览器首版的同时，提出了安全套接层协议 SSL（Secure Socket Layer），该协议是在互联网基础上提供的一种保证私密性的安全协议。目前已有 2.0 和 3.0 版本。开放性网络模型有 7 层协议，而安全套接层协议 SSL 则是基于开放性网络环境 OSI 中第 5 层（会话层）上的协议，用以在互联网上的服务器与客户间架设安全通道，提供以下 3 种服务：客户与服务器之间互相确认（利用 X.509 生成电子证书进行身份认证）、消息传送的可靠性（消息加密保密）、消息的完整性。SSL 协议就像给 Web 加了多把安全锁。SSL 采用公开密钥技术。其目标是保证两个应用间通信的保密性和可靠性，可在服务器和客户机两端同时实现支持。利用公开密钥技术的 SSL 协议，已成为互联网上保密通信的工业标准。现行 Web 浏览器普遍将 HTTP 和 SSL 相结合，从而实现安全通信。

2. SSL 特点

SSL 协议是在网络传输层之上提供的一种基于 RSA 和保密密钥的用于浏览器和 Web 服务器之间的安全连接技术。它被视为互联网上 Web 浏览器和服务器的标准安全性措施。这种信号交换导致客户和服务器同意将使用的安全性级别，并履行连接的任何身份验证要求。它通过数字签名和数字证书可实现浏览器和 Web 服务器双方的身份验证，双方就可以用保密密钥进行安全的会话了。这种简单加密模式有以下特点。

（1）部分或全部信息加密。

（2）采用对称的和非对称的加密技术。

（3）通过数字证书验证身份。

（4）采用防止伪造的数字签名。

Socket 只是一个编程界面，并不提供任何安全措施。SSL 则不仅提供编程界面，而且还向上层应用提供安全服务。SSL3.0 通过数字签名和数字证书可实现浏览器和 Web 服务器双方的身份验证。在用数字证书对双方的身份验证后，双方就可以用保密密钥进行安全的会话了。

综上叙述，SSL 协议提供的“通道安全性”有以下 3 个特性：首先是它的私密性，因为在握手协议中一个简单的握手确定密钥之后定义了会话密钥后，所有的消息都被加密；其次是它的确认性，因为尽管会话的客户端认证是可选可不选的，但是服务器端始终是被认证的；最后是它的可靠性，因为传送的消息包括消息完整性检查，即使用了 MAC，保证了传送的可靠。

在 Web 服务器中，配置 SSL 安全加密模块（即软件，配置不同强度如 40 位、56 位或 128 位的对称加密算法）。早期 SSL 协议配置的加密算法为 40 位或 56 位，由于对称加密算法的位数较低，最多若干小时之内便可破译；配置 112 位或 128 位对称加密算法的 SSL 协议问世以后，大大提高了加密算法的强度，破译就很困难了。SSL 协议要求建立在可靠的传输层协议（如 TCP）之上。SSL 协议的优势在于它是与应用层协议独立无关的。高层的应用层协议（如 HTTP、FTP、

TELNET 等）能透明地建立于 SSL 协议之上。SSL 协议在应用层协议通信之前就已经完成加密算法、通信密钥的协商以及服务器认证工作。在此之后应用层协议所传送的数据都会被加密，从而为应用层提供了安全的传输通道，保证了应用层数据传输的安全性。SSL 协议实现简单，并且独立于应用层协议，因此，在电子交易中被用来安全传送信用卡号码。

四、物理安全控制

1. 网络安全控制

网络安全是一个关系国家安全和主权、社会的稳定、民族文化的继承和发扬的重要问题。其重要性，正随着全球信息化步伐的加快而变得越来越重要。

网络安全是一门涉及计算机科学、网络技术、通信技术、密码技术、信息安全技术、应用数学、数论、信息论等多种学科的综合性学科。网络安全是指网络系统的硬件、软件及其系统中的数据受到保护，不受偶然的或者恶意的原因而遭到破坏、更改、泄露，系统连续可靠正常地运行，网络服务不中断。

网络安全从其本质上来讲就是网络上的信息安全。从广义来说，凡是涉及网络信息的保密性、完整性、可用性、真实性和可控性的相关技术和理论都是网络安全的分析领域。网络安全的具体含义会随着“角度”的变化而变化。例如，从用户（个人、企业等）的角度来说，他们希望涉及个人隐私或商业利益的信息在网络上传输时受到机密性、完整性和真实性的保护，避免其他人或对手利用窃听、冒充、篡改、抵赖等手段侵犯用户的利益和隐私，同时也避免其他用户的非授权访问和破坏。

对“网络安全”不同的角度有不同的认识。从网络运行和管理者角度说，他们希望对本地网络信息的访问、读写等操作受到保护和控制，避免出现“陷门”、病毒、非法存取、拒绝服务和网络资源非法占用和非法控制等威胁，制止和防御网络黑客的攻击。对安全保密部门来说，他们希望对非法的、有害的或涉及国家机密的信息进行过滤和防堵，避免机要信息泄露，避免对社会产生危害，对国家造成巨大损失。从社会教育和意识形态角度来讲，网络上不健康的内容，会对社会的稳定和人类的发展造成阻碍，必须对其进行控制。

物理层面的网络安全可分为以下几点。

第一，自然灾害（如雷电、地震、火灾等），物理损坏（如硬盘损坏、设备使用寿命到期等），设备故障（如停电、电磁干扰等），意外事故。解决方案是：防护措施，安全制度，数据备份等。

第二，电磁泄漏，信息泄漏，干扰他人，受他人干扰，乘机而入（如进入安全进程后半途离开），痕迹泄露（如口令密钥等保管不善）。解决方案是：辐射防护，屏幕口令，隐藏销毁等。

第三，操作失误（如删除文件，格式化硬盘，线路拆除等），意外疏漏。解决方案是：状态检测，报警确认，应急恢复等。

计算机系统机房环境的安全尤为重要，其特点是可控性强，损失也大。应当加强机房管理，运行管理，安全组织和人事管理。

2. 安全控制

（1）微机操作系统的安全控制包括用户开机键入的口令（某些微机主板有“ 万能口令”），对文件的读写存取的控制（如 Unix 系统的文件属性控制机制）等。主要用于保护存贮在硬盘上的信息和数据。

（2）网络接口模块的安全控制。在网络环境下对来自其他机器的网络通信进程进行安全控制。主要包括身份认证、客户权限设置与判别、审计日志等。

（3）网络互联设备的安全控制。对整个子网内的所有主机的传输信息和运行状态进行安全监测和控制。主要通过网管软件或路由器配置实现。

3. 安全服务

安全服务主要包括：对等实体认证服务、访问控制服务、数据保密服务、数据完整性服务、数据源点认证服务以及禁止否认服务。

4. 安全机制

安全机制包括：加密机制、数字签名机制、访问控制机制、数据完整性机制、认证机制、信息流填充机制、路由控制机制以及公证机制。

5. 网络加密方式

网络加密方式有 3 种，分别为：链路加密方式、节点对节点加密方式、端对端加密方式。

6. TCP/IP 协议的安全问题

TCP/IP 协议数据流采用明文传输主要问题包括：源地址欺骗（Source Address Spoofing）或 IP 欺骗（IP Spoofing）、源路由选择欺骗（Source Routing Spoofing）、路由选择信息协议攻击（RIP Attacks）、鉴别攻击（Authentication Attacks）、TCP 序列号欺骗（TCP Sequence Number Spoofing）、TCP 序列号轰炸攻击（TCP SYN Flooding Attack，SYN 攻击）和易欺骗性（Ease of Spoofing）。

五、防火墙的应用

计算机安全体系是安全策略建立全方位的防御体系，甚至包括：告诉用户应有的责任、公司规定的网络访问、服务访问、本地和远地的用户认证、拨入和拨出、磁盘和数据加密、病毒防护措施以及雇员培训等，所有可能受到攻击的地方都必须以同样安全级别加以保护。防火墙是安全策略的一个部分，能增强机构内部网络的安全性。防火墙系统决定了哪些内部服务可以被外界访问；外界的哪些人可以访问内部的哪些服务，以及哪些外部服务可以被内部人员访问。要使一个防火墙有效，所有来自和去往互联网的信息都必须经过防火墙，接受防火墙的检查。防火墙只允许授权的数据通过，并且防火墙本身也必须能够免于渗透。防火墙不仅仅是路由器、堡垒主机或任何提供网络安全的设备的组合，而且互联网防火墙负责管理互联网和机构内部网络之间的访问。在没有防火墙时，内部网络上的每个节点都暴露给互联网上的其他主机，极易受到攻击。这就意味着内部网络的安全性要由每一个主机的坚固程度来决定，并且安全性等同于其中最弱的系统。

互联网防火墙允许网络管理员定义一个中心“扼制点”来防止非法用户，如防止黑客、网络破坏者等进入内部网络。禁止存在安全脆弱性的服务进出网络，并抗击来自各种路线的攻击。互联网防火墙能够简化安全管理，网络的安全性是在防火墙系统上得到加固，而不是分布在内部网络的所有主机上。

在防火墙上可以很方便地监视网络的安全性，并产生报警。（注意：对一个与互联网相联的内部网络来说，重要的问题并不是网络是否会受到攻击，而是何时受到攻击？谁在攻击？）网络管理员必须审查并记录所有通过防火墙的重要信息。如果网络管理员不能及时响应报警并审查常规记录，防火墙就形同虚设。在这种情况下，网络管理员永远不会知道防火墙是否受到攻击。

互联网防火墙可以作为部署 NAT（Network Address Translator，网络地址变换）的逻辑地址。因此，防火墙可以用来缓解地址空间短缺的问题，并消除机构在变换 ISP 时带来的重新编址的麻烦。

互联网防火墙是审查和记录互联网使用量的一个最佳手段。网络管理员可以在此向管理部门提供互联网连接的费用情况，查出潜在的带宽瓶颈的位置，并根据机构的核算模式提供部门级计费。

防火墙也可以成为向客户发布信息的地点，也可成为部署 WWW 服务器和 FTP 服务器的理想地点。

六、病毒的防治及管理

1. 病毒防范

病毒是一个程序，有时是有破坏性的，可自我复制，能以替换、插入等形式附着在操作系统或可执行文件上，这些行为用户毫无觉察。它还可通过网络传播，发作时有危害。一旦病毒发作，会发生机器不能正常启动，运行速度降低，磁盘空间被占用，文件内容和长度被改变，经常出现“死机”、外部设备工作异常等现象。

防范病毒的措施包括以下几点。

（1）安装防病毒软件，定期对系统进行查毒。

（2）不要随意从网上下载软件，下载后要注意进行查毒。

（3）不要打开不熟悉的邮件和附件。

2. 入侵防范

特洛伊程序往往是在用户不知道的情况下被引入到系统中的。它可隐蔽的藏于用户的执行进程中，不容易被发觉，可为远程入侵者提供本地有用信息，严重的还可被远程控制，其危害性极大。

防范入侵程序的措施有以下几点。

（1）不要随意从网上下载软件，建议使用正版软件。

（2）经常检查自己的系统是否启动了不明的服务，并尽快删除。

（3）对于 Windows 系统，应注意比较注册表的改变。

（4）使用安全工具进行检查。

第四节　CA 安全控制及管理

一、CA 的含义

为保证网上数字信息的传输安全，在通信传输中除采用有力的加密算法措施之外，必须建立一种信任及信任验证机制，即数字证书。数字证书是各实体在网上信息交流及商务交易活动中的身份证明。数字证书具有唯一性，它将实体的公开密钥同实体本身联系在一起。为实现这一目的，必须使数字证书符合 X.509 国际标准，同时数字证书的来源必须是可靠的。这意味着应有一个网上各方都信任的机构，专门负责数字证书的发放和管理，确保网上信息的安全，这个机构就是 CA 认证机构（Certficate Authority，CA）。它是整个网上电子交易安全的关键环节。主要负责产生、分配并管理所有参与网上交易的实体所需的身份认证数字证书。每一份数字证书都与上一级的数字签名证书相关联，最终通过安全链追溯到一个已知的并被广泛认为是安全、权威、足以信赖的机构——根认证中心（根 CA）。

CA 是认证中心在 PKI 中称“认证机构”，它是电子商务和网上银行交易的权威性、可信赖性及公正性的第三方机构，是电子商务的重要组成部分。为每个使用公开密钥的客户发放数字证书，数字证书的作用是证明证书中列出的客户合法拥有证书中列出的公开密钥。CA 机构的数字签名使得第三者不能伪造和篡改证书。

二、CA 认证的功能

电子交易的各方都必须拥有合法的身份，在交易的各个环节，交易各方都需检验对方数字证书的有效性，解决用户可信任问题。CA 涉及电子交易中各交易方的身份信息、严格的加密技术和认证程序。基于其牢固的安全机制，CA 应用可扩大到一切有安全要求的网上数据传输服务。

数字证书的作用是解决网上交易和结算中的安全问题，包括建立电子商务各主体之间的信任关系，即建立安全认证体系（CA）、选择安全标准（如SSL、SET）。其中安全认证体系的建立是关键，它决定着网上交易和结算能否安全进行。

认证中心在密码管理方面有以下功能。

（1）自身密钥的产生、存储、备份/恢复、归档和销毁。

从根CA开始到直接给客户发放证书的各层次CA，都有其自身的密钥对。CA中心的密钥对一般由硬件加密服务器在机器内直接产生，并存储于加密硬件内，或以一定的加密形式存放于密钥数据库内。加密备份于IC卡或其他存储介质中，并以高等级的物理安全措施保护起来。密钥的销毁要以安全的密钥冲写标准，彻底清除原有的密钥痕迹。其中，根CA密钥的安全性至关重要，它的泄露意味着整个公钥信任体系的崩溃，所以CA的密钥保护必须按照最高安全级的保护方式来进行设置和管理。

（2）为认证中心、各地注册审核发放机构的安全加密通信提供安全密钥管理服务。

在客户证书的生成与发放过程中，除了有CA中心外，还有注册机构、审核机构和发放机构（对于有外部介质的证书）的存在。行业范围内使用的证书，其审批控制，可由独立于CA中心的行业审核机构来完成。CA中心在与各机构进行安全通信时，可采用多种手段。对于使用证书机制的安全通信，各机构（通信端）的密钥产生、发放与管理维护，都可由CA中心来完成。

（3）确定客户密钥生存周期，实施密钥吊销和更新管理。

每一张客户公钥证书都会有有效期，密钥对生命周期的长短由签发证书的CA中心来确定。各CA系统的证书有效期限有所不同，一般大约为2～3年。

密钥更新有两种情况：密钥对到期及密钥泄露后需要启用新的密钥对（证书吊销）。密钥对到期时，客户一般事先非常清楚，可以采用重新申请的方式实施更新。

采用证书的公钥吊销，是通过吊销公钥证书来实现的。公钥证书的吊销来自于两个方面，一个是上级的主动吊销，另一个是下级主动申请证书的吊销。当上级CA对下级CA不信赖时（如上级发现下级CA的私钥有泄露的可能），它可以主动停止下级CA公钥证书的合法使用。当客户发现自己的私钥泄露时，也可主动申请公钥证书的吊销，防止其他客户继续使用该公钥来加密重要信息，而使非法客户有盗取机密的可能。一般而言，在电子商务实际应用中，可能会较少出现私钥泄露的情况，多数情况是由于某个客户因组织变动而调离该单位，需要提前吊销代表企业身份的该客户的证书。

（4）提供密钥生成和分发服务。

CA中心可为客户提供密钥对的生成服务，它采用集中或分布式的方式进行。在集中的情形下，CA中心可使用硬件加密服务器，为多个客户申请成批的生成密钥对，然后采用安全的信道分发给客户。也可由多个注册机构（RA）分布生成客户密钥对并分发给客户。

（5）提供密钥托管和密钥恢复服务。

CA中心可根据客户的要求提供密钥托管服务，备份和管理客户的加密密钥对。当客户需要时，可以从密钥库中提出客户的加密密钥对，为客户恢复其加密密钥对，以解开先前加密的信息。CA中心的密钥管理器，采用对称加密方式对各个客户私钥进行加密，密钥在加密后即销毁，保证了私钥存储的安全性。密钥恢复时，采用相应的密钥恢复模块进行解密，以保证客户的私钥在恢复时没有任何风险和不安全因素。同时，CA中心也应有一套备份库，避免密钥数据库的意外毁坏而无法恢复客户私钥。

（6）其他密钥生成和管理、密码运算功能。

CA中心在自身密钥和客户密钥管理方面的特殊地位和作用，决定了它具有主密钥、多级密钥加密密钥等多种密钥的生成和管理功能。

为客户提供公钥信任，管理和维护整个电子商务密码体系是一项十分复杂的任务，它涉及

CA 中心自身的各个安全区域和部件、注册审核机构以及客户端的安全和密码管理策略。

三、认证中心功能的实现

认证中心由 3 部分要素组成实现其功能，分别如下。

（1）注册服务器：通过 Web Server 建立的站点，可为客户提供每日 24 小时的服务。客户可在自己方便的时候在网上提出证书申请和填写相应的证书申请表。方便快捷，免去在办理手续过程中因人为疏忽或误会造成的损失。

（2）证书申请受理和审核机构：负责证书的申请和审核。它的主要功能是接受客户证书申请并进行审核，确认是否接受证书申请或拒绝。

（3）认证中心服务器：是数字证书生成、发放的运行实体，同时提供发放证书的管理、证书废止列表（CRL）的生成和处理等服务。

四、威胁 CA 认证机构安全的因素

CA 所提供的服务是通过互联网实施的，面临来自互联网的攻击威胁。同时，由于其业务的特殊性和重要性，还面临来自内部的攻击威胁。攻击者的目标是多方面的，其中以窃取 CA 核心机密（如密钥对）是最严重的威胁。

1. 系统穿透

系统穿透是指攻击者通过一定的手段对认证性（真实性，Authenticity）进行攻击，假冒合法用户接入系统，从而达到篡改系统文件、窃取系统机密信息、非法使用系统资源等目的。攻击者一般采取伪装或利用系统的薄弱环节（如绕过检测控制）、收集情报（如口令）等方式实现。在 CA 系统中，口令登录大都被电子令牌或数字证书登录替代，所以系统穿透的风险较小。

2. 违反授权原则

违反授权原则是指攻击者盗用一个合法用户账号，经授权进入系统后，在系统中进行未经授权的操作。一个攻击者可以通过猜测口令等手段取得一个普通用户账号，以合法的身份接入系统，进而可查找系统的薄弱环节，最后取得系统的最高控制权，从而严重危及系统的安全。这种攻击主要发生在 CA 管理人员内部，需要重点防范，严格控制不同管理员的权限。

3. 植入病毒

在系统穿透或违反授权攻击成功后，攻击者通常要在系统中植入一种能力，为以后攻击提供方便条件。如向系统中注入病毒、蛀虫、特洛伊木马、陷门、逻辑炸弹等来破坏系统正常工作。从互联网下载软件和使用盗版软件是病毒的主要来源，所以应防止管理员使用 CA 系统中的工作站下载软件和使用来历不明的软件。

4. 通信监视

通信监视是一种在通信过程中从信道进行搭线窃听的攻击方式。攻击者通过搭线和电磁泄漏等手段截取通信信息，对信息、业务流量等数据进行分析，获取有用的情报，获得机密信息。CA 认证中心的敏感信息在传输中，都是经过加密处理的，但在机房数据处理中，数据会以明文形式出现，所以 CA 机房是反通信监视的重点部位。

5. 中断

中断是指对可用性进行攻击，破坏系统中的硬件、硬盘、线路、文件系统等，使系统瘫痪，不能正常工作，破坏信息和网络资源。这类攻击一般采取暴力手段，破坏通信设施，甚至使用高能量的电磁脉冲发射设备摧毁系统的电子元器件。

6. 拒绝服务

拒绝服务的攻击手段能够阻塞被攻击目标的合法接入信息、业务或其他资源，致使其正常服务中断。例如，一个业务出口通过精心策划被滥用而使其他用户不能正常接入，又如互联网的一

个地址被大量的垃圾信息阻塞等。

7. 窃取或破解密钥

一个攻击者假如窃取或破解了认证中心的私人密钥，就可以伪造数字证书，进行诈骗活动。

8. 管理漏洞

CA 系统的安全性除了技术方面的因素外，管理也是一个非常重要的因素。管理方面存在的漏洞往往蕴藏着极大的风险和隐患。例如，CA 的签名私钥只由一个工作人员管理和控制，当这名工作人员受到贿赂以后，就极有可能签发内容不实的数字证书。如果机密数据仅由一个工作人员管理和控制，那么这个人就有可能窃取和出卖这些资料，牟取非法利益，或者故意损毁。所以，CA 认证中心在管理上必须制定严密的策略。

9. 数据损坏

CA 认证中心的数据库存储了大量的数字证书、用户注册资料等数据，当发生电子商务方面的纠纷时，这些数据将作为重要的举证依据。如果这些数据损坏，其后果相当严重。

五、CA 认证中心的安全机制

安全认证中心 CA 是受一个或多个用户信任，提供用户身份验证的第三方机构。目前在世界范围内 CA 的主要功能都是接收注册请求，处理、批准/拒绝请求，颁发证书。用户向 CA 提交自己的公共密钥和代表自己身份的信息（如身份证号码或 E-mail 地址），CA 验证了用户的有效身份之后，向用户颁发一个经过 CA 私有密钥签名的证书。近年来，国际组织为建立全球电子认证中心制订了一系列的标准与法规，如 ISO 已颁布的有：密钥鉴别架构标准 ISO 9594-8、开放系统连接安全架构标准 ISO 10181、ISO/IEC JTC1/WG2 正草拟中的存证标准 ISO 13888 等。

根据 ISO 各项已颁布及草拟中的相关标准，互联网网络工程技术小组（Internet Engineering Task Force，IETF）在安全领域方面，正进行基于 X.509 的公开密钥基础建设（Public Key Infrastructure（X.509），PKIX）标准订定工作，订定 PKIX、通用鉴别技术（Common Authentication Technology，CAT）、防火墙通过鉴别（Authenticated Firewall Traversal，AFT）、简单公开密钥基础建设（Simple Public Key Infrastructure，SPKI）、交易层安全（Transport Layer Security，TLS）、网络交易安全（Web Transaction Security，WTS）等相关标准，将逐步建成世界权威性的全球电子认证中心机制。

认证中心就是一个负责发放和管理数字证书的权威机构。对于一个大型的应用环境，认证中心往往采用一种多层次的分级结构，各级的认证中心类似于各级行政机关，上级认证中心负责签发和管理下级认证中心的证书，最下一级的认证中心直接面向最终用户。处在最高层的是认证中心（Root CA），它是所有人公认的权威，如人民银行总行的 CA。

1. 机房的安全管理

CA 机房是整个认证系统的系统控制核心，必须设置独立的专用机房。CA 中心机房，应配备先进的门禁管理系统，防止非授权人员的无意或有意进入。对于敏感岗位的操作，必须进行身份识别和采用多人控制的方式。

2. 访问控制

CA 机房必须受到严格的、高等级的安全保护，至少应该设置 3 层安全控制保护层，将机房分为不同的安全区域。进入数据中心和管理控制台任何人员必须通过 3 层安全控制保护层的核准。

3. 实时监控

为防止非法入侵和暴力破坏，CA 机房应设立智能化门禁系统，配备实时监控系统和安全时钟，记录开/关门、每次授权进出的活动。

4. 全面设防

CA 机房必须能够屏蔽电磁波，防止信息经由电磁辐射而引起的秘密泄露。机房的电力和空调系统应采用主、备两个系统，当主系统发生故障时，可以自动启动备用系统。机房应该配备自动气体消防系统，能够在火灾发生之初进行预警检测和自动灭火。

5. CA 中心的密钥安全管理

数字证书的安全性和可靠性主要依靠 CA 认证中心的数字签名来保证，而 CA 的数字签名是使用自身的私有密钥运算产生的。所以，CA 中心的密钥安全非常重要，一旦密钥泄露，将引起整个信任体制的崩溃。为此，对于 CA 中心的密钥安全措施，一般需要注意以下几个方面的原则。

（1）选择模长较长的密钥。

认证中心的公共密钥会受到多种攻击，基于互联网的“联机运算”就是一种。这种攻击利用上千台计算机，采用“穷举”方式进行计算。密钥的长度越长，密码空间就越大（对于模长为 n 位的密码，其有效密码空间为 2n），采用“穷举”方式攻击的代价就越大。所以，CA 中心必须使用很长的密钥。

从目前的计算机运算速度来看，采用 1024 位的密钥是安全的。CA 根节点的密钥长度至少应该达到 1024 位，最好能做到 2048 位，但目前许多应用软件还不支持 2048 位的加解密运算。

使用硬件加密模块。加密可以通过软件和硬件方法实现。1999 年，国家颁布了《商用密码使用条例》，其中规定商用的加密设备必须使用由国家密码委员会认可的硬件产品。

与软件加密方法比较，使用硬件加密模块的优势在于：加密和解密运算在硬件模块内完成，密钥完全由加密模块本身控制，其他程序无法对其进行控制或操作，避免了软件加密时需要将密钥读入计算机内存而被陷阱程序窃取的风险。另外，密钥存储在硬件加密模块内也十分安全，如果试图打开硬件加密模块来分析获知密钥，硬件加密模块会感知这一情况，将自动启动密钥自毁程序，将密钥销毁。

（2）使用专用硬件产生密钥对。

所有 CA 中心的密钥对应该使用专门的硬件产生，以确保密钥的质量。密钥质量指密钥的差异性，即连续产生的多个密钥对不应该存在任何相似的部分，更不能出现完全相同的密钥对。专用的密钥产生设备，其内部装备了优质的随机数产生器（如电子噪声），可以保证密钥的随机性。密钥对产生后可以存储于加密硬件内，或以一定的加密形式存放于密钥数据库内。

（3）秘密分享的控制原则。

CA 私钥的控制应该以秘密分享的方式进行，也就是说，密钥的使用是多人控制的，只有在两个或两个以上的管理员合作，才能完成证书的签发和密钥备份的恢复。采用密钥分享的原则，可以有效降低个人作弊的可能性和危害。在关键的操作岗位，都应该采用这种原则。

（4）建立对密钥进行备份和恢复的机制。

为防止意外造成 CA 密钥的损坏，应对 CA 中心的密钥进行备份。与通常讲的数据备份不同，密钥的备份必须以加密的形式存储在专用的硬件中，以保证备份是真正处于“非活动”状态的。备份通过 CA 中心的密钥管理器进行，一般采用对称加密方式对密钥进行加密，然后存储。

6. 系统安全

系统安全包含以下 3 个方面的工作。

（1）系统备份。为防止由于不可预料事件发生而导致系统不能正常运行，防止 CA 服务中断，CA 系统必须有备份系统。备份系统可以与主系统在同一个机房，但最好的方案是将备份系统放在异地。

（2）数据备份。数据备份是非常重要的工作，CA 应该同时提供本地和异地备份，制订可行的备份和灾难恢复计划。

（3）数据销毁。当存档的敏感数据或密钥不再需要时，应当将这些数据进行销毁。写在纸张之上的，必须切碎或烧毁。如果保存在磁盘中，应多次重写覆盖磁盘的存储区域。所有销毁工作必须做好记录，以备审查。

7. 病毒防范

防止病毒入侵，主要是要做到以下两点。

（1）CA 中心的软件使用必须经过严格的审核，所有的进口软件必须经过相应的控制程序后才能使用。

（2）采用防病毒软件，实时检测病毒入侵。

8. 管理控制

在 CA 的业务系统中，必须进行严格的管理控制，对于来自外部和内部的用户操作进行监控。管理控制通常经过以下途径进行。

（1）使用电子令牌。IC 卡（智能卡）是目前使用广泛的电子令牌，具有极高的保密性，而且方便携带。IC 卡可以存储私有密钥，并且在卡内可以进行加密运算，也可以存储口令。IC 卡使用 PIN（个人识别码）保护技术，使用 IC 卡必须输入正确的 PIN，如果连续输入错误（可设定，一般为 3 次），智能卡会自动锁定，防止了猜测口令式的攻击。

在 CA 系统中，登录到控制台、签发证书、密钥管理等关键环节都强制使用 IC 卡登录，管理员只需有 IC 卡和知道 PIN 码，IC 卡内的私钥和口令他不需也不可能知道。这比采用口令验证方法安全得多，管理员不可能将口令记载在笔记本上或与他人共享。

（2）审计追踪与入侵检测。在系统中，需要安装入侵检测工具，所有接入数据必须进行审计，检测和识别系统中未授权或异常现象，对所有端系统用户进行严格安全管理。利用审计记录，入侵检测系统应能够识别出任何非法操作，从而限制或终止访问。

（3）防火墙。为保证网络安全，认证系统需要安装双重防火墙，最好采用不同的防火墙产品。需要向互联网用户开放的程序或内容，经过外层防火墙保护，关键数据和内部管理终端，由另外一层防火墙保护。

第五节 网上电子支付安全标准

电子支付是资金在互联网上的传输，主要方式有企业对企业（B2B）、企业对个人（B2C）等方式。电子支付涉及的标准有以下 6 种。① PKI 标准：公共密钥体系（Public Key Infrastructure）。② SSL 标准：安全套接层协议（Secure Sockets Layer）。③ SET 标准：安全电子交易标准（Secure Electronic Transactions，SET）。④ X5.95 标准：账户数字签名工业标准（Account Authority Digital Signatures，AADS）。⑤ X.509 标准：在线商务证书发放标准（ISO/IEC /ITU X.509，基于 PKI，PKIX）。⑥ X.500 标准：电子出版目录查询标准（目录服务协议 L DAP X.500 协议）。

一、网上电子支付平台 PKI

随着互联网在线商务和网上银行业务的快速发展，利用信息安全技术来保障在开放的网络环境中传输敏感信息的问题越来越受到人们的广泛重视。尤其近几年来，由于 PKI 技术框架的提出以及众多商家的热心参与，更加快了商务电子化以及银行业务网络化的建设步伐。

1. PKI 的概念

PKI（Public Key Infrastructure，公开密钥基础设施），是一种遵循标准的密钥管理平台，它能够为所有网络应用透明地提供采用加密和数字签名等密码服务所必需的密钥和证书管理，是新的安全技术和安全规范。

PKI 技术的主要目的，就是为了更好地管理在网络中广泛使用的密钥和数字证书。也就是说，利用 PKI 技术来管理在开放网络环境中使用的公开密钥和数字证书，对一个公司或企业来说，可以建立一个相对安全和值得信赖的网络环境。

PKI 技术中最主要的安全技术包括：公钥加密技术和数字签名技术。公钥加密技术可以提供信息的保密性和访问控制的有效手段，它保证了利用公钥加密后的数据，如果没有提供相应的私钥来解密的话，窃密者即使获得密文也难以知晓其中的内容。而数字签名技术则为我们提供了在网络通信之前相互认证的有效方法、在通信过程中保证信息完整性的可靠手段以及在通信结束之后防止双方相互抵赖的有效机制。而这些功能和手段的获得，就要通过 PKI 的密钥管理技术来实现。

建立一个有实际使用价值的 PKI 网络安全环境，必须满足以下几个基本条件：第一，能够签发基于公钥密码体制的数字证书；第二，具有数字证书的存取环境和途径；第三，能够进行证书作废处理；第四，实现密钥备份和恢复；第五，支持不可否认的数字签名；第六，公开密钥对和数字证书的自动更新；第七，公开密钥对的归档管理；第八，支持数字证书的交叉认证等。

2. PKI 的组成

PKI 必须具有认证机关（CA）、证书库、密钥备份及恢复系统、证书作废处理系统、客户端证书处理系统等基本成分，构建 PKI 也将围绕着这五大系统来构建。

（1）认证机关（CA）：CA 是证书的签发机构。构建密码服务系统的核心内容是如何实现密钥管理，公钥体制涉及一对密钥，即私钥和公钥，私钥只由持有者秘密掌握，无须在网上传送，而公钥是公开的，需要在网上传送，故公钥体制的密钥管理主要是公钥的管理问题，目前较好的解决方案是引进证书（Certificate）机制。

证书是公开密钥体制的一种密钥管理媒介。它是一种权威性的电子文档，形同网络计算环境中的一种身份证，用于证明某一主体（如人、服务器等）的身份以及其公开密钥的合法性。在使用公钥体制的网络环境中，必须向公钥的使用者证明公钥的真实合法性。因此，在公钥体制环境中，必须有一个可信的机构来对任何一个主体的公钥进行公证，证明主体的身份以及他与公钥的匹配关系。

（2）证书库：证书库是证书的集中存放地，它与网上“白页”类似，是网上的一种公共信息库，用户可以从此处获得其他用户的证书和公钥。构造证书库的最佳方法是采用支持 LDAP 协议的目录系统，用户或相关的应用通过 LDAP 来访问证书库。系统必须确保证书库的完整性，防止伪造、篡改证书。

（3）密钥备份及恢复系统：PKI 要求应用系统提供密钥备份与恢复功能。当用户的密钥访问口令忘记时，或存储用户密钥的设备损坏时，可以利用此功能恢复原来的密钥对，从而使原来加密的信息可以正确解密。

并不是用户的所有密钥都需要备份，也并不是任何机构都可以备份密钥。可以备份的密钥是用于加密/解密的密钥对，而用于签名/校验的密钥对则不可备份，否则将无法保证用户签名信息的不可否认性。用于签名/校验的密钥对在损坏或泄露后，必须重新产生。另外，可以备份密钥的应该是可信的第三方机构，如 CA、专用的备份服务器等。

如果用户丢失了用于脱密数据的密钥，则密文数据将无法被脱密，造成数据丢失。为避免这种情况的出现，PKI 应该提供备份与恢复脱密密钥的机制。密钥的备份与恢复应该由可信的机构来完成。例如，CA 可以充当这一角色。值得强调的是，密钥备份与恢复只能针对脱密密钥，签名私钥不能作为备份。

（4）证书作废处理系统（X.509 Version 3、CRL Version 2）：证书作废处理系统是 PKI 的一个重要组件。同日常生活中的各种证件一样，证书在 CA 为其签署的有效期以内也可能需要作废。例如，A 公司的职员 a 辞职离开公司，这就需要终止 a 证书的生命期。为实现这一点，PKI 必须提供作废证书的一系列机制。作废证书有如下 3 种策略。

① 作废一个或多个主体的证书。

② 作废由某一对密钥签发的所有证书。

③ 作废由某 CA 签发的所有证书。

CA 在作废处理证书时通过将证书列入作废证书表（CRL）来完成。它可以以一定的格式公布于众。用户可以方便地查询到证书作废信息。通常，系统中由 CA 负责创建并维护一张及时更新的 CRL。CRL 一般存放在目录系统中。证书的作废处理必须在安全及可验证的情况下进行，系统还必须保证 CRL 的完整性。

经过 CA 作废的证书不再值得信赖。PKI 中检查证书是否作废的常用方法是检查证书作废表（CRL）。因此，用户在接受通信对方的证书时，必须校验对方证书的有效性，包括 CA 的签名是否正确，该证书是否在 CRL 之列等。

3. PKI 相关的国际标准

与 PKI 相关的国际标准可以分为两类，其中一类专门定义 PKI，另一类则依赖于 PKI。

（1）定义 PKI 的标准。在 PKI 技术框架中，许多方面都经过严格的定义，如用户的注册流程、数字证书的格式、证书作废表（CRL）的格式、证书的申请格式以及数字签名格式等。国际电信联盟 ITU X509 协议，是 PKI 技术体系中应用最为广泛、也是最为基础的一个国际标准。它的主要目的在于定义一个规范的数字证书的格式，以便为基于 X500 协议的目录服务提供一种强认证手段。但该标准并非要定义一个完整的、可互操作的 PKI 认证体系。

PKCS 是由美国 RSA 数据安全公司及其合作伙伴制定的一组公钥密码学标准，其中包括证书申请、证书更新、证书作废表发布、扩展证书内容以及数字签名、数字信封的格式等方面的一系列相关协议。到 1999 年底，PKCS 已经公布了以下标准。PKCS＃1：RSA 算法加密标准；PKCS＃3：Diffie-Hellman 密钥交换标准；PKCS＃5：基于口令的密码学标准；PKCS＃6：扩展的数字证书语法标准；PKCS＃7：密码信息的语法标准；PKCS＃8：私钥信息语法标准；PKCS＃9：可选择的属性类型；PKCS＃10：数字证书申请语法标准；PKCS＃11：密码令牌接口标准；PKCS＃12：个人信息交换语法标准；PKCS＃13：椭圆曲线密码体制标准；PKCS＃14：伪随机数生成标准；PKCS＃15：密码令牌信息格式标准。另外，PKCS＃2 和 PKCS＃4 已经合并到 PKCS＃1 之中。

PKIX 是由 IETF 组织中的 PKI 工作小组制定的系列国际标准。此类标准主要定义基于 X.509 和 PKCS 的 PKI 模型框架。PKIX 中定义的 4 个主要模型为用户、认证中心 CA、注册中心 RA 和证书存取库。到 1999 年 12 月，该小组已经制定了 18 个互连网草案并提交了 10 个 RFC。

（2）依赖于 PKI 的标准。目前世界上已经出现了许多依赖于 PKI 的安全标准，如安全的套接层协议（SSL）、传输层安全协议（TLS）、安全的多用途互联网邮件扩展协议（S/MIME）、IP 安全协议（IPSEC）等。

S／MIME 是一个用于发送安全报文的 IETF 标准。它采用了 PKI 数字签名技术并支持消息和附件的加密，无须收发双方共享相同密钥。S／MIME 委员会采用 PKI 技术标准来实现 S／MIME，并适当扩展了 PKI 的功能。目前该标准包括密码报文语法、报文规范、证书处理以及证书申请语法等方面的内容。

SSL／TLS 是互联网中访问 Web 服务器最重要的安全协议。当然，他们也可以应用于基于客户机/服务器模型的非 Web 类型的应用系统。SSL／TLS 都利用 PKI 的数字证书来认证客户和服务器的身份。

IPSEC 是 IETF 制定的 IP 层加密协议，PKI 技术为其提供了加密和认证过程的密钥管理功能。IPSEC 主要用于开发新一代的 VPN。

4. PKI 的发展

PKI 技术框架的主要目的在于建立并维护一个可信的计算机网络环境，所利用的安全技术主要是现代密码学中的数据加密和数字签名，并通过严格的密钥管理和数字证书管理功能来实现。任何一个 PKI 应用系统都应该具有功能综合化、密钥管理自动化、使用透明化的特征，否则都将难以具有实际的使用价值。

如果说传统的网络应用如安全电子邮件、基于 SSL 的 Web 服务器访问已经让 PKI 技术初露锋芒的话，那么即将到来的在线商务、网上银行服务等新兴业务必将推动 PKI 进入一个全新的发展时代。

二、SSL 安全协议

1. SSL 协议概述

安全套接字层协议（Secure Socket Layer，SSL）是网络安全协议的标准，最早是由 Netscape 公司提出的一种安全套接层协议，采用公开密钥技术，目的是保证两个应用闻通信的保密性和可靠性，可在服务器和客户机两端同时实现支持。SSL 使用多种密码技术和 PKI 数字证书技术来保护信息传输的真实性、机密性和完整性，主要适用于点对点之间的信息传输，常用于 Browser 和 Web Server 之间的安全通信方式。SSL 协议在应用层协议通信之前就已经完成加密算法、通信密钥的协商及服务器认证工作。在此之后，应用层协议所传送的数据都会被加密，保证通信的机密性、完整性。SSL 是介于传输层协议 TCP 和应用层协议 HTTP 之间的协议，用以提供以下 3 种服务：①认证用户和服务器，使其能够确信数据将被发送到正确的客户和服务器上；②加密数据，保证数据在传送过程中的安全，即使数据被窃，盗窃者没有解密密钥也得不到可读的资料；③维护数据的完整性，防止数据在传输过程中被修改。

SSL 协议建立在可靠的 TCP 传输控制协议之上。并且与上层协议无关，各种应用层协议（如 HTTP、FTP、TELNET 等）能通过 SSL 协议进行透明传输。现行 Web 浏览器普遍将 HTTP 和 SSL 相结合，从而实现安全通信。SSL v3.0 已经为 IETF（Internet Engineer Task Force）所接受，成为 RFC2246 的 TLS（Transport Layer Security）1.0 版本。

基于 SSL 的电子支付系统，通过使用对称密码技术和公开密码技术，保证信息的真实性、完整性和保密性。SSL 客户机和服务器之间通过协商，建立起一个安全通道。在安全通道中传输的所有信息都经过了密钥加密处理，以确保信息的机密性。SSL 利用密码算法和 Hash 函数，通过对传输信息特征值的提取来保证服务器和客户机之间的信息的完整性。利用证书技术和可信的第三方 CA，让客户机和服务器相互识别对方的身份。基于 SSL 协议的数据流程，如图 6-6 所示。

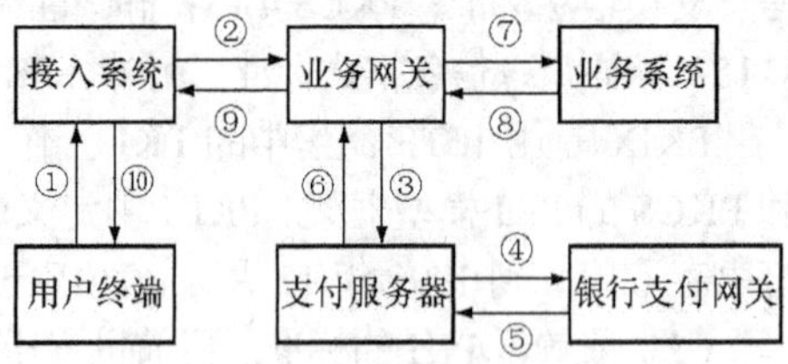

图 6-6　基于 SSL 协议的数据流程

图 6-6 中①～⑩分别表示的内容如下。

① 用户通过接入系统，选择相应的服务；② 接入系统接收用户的服务请求，同时将请求发往业务网关；③ 业务网关根据接入系统发来请求中的银行标识信息，将授权请求发往相应的支付服务器；④ 支付服务器进行相应的数据处理，根据授权请求中的银行标识信息，将请求发往相应的银行支付网关；⑤ 银行处理后，银行支付网关将授权响应消息返回给支付服务器；⑥ 支付服务器将响应返回给业务网关；⑦ 若授权通过业务网关，则将用户服务请求发往业务系统，反之返回认证失败；⑧ 业务系统根据用户服务请求提供相应的服务，返回给业务网关；⑨ 业务网关将服务响应转发给接入系统；⑩ 接入系统将服务响应返回给用户。

2. SSL 协议使用的安全技术

SSL 协议主要通过加密、解密、消息摘要和压缩等技术来保障系统的安全。SSL 协议包括两层，其最底层位于一些提供可靠传输的传输层协议（如 TCP）上，为 SSL 记录协议。SSL 记录协议为各种高层协议提供基本的数据安全服务，对高层协议传送来的数据进行分段／组合、压缩、附加消息摘要、加密等处理，然后把数据传送给低层的传输层协议发送。

SSL 其他的 3 个高层协议建立在 SSL 记录协议上，它们与其他互联网上的应用层协议如

HTTP、FTP 等处于同等地位，这 3 个高层协议是：握手协议（Handshake Protocol）、更改密码规则协议（Change Cipher Regulation Protocol）和警告协议（Alert Protocol）。这些特定的 SSL 高层协议用以管理 SSL 的会话和连接。SSL 握手协议用以建立 Client 和 Server 间的 SSL 会话，在握手过程中，通信双方通过协商方式选定 SSL 连接的加密算法组合，SSL 警告协议用以传输 Client 和 Server 间的报错信息，这些协议与 HTTP 等其他应用层协议所传送的数据都被 SSL 记录协议作为服务数据一样看待。

3. SSL 协议风险分析

SSL 协议的风险有以下两项：首先，客户的信息先到商家，让商家阅读，这样客户资料的安全性就得不到保证；其次，SSL 只能保证资料信息传递的安全，而传递过程是否有人截取无法保证。所以，SSL 并没有实现电子支付所要求的保密性、完整性，而且多方互相认证也很困难。

三、SET 安全协议

1. SET 协议概述

SET 安全电子交易协议是 1996 年由 MasterCard 与 Visa 两大国际信用卡公司联合制订的安全电子交易规范。它提供了消费者、商家和银行之间的认证，确保交易的保密性、可靠性和不可否认性，保证在开放网络环境下使用信用卡进行在线购物的安全。1997 年 5 月 31 日，SET1.0 版正式公布，如今已成为国际上公认的使用信用卡在因特网上进行安全电子交易的事实工业标准，并获得了 IETF（Intemet Engineer Task Force）标准的认可。SET 本身不是支付系统，它只是一组安全协议和规范，使用户可以用安全的方式在开放的网络上使用现有信用卡支付的基础设施。

SET 协议在安全性方面主要解决以下问题：保证信息在因特网上安全传输，防止数据被黑客或者内部人员窃取；保证电子支付参与者信息的相互隔离，客户的资料加密或者打包后通过商家到达银行，但是商家不能看到客户的账户和密码信息；解决多方论证问题，不仅要对消费者的信用卡认证，而且要对在线商店的信誉度认证，同时还有消费者、在线商店与银行间的认证；保证网上交易的实时性，使所有的支付过程都是在线的；仿效 EDI 贸易的形式，规范协议和消息格式，促使不同厂家按照一定的规范开发软件，使其具有兼容性和互操作功能，并且可以运行在不同的硬件和操作系统平台上。

基于 SET 的电子支付系统利用 SET 给出的整套安全电子交易的规范，可以实现电子支付交易的机密性、认证性、数据完整性和交易的不可抵赖性等安全功能。它通过以下技术确保电子支付的安全性：使用数字证书验证交易各方身份的真实性和合法性；使用数字签名技术确保数据的完整性和不可抵赖性；使用双重签名技术对 SET 交易过程中消费者的支付信息和订单信息分别签名，使商家看不到支付信息，只能对用户的订单信息解密，而金融机构只能对支付和账户信息解密，充分保证消费者账户和订单信息的安全性。基于 SET 协议的数据流程如图 6-7 所示。

图 6-7 中①～⑫分别表示内容如下。

① 持卡人提交购物请求；② 商家服务器通过调用支付服务器的 API 激活支付服务器；③ 支付服务器将响应消息发送给商家服务器；④ 商家服务器将唤醒消息发送至浏览器；⑤ 浏览器触发电子钱包；⑥ 电子钱包向支付服务器发出购买初始化请求；⑦ 支付服务器响应购买初始化请求，并将响应结果发送给电子钱包；⑧ 电子钱包向支付服务器发出购买请求；⑨ 支付服务器接到购买请求后，发送授权请求至支付网关；⑩ 支付网关发送授权的结果给支付服务器；⑪ 支付服务器转发授权的结果给电子钱包；⑫ 电子钱包根据不同的授权结果，通过浏览器显示相应的页面，反馈给用户授权的结果。

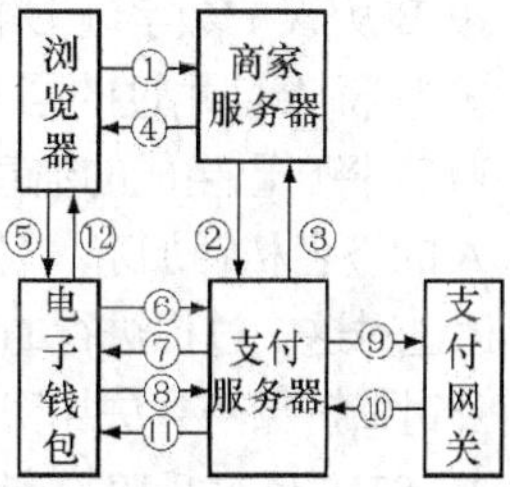

图 6-7 基于 SET 协议的数据流程

2. SET 协议使用的安全技术

通过一个例子来说明 SET 所采用的加密和解密安全技术。假设 A 需要向 B 发送某个需要加密的消息，则从 A 对消息进行加密开始，到 B 解密获得明文，其全过程如图 6-8 所示。

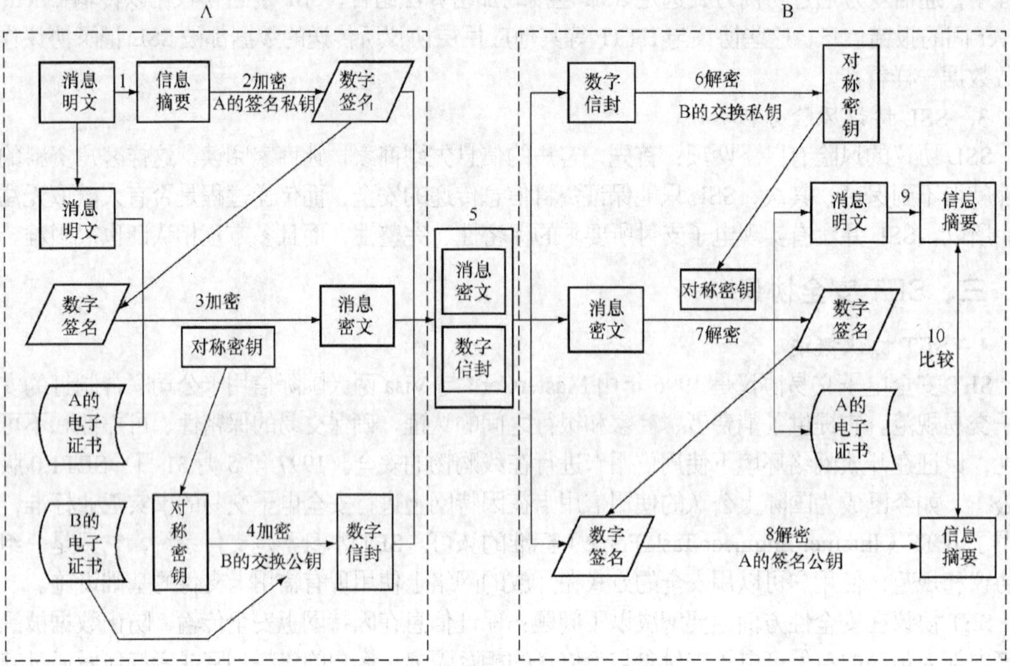

图 6-8 SET 加密和解密过程

参照图 6-8，可以看到 SET 的信息加密和解密过程包括以下 10 个步骤。

① A 用一个单向函数作用在消息明文上，生成信息摘要，也可以看作是该消息上的数字指纹，用于检验信息的完整性。

② A 用其签名私钥对信息摘要进行签名，得到数字签名。

③ A 用一个随机生成的对称密钥对消息明文、数字签名及其自身的数字证书进行加密，该数字证书中包含了 A 的签名公钥。

④ A 事先获取了 B 的数字证书，其中包含了 B 的交换公钥，A 就用这个公钥对第 3 步中的对称密钥进行加密，生成数字信封。

⑤ 加密后的消息明文、数字签名、数字信封和 A 的数字证书，构成了最终的密文，A 将密文发给 B。

⑥ B 收到密文之后，用自己的交换私钥解开数字信封，得到对称密钥。

⑦ B 用对称密钥解密得到消息明文、A 的数字签名以及 A 的证书。

⑧ B 从 A 的数字证书中得到 A 的签名公钥，再用该公钥解开数字签名，得到最初的信息摘要。

⑨ B 将 A 曾用过的同一个单向函数作用于消息明文上，生成信息摘要。

⑩ B 将自己生成的信息摘要与解密所得的信息摘要相比较，若完全相同，则说明该明文确实是由 A 的签名私钥加密，且在传输过程中未被篡改。

通过对这一过程进行的综合分析，可以得出，SET 是采用对称加密算法加密交易信息明文，并用公钥私钥加密算法加密密钥，构成数字信封，另外利用公钥私钥加密算法实现数字签名。

3. SET 协议风险分析

SET 协议的风险主要包括以下 3 个方面。首先，协议没有担保非拒绝服务，无法证明交易是否由签署证书的使用者发出；其次，协议签名的内容无法保障持卡者和商家，在协议最后收到的签名，并不是对交易的内容，而只是对一认证码签名，如果有纠纷产生，持卡者和商家都无法单独提供证据证明其与银行间的交易；最后，协议没有考虑交易个体的公平性，持卡者在没有收到商家对交易信息的确认前，就送出自己的签名，如果商家和银行恶意欺骗，则持卡者会显得无助。所以，SET 仍然存在一些问题和风险。

4. SET 协议与 SSL 协议的比较

通过分析可以看出，SET 和 SSL 协议除了都采用 RSA 公钥算法以外，二者在其他技术方面没有相似之处。两个协议的差异主要表现在以下几个方面。

（1）安全性。SET 协议采用公钥机制、信息摘要和数字签名来确保信息的保密性、可鉴别性、完整性和不可否认性，而且 SET 协议采用了双重数字签名来保证参与方信息的相互隔离，商家只能看到持卡人的订单数据，而银行只能取得持卡人的支付信息。SSL 协议虽然也采用了公钥机制、信息摘要和 MAC 检测，可以提供保密性、完整性和一定程度的身份鉴别功能，但是缺乏一套完整的认证体系，不能提供完备的防抵赖功能。

（2）处理速度。SET 协议复杂、庞大，处理速度慢；SSL 协议简单得多，处理速度比 SET 协议快。

（3）认证要求。SSL 协议没有提供多方身份认证机制，而且 SSL 中只有商家服务器的认证是必须的，客户端认证则是可选的；SET 协议要求所有参与 SET 交易的成员都必须进行数字证书认证，并且解决了客户与银行、客户与商家、商家与银行之间的多方认证问题。

（4）协议层次和功能。SSL 属于传输层的安全技术规范，不具备电子支付的商务性、协调性和集成性功能；SET 协议位于应用层，不仅规范了整个商务活动的流程，而且制定了严格的加密和认证标准，具备商务性、协调性和集成性功能。

可见 SSL 只是电子支付体系的一部分，不具备电子支付的服务性、协调性和继承性。由于其地址信息由底层控制，所以容易被攻击者进行流量分析。SSL 不提供数字签名和多安全水平的信息系统服务，商家可以看到用户的支付信息，SSL 没有提供完备的防抵赖功能。相比之下，SET 规范了整个电子支付活动的流程，对信息流走向和采用的加密、认证都制定了严密的标准，最大限度地保证了服务性、协调性和集成性。但是 SET 的协议过于复杂，实施比较困难，而且它没有明确规定交易完成后，交易数据处理问题，交易数据的不当存储有可能成为安全隐患。另外，用户无法监视交易的全过程，不能解决用户对所购买的物品存在质量等问题时的处理方案。SSL 协议要求加密所有数据，那么通过 Web 方式传输的页面就必须设计得尽可能简单以保证速度上的需要。因此 SSL 方式交易的网站上图形与图像非常少，影响了页面的视觉效果。而 SET 只对敏感信息加密，其他信息按明文方式传递，这样使 Web 页面的设计不受加密速度因素的制约，它主要采用严密的系统约束来保证数据传输的安全。通过其审核过程，可以保证商家是合法的支付卡接收者，而购买者也是合法的持卡人。

四、其他的安全防范技术

1. 物理隔离技术

物理隔离技术是解决网络不安全性的一种技术。物理隔离从广义上讲分为网络隔离和数据隔离，只有达到这两种要求才是真正意义的隔离。而其他隔离形式主要是从网络安全等级上考虑划分合理的网络安全边界，使不同安全级别的网络或信息媒介不能相互访问。

（1）网络隔离。网络隔离，就是把被保护的网络从开放、无边界、自由的环境中独立出来，这样公众网上的黑客和计算机病毒就无从入手，更谈不上入侵了。实现隔离最直观、简单、可靠的方法就是通过网络与计算机设备空间上的分离来实现。在一个办公室或者在同一个大楼内建若干个物理网络是网络建设中必不可少的。另外，目前的市场中还有些网络隔离是利用虚拟局域网（Virtual Local Area Network，VLAN）技术。现今的 VLAN 技术是在第二层交换设备上实现不同端口之间的逻辑隔离，在划分了 VLAN 的交换机上，处于不同 VLAN 的端口间无法直接通过两层交换设备进行通信。从安全性角度讲，VLAN 首先分割了广播域，不同的用户从逻辑上看是连接在互相不连接的不同两层设备上，VLAN 间的通信只能够通过三层路由进行。实施 VLAN 技术，可以实现不同用户之间在两层交换设备上的隔离，外部攻击者无法通过利用用户认证及访问控制等技术，在同一广播域内实施的攻击方式对其他用户进行攻击。

（2）数据隔离。不管网络隔离采用的是真正的物理隔离还是逻辑隔离，如果出现一台计算机能够连接两个或者多个网络，那么所有的网络隔离就没有意义。因为同一台计算机连接两个网络，而没有把存储设备隔离，使同一个操作系统能连接不同的网络，计算机病毒就会很容易从这个网络流向另一个网络，使另一个网络遭到破坏，造成不必要的损失。所以，数据的隔离非常重要。

2. 访问控制技术

访问控制是通过某种途径显式地准许或限制访问能力及范围，从而限制对关键资源的访问，防止非法用户的侵入或者合法用户的不慎操作造成系统破坏。访问控制是保证系统安全的重要手段，其通过一组安全机制控制不同级别的主体进行不同授权的访问，主要有两种方式：自主式访问控制是由资源的拥有者分配接入权，常以接入控制表或者权限表来实现，这一方法比较灵活，在安全性要求不高的用户之间分享一般数据时可以采用；强制式访问控制是由系统管理员来分配接入权限和实施控制，常以敏感标记来实现多级安全控制，易于在用户和资源中实现强化的安全策略。

用户被允许得到访问控制信息之前，必须经过鉴别，从而允许用户在访问控制策略下访问资源。访问控制策略往往作为保密区域的任意的或强制的一组规则。鉴别服务可将访问控制服务使用的鉴别结果传送给访问控制服务。鉴别信息的撤销意味着当前访问的撤销。应该加强网络接入设备的管理，对接入网络的任何设备及使用情况要有详细的记录说明，并且定期检查其使用情况，还要对其入网操作的权限加以控制。

3. 入侵检测技术

入侵检测（Intrusion Detection）是一种动态安全技术，通过系统中的若干关键点收集信息并进行分析，从中发现系统中是否有违反安全策略的行为和被攻击的迹象。有人认为，系统网关上装有防火墙就平安无事了，但实际上，网络安全还远远不够，原因有以下几个方面：第一，入侵者可寻找防火墙背后可能敞开的后门；第二，入侵者可能就在防火墙内；第三，由于性能的限制，防火墙等安全控制系统都属于静态防护安全体系，不能提供实时的入侵检查能力。

因此，还必须配备入侵检测系统，该系统可以安装在局域网络的共享网络设备上，它的功能是实时分析进出网络数据流，对网络违规事件跟踪、实时报警、阻断连接并做日志。入侵检测是防火墙、VPN 系统的升级，可以主动保护系统免受攻击。它既可以对付内部人员的攻击，也可对付来自外部网络的攻击行为。通常，入侵监测可以分为两类。一类是基于规则检测，观察系统中的事件，通过一个判定给定活动模式是否可疑的规则集来检测入侵行为，在检测出非法的攻击时，能及时做出切断服务、重启服务器进程、发出报警、记录入侵过程等操作；另一类是基于统计检测，通过检测非法用户不同于合法用户的活动方式来检测入侵行为。

4. 信息审计技术

信息系统创建和维护受保护客体的访问审计跟踪记录，并且能够阻止非授权的用户对它访问或者破坏。系统能记录下述事件：使用身份鉴别机制、将客体引入用户地址空间（如打开文件、程序初始化）、删除客体（由操作员、系统管理员、系统安全管理员实施的动作）以及其他与系统安全有关的事件。对于每一事件，其审计记录包括：事件的日期和时间、用户、事件类型、事件是否成功。对于身份鉴别事件，审计记录包含其来源（如终端标识符）。对于客体引入用户地址空间的事件以及客体删除事件，审计记录包含客体名。对不能由信息系统独立分辨的审计事件，审计机制提供审计记录接口，可以由授权主体调用。这些审计记录区别于信息系统独立分辨的审计记录。审计技术使信息系统自动记录下网络中机器的使用时间、敏感操作和违纪操作等，它为系统进行事故原因查询、定位、事故发生前的预测、报警以及为事故发生后的实时处理提供详细可靠的依据或支持。审计对用户的正常操作也有记载。审计就是对日志的审计，要求将某些或者所有的访问企图记录下来。系统日志、防火墙日志、操作日志、入侵检测日志等都在审计的范围之内。审计还包括对审计的审计。

安全审计具有不可替代的重要作用，主要体现在以下 3 个方面：第一，违背系统安全规则的事件发生后，根据审计信息追查执行该事件的当事人，明确事故责任；第二，通过对审计信息的分析，可以发现系统设计或管理配置存在的不足，这有利于提高系统安全性；第三，把审计功能与告警功能结合起来，可以实现安全管理员对系统状态的实时监控。

由于已经从理论上证明不存在绝对安全的系统，因此一般将审计跟踪、攻击检测系统作为信息系统的最后一道安全防线。

5. 病毒防治技术

病毒是一种人为制造的寄生于应用程序或者操作系统中的可执行、可自复制、具有传染性和破坏力的恶性程序。尽管人们在同计算机病毒斗争的过程中取得了一些成绩，但是随着互联网的发展，计算机病毒的种类在急剧增多，扩散速度在急剧加快，对企业及个人计算机系统的破坏仍在加大，因此建立多层次的病毒防卫体系已经刻不容缓。

（1）建立客户端的防病毒体系。由于 50%以上的病毒是通过客户端 PC 进入企业的网络系统，因此对桌面系统的病毒应该严加防范，堵住病毒的源头。

（2）建立服务器的防病毒体系。网络系统的服务器包括 Windows NT、Unix、Netware、AIX 等多种平台。如果服务器被病毒感染，则病毒会迅速蔓延到整个网络。因此，基于服务器的病毒保护已经成为当务之急。

（3）建立互联网的防病毒体系。根据国际电脑安全学会的报告，一般公司的电脑感染病毒的来源有超过 20%是通过网络下载文件感染的，另外有 26%是经电子邮件的附件所感染的。由于大型网络系统已连入互联网，所以，此部分就成为防范的重点。目前，在客户端、服务器及网关等平台上可选用的防病毒产品较多，处于业界领先水平的美国 Symantee 公司提供的 Norton Antivirus 系列、NAI 公司的 TVD（Total Virus Defense）等套件，对基于 Dos、Windows、Unix、Mac、OS／2、Lotus Notes／Domino、MS Exchange 等系统的病毒均可防范。

6. 备份与恢复技术

实际中很多原因会造成系统出错，如自然灾害、软硬件出现故障等，因此必须采取相应的措施来保证中心的安全运转。备份的内容包括通信线路备份、设备备份、软件备份、文档备份等。这里主要针对有数据存储需要的软件，有的软件依靠数据库操作系统本身的备份与恢复机制，这需要用户具备一定的操作知识。好的软件会提供备份与恢复的操作，不需要用户直接对数据库系统进行操作。在数据备份、数据防护、数据恢复的机制中，数据恢复是最终行为。如果数据被破坏（例如病毒侵扰、黑客非法入侵等），表明破坏行动已经突破防护或者因为防护太薄弱，补救的措施就只有进行数据恢复了。数据恢复可将无法通过计算机常规命令直接操作的数据改变成为用户可以操作的数据，其主要方式有以下 3 种。

（1）根据程序自身机制恢复：如 Undelete 等，适用于用户马上意识到了，而且没有对存储介质进行写操作。

（2）从备份数据恢复：前提是有备份与恢复机制，恢复的效果依赖于软件设置的备份机制与用户备份数据的更新程度。

（3）根据文件系统恢复：这类是无法直接恢复的，手工操作要求很专业，而且很繁琐。特别是对于海量数据，普通用户束手无策。如黑客破坏后的系统犹如一盘散沙，事件发生的突然性，根本没有来得及备份，这时候用户急需一种手段来进行强制恢复数据，即使没有办法全部恢复，也需要最大程度地恢复，力争将损失降到最低。

【本章关键词】

PKI　数字证书　数字签名　数字信封　CA

【本章思考题】

1. 简述电子支付系统的安全要素、技术和目标。
2. 举例说明 CA 的功能与安全管理机制。
3. 简述电子支付系统的安全标准。

第七章

中国金融认证中心

教学要求

1. 掌握中国 CFCA 的结构与标准
2. 熟悉中国 CFCA 的管理内容
3. 熟悉电子交易认证管理的相关法律

引导案例

中国建设银行上海分行银企互联数据安全传输平台

- 项目背景

在银行与企业之间的交互业务应用中，有些大型企业与银行之间存在着大量、频繁的账务处理合作关系，他们之间的业务信息传递往往通过互联网来实现，对系统本身的技术和安全要求均较高。而另一些中小型企业与银行之间的交互不是特别频繁，机构间的信息传递往往通过电子邮件、磁盘、纸质报表、拨号终端应用等方式来实现，系统互联程度和安全级别相对也不高。银行和企业没有在数据传输方面作相应的保护或者是仅仅采用了一些简单的安全保护措施。这种网络安全隐患主要体现在以下两个方面。

（1）信息的泄漏。电信部门所提供的公用网络存在安全漏洞，无法保证网络中信息的隐秘性。网络攻击者也可能通过监听等方法，从传输信道窃取网络中传输的信息。

（2）信息假冒。由于攻击者可以窃取网络中传输的信息，也可以假冒通信。

- 需要解决的问题

银企直联网络安全需求主要是要在信息在传输过程中解决以下问题。

（1）身份认证：防止网络被非授权实体使用，确保信息只能由授权实体知晓和使用。

（2）保密性：防止网络中信息泄漏，保证信息内容只有授权实体才能知晓。

（3）完整性：系统的数据不被无意或蓄意的删除、修改、伪造、乱序、重放、插入或破坏。数据只能由授权实体修改。

- 应用情况

CFCA 提供了托管 RA 系统，为上海建行发放 VPN 证书，并将证书应用在银行和企业用户之间的互连加密设备上。目前，证书已经应用在用于银企互联的加密设设备上。

- 使用效果

此系统利用数字证书保障用户登录身份的真实性、传输数据的保密性和不可否认性。

案例分析

该案例说明了真实性、保密性和不可否认性是保障网上银行业务持续发展的基础，CFCA 能提供相关服务，而且具有权威性和可靠性。

第一节　CFCA 证书格式标准

一、CFCA 证书标准

CFCA 证书发放涉及信息加密、CFCA 证书标准、CFCA 证书验证、相关信息发布等技术要求，也要求法律法规上的保障。

数字 CFCA 证书作为网上交易双方真实身份证明的依据，是一个经 CFCA 证书授权中心数字签名的、包含 CFCA 证书申请者个人信息及其公开密钥的文件，基于公开密钥体制的数字 CFCA 证书是电子商务安全体系的核心。

X.509 标准是保证在互联网及内部网上传送数据的安全认证标准，用于通用的网络安全工具如公开密钥加密系统中，已用于许多网络安全应用程序。

CFCA 证书由 CA 根据 X.509 协议产生，应具备下列信息，如图 7-1 所示。

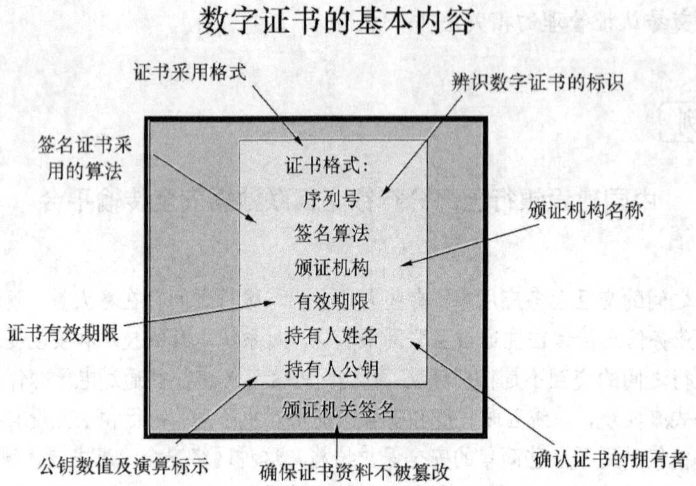

图 7-1　数字 CFCA 证书的内容

目前，国际标准化组织正在拟定一系列 CFCA 证书管理标准，这些标准将逐渐取代 X.509 标准。

二、报文格式

CFCA 证书格式定义在 X.509 标准里，根据这项标准，CFCA 证书包括：申请 CFCA 证书个人的信息和发行 CFCA 证书的认证中心的信息，如图 7-2 和图 7-3 所示。

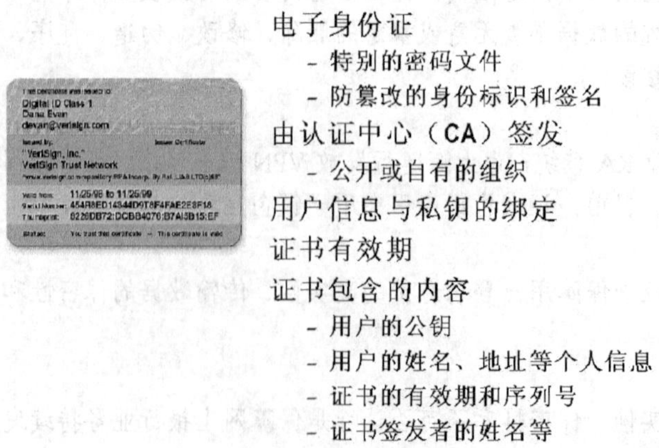

图 7-2　数字 CFCA 证书的标示

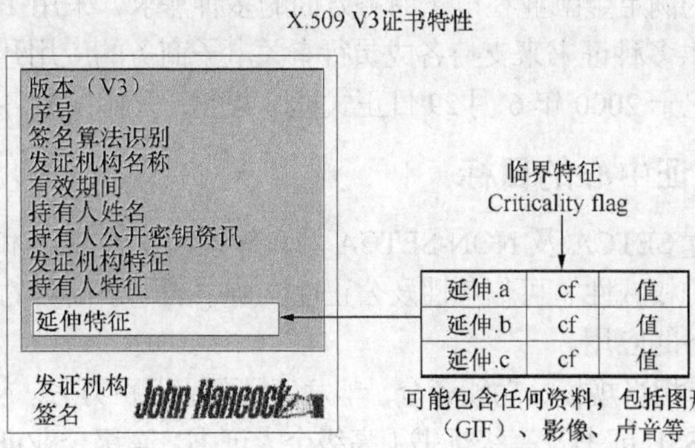

图 7-3　X.509 V3 CFCA 证书的内容

三、CFCA 证书管理

CFCA 证书由证书数据和证书签名两部分组成。

1. CFCA 证书数据

CFCA 证书数据包括以下信息。

（1）版本信息:用来与 X.509 的将来版本兼容。

（2）CFCA 证书序列号，每一个由认证中心发行的 CFCA 证书必须有一个唯一的序列号。

（3）CA 所使用的签名算法。

（4）发行 CFCA 证书 CA 的名称。

（5）CFCA 证书的有效期限。

（6）CFCA 证书主体名称。

（7）被证明的公钥信息，包括公钥算法、公钥的位字符串表示。

（8）包含额外信息的特别扩展。

2. 发行 CFCA 证书的 CA 签名

CFCA 证书第二部分包括发行 CFCA 证书的 CA 签名和用来生成数字签名的签名算法。任何人收到 CFCA 证书后都能使用签名算法来验证 CFCA 证书是不是由 CA 的签名密钥签署的。

四、安全处理

为防止 CFCA 证书被假冒或出现 CFCA 证书过期后仍然使用等兼容性问题，只有满足下列几个条件后，CFCA 证书才被认为有效。

第一，CFCA 证书没有过期；第二，密钥没有修改，不论出于任何理由，被修改的密钥无效；第三，用户仍然有权使用此密钥；第四，CA 负责回收 CFCA 证书，发行无效 CFCA 证书清单。

第二节　中国金融认证中心的建设

中国金融认证中心（China Finance Certification Authority，缩写 CFCA）是由中国人民银行牵头，有中国工商银行、中国银行、中国农业银行、中国建设银行、交通银行、招商银行、中信实业银行、华夏银行、广东发展银行、深圳发展银行、光大银行、民生银行等 13 家商业银行参加联合共建。

中国金融认证中心作为一个权威的、可信赖的、公正的第三方信任机构，专门负责为金融业的各种认证需求者提供证书服务，包括电子商务、网上银行、支付系统和管理信息系统等，为参与网上交易的各方提供安全的基础，建立彼此信任的机制。在中国电子商务发展中，还组织并参与有关网上交易规则的制定，以及确立相应的技术标准等。

中国金融认证中心为满足金融业在电子商务方面的多种需求，采用 PKI 技术，建立 SET 和 Non-SET 两套系统，提供多种证书来支持各成员行有关电子商务的应用开发以及证书的使用。

中国金融认证中心已于 2000 年 6 月 29 日正式挂牌营业，开始发放各类电子证书。

一、中国金融认证中心的目标

中国金融 CA 要建立 SETCA 及 NON-SETCA 两大体系，发放 SET 和 NON-SET 两大类各种电子证书，以金融行业的权威性、可信赖性及公正性支持中国电子商务的应用、网上银行业务的应用及其他安全管理业务的应用。

CFCA 工程建设具有相当规模，功能齐全，年发证量可达近百万张。NON-SET 证书包括普通个人证书、WEB 证书、SSL 证书及高级证书（高级个人证书、高级企业证书）等。SET 证书支持 SET1.0 扩充版功能，即支持借记卡及 PIN 的处理。

CFCA 二期工程扩大其应用范围，可发放 WAP，S/MIME，VPN 等证书。CFCA 颁发的所有证书都遵循 ITU-TX.509 证书标准。CFCA 颁发的证书适应的电子商务业务应用模式，无论是网上银行或是网上购物都支持 BTC，BTB 以及 BTG（Government）的模式。

二、中国金融 CA 的结构

中国金融 CA 有两大 CA 体系即 SETCA 及 Non-SETCA 系统。

1. SET 系统

SET 系统是为在网上购物时用银行卡来进行结算的卡基业务而建立的。SET 系统为三层结构，第一层为根 CA，第二层为品牌 CA，第三层根据证书使用者的不同分为 CCA（持卡人 CA）、MCA（商户 CA）、PCA（网关 CA）。根据今后的发展可在第二层 CA 和第三层 CA 之间扩展出 GCA（地区 CA）。SETCA 系统如图 7-4 所示。

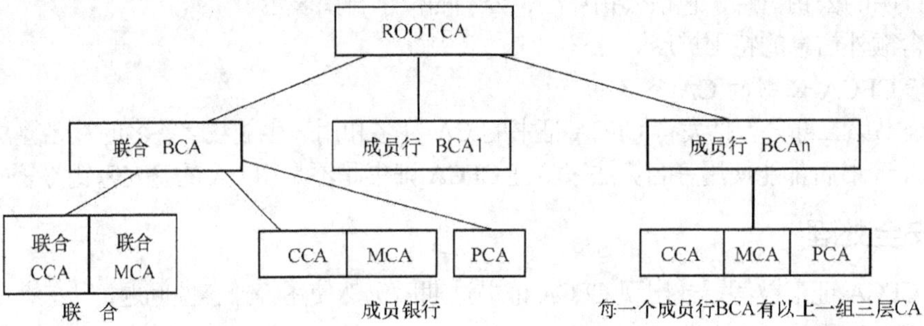

图 7-4 SETCA 系统

2. Non-SET 系统

Non-SET 对于业务应用的范围没有严格的定义，结合电子商务具体的、实际的应用，根据每个应用的风险程度不同可分为低风险值和高风险值两类证书（即个人/普通证书及高级/企业级证书），以支持 B2C，B2B 模式的应用。

Non-SETCA 系统分为三层结构，第一层为根 CA，第二层为政策 CA，第三层为运营 CA。其中第三层运营 CA 直接为各商业银行用户发证，它直接与 RA 连接。Non-SETCA，系统架构如图 7-5 所示。

3. Non-SET 证书的优势

CFCA 的 Non-SETCA，是基于 PKI 机制建立的，在当前是具有世界领先水平的 CA 系统。其优势如下。

（1）技术优势。

① CFCA 的 Doll-SETCA 系统是引入当今世界先进水平的加拿大 Entrust 公司的产品。Entrust

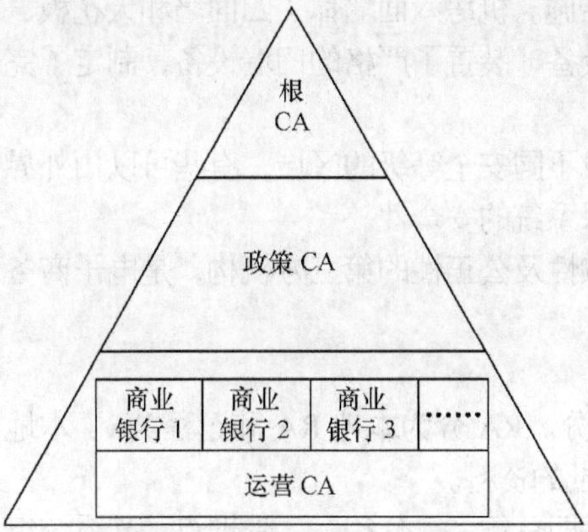

图 7-5　Non-SET CA 系统

公司具有 15 年的 PKI 开发经验，经过激烈竞争，是目前世界仅存的 3 家繁荣的 CA 公司（Entrust，Verisign，Baltimore）之一，所以 CFCA 的 Entrust 公司的高级/企业级证书是目前世界领先的 BTB 工具。

② Direct 高级/企业级证书具有双密钥机制，具有数字签名和加解密两对密钥。

③ 在浏览器与服务器间实现双方认证，提高身份认证的安全性，为访问控制提供可能。

④ 增强浏览器与服务器之间数据传输加密强度，由原本 40 位对称算法加密提高到了 128 位，并且提供了改变算法的函数库。

⑤ 具有数字签名功能，实现传送者对信息的签名，提供抗否认性。

⑥ 浏览器与客户代理之间，服务器与服务器代理之间采用 HTTP 连接，而两个代理之间的通信采用了 SPKM（简单公钥机制）。实现了浏览器服务器与代理之间的无缝连接，提高了数据传输的安全性。SPKM 协议现已成为国际标准。

⑦ 客户端、服务器端实现双向认证，实现自动在线 CRL 查询。CRL 是证书作废列表，为了减少交易或传输的风险，在交易之前，能自动透明地查询各自的证书是否是作废的黑名单，如果证书已无效，系统自动拒绝交易，保证交易的安全性。

⑧ 签字公钥可自动置于目录服务器中，实现用户自动检索。

⑨ 完整的证书管理功能。提供证书的有效期管理、密钥更新管理等功能；密钥更新操作是透明的。

⑩ 存储历史文档，支持全程的审计功能。对每次交易，传输都留有记录，特别是历次数据签名都存有历史文档，以备审计查询。

⑪ 提供时间戳功能。在数据签名或加密信息等操作时，使用时间戳服务，以保证所有用户的时间一致。

⑫ 证书除存放在机器硬盘、随身软盘而外，也可存放于 IC 卡（CPU 卡）中，以保证证书的本身的安全。

国内有些公司开发的代理软件其功能各异，一般浏览器/服务器的代理软件只是解决 128 位对称加密强度问题，而没有数字签名功能，没有证书管理以及在线 CRL 查询功能等。

解决网上银行和电子商务应用中的 B2B 模式，采用中国金融认证中心的高级/企业级证书，是最好的选择。

（2）政策保证方面的优势。

① 中国金融 CA 遵循了统一规划联合共建，先作试点逐步发展，技术先进功能全面，落实应用快字当先的原则。建设金融 CA 是中国电子商务的基础建设，其宗旨是：为中国的电子商务服务，兼顾网上银行和信息安全管理提供服务。因而 CFCA 具有很高的权威性。

② 证书是一种权威性的电子文档。它应由公认的、被授权的权威机构所颁发，是网上交易、传输业务的身份证明，用于证明某个应用环境中某一主体（人或机器）的身份及其公开密钥的合法性。要想使证书获得这种可信赖和权威性，就必须拥有一个可信赖的权威的机构来颁发证书，作为认证的第三方。CFCA 正是这种公正的第三方机构。

③ 建立 CFCA 也包括制定“证书运作管理规范”（CPS），它应由人民银行支付与科技司批准，在中国目前电子商务法律环境尚不健全的情况下，CPS 的制定就显得异常重要，CPS 实际上是认证中心的法规。

④ CFCA 在安全方面具有突出优势。为保证认证中心的安全，金融认证中心专门建了一幢独

立的小楼；CFCA 的机房采取了严格的符合国际标准的措施。机房六面墙体（四面墙和天花板、地板）都采用无缝钢板防攻击和屏蔽，安装了高级监控设备，装置了严格的门墙设备，制定了完善的安全制度，具有可信赖性。

⑤ 完整的网络安全策略。将整个 CFCA 系统划分成不同安全等级的区域，有些可以由外界通过公网进行访问，有些则只能由特许人员访问，以确保系统的安全性。

综上所述，中国金融认证中心是具有权威性、可信赖性及公正性的第三方机构，是电子商务的安全保障，是中国电子商务的重要基础建设。

4. RA 系统

RA（Registration Authority）是 CA 的延伸和组成部分。RA 分为本地 RA 和远程 RA。本地 RA 审批有关 CA 一级的证书、接受远程 RA 提交的已审批的资料。

远程 RA 根据商业银行的管理体系可分为三级结构，即总行——分行——受理点。其系统组成如图 7-6 所示。

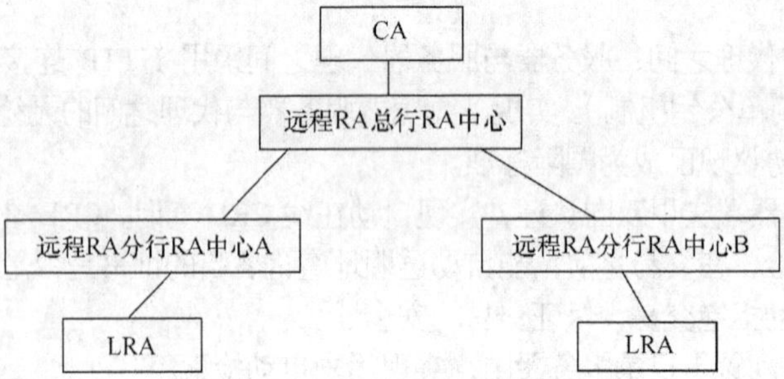

图 7-6 RA 系统

其中受理点 LRA，接受用户的证书申请，并进行审批。具有录入、审核、管理及制证等功能；RA 集中各受理点的申请数据，上传给 CA 进行证书签发。

三、CFCA 的功能

CFCA 是采用目前国际先进技术，按国际通用标准开发建设的，它具有用户对证书的申请、审核、批准、签发证书、证书下载、证书注销、证书更新等证书管理功能。证书符合 ITU 的 X.509 国际标准。提供具有世界先进水平的 CA 认证中心的全部需求。归纳起来有以下几个方面。

第一，证书的申请方式有离线申请方式和在线申请方式。第二，证书的审批有离线审核方式和在线审核方式。第三，证书的发放——证书库有离线方式发放和在线方式发放。第四，证书的归档。第五，证书的撤销。第六，证书的（密钥）更新有人工密钥更新和自动密钥更新。第七，证书废止列表的管理功能（CRL-证书库）包括：证书废止原因编码、CRL 的产生及其发布、高级证书 CRL 在线查询服务等功能。第八，密钥的备份和恢复。第九，CA 自身密钥的管理功能。

四、CFCA 的内容及用途

CFCA 所发放的证书均遵循 X.509 V3 标准，其基本格式及其用途如下。

（1）Certificate Format Version：证书版本号。用来指定证书格式用的 X.509 版本号。用于目录查询。

（2）Certificate Serial Number：证书序列号。证书颁发者指定证书唯一序列号，以标识 CA 发出的所有证书。用于目录查询。

（3）Signature Algorithm Identifier：签名算法标识。用来指定本证书所用的签名算法（如 SHA-1，RSA）。

（4）Issuer：签发此证书的 CA 名称。用来指定签发证书的 CA 的可识别的唯一名称（DN，Distinguished Name）。用于认证。

（5）Validity Period：证书有效期。起始日期（notBefore），终止日期（notAfter）：指定证书起始日期和终止日期，用于校验证书的有效性。

（6）Subject：用户主体名称。用来指定证书用户的 X.500 唯一名称（DN，Distinguished Name）。用于认证。

（7）Subject Public Key Information：用户主体公钥信息。

——Algorithm Algorithm Identifier：算法标识用来标识公钥使用的算法。

——Subject Public Key：用户主体公钥。用来标识公钥本身，用于加/解密和数字签名。

（8）Issuer Unique ID：颁发者可选唯一标识。很少用。

（9）Subject Unique ID：主体证书拥有者唯一标识。很少用。

（10）Extensions：证书扩充部分（扩展域），用来指定额外信息。

（11）Authority Key Identifier：签发者 CA 的公钥标识。

——Key Identifier：公钥标识。

（12）Cert Issuer：证书签发者的甄别名。电子邮件、IP 地址等。

——Celt Serial Number：签发证书的序列号。用于签发根证书及交叉认证。

（13）Sublet Key Identifier：用户主体的公钥标识。证书主体所含密钥的唯一标识，用来区分一个证书拥有者的多对密钥。主要用于对由以前公钥加密过的文件进行解密。

（14）CRL Distribution Point：CRL 分布。指明 CRL 分段的地点，用于分布式存放。

（15）Key Usage：证书中的公钥用途。用来指定公钥用途，数字加密。

（16）Private Key Usage Period：用户的私钥有效期。起始日期（notBeforn），终止日期（notAfter）。用来指定用户签名私钥的起始日期和终止日期。

（17）Certificate Policies：CA 承认的证书政策列表。用来指定用户证书所适用的政策，证书政策可由对象标识符表示。一个详细提示（200 字符）。

（18）Policy Mappings：策略映射。表明在两个 CA 之间一个或多个策略标识的等价映射关系——仅在 CA 证书里存在。

（19）Subject Ah Name：用户的代用名。用来指定用户的代用名。

（20）Issuer Alt Name：CA 的代用名。用来指定 CA 的代用名。

（21）Basic Constraints：基本制约。用来表明证书用户是最终用户还是 CA，用于交易路径。

（22）Subject Directory Attributes：用户主体目录属性。指出证书拥有者的一系列属性。

五、CRL 数据定义

（1）版本（Version）：显示 CRL 的版本号，用于目录查询。

（2）签名（Signature）：签发 CRL 的 CA 的签名。

（3）算法标识（Algorithm ldentifier）：定义签发 CRL 所使用的算法。

（4）CRL 的签发者（Issuer）：指明签发 CRL 的 CA 的甄别名。

（5）CRL 发布时间（This Update）。

（6）预计下一个 CRL 更新时间（Next Update）。

（7）撤销证书信息目录（Revoked Certificates）。

（8）CRL 扩展（CRL Extension）。

（9）CA 的公钥标识（AuthorityKeyldentifier）。

（10）CRL 号（CRL Number）。

六、CFCA 售后服务内容与流程

第一，日常咨询。针对用户系统集成数字证书的安全问题提供每周 7×24 小时不限次全年电话技术支持的安全咨询服务。客户服务电话：400-880-9888。

第二，服务方案。CFCA 售后服务小组将根据客户业务流程及权限分配策略制定全方位周密、全面的服务方案。

第三，安全通告。CFCA 以电子邮件通报的形式，每月定期向客户通报每月出现的重大安全漏洞及病毒，以及重大安全漏洞及病毒的解决方案。

第四，变更配合。当客户现场调整涉及相应工程设备时 CFCA 将积极配合，必要时提供现场支持。

第五，紧急响应。当合同中所提供的服务因安全问题中断时，CFCA 在提供远端服务的同时在收到最终用户要求本地响应的通知后，将在交通许可情况下（交通时间 + 2 小时）尽快到达最终用户现场。

CFCA 对所有的售后服务内容都有详细的过程记录文档。对于安全工程的售后支持请求和处理结果均将备案并定期向客户提交。图 7-7 为 CFCA 系统流程。

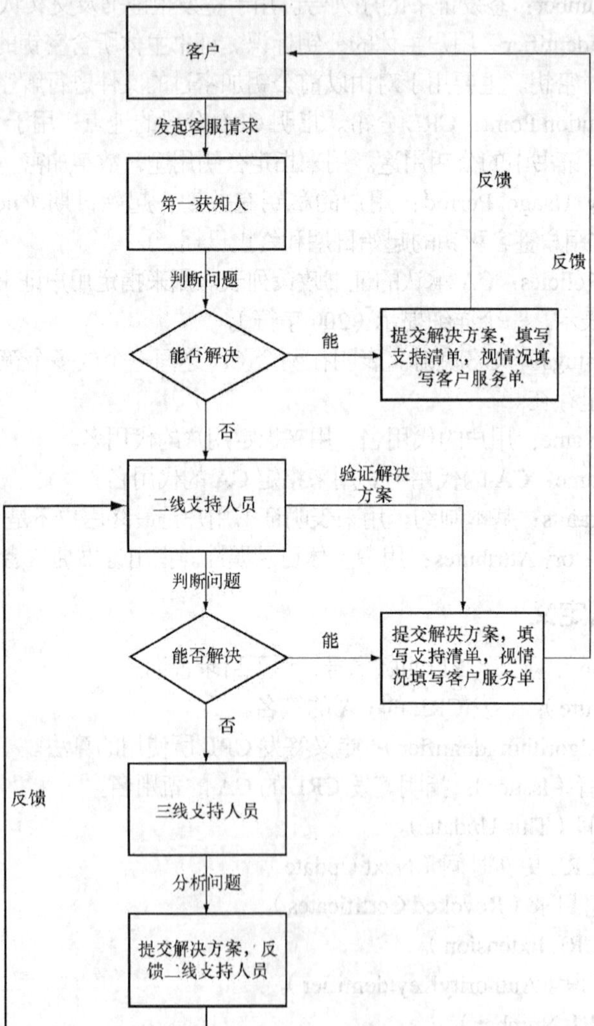

图 7-7　CFCA 系统流程

七、应用实例

CFCA 经过近一年的建设于 2000 年 6 月 29 日正式挂牌营业，已发放多种证书，主要用于商业银行的网上银行和网上购物的 B2B 应用模式及 SET 购物的 B2C 模式。

1. 网上银行

利用 CFCA 证书已开通的网上银行有：中国建设银行 B2B 企业银行、中信实业银行 B2B 企业银行、广东发展银行 B2B 对公业务、深圳发展银行 B2B 对公业务。

2. 网上购物

利用 CFCA 证书已开通的网上购物有：中国银行、首都信息发展有限公司、联想集团及北大方正集团的 B2B 购物、中国联合在线网上 B2B 购物、中国工商银行 SET B2C 网上购物、中国建设银行三峡市分行 SET B2C 网上购物、广东发展银行 SET B2C 网上购物。

第三节　CFCA 认证的管理

认证的工作不同于管理，也不同于法律，更接近于企业。它起到了控制和制约交易行为的作用，为此人们习惯称其为 CFCA 认证管理。

认证的市场主要分为两个环节：一是产品市场，其产品是建立并向用户发放的“CA 认证证书”；另一个是对其所销售产品的服务市场。它有完善的管理制度和相关的技术支持，如责任分割、访问控制、识别、鉴别能力和审计职能等。

一、CFCA 认证管理的特点

第一，认证中心所做的 CA 数字化证书是打破地域或部门限制的网络化工作。

第二，认证中心是进行网上合法身份、合法交易的权威证明机构，它将依据国家相关的法律法规开展工作，坚持公平、公正原则，维护网络金融信誉，防止金融诈骗行为的产生。

第三，认证中心是独立的业务部门，不允许商家、用户或检查方参与、证明网上交易的合法性及有效性。而认证中心本身也不准介入商业买卖和银行业务，必须履行国家相关法律、法规指示和宏观管理下的一种接近企业的专门业务行为。

第四，认证机构可以是相关政府机构的部分实体，也可以是相关的事业单位，经政府管理部门审批而成立。

二、认证机构资格审批的依据

认证机构资格审批的依据包括：申请单位的条件、申请单位的内部管理机构组织情况、申请单位的注册资金、申请单位的技术保证、申请单位的技术力量及安全保障。

认证中心必须规范、系统开展工作，向用户颁发证书，以确立用户网上交易的合法性、安全性，严格履行自己的义务和职责，保证交易双方在 CA 证书的保障下，建立相互信任、安全顺畅的买卖关系，为双方营造安全、和谐的交易环境，确实发挥交易过程中的信用和控制作用。

三、认证的载体与流程

认证中心要为用户进行两种认证操作，一种是信用认证，另一种是交易合法认证。这就需要用户经历“情况登记”“资格审查”“认证批准”“认证发放”4 个过程。

第一，情况登记。用户向 CA 中心提供认证申请时，必须向认证机构提供准确无误的姓名、出生日期等个人身份信息，或提供自身密码以核查其身份信息，认证中心将其保存，以备后用。

第二，资格审查。认证中心通过用户提供的其个人信息，对其进行资格审查，决定其有无资格进行网上交易。

第三，认证批准。经认证中心审核确定资格并制定证书。

第四，认证发放。完成以上工作后，认证中心采取安全措施向申请者发放证书，同时访问、检查证书的接受情况。

认证中心对认证证书的使用有如下规定：用户证书有效期不得超过一年；交易合法证书的有效期为一次有效；若是单位认证证书，保证交易额度为每次10万元；个人认证证书，保证交易额度为每次1万元。

四、认证的变更管理

因意外或其他原因，用户私有密钥受损、泄露，或证书内重要信息变更，其处理也须经历4个过程，即“用户申请”、“临时失败”、“失效审查”和“证书撤销”。

第一，用户申请。用户私有密钥受损、泄露，或证书内重要信息变更应急时通知认证中心，申请撤销原认证证书。

第二，临时失败。因发生某意外情况，CA认证中心接到用户申请后，认证中心应急时给用户证书予“临时失效”的撤销，并采取应对措施。

第三，失效审查。认证中心必须尽快检查、撤销证书的用户，以防该用户受到第三方恶意撤销其认证所受到的伤害，保证用户安全，此项检查包括：有关项目的检查，如发现密钥被破坏或已泄露，在受到无论是用户自己合法或第三方非法的数字签名请求，必须同意请求给予撤销；当用户的私有密钥丢失或需重要信息变更时，CA认证中心必须重新给予新的身份检查，并重建新的认证；若遇有未授权使用或认证中有错误，提出项目撤销请求时未被响应，而没能重建新的认证时，撤销请求就应当登录机构再次提出；除接到在线请求撤销认证外，应负责向有关人公布，以避免认证的非授权撤销。

第四，证书撤销。认证中心应迅速将已撤销认证证书的信息列入认证撤销表并给予备份，以供查询、检索，及时将撤销结果回复申请人。

认证中心应以文字的书面形式和网上屏幕形式定时公布认证证书、失效证书等相关的公开信息，对认证证书的生效期应提前公布，对失效证书应在失效时及时公布，其他信息提前24小时公布。

认证中心的工作必须保证及时性、连续性和准确性。认证中心必须每周7天、每天24小时工作，保证通信和操作的连续性。

五、CFCA认证管理制度

认证中心负有对用户信息保密的义务和职责。认证中心应按规定，只有被授权人才可以访问用户的私有信息，并利用安全、有效的管理制度和规范制约下的存储技术，保护好用户信息并留有备份。对那些以恶性方式泄露私人信息的工作人员，有相应处罚机制的处理，但下列信息不包括在内：用户或其提前注册的代理机构，在其已被确定身份后要求公布的信息；在法规允许的范围内且用户同意的情况下的信息。

认证中心必须有相应的制度、措施和技术能力，确保用户信息的安全。

1. 技术

用户信息的存储、管理和传输要有相应的技术措施，如采用安全机制保存信息并给予备份；密钥存储技术中可采用密钥成分保存、同时采用成分授权，独立存储，还可将密钥存入双重加密模块；信息的传输也要采用相应的安全技术并加强监督，确保安全到达。

2. 制度

认证中心执行定期两级审核制，每一认证过程、证书发放和撤销情况须经内部审查、汇总后，向上级 CA 认证部门汇报并及时上报给政府主管部门，再由政府主管部门进行年度全面检查认证中心的操作、管理、发放、服务等各方面工作。

3. 操作及规则

（1）机构规则。第一，独立的中间性——认证中心独立于交易双方，即不参加交易，不能与任何一方有利益关系。第二，严肃可靠的权威性——认证中心的操作必须以信誉为原则，以公平、公正为基础，获得公认的权威性。第三，审查的严谨和连续性——保证操作安全、信誉安全。为避免发生消息伪造、删除、泄露，保证系统连续稳定工作从原则到技术予以充分的保证。

（2）认证系统配置。第一，有符合最新国际、国内信息安全标准要求的框架，能应对互联复杂环境中各种潜在安全威胁的安全操作系统；第二，完善、安全的职能体系配合外围软件，构造安全防范体系的防火墙；第三，能确保在瞬息万变、攻击威胁的环境中，对身份准确识别与鉴别，使信息系统和信息资源被安全使用，系统有自主控制访问、特权划分用户、保密性强制控制、审计跟踪、安全域隔离重要信息自动备份和必要补救措施的功能；第四，认证中心可以根据“最小特权”为系统管理任务特别授权，以防止非授权存取、认证。

（3）管理规则。规范的操作过程及相关标准和要求；安全控制规程，规范个人权限、业务范围等岗位职责；密钥管理规程。

（4）审核规程。认证中心须对内外部业务进行审核，并建立审核标记和记录，要求对认证申请报表、申请人身份及确认手段、申请接受负责人、认证中心密钥控制记录、用户私有信息的访问记录、收发数据信息予以审核。

要选则合适人员进行审核工作，选择对象是具有计算机网络安全技术知识、不涉及双方交易、忠于职守，有一定经验的工作人员。在此项工作中要做到：要授权审核，绝对防止因未授权访问造成信息删除、伪造或泄露；一般审核至少作到每年一次；若遇到特殊情况时，如访问时区错误、交易数据或系统资源存储量出现异常、认证资料与实际有重大不符、用户产生重大问题等，则须多次审核；审核后应公布审核结果，保证审核结果及显示审核结果的正确性。

4. 环境与保障

认证中心的工作很大比重是向买卖双方提供服务，而当认证公司由于各种原因无法继续进行业务行为时（如倒闭或其他原因）虽然用户的认证仍在有效期内，但认证公司密钥控制的可靠性也会减弱。因此，认证中心的资金储备、人才资源、技术力量、设备配置，都要保证能长期执行正常运作。认证中心在系统配置上要求有双机系统、双路电源和双路通道供给，同时要严格分级管理，有足够的技术保证和安全管理控制。认证中心的业务行为必须依据于国家相关金融、网络、信息、安全的法律、法规。

中国参考国际经验，建立了两种模式安全认证体系：金融认证和非金融认证。2000 年 6 月 29 日，中国第一家金融认证中心 CFCA 正式建成，标志着中国正式开始了 CA 的认证工作。仅半年时间，全国就出现了 32 家 CA 认证中心，其中有行业性的（中国认证中心、中国电信认证中心 CTCA、中国邮政认证中心、外经贸委 CA 等），也有区域性的，大多以地方为背景，以公司机制运作（如上海、广东、海南、大连、山西等 CA 认证中心）。这两类 CA 中心还在不断增长。与此同时，国外的厂商也积极进入中国市场，如 Entrust、IBM、Sum 等。

网上电子交易涉及买卖双方的认同、签订销售协议或合同、合法的认证、支付网关、收单机构、发卡机构，所以每一手交易都需要运行一完整的互联网、银行网、企业网，这一电子商务的系统运作环境。电子商务中信息及传输，不仅涉及信息的制造及传输技术，同时涉及数据的加密、身份的认证和电子签名技术等。认证机构就是为保证网上交易的安全而设立的权威机构。消费者要在网上终端得到认证中心的认证后，才能进行网上的具体交易，如付费等。

认证机构作为第三方，其职责是监督、管理交易过程中的合法性和顺序性的权威机构，即认证机构，它是一个多用户共同信任、具有权威性、带有半官方性的重要的组织实体。

网上交易的一般过程与 CA 的作用。

六、网上交易的一般过程

如果买卖双方采用公开密钥（PKI）密码体系的电子商务中对文件加密，传输过程一般为以下 6 个步骤。

第一，消费者在网上浏览、查询商品，确定了销售商后，从认证机构查询并获得公开密钥（PK），就好像得到唯一的姓名、地址、电话号码、电子邮件地址一样。

第二，买方形成一个私有的密钥（SK），同时 CA 获得卖方公开密钥，用来对私有密钥加密，（SK 与 PK 是成对出现的，但不能依据 PK 得到 SK）之后，再通过网络传输通知卖方。

第三，卖方接到买方的传输通知后，用公开密钥解密，获得买方私有密钥。

第四，买方再通过网络向卖方传输用私有密钥加密的自己的文件。

第五，卖方接到买方发来的文件后，再使用买方的私有密钥解密而获得买方的文件明文信息。

第六，卖方再向买方发送使用私人密钥加密的文件。

在完成了上述的信息传输和认证过程后，再完成物流的配送及相关服务，则完成一次电子交易。

七、CFCA 认证的任务

CFCA 认证中心的任务实际是解决虚拟现实环境的身份确认问题、信息的保密制度和技术问题、审计制度等责任分割问题并做好认证服务。网络的出现给社会带来了勃勃生机，特别是电子商务近些年迅猛发展，网上交易不仅改变了传统贸易方式，也给管理行业的发展提出了新问题，如交易纠纷等应使用什么法律去解决。又如司法权、税收、广告、债务、收益等这些全新的司法问题会随着商业实践的发展而出现，所以有必要制定相关法律法规。在网上交易起着重要作用的认证机构，在履行其职责时，就必须遵循相关的法律、法规，以对交易行为严格的管理和监督，确保电子交易的安全进行和电子商务的良性发展。

第四节　电子交易法律

在电子交易的过程中，买卖双方、买方、卖方与交易中心、买卖双方及银行与认证中心，都发生了业务关系，因此也就产生了法律关系，他们之间各自负有的法律义务简介如下。

一、买卖双方的法律关系

买卖双方的法律关系可以理解为买卖双方的权利和义务，双方有着权利与义务的对等关系。

1. 买方义务

买方承担以下义务。

（1）买方承担按网上交易规定付款的义务，按数字货币，如信用卡、智能卡等遵守交易的支付方式。

（2）买方承担按合同规定时间、地点和方式取纳定标物的义务。如买方自己提取，应在卖方通知时间内到预定地点提取；若由卖方代办，买方应照承运人通知按时提取；若由卖方运送，买方应做好接收准备，如拖延接收，买方负有拖延责任。

（3）买方负有对所接收定标物按期限验收的义务。买方接收定标物后，要在规定时间内及时验收。验收时如发现问题，如质量问题或表面瑕疵问题应立即通知卖方，卖方负责解决或联系生产厂家，如果超过期限后，买方提出表面瑕疵问题，卖方不负责解决。但对隐藏的或卖方故意隐藏的瑕疵，买方发现后应立即通知卖方，据情，可追究卖方的责任。

2. 卖方义务

卖方承担以下义务。

（1）卖方承担按合同规定提交定标物和相关单据的义务。这对卖方是一项必须重视的工作，应在合同中明确交付时间、地点和方法，否则将按有关合同法或国际公约的规定办理。

（2）卖方承担对定标物权利担保的义务。像传统的交易一样，卖方仍然是定标物的所有人或管理人，以保证其对所售物的合法权利和定标物不被第三人追索的义务，同时也保证了买方的权益。若有第三人对定标物提出索要权，卖方有义务证明第三人无权追索，包括出庭作证。

（3）卖方承担对定标物的质量担保的义务。卖方应保证定标物的质量符合质量规定和合同的质量标准，如卖方隐瞒标定物的瑕疵应承担全部责任，而买方明知标定物存在瑕疵仍然购进时，卖方不负有责任。

3. 发生违约时的补救措施

（1）卖方不履行合同的行为表现在，不提交或不按时提交标定物和单据；提交的标定物和单据不符合合同规定；第三人存在对标定物的权利或主张。当存在以上情况时，买方可采用以下措施。

第一，要求卖方真正履行合同义务，送回替代物或对其整修并合理补偿或减付价款。

第二，对迟送或不履行合同要求可要求赔偿损失。

第三，解除合同并要求赔偿损失。

（2）买方不履行合同表现为，买方不按合同规定付款或不按规定收取货物，此时卖方可选用以下措施。

第一，要求买方付款、收纳货物或履行相关义务。

第二，要求买方支付合同价格或补齐转售差价。

第三，解除合同。

二、交易双方与银行间的法律关系

买卖双方在网上交易时与银行的往来关系非常密切，因为很多交易都是在银行的支持下以电子资金划拨、数字货币支付来完成结算的。

电子资金的划拨依据客户与银行签订的协议，该协议一般是由银行起草、客户认可并作为设立账户的条件，且属于标准合同。

在电子商务中，银行既是卖方的资金接受行又是买方资金发送行，资金的划拨流程如图 7-8 所示。

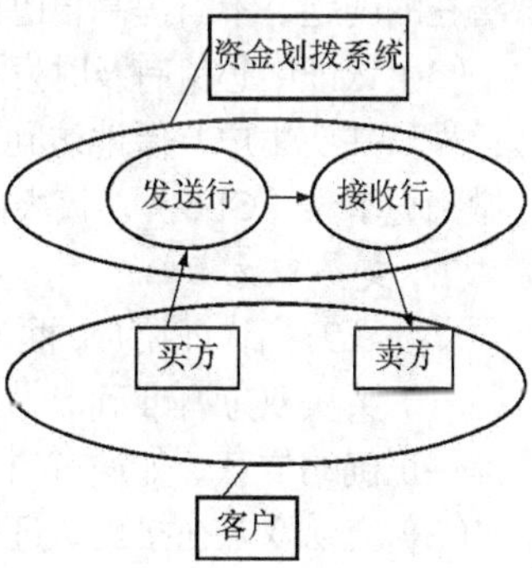

图 7-8　资金的划拨流程

银行（发送行）按买方的指意准确无误地完成电子资金的划拨和发送，在资金划拨的的传送中，它承担着按约定执行资金划拨的职责，一旦划拨失误，发送行划拨系统负有向用户赔付的责任，（除非责任不在发送行）如能查出过失单位，则由过失单位向发送行赔付；接受行根据卖方的合同，在接受到划拨的资金后，立即履行其义务和职责，如有失误应依据其与客户的合同处理过失。

其实，发送行与接收行都应是资金划拨系统的成员，彼此间同受合同义务的约束。如果接收行未能安全执行划拨任务，应同时对发送行和受款人负责。在电子资金的划拨中有时会出现因欺诈、过失而致的资金划拨延误，若是工作失误，应按过失原则处理，如属欺诈，而且银行安全控制是合理可靠的，则发送人需对其所使用的命令负责。

银行承担的责任如下。

第一，返回资金，支付利息。若资金未按时拨到或未及时通知卖方，银行不仅负有拨还资金的义务，同时还应支付拖延日期利息。

第二，不足差额，偿还余额。若接收行受到资金额小于付额，则接收行有义务不足差额，反之接收行有权依据法律提供的其他方式从收益人处收还。

第三，偿还汇率波动所致的损失。在国际贸易中，可能会出现因银行操作延误所致的汇率损失，网上交易用户有权向银行提出索赔要求，同时可以在应兑汇日和实兑汇日间选择有利汇率。

三、认证中心与电子交易参与方的法律关系

网上从事交易活动，都必须依据中国的法律、法规，参与各方（买卖双方、认证中心、银行等）都具有平等的地位，也都具有各自不同的义务和责任。

认证中心具有法人地位，在政府主管部门的督导下，按中国法律法规为用户管理认证证书，用户持有认证证书才可进行电子交易活动。参与电子交易方应是自愿加入而成为认证成员的，因此应自愿接受有效证书的信用，并按信用原则参与交易，为保证信用的安全性、可靠性，认证中心与电子交易的参与方各自负有自己的责任和义务。

1. 认证中心

认证中心负有发布用户认证证书、管理认证证书、保证认证安全、有效、可靠的责任和义务，所以其自身必须能确保满足管理、操作和系统安全性的要求。

（1）认证中心必须对参与方进行严格认证和审查，认证的信用程度，主要取决于申请人提供信息的真实性，及其得到公开密钥的肯定性。所以认证中心必须有良好的制度和审核体系，保证信息、身份的真实性。第一，证申请信息可采集、参考可信单位、组织提供的信息进行比较。第二，验证申请人身份，可采用多种方法，如确认申请人身份的通信地址，可通过电子邮件的发送和接受来测试。第三，除用户的在线申请外，为防止非法制造，可由用户建立多个签名。

（2）认证中心负有保证发放证书具有可靠的权威性和信用的责任和义务，这一点，不仅对网上交易的安全至关重要，而且也是用户是否选择该认证公司作交易的关键问题。可见，认证公司能否继续生存就取决于其能否以可靠的、不断改进的技术和优秀真诚的服务态度应对并解决内外部潜在的问题，不断提高自己的权威性和信用度。

（3）认证中心负有及时发布认证状况信息的职责和义务。认证中心应向用户详细介绍认证具体过程，并使用户方便地访问、浏览信息，同时认证中心应保证如实操作。另外，认证中心应建有撤销记录表（CLS），该表面向参与方便查阅和访问。

2. 交易双方

交易双方指认证用户，两方均可合法向认证机构申请证书并获得证书，合法地进行电子交易。

（1）买卖双方有准确提供自己相关信息的义务。认证方在认证申请和交易中使用认证时，必须提供正确的信息，如遇有信息需更改，应及时通知认证中心。

（2）交易双方在接到认证批准后，应对认证认真检查，当发现问题时，应及时与认证中心联系，尽快修正错误。

（3）保证密钥安全。证书是网上交易的用户身份证，但随着用户身份的不同，保证水平也不尽相同。一些用户在保存私有密钥时，不使用或仅使用简单的存储密钥，就很难保证私有密钥的安全性，还需提及的是，用户在保存密钥时应按照相关硬件、软件技术的说明或建议的方法操作和实施。

（4）使用认证出现问题时，应及时报知认证中心。如发现密钥泄露、破坏等问题及时通知认证中心，证实结果后，撤销原证书；若交易出现异常，查询认证中心，求得解决。

3. 银行或其他参与方

各参与者有义务执行认证原则，按照有关规定合理履行各自的职责和义务。

（1）证书的有效性、合法性。证书是认证中心根据用户身份、信誉和系统保证程序给予用户

不同等级的合法身份认证，参与者在履行其相关参与义务时，有权向认证中心索取适当等级证书。当认证中心明确表示内容未经验证时，参与者将无法要求 CA 中心提供准确的认证信息。当认证中心表示肯定认证内容时，参与者应承认证书的合法性和有效性。参与方有义务判断所收认证是否适用于当前交易。

（2）证书进行失效检查，以确认证书的可靠性。认证中心使用撤销表记录失效证书，并供参与者查询。参与者一旦与认证中心签订合同，就有权访问该表，如果参与方对该信息不信任时，允许采用其他办法给予验证。

参与方要保证系统 24 小时连续运行。因为电子商务在网上就是连续 24 小时开展业务的，所以参与方就必须连续服务，这样不仅可以减少用户损失，还可以增强竞争能力。

四、参与各方应付的责任

1. 认证中心应付责任

认证中心应公布国家与认证相关的法律法规，同时公布按国家法律法规制定的自身责任条例和有关可靠性、信用保证性方面的政策和具体条款。

认证中心在公布认证实践表明的相关政策时，还要注意发布那些不属于实践声明的重要条款，以提高用户对自身与认证中心责任的认识程度。认证中心还应明确责任失职后的不同补偿程度及其他可实施的管理内容。

（1）若认证中心违反自身组织条例，给用户造成损失。

（2）违反认证中心的控制要求。如密码和因私人密钥的不完整性所致的密钥泄露，造成的损失。

（3）违反认证控制要求。如用户向认证中心登录出现误操作时，系统的识别、鉴别功能不完善，造成用户损失；或认证控制系统出错，而丢失了控制数据，致使用户无法认证而造成用户的损失。

（4）违反撤销控制要求。当用户申请、提供撤销信息，而未被录入撤销表内以有效认证处理，而造成用户损失。

（5）违反用户信息控制要求。因认证中心内的犯罪行为，如偷用用户私人信息，造成用户损失。

（6）违反系统和设备要求。第一，系统故障而致认证服务暂停，造成用户损失；第二，系统抵御能力差，使非法入侵得逞，造成用户损失；第三，认证中心应不断改进技术，完善系统识别、鉴别能力，提高可靠性，防止因偶然性和目的性解开他人私密非法进入而造成用户损失的事情发生。

2. 用户责任

用户的责任一般有：① 用户的信息存在问题而造成的损失；② 个人的密钥丢失，而未及时通知而造的损失；③ 证书信息不全，就进行交易，造成用户损失；④ 非法使用证书而造成用户损失。

3. 参与者的责任

参与者责任包括：① 对证书检查不严、不细而造成的损失；② 密钥泄露而造成的损失；③ 用户个人信息由参与者泄露，而造成的损失；④ 超限额度交易造成的损失；⑤ 非法交易造成的损失。

4. 网络交易中心具有的法律地位

网络交易中心是根据《中华人民共和国计算机信息网络国际管理暂行规定》第八条的具体条件而设立的。条件一，依法设立企、事业法人；条件二，有健全的安全保密管理制度和技术保障措施；条件三，具有可靠运行机制；条件四，符合法律和国务院相关的规定条件。在电子交易中，它是交易双方的中介机构，从事介绍、组织、促成交易的业务。该机构应该认真、负责完成双方委托的业务，本着真诚、守信、公平、公正的原则，协助双方成交。如果买卖双方不履行义务，只能由违约方承担风险。因买卖双方责任而产生的对社会第三方造成影响，如质量问题、经济问题等，也只能由双方责任人承担，交易中心没有责任。

交易中心必须依法办事，才能受到法律保护。（如其所从事中介业务的范围、商品的价格、中介收费等，必须符合法律规定。）

五、网上纠纷的处理

网上交易出现问题后，当事人提出申请，政府有关部门负责进行仲裁、审理，必要时，可上诉法院处理。其一般程序如下。

第一，申诉阶段。由原告向政府相关部门提交申请书，同时写清姓名、住址、仲裁理由等，一式三份。申请仲裁的内容应是双方公认需要解决的问题。当政府相关部门收到申请 3 日内将副本转给被告，被告在 7 日内交付书面答辩书，一式三份，银行在受到答辩书后，一般在 3 个月内转交原告。

第二，调解阶段。政府主管部门向当事双方提出调解办法，经双方同意，主管部门派出专员调解，在原告收到被告答辩书后 15 天内未达成和解，进入仲裁阶段。

第三，仲裁阶段。仲裁庭由 3 人组成：原、被告各一名，再由这 2 人选第三位仲裁员。仲裁法依据法律条款由双方当事人决定。

第四，法庭解决阶段。经仲裁有一方当事人不服裁决结果，可在收到裁决 30 天内向当地政府最高人民法院上诉，判决结果为终局裁决。

政府主管部门依据网上交易的法律法规，经双方当事人选定所依据的具体法律和条款，首先经过协商和解，此时政府主管部门应制作和解书，其效能等同于终局裁决书；如未达成和解则进入法庭仲裁，仲裁人员制定裁决书，其内容包括民事救济和行政处理两部分内容。民事救济是仲裁裁决赔偿的，可分为实际履行、交付违约金、没收定金、返还货款或货物。行政处理包括收缴罚金、降低信用等级、取消认证资格。行政处理必须由主管部门决定，重大问题地方政府应报请国家主管部门总行决定。

六、第三方电子支付面临七大法律风险

中国电子商务协会政策法律委员会副主任阿拉木斯，在 2006 年 7 月 22 日召开的“2006 中国电子支付高层论坛”上明确指出，作为网上支付的一个小类别，第三方电子支付存在主体的虚拟性，这直接导致了大部分交易是非实名的，由此可引发七大法律风险。

这七大法律风险为：主体资格和经营范围的风险、结算和虚拟账户资金沉淀的风险、期权安全的风险、《反洗钱法》带来的洗钱风险、信用卡套现的风险、电子商务纠纷引发的连带责任风险和虚拟性带来的欺诈风险。

【本章关键词】

CFCA　SETCA 系统　Non-SETCA 系统　RA 系统　CRL 数据

【本章思考题】

1. 简述中国 CFCA 的结构与标准。
2. 举例说明中国 CFCA 的管理内容。
3. 简述电子交易认证管理的相关法律。

第八章

电子支付安全风险评估

教学要求

1. 了解中国信息安全评估的现状
2. 熟悉中国电子支付安全风险评估需求的内容
3. 熟悉中国电子支付安全风险评估的策略、模型与流程

引导案例

为什么要评估信息安全风险

目前国内信息系统的安全现状正处于由单个安全威胁向混合安全威胁变化的趋势中，存在的主要问题是：在如此复杂的信息网络环境中，首先要了解有哪些风险，评估存在的风险，预测其发生的可能性以及对信息系统建设单位的影响程度，然后尽可能量化风险，根据优先顺序，采取适当的预防措施。

信息安全风险评估方案设计与应用能够帮助信息系统的管理者建立信息安全管理框架，了解目前存在的安全风险和威胁，防范和化解信息安全风险，将风险控制在可接受的水平，进而建立安全策略、IT 安全体系，最大限度地保障网络和信息系统的安全。

在信息系统安全方面，人们普遍关注的是如何对各种攻击和威胁进行全方位的防护。但是，在软件和网络环境的复杂性不断提高的情况下，怎样发现网络和信息系统中存在的风险、脆弱性和威胁，就成为一个迫切需要解决的重要问题。例如，对于企事业单位网络的管理员来说，需要日常管理的对象包括操作系统、应用程序、服务器、防火墙、入侵检测系统等。依靠人工操作来检查所有系统的更新情况和配置情况，无论从实际操作还是理论上都是难以实现的。所以，如何进行及时的更新和安全加固，对于拥有混合系统的大系统来说是一项繁杂冗长的任务。

信息安全风险评估是解决如何确切掌握网络和信息系统的安全程度、分析安全威胁来自何方、安全风险有多大，加强信息安全保障工作应采取哪些控制措施，要投入多少人力、财力和物力，确定已采取的信息安全措施是否有效以及提出按照相应信息安全等级进行安全建设和管理的依据等一系列具体问题的重要方法和基础性工作。只有正确、全面地了解理解安全风险后才能决定如何处理安全风险。从而对信息安全的投资、信息安全措施的选择、信息安全保障体系的建设做出合理的决策。

第一节　信息安全评估现状

当前发达国家越来越重视信息安全风险的评估工作，提倡风险评估制度化。他们提出没有有效的风险评估，便会导致信息安全需求与安全解决方案的严重脱离。这些发达国家近年来大力加

强了以风险评估为核心的信息系统安全评估工作，并通过法规、标准手段加以保障，如美国的“Trusted Computer System Evaluation Criteria”又称“Orange Book”，欧洲的“ITSEC：Information Technology Security Evaluation Criteria”（信息技术安全评估标准），还有英国的基于IT治理的风险管理之道，逐步以此形成了横跨立法、行政、司法的完整的信息安全管理体系。

20世纪70年代中期，美国启动的PA（Protection Analysis Project）和RISOS（Research in Secured Operating Systems）计划被公认为是计算机安全分析工作的起点。1980年，美国密执安大学的B. Hebbard小组使用“渗透分析”方法成功地发现了系统程序中的部分漏洞。1990年，美国伊利诺斯大学的Marick发表了关于软件漏洞的调查报告，对软件漏洞的形成特点做了统计分析。1993年，美国海军研究实验室的Landwher等人收集了不同操作系统的安全缺陷，按照漏洞的来源、形成时间和分布位置建立了3种分类模型。普渡大学COAST实验室的Aslam和Krsul在前人成果的基础上，提出了更为完整的漏洞分类模型，并建立了专用漏洞数据库。MITRE公司从事的“公共漏洞列表”（Common Vulnerability Enumeration，CVE）工作，为每个漏洞建立了统一标识，方便了漏洞分析的信息共享及数据交换。

在2006年3月，国信办[2006]5号文件要求开展信息安全风险评估工作。“风险评估”已经成为信息安全工作中一个十分重要的工作环节。“全球信息安全调查”的结果显示，有24%的中国企事业单位在一年之内没有进行过风险评估，有44%的中国企事业单位只是由IT部门的普通员工进行风险评估。

第二节　电子支付安全风险评估

一、电子支付系统安全风险分析

风险是指特定的威胁，利用资产的一种或者一组脆弱点，导致资产的丢失或者损害的潜在可能性，也就是特定威胁事件发生的可能性与后果的结合。风险评估则是对信息和信息处理设施的威胁、影响和脆弱性以及威胁发生的可能性的评估。风险管理是以可以接受的费用识别、控制、降低或者消除可能影响信息系统的安全风险过程。

风险评估的目的是为了有效地实施风险控制，风险控制的目的是为了降低风险。电子支付应该具备以下几个条件：安全性、方便性、处理成本低、广为金融市场所接受，而安全性是第一位的。因此，保证支付工具的真实与识别使用者的合法身份，就是在网络环境下实现电子支付所面临的首要问题。

（一）电子支付的安全隐患范围

1. 来自银行合作单位的安全隐患

银行系统不断增加中间业务和服务功能，如代收电话费、代收保险费、证券转账等业务，因此需要与电信局、保险公司、证券交易所等单位网络互联。由于银行与这些单位之间的信息系统业务不同，安全侧重点也有差异，使得银行网络系统存在着来自这些业务关联单位的安全威胁。

2. 来自不信任区域的安全隐患

大部分银行系统都发展到了全国联网。一个系统分布在全国各地，而且各级银行也都是独立核算单位，因此对每一个区域银行来说，其他区域银行都可以说是不信任的，同样存在安全隐患。

3. 来自互联网的安全隐患

电子支付系统可以通过互联网进行业务处理。银行系统网络与互联网相连，由于互联网自身的广泛性、自由性等特点，像银行这样的金融系统自然会被恶意的入侵者首先列入其攻击的目标。

4. 来自内部网的安全隐患

根据调查统计，在已经发生的安全事件中，70%的攻击是来自内部，因此内部的安全风险更为严重。内部员工对网络结构、应用比较熟悉，自已攻击或者泄露重要信息内外勾结，都可能导致系统受攻击的威胁。内部工作人员越权操作、违规操作或者其他不当操作，特别是系统管理员和安全管理员出现管理配置的操作失误，可能会造成重大安全事件。

5. 管理安全的安全隐患

管理安全包括管理技术安全和管理制度安全两个方面。如果员工安全意识薄弱，单位安全管理体制不健全，就存在很大的管理安全风险。健全的安全管理体制是系统安全得以保障的关键因素。如果缺乏健全管理制度或者制度执行不力，会给员工违规和犯罪留下漏洞。

（二）电子支付的安全风险分析

基于开放性信息互联技术的电子支付系统具有一些漏洞，为非法获取、非法篡改、破坏服务提供了可能。IATF（Information Assurance Technical Framework）将利用漏洞非法获取、篡改和毁坏信息服务的行为称为威胁。这个威胁就是信息安全面临的问题域。IATF 将威胁分类为：主动型、被动型、内部型、接触型和发布型。当然还有一个方面，即社会工程型，由于 IATF 关注的是技术方面，所以对此没有考虑，不过在其他的安全规范（如 IS0 17799）中对其有所提及。

电子支付面临的安全风险主要如下。

（1）以非法手段窃取信息或者对信道信息进行破译分析，使机密的数据内容泄漏给未被授权的用户，例如口令猜测、窃听、侦听等。

（2）篡改、删除、插入数据或者数据传输中出现错误、丢失、乱序，都可能导致数据的完整性被破坏，例如对基础设施的损坏、破坏数据库、截取数据包等。

（3）伪造信息或者假冒合法用户的身份进行欺骗，伪造地址，进行非法连接，占有或者支配合法用户的资源，非法用户截获合法用户的信息，然后传送给接收者。

（4）抵赖交易行为，否认交易结果。

（5）延迟消息的传送或者重放消息。

（6）系统安全漏洞、网络故障、病毒、蠕虫等导致的系统破坏。

（7）阻断服务，非法用户阻止系统资源的合法管理和使用。

（8）社会工程也是一种攻击行为，攻击者利用人际关系发出的攻击，通常攻击者如果没有办法通过物理入侵的办法直接取得所需要的资料时，就会通过电子邮件或者电话对所需要的资料进行骗取，再利用这些资料获取主机的权限以达到其攻击的目的。

（9）管理风险，电子支付作为一个软硬件集成的有机整体，除了采用一些安全技术手段来保护其安全外，还需要对其进行有效的安全管理，如果管理不当，再好的安全措施也形同虚设。

（10）其他风险，其他可能危及电子支付中信息和系统安全的风险，也是需要考虑的问题。

（三）风险可能导致的后果

安全威胁可能引发的后果有非法使用资源、恶意破坏数据、数据窃取、数据篡改等。

二、电子支付系统安全需求分析

（一）电子支付系统安全需求概述

安全需求是指采用某种方法描述用户对信息系统安全的要求。定义方法有形式化和非形式化两种。传统的做法把安全作为非功能需求之一附加在系统需求分析之后进行。目前大多采用非形式化定义方法。电子支付系统的各种安全需求在整体考虑的基础上，采取综合的安全解决办法，建立起完整的安全控制体系和保证体系，以保障支付信息的保密性、完整性、可用性和可靠性等安全指标。目前电子支付的安全需求如下。

1. 保密性

电子支付保密性主要指保证数据不受未授权的非法访问而导致数据失密，主要分为数据存储保密性和数据网络传输的保密性。系统需要及时对传输信息进行加密处理，防止交易中信息被非法截获或者读取。就是防止通过非法拦截会话数据获得账户、金额等有效信息。保密性意味着在参与者之间的通信通道具有保密性，仅允许目标支付方可以看到支付数据。常见的保密技术包括：防侦收、防辐射、信息加密、物理保密、信息隐藏等。

2. 完整性

电子支付完整性是指数据不接受未授权的非法修改，从而使得数据保持未受损害的完整状态，主要分为数据存储完整性和数据网络传输的完整性。系统需要防止对支付信息未经授权的随意改动，防止数据传输过程中支付信息的丢失或者重复，并且保证信息传递次序的统一。完整性意味着在电子支付系统中的支付数据，不能被未经授权的参与者修改或者破坏，保证一旦支付交易提交，支付数据不能非法修改，同时也确定了支付数据的一致。保护电子支付完整性的方法主要有：协议、纠错编码方法、密码效验、数字签名、公证等。

3. 可靠性

电子支付系统能够提供对用户身份的鉴别方法，确保用户身份信息的可靠与合法，实现系统对用户身份的有效确认，对私有密钥和口令有效保护，对非法攻击能够防范，防止假冒身份进行交易和诈骗，确保系统的无故障和无差错。

4. 可用性

可用性是指信息可被授权实体访问并按需求使用的特性。电子支付存在着由于计算机病毒或者其他人为的原因造成对合法使用人的拒绝服务，也可能存在被他人滥用机器或者信息的情况，这就是可用性需求。电子支付的可用性与硬件的可用性、软件的可用性、人员的可用性、环境的可用性等方面有关。

5. 抗否认性

抗否认性也称抗抵赖性，系统应该有效防止支付欺诈行为的发生，保证支付信用和行为的不可否认性，保证支付参与方对已做交易无法抵赖。

6. 有效性

电子支付系统需要有效防止延迟和拒绝服务情况的发生。要对网络故障、硬件故障、操作错误、应用程序错误、系统软件错误及计算机病毒所产生的潜在威胁加以控制和预防，保证交易数据在确定的时刻、确定的地点是有效的。

7. 人员管理和安全技术结合

电子支付根据其实际情况，在系统开发、网络建设等方面均做了相应的规范，但是仍然存在一些问题。目前的安全管理大部分停留在数据应用层，对整体网络安全的角度考虑不足，针对组织或者流程的管理方法尚未和信息系统安全技术进行有机的结合，无法体现对整个系统安全链进行统一管理的思想，同时也导致针对内部人员的管理尚存在问题。

8. 安全资源的整合和集中管理

电子支付对安全的特定组成部分，例如密码技术等方面有了一些应用，在网络通信、应用系统等方面，使用了高安全性的加密设备，例如防火墙设备、可信操作系统、数字签名和身份认证等。不同类型的安全产品，例如各种型号的加密机、支付密码器、VPN设备等得到了应用。但是仅依赖于某些安全产品，不可能有效保护整体的系统安全，还必须认识到，安全是一个整体，需要把安全相关各方和各层次的安全产品、分支机构、运营网络、客户等纳入到一个紧密的安全链中，才能有效地保障系统安全。

9. 应用软件的安全性

在应用软件的评测过程中，发现由于某些原因，如软件编写缺乏严格的质量控制、程序设计人员对安全了解程度不足等，经常会导致一些严重后果，例如可以绕过程序的风险管理限制对数据进行操作等，这些都需要相应的安全服务来解决。

（二）中国支付系统的风险分析

1. 支付系统风险概述

（1）支付系统风险的分类：根据引发支付系统风险的原因进行区分，支付系统风险主要包括信用风险、流动性风险、法律风险、运行风险和道德风险、自然风险。

第一，信用风险，是支付过程中由于支付系统参与者发生清偿力危机无法履行支付义务所导致的系统风险。

支付，是资金的转移过程，在发达的商品经济中，因为信用是金融的基础，信用已与货币流通融为一体，所以现代社会的支付事实上是一种信用交易。信用交易有 3 个特点：一是，一方以对方偿还为条件，向对方先行移转商品（包括货币）的所有权，或者部分权能；二是，一方对商品所有权或其权能的先行移转与另一方的相对偿还之间，存在一定的时间差；三是，先行交付的一方需要承担一定的信用风险，信用交易的发生是基于给予对方信任。从上述特点可以看出，在参与者 A 向 B 的支付过程中，B 存在诸如破产等多种原因造成无力清偿 A 的债务的可能性，因此参与者 A 向 B 的支付过程存在支付风险，参与者 A 可能因为参与者 B 无力清偿债务而蒙受损失。1974 德国 Herstatt 银行倒闭，导致与之进行外汇交易的美国银行蒙受损失就是因信用风险遭受损失的典型案例。

第二，流动性风险，是指在支付过程中支付系统参与者无法如期结清支付指令所导致的系统风险。

支付过程中的流动性风险包括应收流动性风险和应付流动性风险。应收流动性风险是指应收资金到期不能如期足额收回，进而无法满足到期应付资金的需要，从而造成应付支付过程失败的可能性。应付流动性风险是指应付资金突破流动性计划，支付参与者在规定时间内筹措资金不足，不能满足应付资金的需要。

流动性风险通常被视为一种综合性风险，其成因复杂，除了因为支付参与者的流动性计划可能不完善之外，信用、市场、操作等风险领域的管理缺陷同样会导致流动性不足，显然，参与方故意拖欠、运行故障以及交易作废等事项都是流动性风险的潜在来源。流动性风险管理除了应当做好流动性安排之外，还应当有效管理其他各类主要风险。从这个角度说，流动性风险水平体现了支付参与者的整体状况。

流动性风险与信用风险的区别在于违约方不一定发生清偿力危机而仅仅是由于其在规定期限内无法如期结清支付指令。

第三，法律风险是指因支付法规制度不健全所导致的系统风险。

结算终结性、破产法中的“零点规则”（Zero Rule）、轧差的合法性、抵押物利益和回购协议争议等通过影响结算的有效性带来系统风险。法律风险将损害支付系统运营者对信用风险和流动性风险的有效控制。

第四，运行风险是指内部或者外部技术问题（不包括业务工作差错）导致支付失败的可能性。

支付系统是通过运用现代计算机技术和网络通信技术构建的安全、高效的平台，对技术的依赖性决定了运行风险存在的必然性，计算机处理系统、通信系统以及电力供应系统出现的技术故障，都有可能导致支付系统无法正常运行。支付业务的日趋复杂、清算自动化发展等特点，大大增加了支付系统设计和控制的复杂性，也增加了技术故障出现的可能性。运行风险通常还可通过引发流动性风险导致支付失败。

第五，道德风险是指支付参与者的内部作案和工作差错导致的系统风险。

支付系统并不是全自动的支付业务处理，在诸多环节都需要工作人员的参与，比如纸质支付凭证到电子支付指令的转换等，在这些环节中就存在因工作人员主观故意的作案可能，以及因工作人员疏忽大意而无意造成的业务差错的可能。这两类可能都会导致错误的支付或者支付失败，进而造成损失。归根结底，人的因素是道德风险的首要原因，而内部控制不健全则是造成道德风险的重要原因。

第六，自然风险，是指因自然灾害等不可抗原因造成的支付系统不能正常运行的风险。

地震、火灾、战争等均属于自然风险，可能导致支付系统中断运行，主要通过建设灾难备份、加强灾难应急工作演练等方式予以防范和控制。比如四川汶川地区发生特大地震后，中国人民银行成都分行按照灾难应急演练，迅速启动各信息系统应急预案，采取了一系列的应急措施，保障了支付系统的稳定运行，保证了赈灾资金的及时划拨到位，为此次抗震救灾做出了贡献。

（2）支付系统核心原则：防范和控制支付系统风险，是支付系统的基本职能之一，为指导各国建设高效率、低风险的支付系统，10国集团中央银行支付结算体系委员会（CPSS）于2001年1月出版了《重要支付系统核心原则》，明确了重要支付系统建设应遵循的10项原则：第一，在所有相关的司法辖区，支付系统应当具备稳健的法律基础；第二，支付系统的制度办法应当使参与者能够清楚地认识到，系统对其参与过程中承受的各种金融风险有什么影响；第三，支付系统应当清楚地说明信用风险和流动性风险的管理办法，要特别说明系统运营者与参与者各自的责任，并且适当鼓励管理和遏制这些风险；第四，支付系统最好在生效日当天或者至少在生效日的日终，提供及时的最终结算；第五，采用多边轧差的系统，如果单个结算债务最大的参与者发生不能结清的情况，应当至少保证能够及时完成当日结算；第六，用于结算的资产最好是对中央银行的债权，如果采用其他资产，它们应当只有少许或者信用风险和流动性风险；第七，支付系统应当确保高度的安全性和运营可靠性，而且应当具备及时完成当日处理的应急安排；第八，支付系统应当提供对用户实用并且经济有效的支付方式；第九，支付系统应当具备客观的参与标准，并且公开披露参与标准，允许公平、公开的加入系统；第十，支付系统的管理安排应当是有效的、负责任的和透明的。

核心原则四、五是重要支付系统应达到的最低标准。同时，国际清算银行（BIS）认为，中央银行在实施核心原则时应当承担如下责任：第一，中央银行应当清楚地定义其支付系统的目标，并应公开披露其作用以及有关重要支付系统的主要政策；第二，中央银行应确保由其运营的系统符合核心原则；第三，对不由其运营的系统，中央银行应当监督它遵守核心原则并具备实现这种监督的能力；第四，在借助核心原则提高支付系统安全性和效率的过程中，中央银行应当同其他中央银行以及任何有关的国内外机构进行合作。

中国的大、小额支付系统的建设基本遵循了10项核心原则，能够确保及时的最终结算，并可通过自动质押融资（自动质押融资是指银行业金融机构在中国人民银行开设的支付系统清算账户日间头寸不足时，通过自动质押融资系统向中国人民银行质押债券，融入资金，弥补头寸，待资金归还后将质押债券自动解压的行为。自动质押融资是提高支付清算效率、防范流动性风险的重要措施。）等多种措施有效地保证了最终结算的顺利完成。近年来，中国人民银行也在不断探索、吸收《重要支付系统核心原则》重要理念，并已完成了对大、小额支付系统的风险评估。

2. 中国支付系统存在的风险

中国支付系统的核心——中国现代化支付系统（CNAPS）建成投产约两年时间，系统运行平稳，对加快社会资金周转，提高支付清算效率，促进国民经济健康平稳的发展发挥着重要作用。

由于风险的不可避免性，虽然在建设、运行过程中已经采取诸多防范措施，中国支付系统仍然不可避免地存在支付系统风险。因为建设周期较长、分步实施等原因，中国支付系统所含各类信息系统在有效整合方面有待进一步提高；同时，各类信息系统自身存在的风险也有可能传递到中国支付系统的核心——中国现代化支付系统（CNAPS），进而导致支付系统风险。

（1）核心业务系统存在的支付系统风险。

鉴于全国支票影像交换系统（CIS）只专门负责传输支票影像信息，而由小额支付系统负责完成支票业务的资金清算处理，在此仅对核心业务系统中大、小额支付系统存在的支付系统风险进行分析，而不对 CIS 存在的支付系统风险进行分析。

由于在结算时间（次数）和结算方式方面存在根本区别，大额实时支付系统与小额批量支付系统的风险特征存在着重大差异。

① 大额实时支付系统具有如下特点：第一，转账指令处理和最终结算都是单笔进行的，即不必进行借贷轧差；第二，系统实时进行最终结算，而不必在预先确定的时间定期进行结算；第三，结算过程依托中央银行货币的实时转账；第四，采用网络实时发送和处理信息。

从其特点可以看出，大额实时支付系统可能存在以下支付风险。

第一，因为采用逐笔实时最终结算的方式，对参与者的清偿能力具有更高的要求，参与者必须为保持足够的清偿能力而付出较高的成本，所以大额支付系统存在信用风险。第二，因为结算的实时性，若现行法律体系不能支持其最终结算的不可撤销性和最终性，则大额实时支付系统存在法律风险。第三，大额实时支付系统设计复杂，并且采用网络实时发送和处理结算信息，对于计算机技术和网络通信技术的高度应用，也不可避免地导致存在运行风险。第四，目前中国现代化支付系统（CNAPS）采用两级处理中心的物理结构，大额实时支付系统的运营人员相对分散并且较多，因此容易导致道德风险。第五是不可避免的自然风险。

同时，从其特点也可以看出，大额实时支付系统在风险控制方面也具有一些优势，比如通过设置清算账户，可以限制跨行清算的信用风险；通过实施实时结算，可以限制流动性风险的扩散。

② 小额批量支付系统具有如下特点：第一，支付指令通常以迟延方式进行清算（即存在时间差）；第二，在每日预定的时点或营业日结束时定期进行最终清算；第三，结算过程可以基于，也可以不基于中央银行货币的最终转账；第四，在西方国家，一般由私人部门拥有或运营。

从其特点可以看出，小额批量支付系统可能存在以下支付风险。

首先是信用风险，与大额支付系统相比，小额批量支付系统对于参与者的清偿能力要求相对较低，但仍存在信用风险；其次是流动性风险，由于具结算延迟的特点，容易导致流动性风险，并且可能掩盖风险的规模并转移集中风险规模，同时也容易导致流动性风险在参与者之间的扩散；第三是法律风险，由于采用轧差清算的处理方式，若现行法律体系不能保证轧差结果的有效性，则面临法律风险；第四是运行风险，小额批量支付系统对于计算机技术和网络通信技术的高度应用，也不可避免的导致存在运行风险；第五是道德风险，目前中国现代化支付系统（CNAPS）采用两级处理中心的物理结构，小额批量支付系统的运营人员相对分散并且较多，因此容易导致道德风险；第六是不可避免的自然风险。

同时，从其特点也可以看出，小额批量支付系统在风险控制方面也具有一些优势，比如可以通过合理设置结算时间（次数），减少参与者之间的支付次数和总金额，进而有效降低和控制流动性风险，同时减少参与者应保持必要流动性而付出的成本，提高支付效率。

从当前中国社会经济发展所需的支付服务需求的特征来看，大额实时支付系统与小额批量支付系统的并存，实现了对支付参与者及支付业务的合理分流，有利于根据各自不同的风险特征进行针对性的防范和控制。

（2）其他有机组成部分可能引发的支付系统风险。

清算账户管理系统（SAPS）通过清算账户实施支付业务的资金清算处理并管理清算账户。支付清算账户是指经中国人民银行批准的支付系统的直接参与者和特许参与者在人民银行各级分支机构开设的用于办理支付业务资金清算的存款账户。支付清算账户在设置和使用上采用“物理上集中摆放，逻辑上分散管理”的方式进行，即支付系统的直接参与者在人民银行当地分支机构开设存款准备金账户，由中央银行会计集中核算系统（ABS）办理业务并进行管理，而物理上集中在国家处理中心（NPC）存储和处理资金清算。

① 现行的清算账户管理模式，容易导致以下支付风险。

第一，信用风险和流动性风险，同城清算系统实行逐笔时实提出、差额清算资金的业务处理方式，全国同城清算系统未实现与大额支付系统的接口连接，同城提出业务不能时实清算，同城差额在日终时才由大额支付系统清算，辖内同城各商业银行之间的资金在日终前还没有完全清算到位，有时可能导致同城清算借差大于清算账户准备金存款户余额而无法记入该账户，形成清算账户空头。第二，现行管理模式中，商业银行的准备金账户被设为清算账户的，其日间业务处理都交由支付系统办理，准备金账户被设为非清算账户的仍由 ABS 系统进行处理，这样人为地将原本完整的账务处理模式分割在两个不同的应用系统中处理，增加了会计核算账户处理流程，容易形成运行风险和道德风险。第三，不可避免的自然风险。

中央银行会计集中核算系统（ABS）是中国现代化支付系统（CNAPS）的重要中心节点，中央银行所从事的所有核算业务都在该系统中得到反映，支付系统其他结点的支付结算业务都要通过该系统进行清算，它的运行状况直接影响支付系统的安全、稳定、高效运行，进而影响社会经济活动的良性循环。

② ABS 可能引发的支付风险主要有以下几个方面。

第一，信用风险和流动性风险，ABS 中由于债权债务关系相互交织，某一参与者在某一阶段出现支付困难都有可能引发连带性的清偿危机，从而影响整个系统的运行，主要表现为同城票据交换清算中非清算账户头寸不足影响资金清算的风险；清算账户不能及时筹资影响资金及时汇划的风险；贷款户违约不能按期归还贷款的风险等。第二，运行风险，ABS 使用的 SCO Unix Openserver 操作系统、Informix 数据库，已属非主流产品，系统的运维风险较高、升级难度较大，并且一旦发生运行故障，将可能造成账务积压，进而引发支付风险。第三，道德风险，ABS 的业务处理流程较复杂，系统岗位设置刚性与人员总体较少的矛盾突出、中国人民银行县级支行业务量总体较少与人力资源结构性浪费的矛盾突出，导致内控措施难以落实，违规兼岗依然严重，存在道德风险隐患。第四，自然风险。

支付管理信息系统（PMIS）、人民币银行结算账户管理系统（AMS）、支付信用信息查询系统（PCIS）并不对支付业务产生影响，因此不会引发支付系统风险，但因为与中国现代化支付系统（CNAPS）存在业务关联，因此可以通过与其的进一步整合以更好地促进支付结算管理作的开展。

第三节　金融信息平台信息管理系统风险评估应用

金融信息平台信息管理系统应用范围覆盖整个金融信息平台的管理总中心、管理中心、管理处、收费站以及路网各路段。按照整个信息管理系统的设计，系统在逻辑上可划分为通信、监控、收费、供配电 4 个子功能系统。通信系统负责实现整个路网的传输、路由、交换以及接入；监控系统负责实现及时采集交通流、交通环境和主要交通设施状态的各种信息，并根据采集的信息，自动或人工制定控制方案，从而达到调节控制交通流的目的；收费系统负责实现整个路网的统一收费、准确拆账；供配电系统主要为监控、通信、收费系统提供符合设计要求的交流电源，与空调、办公、生活用电等严格区分。这 4 个子系统关系整个中国金融信息平台信息系统的命脉，重要性不言而喻。

（一）金融信息平台风险评估概述

1. 金融信息平台应用背景

中国金融信息平台基础信息网络是关系国家安全、经济命脉、社会稳定等方面的重要信息系统，必须随时掌握其安全状态，及时采取有针对性的应对措施。通过风险评估可以有助于认清信息安全环境和信息安全状况，明确信息化建设中各级的责任，采取或完善更加经济有效的安全保障措施，保证信息安全策略的一致性和持续性，全面提高信息安全保障能力。风险评估是中国金融信息平台信息安全建设和管理的关键环节，它是需求主导和突出重点原则的具体体现，是分析确定风险的过程，加强风险评估工作是中国金融信息平台信息安全工作的客观需要。

2. 金融信息安全风险评估

依据国家风险评估有关管理要求和技术标准，制定风险评估策略，设计风险评估方法、模型、流程、内容，通过对信息及信息系统的重要性、面临的威胁、其自身的脆弱性以及已采取安全措施有效性的分析，判断脆弱性被威胁源利用后可能发生的安全事件以及其所造成的负面影响程度来识别信息安全的安全风险。

主要从信息安全技术、信息安全管理两方面对中国金融信息平台系统进行风险评估。技术类安全评估与信息系统提供的技术安全机制有关，主要通过评估信息系统中资产识别、物理与环境安全、网络支撑体系安全、系统安全、应用安全与信息安全等方面的综合风险度；管理类安全要求与信息系统中各种角色参与的活动有关，主要通过信息安全策略、安全组织、资产分类与控制资产的可说明性、人员安全、应急响应措施等方面评估来实现。

3. 金融信息平台风险评估需求

根据金融信息平台信息系统的特点，主要评估信息资产、物理与环境安全、网络支撑体系、系统安全、应用安全、信息安全、安全管理体系等相关内容。

（1）信息资产评估，主要评估信息资产、信息资产赋值、测评检查等内容，进一步有针对性地、重点考察重要资产相关的弱点、威胁和风险属性，并进行量化，然后评估已有安全措施的有效性。

（2）物理与环境安全，主要评估对环境安全、物理安全边界、设备安全及资产迁移等方面，评估系统是否达到安全要求，评估存在的风险和脆弱性，并对已有安全措施的有效性进行评估。

（3）网络支撑体系，主要评估物理隔离、广域网络、网络边界、局域网、网络防护平台等方面存在的风险和脆弱性，并评估已有安全措施的有效性。

（4）系统安全，主要评估主机系统安全及网络设备安全，其中包括该金融信息平台信息系统主机、服务器所有类型的操作系统如 Windows、SCO Unix、HP Unix 等，网络设备安全中的软件系统版本、安全配置、对网络设备的安全访问、所选系统服务、接口配置及数据包过滤等方面都进行风险和脆弱性评估，并评估已有安全措施的有效性。

（5）应用安全，主要评估病毒防护、数据库、邮件、Web 服务等常见应用服务等方面的风险和脆弱性，并对已有安全措施的有效性进行评估。

（6）信息安全，主要评估信息传输、信息存储、备份与恢复、信息访问授权等方面的风险和脆弱性，并评估已有安全措施的有效性。

（7）安全管理体系，主要评估信息安全策略、安全组织构成、资产分类与控制资产的可说明性、人员安全、应急响应措施等方面存在的风险和脆弱性，并评估已有安全措施的有效性。安全管理体系风险评估的要求，是由中国金融信息平台信息系统的管理者认为信息安全产品和服务商在宣传自己的服务能力时，声称自己拥有解决信息安全的整体解决方案，这就带来了误导，从而埋下了信息系统安全的隐患。通过对管理体系的评估，来发现安全隐患，并解决相应问题。

（二）风险评估内容及流程

金融信息平台信息管理系统风险评估项目实施实行项目经理负责制，实施的全过程纳入项目管理，由项目经理统筹安排，分为准备阶段、项目实施阶段、风险综合分析阶段、项目验收阶段

4 个阶段。前两个阶段没有严格的顺序关系，工作内容可根据情况灵活处理，如在确定评估范围过程中完成信息资产调研。实施阶段及各阶段的任务如表 8-1 所示。

表 8-1 金融信息平台信息管理系统安全评估实施过程

信息系统安全风险评估项目实施过程			
项目准备阶段	项目实施阶段	风险综合分析阶段	风险报告生成阶段
•T1 成立风险项目组 •T2 项目计划 •T3 项目启动会 •T4 签署保密协议 •T5 项目宣讲及安全培训	•T7 业务调研 •T8 关键业务分析 •T9 信息资产调研 •T10 脆弱性扫描 •T11 功能验证 •T12 配置检查 •T13 渗透测试 •T14 管理脆弱性调研 •T15 威胁问卷	•T16 体系结构分析 •T17 资产分析 •T18 脆弱性分析 •T19 威胁性分析 •T20 风险计算及分析 •T21 现状报告 •T22 风险评估报告 •T23 安全建议报告 •T24 客户报告确认	•T25 项目验收

1. 准备阶段

首先应根据合同内容成立评估项目组，项目组应对合同进行分析，对项目内容、具体实施重点以及在实施过程中可能出现的问题进行沟通，在这个工作过程中，项目组召开一个专门针对本次评估项目的会议，完成相应的工作交接。

交接工作完成后，项目组制定项目实施计划，并与金融信息平台信息管理部门确认，进一步明确本次评估的范围、内容和各阶段工作的完成时间，并根据合同的具体要求组织培训，同时向他们提出评估过程中需配合事项以及所需占用的时间。

签署保密协议，对在评估中所需的系统资料与金融信息平台信息管理部门商定提交方式，并对这些资料进行接收，并填写客户资料接收清单。

在以上工作完成后组织召开项目启动会，项目启动会除邀请全部项目参与人员、金融信息平台信息管理部门及其他配合人员参加外，邀请两个客户高层管理人员到场，以听取高层管理人员对该项目的意见和期望，获得高层管理人员对评估项目的支持。

该阶段的结束标志为项目启动会的召开。

准备阶段的主要工作流程：① 项目组确立，人员分工；② 项目计划制定并经用户确认；③ 评估范围最终确定；④ 保密协议的签署；⑤ 客户信息系统相关资料的接收；⑥ 风险评估方法宣讲；⑦ 项目启动会。

2. 工作实施阶段

该阶段主要包括 3 个步骤，分别如下。

（1）业务调研。主要是了解信息系统承载的业务情况，以及由此带来的业务风险，业务调研是提升风险评估项目服务层次的一个有效过程，如果缺少业务及业务流程安全风险的详细了解和分析是不完善的。

（2）信息资产调研。通过调研和资产调查表详细了解测试对象组成，比如主机、终端、服务器、网络设备等，及所安装的系统软件、数据库、业务系统的作用等，目的是建立比较详细的信息资产列表，确认关键的信息资产，明确评估中的技术测试对象，对它们遭受损坏或攻击对承载业务所造成的影响进行分析。

（3）技术测试。主要有脆弱性扫描、功能验证、配置检查、网络流量及内容分析、渗透测试等。

① 脆弱性扫描是评估活动中一项重要的技术手段，它是对被测信息系统进行检查，了解被测信息现状，发现其中可被利用的漏洞，其扫描结果是对信息系统安全现状的一个反映，是信息系统安全评估的一个重要组成部分，也可为进一步对被测对象进行配置检查做前期的数据收集和技术准备。安全扫描系统作为主要的安全测试工具之一，在现场测试中主要应用于以下四个方面。

一是网络拓扑发现。对被测网络进行基于 IP、网段或指定地址范围的探测扫描，迅速发现被测网络中接入主机，使测试人员对网络整体结构有个清晰了解。

二是主机信息收集及漏洞扫描。有效识别被测主机的操作系统类型，并可获得主机名、用户账号等信息。基于已知漏洞库，安全扫描系统可以对目标主机进行有选择的漏洞检测扫描。

三是基于预定策略模板进行安全配置检查。安全扫描系统可利用管理员权限对被测系统进行深入扫描，获取被测系统更为详细的配置信息，根据安全要求对配置信息进行分析，指出安全配置存在的漏洞并提出相应的改进建议。

四是网络设备、安全设备端口扫描。是否存在多余开放端口或服务。

② 功能验证。

③ 配置检查主要是检查安全功能的配置情况，对其安全功能配置的合理性进行符合性检测。检测人员使用脚本或手工检查方式，检查系统、数据库、网络设备、安全设备等的安全配置情况。对被测对象实施全面而周到的安全配置检查，确定系统的安全配置现状，发现系统中存在的安全配置问题。检查过程中，主要采用的测试手段包括查看相关安全配置、检测系统运行状况、手工或使用自动脚本对安全配置情况加以验证。

④ 网络流量及内容分析系统主要是通过入侵保护系统来进行测试的。对各种网络访问进行监控和测试。通过对一段时间内入侵保护设备采集的数据，可判断、分析是否有安全问题产生，总结出恶意攻击行为的方式和特征，对于各种外部的入侵行为，入侵保护系统即可以通过识别行为模式的方式进行识别，从而为安全风险的处理提供早期预警。

⑤ 渗透测试是指尽可能真实地模拟攻击者所使用的方法和技术对目标系统进行测试，对目标应用的安全性做深入的探测，发现系统最脆弱的环节的过程。针对应用系统的漏洞、目标网络、系统和主机等作深入的探测，发现系统最脆弱的环节的过程，这能够直观的让管理人员知道自己的系统存在的问题。在这次评估项目中，单纯的进行策略文档的评估和执行自动化安全评估工具往往无法发现一些潜在的安全问题，进行渗透测试工作是非常必要的，分为内网测试、外网测试和网间测试。

（4）管理现状调研。安全管理调研主要通过问卷调研、查阅用户管理文档、访谈调查等方法进行，问卷的设计是参照信息安全标准部分所提及的国际、国内标准以及在项目实施中的经验所确定的，针对中国高速信息系统信息安全方面制定规章制度的合理性、完整性、适用性等进行评估。

这个阶段为整个风险评估项目收集数据，收集的数据包括：① 系统承载的业务及业务流程；② 系统安全需求；③ 单位的组织架构；④ 单位的制度体系；⑤ 信息系统拓扑结构；⑥ 信息资产的详细信息；⑦ 确认关键信息资产；⑧ 信息系统脆弱性；⑨ 信息系统面临威胁；⑩ 已有的安全控制措施。

3. 风险综合分析阶段

主要分析的内容包括以下 7 项。

① 体系结构分析。主要是从整体上评价被评估系统的整体安全状况，从组织体系、技术体系、管理体系的制定执行情况进行的综合分析。从系统的角度对被评估对象的总体评价，分析内容尽可能结合系统承载业务进行分析。

② 业务综合分析。主要对系统业务及安全需求的认识、分析过程，目的是认识并深入理解被

评估系统的业务，这是正确识别安全风险的基础。业务分析在系统相关文档和现场系统调查基础上，分析并描述系组织结构、业务功能、业务流程、数据信息和用户情况。

③ 信息资产分析。主要是针对所评估的信息系统进行的，识别关键系统组成单元，即在现场测试过程中的测试对象，重点是重要服务器和网络设备，其他有形资产如终端、电子数据融入到对服务器和网络设备之中。

④ 脆弱性分析。脆弱性主要指技术脆弱性和管理脆弱性分析。涉及物理层、网络层、系统层、应用层、管理层等各个层面的安全问题，对各测试类中所发现的问题进行描述并生成技术和管理脆弱性列表。

技术脆弱性的来源主要是在实施阶段的测试数据，如配置检查、漏洞扫描、IDS/IPS 网络检测和渗透测试等；管理脆弱性主要是根据管理问卷、威胁调查及管理执行情况调研所收集到的信息。技术脆弱性分析主要针对关键资产所对应的系统单元及相关测试对象进行，技术脆弱性分析的最终形式是围绕关键资产的脆弱性列表。管理脆弱性分析是依据各类安全管理要求对现有的安全管理制度的制定和执行情况进行检查，发现其中的管理漏洞和不足。

以上对系统脆弱性的分析结果是后面系统威胁分析、风险分析的基础，也是导出风险列表的重要依据。

⑤ 威胁分析。对威胁的分析是建立在业务分析、资产分析、脆弱性分析和已有安全控制措施分析基础之上的，威胁分析主要分析其可能性，评估确定威胁发生的可能性是这一阶段的重要工作。

威胁种类是指威胁主体对系统目标造成破坏的所采取的主要手段，主体包括系统合法用户、系统非法用户、系统组件和物理环境。

从黑客攻击来源来看，可以分为内部攻击和外部攻击。内部攻击来自于内部人员，由于内部人员知道系统的部署、有价值的数据在何处以及系统采取的安全措施，因而可能具有更强的破坏性。同时由于内部攻击来自应用环境内部，常常难于检测和防范。

⑥ 已有安全控制措施分析。在风险评估中应对系统已采取的安全控制措施进行识别，并对控制措施有效性进行核查，核查包括对防火墙、IDS/IPS、交换机等网络设备的安全配置检查，操作系统、数据库安全功能检查，应用软件安全功能验证等，将有效的安全控制措施继续保持，并进行优化，以避免不必要的工作和费用，防止控制措施的重复实施。对于那些确认为不适当的控制应取消，或者用更合适的控制代替。

⑦ 风险分析。按照风险评估规范，风险值由信息资产、威胁、脆弱性 3 个方面综合考虑。先考虑威胁利用资产的脆弱性导致安全事件的可能性，再考虑安全事件所作用的资产价值和脆弱性严重程度，从而得出安全事件发生后造成的损失，最后由脆弱性导致安全事件的可能性和安全事件发生后造成的损失作出最终的风险分析。

安全事件的可能性由威胁出现频率和脆弱性综合考虑。在具体评估中，应综合攻击者技术能力（专业技术程度、攻击设备等）、脆弱性被利用的难易程度（可访问时间、设计和操作知识公开程度等）、资产吸引力等因素来判断安全事件发生的可能性。

安全事件造成的损失由信息资产价值和脆弱性严重程度综合考虑。部分安全事件的发生造成的损失不仅仅是针对该资产本身，还可能影响业务的连续性；不同安全事件的发生对组织的影响也是不一样的。在计算某个安全事件的损失时，应将对组织的影响也考虑在内。

主要分析的流程包括：① 各类分析工作的完成；② 完成实际需要所设计的额外项目内容；③ 完成报告修改与确认。

4. 项目验收阶段

这一阶段主要完成各种风险报告。

风险评估中完成的主要文档和报告包括测试文档主要包括《信息系统网络设备手工检查

分析报告》、《信息系统服务器手工检查分析报告》、《信息系统 IDS 日志分析报告》、《信息系统安全漏洞扫描报告》、《信息系统渗透测试报告》，最终报告主要包括《信息系统安全现状分析报告》、《信息系统安全风险评估报告》、《信息系统安全建议报告》。这些报告只是在风险评估过程中所需要完成的基本报告，还可根据实际情况灵活设计报告，如《业务调研报告》、《业务安全需求分析报告》、《系统安全管理现状报告》等。

【本章关键词】

风险评估　威胁　脆弱性

【本章思考题】

1. 简述中国支付系统的风险分析的要点。
2. 简述金融信息平台信息系统风险评估的内容及流程。

参考文献

[1] 白龙. 网上金融产品的创新、开发与管理. 东南大学学位论文. 20030301.
[2] 林松. 电子支付安全体系结构的研究与实现. 四川大学学位论文. 20050331.
[3] 毕晓宇. 商业银行 SWIFT 系统接入原理及实现. 成都电子科技大学学位论文. 20050620.
[4] 崔宗麟. 网上第三方支付的服务质量评估研究. 对外经济贸易大士学位论文. 20070401.
[5] 何亚玲. 支付清算系统的设计与实现. 武汉理工大学学位论文. 20080301.
[6] 赖晓. 中国支付系统的优化方案初探. 西南财经大学学位论文. 20080601.
[7] 孙宇. 工商企业信用评价模型的分析与设计. 天津大学学位论文. 20090101.
[8] 李懋. 个人信用评分模型及评分系统研究. 对外经济贸易大学学位论文. 20090401.
[9] 张欣. 信息安全风险评估方案设计与应用. 山东大学学位论文. 20090412.
[10] 杨博为. 某银行个人绩效考核系统的设计与实现. 大连理工大学学位论文. 20091201.
[11] 李震山. 电子商业汇票交易系统的研究与设计. 湖南大学学位论文. 201007.
[12] 中国人民银行网站. http：//www.pbc.gov.cn.
[13] 中国金融电脑（电子杂志），1999—2009 年.
[14] 金融在线网站. http：//www.fcc.com.cm.
[15] 各主要商业银行网上资源
[16] 各主要证券公司网上资源
[17] 各主要保险公司网上资源
[18] 人民银行网上资源
[19] 第三方电子支付供应商网站资源
[20] 政府管理机构网站的信息资源